HILARY GARDENER, ANDREA BETTRIDGE,
SARAH GROVES, LYNDSEY LAWRENCE

Club der glücklichen Mütter

Buch

Das Leben als VZM (Vollzeitmutter) ist ein fröhliches Auf und Ab zwischen Euphorie und Erschöpfung. Kleine Kinder sind natürlich reizend und liebenswert. Doch wenn diese cleveren Knirpse sich mal was in den Kopf gesetzt haben, hält die Meister des Eigensinns nichts mehr auf. Ein wahres Kunststück, neben der flexiblen Organisation des ganz normalen Kleinfamilienchaos auch an der beruflichen Karriere zu basteln, und noch dazu den familiären Expansionswünschen nachzukommen. Ein, zwei Geschwister? Vier Freundinnen im Mutterglück: Die muntere Bilanz der ersten »Halbzeit« im Familien-Team.

Autorinnen

Hilary Gardener ist Krankenschwester und inzwischen dreifache Mutter, nach eigener Auskunft leidet sie nach wie vor unter chronischer Verbal-Diarrhöe. Sarah Groves, ebenfalls Mutter von drei Kindern, hat ihre Neugier für fremde Länder und Kulturen mit dem »European Business«-Studium zum Beruf gemacht; sie lebt mit ihrer Familie in Spanien. Lyndsey Lawrence ist Chemikerin und für einen britischen Pharmakonzern tätig. Andrea Bettridge ist leidenschaftlicher Fußballfan (Arsenal London) und seit über zehn Jahren Polizistin. Lyndsey und Andrea sind jeweils stolze Mütter von zwei Kindern.

Hilary Gardener, Andrea Bettridge,
Sarah Groves, Lyndsey Lawrence

Club der glücklichen Mütter

Vier Freundinnen im Kinder-Chaos

Aus dem Englischen
von Franca Fritz und Heinrich Koop

GOLDMANN

Die Originalausgabe erschien 2003 unter dem Titel
»The Fat Ladies Club. Facing The First Five Years«
bei Penguin Books, London.

Deutsche Erstveröffentlichung

Umwelthinweis:
Alle bedruckten Materialien dieses Taschenbuches
sind chlorfrei und umweltschonend.

1. Auflage
Deutsche Erstausgabe April 2004

Umschlaggestaltung: Design Team München
Umschlagabbildung: Zefa/Krenkel
Satz: IBV Satz- und Datentechnik GmbH, Berlin
Druck: GGP Media, Pößneck
Verlagsnummer: 15268
Redaktion: Ingrid Klein
KF · Herstellung: Sebastian Strohmaier
Made in Germany
ISBN 3-442-15268-2
www.goldmann-verlag.de

Dieses Buch widmen wir selbstverständlich unseren Familien – wenn sie nicht wären, gäbe es schließlich auch keinen Club der glücklichen Mütter. Aber da wir inzwischen begriffen haben, was für eine vertrackte Aufgabe es ist, eine gute Mutter zu sein, wollen wir dieses Buch nicht zuletzt auch unseren eigenen Müttern widmen – Mary, Lenia, Evelyn und Margaret. Ihr habt wirklich gute Arbeit geleistet, und Worte können unseren Dank für all das, was ihr für uns getan habt, nicht ausdrücken.

Inhalt

Danksagung

Wir möchten allen Mitgliedern von Annettes Familie dafür danken, dass sie uns auch weiterhin unterstützt und nach wie vor großes Interesse am Club der glücklichen Mütter gezeigt haben.

Die Mitglieder des Clubs der glücklichen Mütter

HILARY GARDENER – unsere *Quasseltante.* Hilary ist die Frau eines Landwirts und kümmert sich als gelernte Krankenschwester um Menschen mit geistiger Behinderung oder Lernstörungen. Inzwischen hat sie drei Kinder: Molly ist fast fünf Jahre alt, Isabella – genannt Ella – wird bald drei, und Alfie ist gerade einmal zehn Wochen auf der Welt.

ANDREA BETTRIDGE – unsere *Kickerfrau.* Andrea ist Polizistin und begeisterter Fan von Arsenal London. Ihre beiden Söhne Max und Sam sind inzwischen fast fünf bzw. drei Jahre alt.

SARAH GROVES – unser *Prachtmädchen.* Sarah ist im Augenblick das einzige Mitglied des Clubs der dicken Bäuche – dem Vorgänger unseres Clubs der glücklichen Mütter –, da sie im fünften Monat schwanger ist und bald ihr drittes Kind erwartet. Trotzdem sieht sie wie immer wie aus dem Ei gepellt aus. Ihr Sohn Jack wird demnächst fünf und ihre Tochter Eloise bald zwei.

LYNDSEY LAWRENCE – unser *Genie.* Lyndsey ist Wissenschaftlerin und befindet sich zurzeit im Erziehungsurlaub mit ihrer zweiten Tochter Caitlin, die vor drei Monaten auf die Welt kam. Caitlins ältere Schwester Bethan ist inzwischen fast fünf Jahre alt.

Wo stehen wir jetzt?

Fünf Jahre können wie eine Ewigkeit erscheinen und gleichzeitig wie im Flug vergehen. Es ist unglaublich, wie viel in den vergangenen Jahren in unserem Leben passiert ist, sowohl erheiternde als auch schreckliche Dinge – aber die Freundschaft des Clubs ehemals dicker Bäuche und heutiger glücklicher Mütter konnte nichts erschüttern und wurde sogar noch gestärkt.

Der Tod unseres Clubmitglieds Annette vor zwei Jahren, der eine klaffende Lücke in unsere kleine »Girlie-Gang« gerissen hat, war für uns alle ein schrecklicher Verlust. Ihre Abwesenheit wird uns jetzt, da statt fünf nur vier Autorinnen an diesem Buch arbeiten, erneut schmerzlich bewusst.

Weshalb schreiben wir dann überhaupt eine Fortsetzung? Diese Frage stellen wir uns immer wieder. Es ist keineswegs so, dass wir uns für den Quell allen Wissens zur Erziehung von Vorschulkindern halten, und ganz gewiss sind wir auch keine Erziehungsberatergurus, deren Beispiel alle und jeder folgen sollten. Und wenn Sie glauben, wir hätten einfach zu viel Zeit, müssen wir Sie enttäuschen – nichts entspräche weniger der Wahrheit. Während wir bei unserem ersten Buch noch dachten, die Fertigstellung sei ein Ding der Unmöglichkeit, gleicht die Vollendung dieses Manuskripts nahezu einem Wunder. Allerdings haben wir während der vergangenen Jahre eines gelernt: Von Müttern erwartet man einfach, dass sie Wunder vollbringen. Wir kamen ziemlich schnell dahinter, dass die vorrangigste Eigenschaft einer Mutter darin besteht, mit zehn Bällen, drei Samuraischwertern und ein paar brennenden Spießen gleichzeitig zu jonglieren – und das alles natürlich, während sie auf dem Kopf steht und »Alle meine Entchen« singt.

Vor kurzem haben wir noch einmal die Fotos hervorgekramt, die uns als frisch gebackene Mütter mit unseren Erstgeborenen zeigen. Wir sahen so jung aus, kein einziges graues Haar – was man inzwischen nicht mehr behaupten kann. Heute wirken wir älter, auch wenn wir kein bisschen weiser agieren! Ich glaube nicht, dass irgendeine von uns sich jemals »erwachsen« fühlt, jedenfalls nicht wie ein »verantwortungsbewusster erwachsener Mensch« ... Wir alle haben inzwischen mindestens zwei Kinder, dazu einen anspruchsvollen Beruf und einen Ehemann – um nur ein paar unserer »Jonglierbälle« zu erwähnen. Und jede von uns hatte mit einigen dieser vertrackten, brennenden Spieße und Samuraischwerter zu kämpfen, die uns an unsere Grenzen führten und dafür sorgten, dass die grauen Haare beständig nachwuchsen.

Daher beschlossen wir, diese Fortsetzung zu schreiben, denn wieder einmal wollten wir eine nichts beschönigende, aus dem Leben gegriffene Version der Ereignisse dieser frühen Jahre der Elternschaft liefern. Das Jonglieren während der Vorschulerziehung: Wie man es richtig und wie man es falsch macht, die Fehler und die Freuden. Unser Ziel ist es gewiss nicht, mit dem fachmännischen Können von Dr. Christopher Green und seinem Buch *Komm, wir gehn aufs Töpfchen! Erziehungshilfen für die ersten Lebensjahre* zu konkurrieren. Bei uns finden Sie keine Listen zu Dingen, die Sie machen müssen bzw. auf keinen Fall machen dürfen, und auch keine tiefgründigen, psychologischen Abhandlungen über die Verwendung unterschiedlicher Erziehungstechniken, sondern lediglich einen offenen und ehrlichen Bericht über all diese Zum-Haare-raufen-Momente, in denen wir uns ernsthaft fragen, wer denn hier das Kind ist. Hoffentlich werden Sie nur einfach lauthals lachen und erkennen, dass Sie an diesen schuldbewussten

Abenden nicht alleine dastehen, an denen Sie Ihr Kind unter die Decke stecken, ihm einen Gutenachtkuss verpassen – und sich anschließend zurücklehnen und einen Plan erstellen, wie Sie ab morgen alles besser machen können.

Hilary

Ich kann guten Gewissens behaupten, dass ich in Bezug auf die ersten Altersanzeichen am kräftigsten zugelangt habe. Gäbe es nicht diese fantastische Erfindung des Haarefärbens, dann wäre ich vermutlich inzwischen schneeweiß. Wenn die Kinder die Fotos unseres Clubs der dicken Bäuche betrachten, die entstanden, als wir uns gerade erst kennen gelernt hatten, erkennen sie mich meistens nicht einmal. Die Geburt dreier Kinder hat ganz offensichtlich ihren Tribut gefordert, und zwar deutlicher, als mir bewusst war.

Ich bin noch immer mit David, dem Landwirt, verheiratet, und wir sind jetzt zu fünft. Aber ich entwickle mich immer mehr zu einer Zimperliese statt zu einem Arbeitstier, wenn es ums Mithelfen auf dem Hof geht. Seit meiner Schwangerschaft mit Molly, also vor fünf Lammzeiten, bin ich nicht in der Lage gewesen, beim Lammen zu helfen. Jedes Jahr bin ich entweder schwanger (und darf mich wegen der Gefahr einer möglichen Ansteckung mit Toxoplasmose nicht in der Nähe der Herde aufhalten) oder habe ein kleines Kind im Schlepptau, sodass ich mehr eine Behinderung als eine Hilfe wäre, wenn ich versuchte, mir die Hände schmutzig zu machen. Während der ersten Jahre war diese Erfahrung schrecklich frustrierend, doch inzwischen verwandle ich mich immer mehr in einen Menschen, der froh ist, dass keine Schafsklötel an seinen Gummistiefeln pappen.

Auch Molly zeigt diese eher mädchenhafte Einstellung – Bonbonrosa und Viehzucht passen einfach nicht zusammen. Sie erkundet zwar mit Vorliebe den Bauernhof, ist wahnsinnig gerne draußen in der freien Natur und freut sich wie ein Schneekönig, sobald sie bei ihrem Vater hinten auf dem Quad mitfahren darf, aber wenn man ihr ein Lamm in den Arm drückt, dann verzieht sie das Gesicht zu einem Ausdruck tiefster Abscheu – sie könnte ja möglicherweise bekötelt werden. Dagegen ist die zweieinhalbjährige Isabella (unsere kleine Ella) das glatte Gegenteil ihrer Schwester. Nichts macht ihr mehr Freude, als in einem Stall mit den Lämmern zu kuscheln oder mitten durch die Schafherde zu springen und sich mit Dung jeglicher Art und Sorte zu bekleckern. Alfie, unser kleiner Neuzuwachs, ist erst wenige Wochen alt und muss noch lernen, dass es auch ein Leben jenseits der mütterlichen Brust gibt.

Die Landwirtschaft hat sich in den vergangenen Jahren dramatisch verändert, aber das ist eine andere Geschichte. Die größte Veränderung war für uns der Umstand, dass David seine Schweinezucht aufgeben musste, da sie nicht länger wirtschaftlich war. Nachdem er die Schweinezucht mit eigenen Händen aufgebaut hatte, traf ihn dieser Entschluss ziemlich hart, aber ich muss gestehen, für die Kinder und mich erwies sich das Ganze schließlich doch noch als Segen. Während ich neben ihm saß und verzweifelt versuchte, den Anschein von tiefem Verständnis und Mitgefühl aufrechtzuerhalten, jubelte die Zimperliese in mir heimlich bei der Vorstellung, zukünftig keine tränentreibenden Tischtennispartien im sommerlichen Garten mehr spielen zu müssen; keine Wäsche mehr, die trotz Hitzewelle im Haus aufgehängt werden muss, weil der Güllegestank jede einzelne Faser unserer Kleidung durchdringt; keine vor Dreck starrenden Overalls mehr, die auf meiner Veranda herumliegen, und kein übel riechender Ehemann, der am Abend herbeigeschlendert kommt und verkündet »Ich riech nichts«, während ich schon bei der Vorstellung, eine Minute mit ihm im selben Raum zu verbringen, würgen muss! Schweine mögen ja süß sein und möglicherweise zu den von Natur aus saubersten Tieren zählen, aber es muss auch einmal gesagt werden, dass sie nicht nur ein bisschen miefen. Wie Sie sicherlich inzwischen gemerkt haben, war ich nicht allzu traurig, die Tiere gehen zu sehen. Seitdem hat die Aussage »Ein Sommer im Garten« eine ganz neue Bedeutung bekommen.

Ich arbeite noch immer als bei der Gemeinde angestellte Krankenschwester mit Menschen, die eine geistige Behinderung oder Lernstörungen haben; allerdings bin ich nur noch auf stark eingeschränkter Teilzeitbasis tätig. Nach Mollys Geburt ging ich zunächst drei Tage die Woche arbeiten. Meines Erachtens funktionierte dieses Konzept einwandfrei: Ich war gerne sowohl berufstätige Frau als auch Mutter und hatte den Eindruck, dass sich beides perfekt ergänzte. Aber Molly war von meinem Entschluss wenig begeistert. Anfangs hatte ich eine Freundin gebeten, auf Molly aufzupassen. Das erschien mir als die ideale Lösung; sie konnte Molly einfach in ihr eigenes Familienleben integrieren. Aber obwohl Molly bei meiner Rückkehr in den Beruf erst sieben Monate alt war, machte sie meiner Freundin das Leben regelrecht zur Hölle! Sobald ich während der ersten Eingewöhnungswochen auch nur den Raum verließ, kreischte sie so lange, bis sie sich fast übergeben musste, und an meinem ersten Arbeitstag schrie sie buchstäblich den ganzen Tag. Als ich sie abholte, war meine arme Tagesmutter mit den Nerven vollkommen am Ende und brach in Tränen aus. Ich hatte ein furchtbar schlechtes Gewissen, zunächst einmal gegenüber meinem kleinen Schatz, weil ich sie im Stich gelassen hatte, aber hauptsächlich gegenüber der Tagesmutter, weil ich ihr solch eine störrische kleine Dame aufgehalst hatte. Dann stellte sich jedoch heraus, dass Molly eine Halsentzündung hatte, und mein schlechtes Gewissen brachte mich fast dazu, den Job umgehend hinzuschmeißen. Ich nahm für den Rest der ersten Woche einen Teil meines Jahresurlaubs, und der Kampf um meine

Rückkehr in den Beruf begann erneut. Dankenswerterweise besaß meine Tagesmutter eine Engelsgeduld und setzte die Betreuung meines kleinen, eigensinnigen Mädchens unbeirrt fort. Es dauerte vier Wochen, bis Molly sich schließlich geschlagen gab und mit einem kleinen Bilderbuch nach Hause kam mit folgender Widmung: »Für meine Molly Miggins. Danke für unseren ersten schönen Tag. In Liebe, Debbie«. Die nächsten Jahre verliefen ziemlich glatt. Molly gewöhnte sich daran, zwei Tage bei der Tagesmutter und einen Tag bei meiner Mutter zu verbringen; Letzteres empfand Molly jedoch nie als Kinderbetreuung, sondern eher als ein großes Vergnügen. Sie verkraftete sogar den Wechsel der Tagesmutter gegen Ende des ersten Jahres. Allerdings versäumte sie es nie, den eigentlichen Moment des Abschieds zu einer wahren Tortur zu machen. Sie klammerte sich dann an meinen Hals und stieß markerschütternde Schreie aus, wenn man versuchte, sie wegzuziehen. Das Ganze nahm mich ziemlich mit und bereitete mir schon am Abend zuvor große Sorgen. Ich war nur froh, dass wir dieses herzzerreißende Erlebnis nur zweimal in der Woche durchmachen mussten. Wenigstens wusste ich, dass Molly sich nach der Abschiedsszene prächtig amüsierte; andernfalls wäre ich mit der Situation nicht zurechtgekommen.

Nach Ellas Geburt kehrte ich erneut ins Berufsleben zurück. Molly war zu dem Zeitpunkt zweieinhalb, und ich brachte sie beide in einer Kindertagesstätte unter. Das bewirkte bei Molly wahre Wunder. Sie liebte die Krippe, weinte nicht ein einziges Mal, wenn ich ging, und schien dort vollkommen in ihrem Element zu sein. Ich hatte das Gefühl, mir würde eine schwere Last von den Schultern genommen – bis Ella beschloss, das »Wir-quälen-unsere-Mami«-Spiel zu spielen und es geradezu hasste, im »Säuglingszimmer« untergebracht zu werden. Wir versuchten, Zeit zu schinden, und nutzten jede Stunde, die ich an Urlaubszeit hatte, um den Moment abzupassen, in dem sie das Säuglingszimmer verlassen und in die Gruppe der Einjährigen wechseln konnte. Denn ich wusste, dass es ihr dort gefallen würde, und so war es dann auch. Es vergingen vier ganze Wochen, in denen meine beiden Kinder mit ihrer Betreuung glücklich und zufrieden waren. Aber dann rückte auch Molly in die nächste Gruppe auf und damit in den nächsten Raum, und der Albtraum begann von vorne. Zwei Monate später – zwei Jahre und acht Monate nach meiner ersten Rückkehr ins Berufsleben – warf ich schließlich das Handtuch und gab mich geschlagen. Ich konnte das Gefühlschaos nicht länger ertragen, zwischen Karriere und Kinderbetreuung aufgerieben zu werden. Als ich mich mit den Leitern meiner Abteilung zusammensetzte, um ihnen mitzuteilen, dass ich die Kinder aus der Betreuung nehmen musste, weinte ich. Ich fühlte mich als komplette Versagerin, sowohl als Mutter wie auch als Krankenschwester, und auf Grund der ständigen Beschäftigung mit diesen beiden vorherrschenden Themen in meinem Leben hatte ich außerdem das Gefühl, dass ich auch als Ehefrau keine besonders glanzvolle Leistung ablieferte. Nachdem David und ich einmal den Entschluss gefasst hatten, dass ich meinen Beruf an den Nagel hing, ging es mir plötzlich fantastisch. Ich war bereit, abends ein paar Regale zu füllen, um etwas zusätzliches Geld in die Haushaltskasse zu bringen, und mich zur Abwechslung mal nur auf einen Job zu konzentrieren – den der Mutter.

Wie sich jedoch herausstellte, waren die Abteilungsleiter und meine Kollegen nicht so schnell bereit, mich gehen zu lassen. Sie entwickelten für mich einen Plan, nach dem ich nur einen Tag in der Woche arbeiten musste und die Kinder zum Hüten zu meiner Mutter geben konnte. Und so haben wir es auch die vergangenen Jahre beibehalten. Nur siebeneinhalb Stunden pro Woche Arbeit sind der reinste Himmel – es ist gerade genug, nicht aus der Übung zu kommen und mein Gehirn in Gang zu halten, und ich bringe jetzt sogar mehr Geld mit nach Hause als zu den Zeiten, als ich noch drei Tage gearbeitet habe, da ich jetzt das Geld für die Kinderbetreuung einspare. Ich wünschte nur, ich hätte diese Regelung von Anfang an gefunden. Zurzeit befinde ich mich erneut im Erziehungsurlaub, aber sobald Alfie vier Monate alt ist, möchte ich in meinen Beruf zurückkehren. Ich kann nur hoffen, dass meine Mutter an diesem einen Tag in der Woche in der Lage ist, drei Kinder, deren unterschiedliche Zeitpläne und meinen behinderten Vater unter einen Hut zu bringen. Es wird sicherlich nicht leicht für sie, aber glauben wir nicht alle insgeheim, dass unsere Mütter wahre Superheldinnen sind? Daher bin ich mir sicher, dass meine Mom das schon schaffen wird.

Aber selbst der eine Tag in der Woche, an dem ich noch arbeite, kommt meinem aktiven gesellschaftlichen Leben immer wieder in die Quere. Vor der Geburt meiner Kinder konnte ich mir gar nicht vorstellen, womit Vollzeitmütter so ihre Tage füllen. Heute gebe ich nur ungern zu, dass es auch mir schwer fällt, diese lästigen kleinen Notwendigkeiten wie Kochen, Putzen und Einkaufen in meinen Tagesablauf zu integrieren – mein Terminkalender ist vorrangig mit einer Fülle von Freizeitaktivitäten meiner Kinder gefüllt: Ballett, Schwimmen, Spielgruppe, Besuche von Freunden, Kindergymnastik – die Liste lässt sich endlos weiterführen. Das einfache Erinnern, wo man wann und für welches Kind zu sein hat, wäre schon für jeden Normalbürger eine Herausforderung, ganz zu schweigen für eine Mutter mit einem postnatalen Puddinghirn! Und dabei habe ich noch nicht einmal Alfies voraussichtliche jungentypische Aktivitäten berücksichtigt, mit denen er in den nächsten Jahren meinen Wochenplan zusätzlich strapazieren wird. Da ich außerdem verzweifelt versuche, hin und wieder für mich selbst auch einmal eine Fitnessstunde oder ein kleines Freizeitvergnügen einzuplanen, kann ich mit Fug und Recht behaupten, dass meine Tage bis oben hin gefüllt sind und weder mein Körper noch mein Gehirn eine weitere Belastung verkraften könnten.

Ob ich mich seit der Geburt meiner Kinder verändert habe? Die Antwort auf diese Frage fällt unterschiedlich aus – je nachdem, wen man im Freundes- oder Familienkreis fragt. Wenn Sie meine alten Freunde aus dem Hockeyclub befragen, werden sie zweifellos bestätigen, dass ich mich vollständig verändert habe – vor allem die Freunde, die dem Club der Eltern bisher noch nicht beigetreten sind. Ich bin kaum noch im Clubhaus anzutreffen, und wenn doch, dann meistens zusammen mit den Kindern für ein Stündchen nach einem Spiel von Davids Mannschaft. Und dann bin ich mehr damit beschäftigt, auf die Kinder aufzupassen als an der Bar herumzustehen. Da ich selbst kein Hockey mehr spiele und nicht die geringste Lust verspüre, den winterlichen Elementen mit einem Hockeyröckchen und Schienbeinschonern zu trotzen, fühle ich mich inzwischen doch ein wenig wie ein Außenseiter im Club. Es ist fast so, als ginge man nach seinem Collegeabschluss mit seinen alten Kommilitonen noch einmal in die ehemalige Studentenkneipe. Die Atmosphäre ist zwar noch die gleiche, und auch an den Trinksprüchen hat sich nichts geändert, aber man gehört nicht mehr dazu. Das klingt jetzt alles düster und deprimierend, aber ich kann nur sagen, dass ich den Club und das Drumherum nicht im Geringsten vermisse. Ich habe immer noch Kontakt zu einigen engen Freunden aus der Hockeyzeit, und wir treffen uns regelmäßig, wenn auch nicht mehr in Sportschuhen und Bandanas.

Abgesehen von meinem Abschied vom Hockeyclub glaube ich nicht, dass ich mich verändert habe. Ich bin immer noch eine Quasselstrippe, die nie weiß, wann sie mal »in den Leerlauf schalten« sollte; ich habe noch immer viel zu viele Meinungen zu viel zu vielen Themen; und ich kämpfe immer noch mit meinem Gewicht, kann aber den Gedanken, meine Nahrungszufuhr zu drosseln, einfach nicht ertragen.

Allerdings hat sich unser gesellschaftliches Leben stark verändert. David und ich gehen kaum noch aus und laden stattdessen Gäste zum Essen zu uns nach Hause ein. Das muss für unsere Gäste im Grunde ein Albtraum sein: Sie sind nicht nur meiner Revolverschnauze ausgeliefert, die den ganzen Tag noch kein Wort mit einem anderen Erwachsenen wechseln konnte, sondern auch meinen Kochkünsten – und ich bin kein Paul Bocuse, um es mal vorsichtig zu formulieren. Dieser Wechsel vom Restaurantbesuch zur »Heimverköstigung« hängt größtenteils damit zusammen, dass wir uns auf diese Weise die umständliche Suche nach einem Babysitter sparen. Selbst wenn wir zu anderen Leuten nach Hause eingeladen sind, schleppen wir die gesamte Familie mit, deponieren die Kinder in jedem verfügbaren Bett und transportieren sie mitten in der Nacht wieder nach Hause. Unsere Kinder haben nie Schwierigkeiten damit gehabt und schlafen wunderbar durch, während sie durch die Gegend kutschiert werden. Das ist einer der großen Nachteile des Landlebens: Es ist einfach unmöglich, einen Babysitter zu finden. Unser Haus ist bei der Jugend der Umgebung verrufen, es gilt als eine besondere Mutprobe, bis zu unserer Haustür zu laufen. Daher ist für die meisten Teenager die Vorstellung, in unserem Haus auf die Kinder aufzupassen, ähnlich verlockend wie eine Einladung zum Dinner mit dem Psycho Norman Bates! Ich kann nicht behaupten, dass mir die Treffen nach dem Hockeytraining im örtlichen Pub, gefolgt von einem Curry und dem Kampf um das einzige Taxi in den frühen Morgenstunden, sonderlich fehlen würden. Und ich schäme mich fast, es zuzugeben, aber inzwischen ziehe ich unsere häuslichen Treffen deutlich vor, wodurch ich wirklich wie eine traurige Mittdreißigerin klinge, oder?

Und ich habe noch etwas an mir entdeckt: Ich scheine das Bedürfnis zu haben, mich bei allem, was ich anfange, voll und ganz einzusetzen. Als ich noch dem Hockeyclub angehörte, war ich nicht nur einfaches Mitglied, sondern Vorsitzende der Damenabteilung, Trainerin der weiblichen Jugendmannschaft und eine der Stützen des Festkomitees. Natürlich habe ich all diese Aktivitäten inzwischen eingestellt, doch dafür bin ich jetzt aktives Mitglied im Verein der Freunde und Förderer des Kinderhorts; außerdem bin ich zuständig für die Organisation der Sonntagsschule in unserem Dorf und gestalte einmal im Monat einen besonderen Kindergottesdienst, die Zwergenandacht. Es ist mir schleierhaft, wie es passieren konnte, dass ich mich so intensiv für die Kirche engagiere, aber die anderen Mitglieder unseres Clubs haben mir schon den Spitznamen »Hochwürden Gardener« verpasst. Ich bin zwar als Kind regelmäßig zur Kirche gegangen und habe auch noch als Teenager bei der Sonntagsschule geholfen, aber danach hatte ich nur noch sehr wenige Berührungspunkte mit der Kirche. Nach Annettes Tod verspürte ich jedoch gelegentlich den Wunsch, zur Kirche zu gehen, und nahm dann auch meine beiden Mädchen mit. Ich wollte eigentlich nur, dass sie eine solide christliche Erziehung erhalten, die Geschichten aus der Bibel kennen und die Kinderlieder, und dabei sollte auch der Spaß nicht zu kurz kommen. Aber ehe ich mich versah, bot ich mich freiwillig an, genau diese Art Andacht in unserem Dorf durchzuführen, und letztes Jahr Weihnachten organisierte ich sogar das gesamte Krippenspiel. Aufgepasst Mutter Teresa – hier kommt Hochwürden Gardener!

Mit anderen Worten: Ja, mein Leben hat sich verändert, und wenn ich jetzt auf die vergangenen Jahre zurückblicke, erkenne ich, dass es sich durchaus um einschneidende Veränderungen handelte, aber stets zum Besseren. Ich bin gerne Mutter, auch wenn ich meine Zweifel habe, ob ich diesen Job immer gut mache. Meine Prioritäten und die Dinge, die mir Freude bereiten, haben sich geändert, aber ich bin immer noch ich, mit demselben Sinn für Humor und Spaß wie eh und je. Und ich bin froh, dass ich jetzt sagen kann: Ich liebe mein Leben, so wie es ist.

Andrea

Ich möchte die Gelegenheit nutzen, um zunächst einmal stolz darauf hinzuweisen, dass ich noch kein einziges graues Haar habe. Und das ist auch gut so, denn wenn ich Hilary und Sarah über die Vor- und Nachteile von Haartönungen und Haarfärbemitteln reden höre und über die Preisvorteile der Produkte zum Selberfärben im Vergleich mit den Kosten eines Friseurbesuchs, dann habe ich das Gefühl, dass ich in einem Riesenschlamassel und mit grünen Haaren enden würde, ließe ich mich auf diesen Mädchenkram ein.

Bedauerlicherweise wird es aber wahrscheinlich nicht mehr lange dauern, bis ich mich zu den anderen im Club der Grauhaarigen gesellen werde, da ich zurzeit eine der stressigsten Phasen meines ganzen Lebens durchmache. Ja, ich gestehe es zwar nur ungern ein, aber ich bin die statistische eine Frau von fünfen aus unserem kleinen Club, deren Ehe in die Brüche geht. Ich zähle zu den Menschen, die ihr Eheversprechen sehr ernst nehmen, und als ich »Bis dass der Tod uns scheidet« sagte, habe ich das auch so gemeint – daher stammt der Entschluss zur Trennung nicht von mir. Ich habe mir nie vorstellen können, dass ich einmal in dieser Situation ende, in der ich mich nun befinde. Es ist schon erstaunlich, wie wenig man kommen sieht. Ich dachte, ich hätte das durch die Geschwindigkeit, mit der Annettes Krankheit sich ausbreitete und sie schließlich tötete, gelernt, aber wieder einmal trifft mich eine unerwartete Wendung im Leben vollkommen unvorbereitet und macht mich sprachlos. Vor gerade einmal neun Monaten marschierten Bruce und ich erwartungsvoll in den Highbury Park und freuten uns darauf, Arsenals erstes Saisonspiel zu sehen. Ich weiß noch genau, wie glücklich ich mich damals fühlte, mit einem Mann verheiratet zu sein, der ein genauso fanatischer Fußballfan war wie ich. Unsere Freunde hielten unsere Partnerschaft für besonders stabil und innig, und trotzdem ist es passiert: Das alte Haus steht zum Verkauf, die Hypothek für mein neues Haus ist abgeschlossen, und ich warte nur darauf, mit meinen beiden Jungs in unser neues Zuhause ziehen zu können. Wie konnte es nur so weit kommen? Letztes Jahr gründete Bruce seine eigene Firma, die Computerteile vertreibt und damit sehr erfolgreich ist. Im Grunde genommen hat er sich in seine Firma verliebt und betrachtet mich nicht länger als Teil seines neuen Lebens. Ich bin mir nicht sicher, was schlimmer wäre – den eigenen Mann zu verlieren, weil er eine Affäre mit einer anderen Frau hat, weil er eine Affäre mit einem Mann hat oder weil er schlicht eine Affäre mit seinem Geschäftsehrgeiz hat. Jeder dieser Gründe ist schmerzhaft. Mir bleibt nicht einmal der Luxus, jemand anderem die Schuld zu geben! Und das Traurige ist: Weil ich die bin, die ich bin, kann ich noch nicht mal sauer auf ihn sein. Ich glaube, ich bin so dankbar, dass er nicht auch noch seine Kinder aus seinem Leben streicht, dass ich ihm das, was er mir antut, verzeihe. Ich weiß zwar, dass mich das jetzt ganz bestimmt zu einem echten Trottel macht, aber so bin ich nun mal. Bruce liebt seine Jungs nach wie vor von ganzem Herzen und ist entschlossen, auch weiterhin der aktive Vater zu sein, der er immer war.

Jetzt aber zu etwas Heiterem: Ich bin wie eh und je ein begeisterter Arsenalfan und davon überzeugt, dass sich die Höhen und Tiefen meines Lebens in den vergangenen fünf Jahren mit den Höhen und Tiefen meines Fussballvereins teilweise deckten. Die Saison 97/98 war für uns alle ein gewaltiger Höhepunkt, da Max, unserer Erstgeborener, noch vor Saisonbeginn das Licht der Welt erblickte und Arsenal es schaffte, sowohl die Meisterschaft als auch den Pokal zu holen, als Max zehn Monate alt war. Das arme Kind wusste nicht, wie ihm geschah, als der Schlusspfiff im Pokalendspiel ertönte. Der Anblick seiner beiden Eltern, die wie

Kängurus auf LSD durch das Wohnzimmer hüpften, muss ihn wohl ziemlich erschreckt haben, denn seine Unterlippe begann heftig zu zittern. Glücklicherweise hat dieses Ereignis jedoch keine bleibenden Schäden hinsichtlich seiner Entwicklung zum Fußballfan verursacht. Aber andererseits hatte er wohl auch keine andere Wahl, als sich für Fußball zu interessieren, da er bereits vom Tag seiner Geburt an einen Arsenal-Babystrampler trug.

Vor Arsenals großem Coup musste Max mit uns zusammen jedes im Fernsehen übertragene Spiel ansehen, und schon bald erkannte er den folgenden Zusammenhang: Wenn eine Reihe rot gekleideter Männer über die Mattscheibe rannten, dann stießen sowohl seine Mom als auch sein Daddy laute Schreie aus. Max muss wohl gedacht haben: »Manchmal sind sie ganz still und mürrisch, das nennt man dann verlieren, aber mir gefällt es am besten, wenn sie ganz aufgeregt sind und mich nach dem Ende des Spiels zur Belohnung in den Pub mitnehmen – das heißt dann gewinnen.« Es überrascht wohl kaum, dass er bereits im Alter von achtzehn Monaten die Grundregeln des Fußballs beherrschte und ebenfalls hellauf begeistert war, wenn Arsenal gewann. Dieses frühe Zuschauen im Kinderstuhl in Kombination mit zahlreichen Sonntagnachmittagen an der Seitenlinie, wo er zusammen mit meiner Freundin Lizzie zusah, wie Mami Fußball spielte, ist der Grund dafür, dass ich heute mit Stolz behaupten kann, Max hat sich zu einem ausgewachsenen »Junior Gunner« gemausert. Sein Lieblingsspieler ist Freddie Ljungberg; mit Begeisterung singt er Freddies Lied, und vor kurzem verkündete er laut, er wolle auch einen roten Irokesenschnitt, genau wie sein Idol. Die Erfüllung dieses Wunschs wird allerdings noch bis zu den Sommerferien warten müssen, da ich nicht glaube, dass seine Schule von dieser Idee angetan wäre! Max zeigt eine unglaubliche Begeisterung für Sport und liebt es, mit seinem Fußballtrikot bekleidet, im Garten hinter dem Ball her zu rennen. Aber ob er die Geschicklichkeit oder die sportlichen Fähigkeiten besitzt, die einen anständigen Spieler ausmachen, das steht auf einem anderen Blatt. Ich fürchte, er ähnelt zu sehr seinem Vater – was in diesem Fall bedeuten würde, dass seine Vorliebe für Reinlichkeit seine sportlichen Instinkte überschattet. Bereits jetzt ist Max eines dieser Kinder, die sich beim kleinsten Schmutzfleck auf den leuchtend weißen Shorts gebärden, als würde der Weltuntergang bevorstehen, und sich nicht eher beruhigen, bis die Hose wieder makellos sauber ist.

Wenn Max nach seinem Dad schlägt, dann zeigt mein anderer Sohn, unser zweieinhalbjähriger Sam, bereits deutliche Anzeichen dafür, dass er nach mir kommt. Wir zählen beide zu dem Menschenschlag, der im Allgemeinen recht heiter gestimmt ist, aber auch extrem tollpatschig sein kann. Wenn es irgendwo etwas zum Darüberstolpern, Dagegenkrachen oder Herunterfallen gibt, kann man sicher sein, dass Sam oder ich das mühelos hinkriegen. Andererseits hat er offensichtlich auch meine sportliche Begabung geerbt und besitzt ein hervorragendes Ballgefühl, das keine Rücksicht auf die Persil-Reinheit seiner Shorts nimmt.

Er ähnelt mir so sehr, dass ich nur hoffen kann, dass er nicht auch meine unangenehme Besessenheit für Pünktlichkeit geerbt hat. Ich selbst kam fünf Wochen zu früh zur Welt, und wenn ich nicht wenigstens fünf Minuten vor einem vereinbarten Termin am Treffpunkt erscheine, mache ich mir ständig Sorgen, dass ich zu spät kommen könnte. Auch Sam erblickte fünf Wochen früher als geplant das Licht der Welt – daher muss ich einfach nur abwarten, ob tatsächlich ein Körnchen Wahrheit in der Behauptung steckt, die Veranlagung zur Pünktlichkeit stehe im Zusammenhang mit der Einhaltung des berechneten Geburtstermins.

Meine Schwangerschaft mit Sam spiegelte in vielerlei Hinsicht die Leistungen meines Vereins in dieser Saison wider. Arsenal zeigte zunehmend die Charakterzüge einer Brautjungfer: Am entscheidenden Tag herrschten zwar große Aufregung und Freude, aber am Ende wurden die Jungs doch nur Zweiter und – um dem Ganzen die Krönung aufzusetzen – die Braut hieß Manchester United! Damit vergleichbar herrschten auch bei mir große Aufregung und Freude über die Schwangerschaft, die jedoch konstant von der Furcht überschattet wurde, das Kind möglicherweise zu verlieren. Die gesamte Schwangerschaft war alles andere als leicht und unkompliziert, aber ich spare mir die Details für später auf. Schließlich platzte nach dem Besuch eines Arsenalspiels meine Fruchtblase sechs Wochen zu früh. Eine Woche später wurde Sam geboren, und man kann durchaus sagen, dass er sich außerhalb meines Körpers als erheblich unkomplizierter erwiesen hat. Ich frage mich häufig, wenn die Fruchtblase während des Spiels geplatzt wäre, ob man mir dann eine lebenslang gültige Ehrenkarte überreicht hätte.

Was meine Arbeit anbelangt, bin ich in den Polizeidienst zurückgekehrt, als Max sieben Monate alt war. Es war mir zunächst nicht bewusst gewesen, welch tiefe Delle die Zwangspause und die Geburt in meinem Selbstvertrauen hinterlassen hatten – bis mein Bewerbungsgespräch für die neue Stelle als Kontaktbereichsbeamtin kam. Zu dem Zeitpunkt besaß ich bereits zehn Jahre Berufserfahrung und hatte vor Beginn des Mutterschutzes beim Rauschgiftdezernat gearbeitet, und trotzdem fühlte ich mich wieder wie ein blutjunger Anfänger. Glücklicherweise sorgte mein noch aus früheren Zeiten stammender Ruf dafür, dass ich die Stelle bekam, sodass nur noch die Adrenalinstöße auslösende Aussicht auf meine erste Verhaftung blieb. Dinge, die ich zwei Jahre zuvor getan hatte, ohne auch nur einen Gedanken daran zu verschwenden, waren plötzlich wieder beängstigende erste Male.

In den Wochen vor meiner Rückkehr in den Beruf war ich

fürchterlich aufgeregt, aber glücklicherweise musste ich nicht mit den gleichen Problemen kämpfen wie Hilary, als mein Max in den Kinderhort kam. Anfangs habe ich wieder Vollzeit gearbeitet, und Max blieb drei Tage die Woche in einer örtlichen Kindertagesstätte. An den beiden anderen Tagen kümmerten sich Bruce bzw. Bruces Mutter um ihn. Max gewöhnte sich rasch an diese Regelung. Etwa zwei Tage lang flossen beim Abschied ein paar Tränchen, aber danach lächelte er jedes Mal und winkte mir nach. Wenn ich ihn dann später wieder abholte, entdeckte ich ihn meistens, noch bevor er mich sah. Es war ein fantastisches Gefühl, den freudigen Ausdruck auf seinem Gesicht zu sehen, sobald er mich erkannte und mit unsicheren Schritten auf mich zuschwankte. Kurz danach fand ich außerdem heraus, dass es ihm egal war, wer ihn hochhob oder an der Hand nahm – keine schlechte Leistung, denn die örtlichen Kriminellen hatten ja noch keine Ahnung, dass ich nun eine frisch gebackene Mutter mit Kinderbetreuungsproblemen war. Die ersten Dienstwochen waren wirklich hektisch, und so großartig es sich auch anfühlte, wieder voll einzusteigen und mein Selbstvertrauen als Polizeibeamtin wiederzuerlangen, so hatte ich doch heftige Schuldgefühle angesichts der vielen Male, bei denen entweder Bruce oder meine Freundin Lizzie kurzfristig losflitzen mussten, um Max abzuholen, weil ich es zeitlich nicht schaffte.

Die Kindertagesstätte bot eine Reihe von Vorteilen, aber sie hatte auch einen entscheidenden Nachteil – die Geschwindigkeit, mit der sich Infektionskrankheiten ausbreiteten. Allein während des ersten Monats zog Max sich eine Bindehautentzündung und die Hand-Fuß-Mund-Krankheit zu (was mich schwer bestürzte, da ich die Krankheit mit der Maul- und Klauenseuche verwechselte, was eine völlig andere Geschichte ist), ganz zu schweigen von einer ständig laufenden Nase und einem hartnäckigen Husten. Er holte sich diese Krankheiten in der Tagesstätte, wurde dann aber für die Dauer der Genesung aus der Gruppe »ausgeschlossen«. Die Bindehautentzündung schlug während meiner ersten Dienstwoche zu, und ich konnte mich einfach nicht dazu überwinden, bereits so schnell nach Wiederaufnahme meiner Arbeit um Urlaub zu bitten. Daher brachten wir Max zu meiner Mutter nach Somerset, bis er wieder gesund war. Das klappte auch ganz wunderbar, wenn man davon absieht, dass es für mich das erste Mal war, dass ich mich von Max trennen musste – eine wirklich deprimierende Zeit. Allerdings rächte ich mich an meiner Mutter für die jahrelangen, überbesorgten Telefonate, mit denen sie mich bombardiert hatte, sobald ich auch nur ein bisschen krank war: Ich muss förmlich jede Stunde bei ihr angerufen haben, um mich nach Max zu erkundigen!

Meine neue Aufgabe bei der Polizei gefiel mir zwar gut, aber nach sechs Monaten rang ich mich zu der schwierigen Entscheidung durch, meine Arbeitszeit auf vier Tage in der Woche zu kürzen – und nach Sams Geburt auf drei Tage. Mir wurde klar, dass ich mir wertvolle Zeit mit meinen Jungs entgehen ließ, denn ehe man sich versieht, sind sie erwachsen, und diese Zeit lässt sich nicht mehr nachholen. Dass es eine schwierige Entscheidung war, liegt daran, dass ich meinen Beruf immer sehr gerne ausgeübt habe, und die Verringerung der Arbeitszeit erschien mir wie die Akzeptanz der Tatsache, dass der Beruf definitiv an die zweite Stelle gerückt war. Zwar sind im Polizeidienst in den vergangenen Jahren große Anstrengungen unternommen worden, um mehr Teilzeitstellen für Beamtinnen zu schaffen, und ich wurde von meinen Vorgesetzten hervorragend unterstützt, aber bedauerlicherweise herrscht bei einigen Kollegen immer noch die Meinung vor, dass man als Teilzeitbeschäftigte keine Kontaktbereichsbeamtin, also Polizistin in vorderster Front, sein dürfe. Und ich musste mir schon mehrfach kräftig auf die Zunge beißen angesichts einiger Kommentare dieser Dinosaurier. Ich habe häufig das

Gefühl, dass ich wesentlich mehr und härter arbeiten muss, als es die Pflicht verlangt, um die Fahne weiblicher Befähigung hochzuhalten. Aber trotz alledem bin ich sehr froh, dass ich diese Entscheidung getroffen habe: Auf diese Weise steht mir mindestens ein Tag pro Woche nur für die Kinder und mich zur Verfügung. Wir gehen dann schwimmen, treffen uns mit Freunden oder verbringen einfach nur etwas Zeit miteinander.

Dennoch frage ich mich häufig, welche Richtung meine Karriere einschlagen wird. Ein Teil von mir würde gerne die nächsten Stufen auf der Leiter der Polizeihierarchie erklimmen – und kürzlich habe ich sogar darüber nachgedacht, mein Examen zum Sergeant zu machen –, aber ein noch viel größerer Teil von mir sieht jetzt schon das potenzielle Ende meiner Laufbahn als Kontaktbereichsbeamtin kommen. Ich habe nicht gedacht, dass ich das jemals sagen würde, aber ein Vorfall während des Diensts vor ein paar Jahren veranlasste mich dazu, mir einen Moment Zeit zu nehmen und über meine Zukunft nachzudenken. Bei einer Verhaftung schlug mir jemand mit meinen eigenen Handschellen ins Gesicht, wovon ich eine dauerhafte Narbe oberhalb meiner Lippe zurückbehalten habe. Vor allem Max nahm diesen Vorfall sehr schwer, und eine Zeit lang wollte er nicht, dass ich zur Arbeit ging, da ich dort ja verletzt werden könnte. Seine Reaktion hat mich ziemlich nachdenklich gestimmt und mir bewusst gemacht, dass ich nicht länger nur für mich allein verantwortlich war. Daher beschloss ich, wieder »die Schulbank zu drücken« und mich weiterzubilden. Nach einem Abendkurs in Jura, den ich letztes Jahr absolvierte, kann ich heute mit Stolz verkünden, dass ich im zarten Alter von zweiunddreißig Jahren meine erste Eins bekommen habe. Ich habe es sehr genossen, mein Gehirn wieder anzustrengen und zu lernen und mich sogar ein wenig zur Streberin zu entwickeln, die ihre Essays selbstverständlich immer pünktlich abgab! Während des Examens kam ich mir allerdings extrem alt vor: Als ich all die siebzehnjährigen Collegestudenten hereinkommen sah, fühlte ich mich wie eine alte Oma, die den Altersdurchschnitt im Saal entschieden in die Höhe trieb.

Als die Ergebnisse bekannt gegeben wurden, war ich so aufgeregt, dass ich nicht auf die Post warten wollte und losmarschierte, um mich zusammen mit den anderen Studenten in einer langen Schlange aufzustellen und auf den braunen Umschlag mit den Ergebnissen zu warten. Während ich mich im Examenssaal schon als unübersehbar empfunden hatte, stach ich hier mit meiner Uniform erst recht wie ein weißer Rabe aus der Menge von Teenagern in Grungeklamotten heraus. Als ich allerdings meinen Umschlag öffnete und sah, dass ich bestanden hatte, jubelte ich genauso laut wie sie. Ich kassierte zwar den einen oder anderen merkwürdigen Seitenblick, während ich aufgeregt jedem gratulierte und ihn oder sie vor Freude umarmte, aber niemand hatte den Mut, mich zu fragen, wer zum Teufel ich sei. Vielleicht dachten sie, ich würde eine ausgesprochen erbärmliche Vorstellung eines verdeckten Ermittlers abliefern und hätte die wichtigste Regel zum Eintauchen in die Szene vergessen: Trag keine Uniform!

Nach diesem Lernerfolg habe ich mich jetzt an einer Fernuniversität eingeschrieben, mit dem Ziel, einen Hochschulabschluss zu machen. Ich habe zwar noch keine konkreten Pläne, was ich einmal damit anfangen werde, aber wenn ich mich weiterhin auf dieses Jurastudium konzentriere, wird mir das hoffentlich dabei helfen, innerhalb der Strafgerichtsbarkeit eine Alternative zur Arbeit als Kontaktbereichsbeamtin zu finden.

Das bringt mich zurück zur Gegenwart: Derzeit könnten mein Leben und der Erfolg meines Vereins kaum gegensätzlicher sein. Ich befinde mich definitiv in einer der schwierigsten Phasen meines ganzen Lebens, während ich mich darauf vorbereite, demnächst als allein erziehende Mutter durchs Leben zu gehen. Dagegen ist Arsenal im Augenblick nicht zu stoppen und hat gerade erneut beide Titel geholt. Bei allem Auf und Ab der vergangenen Zeit sind mir die anderen Mitglieder des Clubs der glücklichen Mütter eine große Hilfe gewesen und zu echten Freundinnen geworden. Ich liebe es, mal eben auf ein Schwätzchen bei Sarah vorbeizuschauen – was sehr praktisch ist, da ihr Haus keine zehn Meter von der Polizeiwache entfernt liegt – oder mit Hilary zu telefonieren und ihren Mann zu ärgern, weil ich einfach nur so anrufe, obwohl wir uns in zehn Minuten sowieso treffen. Danach telefoniere ich noch rasch mit Lyndsey oder schreibe ihr eine E-Mail, um ihr die gleichen Belanglosigkeiten mitzuteilen. Ich bin gerne die Patentante von Ella, Hilarys und Davids zweiter Tochter und Sams »Mädchenfreundin« – wie er sie nennt –, und ich freue mich sehr, dass Sarah mich heute Morgen noch vor neun Uhr auf der Arbeit anrief, um mir zum Sieg von Arsenal zu gratulieren. Inzwischen kennt sie nicht nur die Farben des Vereins, sondern auch die Namen von ein paar Spielern!

Lyndsey

Während ich hier mit dem Stift in der Hand sitze – oder genauer: mit den Fingern auf der Tastatur –, überkommt mich ein gewaltiges Déjà-vu-Gefühl. Wieder einmal befinde ich mich im Erziehungsurlaub, stille einen drei Monate alten Säugling, meine Tochter Caitlin, und versuche verzweifelt, mein Gehirn aufs Schreiben zu konzentrieren. Bethan, die jetzt bald das hohe Alter von fünf Jahren erreicht und sich zu einem richtigen »Barbiemädchen« entwickelt hat, liebt ihre lang ersehnte kleine Schwester abgöttisch. Sie betrachtet sie als eine Erweiterung ihrer umfassenden Puppensammlung und besteht darauf, dass ich Caitlin von Kopf bis Fuß in rosa Blümchenkleider stecke. Ich brauche wohl kaum zu erwähnen, dass ich das Ankleiden meistens so lange hinauszögere, bis Bethan aus der Tür und auf dem Weg zur Schule ist – aber dann muss ich mit dem Zorn der Prinzessin Rosenrot rechnen, wenn sie um Viertel nach drei nach Hause kommt und ihre kleine Schwester nicht ihren Vorstellungen entsprechend gekleidet vorfindet!

Tim, mein walisischer Mann, hat sich zu einem noch größeren Patrioten entwickelt. Ich hatte gedacht, man würde mit dem Alter etwas milder, aber Tim wird immer schlimmer. Er würde jetzt wahrscheinlich dagegenhalten, dass ich lediglich nicht mehr so tolerant bin wie früher, da es in letzter Zeit häufiger Situationen gab, in denen meine Geduld rapide nachließ und ich ihm solch liebevolle Kommentare an den Kopf warf wie: »Wenn es dort so großartig ist, warum gehst du dann verdammt noch mal nicht zurück?« Wie dem auch sei – jedenfalls habe ich die volle Unterstützung meiner Schwägerin, die ihrem Bruder den Spitznamen »Prince of Wales« verpasst hat.

Die Tatsache, dass er inzwischen Vater zweier Töchter ist, hat Tims Leidenschaft für Rugby bisher nicht im Geringsten trüben können, und er fährt immer noch regelmäßig die M4 runter nach Cardiff zum Millennium Stadium, was natürlich immer mit Tränen endet. Ich glaube aber, dass der eine Tag fernab der Familie den Kummer über die häufigen Niederlagen der Waliser lindert.

Meine Toleranz gegenüber dieser Liebe zum Rugby wurde Anfang des Jahres jedoch auf eine harte Probe gestellt, als Tim am Tag vor Caitlins errechnetem Geburtstermin der Ansicht war, der neunstündige Ausflug nach Cardiff stelle überhaupt kein Problem dar. Er dachte wirklich, ich würde übertrieben reagieren, als ich ihm widersprach: Nur weil er sein Mobiltelefon auf Vibrationsempfang schalten und in seiner Hosentasche tragen wollte, würde ihn das noch lange nicht sofort zurück ins heimatliche Wohnzimmer beamen, falls meine Wehen einsetzen sollten – selbst wenn es ihm gelänge, mich über dem Lärm von 65 000 grölenden Rugbyfans zu verstehen. Und sein Alternativvorschlag, der natürlich darin bestand, ihn nach Wales zu begleiten, kam ebenfalls überhaupt nicht in Frage, obwohl Tim dabei zwei Fliegen mit einer Klappe zu schlagen gedachte: Erstens würde dies sein Problem lösen, wie er in meiner Nähe bleiben konnte, und zweitens würde sein zweites Kind auf diese Weise in Wales geboren. Da war ich jedoch anderer Meinung: Auch so wird es schon spannend genug werden, die zukünftigen Geschwisterkonflikte zu schlichten, ohne dass zusätzlich eines der Kinder die englische Flagge schwenkt, während das andere eine drachenbesessene walisische Miniaturausgabe des Vaters ist. Also blieb Tim nichts anderes übrig, als widerwillig zu akzeptieren, dass er dieses eine Spiel wohl am Fernseher verfolgen musste. Wie sich herausstellte, drängte Caitlin auf die Minute pünktlich ans Licht der Welt und war nach vier Stunden da; daher war meine Paranoia nicht unbegründet. Tim hätte es kaum über die Severn Bridge geschafft, und schon gar nicht rechtzeitig ins Krankenhaus.

Was hat sich sonst noch während der vergangenen Jahre in unserem Leben verändert? Kurz nach Bethans zweitem Geburtstag sind wir in ein kleines Dorf in Oxfordshire umgezogen. Obwohl wir durch den Umzug jetzt näher zur M40 liegen, unserer Hauptroute zur Arbeit, lautete der eigentliche Grund für den Wegzug aus der Region um Berkhamsted und dem Schoß unseres Clubs schlicht und einfach: die Immobilienpreise. Nach Bethans Geburt wurde unsere kleine Doppelhaushälfte in Hertfordshire rasch zu klein für all ihre Utensilien. Daher hielten wir es für eine gute Idee, nach meiner Rückkehr in den Beruf eine größere Bleibe zu suchen, solange wir zwei Gehälter zur Verfügung hatten. Aber die Region um Hertford, direkt an der Route der Londonpendler mit den gepfefferten Immobilienpreisen gelegen, erwies sich als unbezahlbar für unser Budget – also suchten wir weiter westlich. Inzwischen befassen wir uns erneut mit dem Gedanken umzuziehen, da mich mein Beruf wieder ins Zentrum von Hertfordshire führt. Doch mit der Frage, ob wir uns häuslich wieder verkleinern und dafür näher zur Arbeit wohnen wollen, oder ob ich jeden Tag fast 200 Kilometer hin und her fahren möchte, werde ich mich erst intensiv beschäftigen, wenn ich aus meinem derzeitigen Erziehungsurlaub an meinen Arbeitsplatz zurückgekehrt bin. Der Gedanke, dass die arme Bethan in eine neue Schule wechseln muss, nachdem sie sich gerade erst in ihrer jetzigen eingelebt hat, lässt mich zumindest ernsthaft in Erwägung ziehen, die schreckliche Fahrt jeden Tag auf mich zu nehmen. Und das wirklich Frustrierende an der Geschichte ist, dass ich auf halber Strecke buchstäblich an unserem alten Haus vorbeifahren würde. Das käme sicherlich einem täglichen Tritt in die Magengrube gleich, wenn mir dann einfällt, dass ich vierzig Minuten eher zu Hause hätte sein können.

Was das Berufsleben betrifft, habe ich meine alte Stelle als Leiterin der klinischen Tests bei einem großen Pharmakonzern wieder angetreten, als Bethan sechseinhalb Monate alt war. Ich erinnere mich noch sehr genau an diese Zeit: Die schlaflosen Nächte bei der Suche nach einer adäquaten Kinderbetreuung, gefolgt von den Anfällen von schlechtem Gewissen nach der Rückkehr ins Berufsleben, wenn ich meinen kleinen Schatz in den Händen von Fremden zurückließ. Ich habe mir den Wiedereinstieg in den Beruf etwas erleichtert, indem ich anfangs nur drei Tage die Woche arbeitete. Als Bethan zehn Monate wurde, erweiterte ich meine Arbeitszeit um einen Tag, mit der festen Absicht, an ihrem ersten Geburtstag wieder voll in den Beruf einzusteigen. Die Klärung des Problems der Kinderbetreuung war keine leichte Aufgabe, aber schließlich entschieden wir uns für einen Kinderhort. Allerdings konnte ich mich einfach nicht mit der allmorgendlichen Übergabe anfreunden, ganz egal wie herzlich die Erzieherin uns an der Tür auch empfing – es zerriss mir förmlich das Herz und vernichtete jede Fähigkeit meines postnatalen Puddinghirns, mich auf meine Arbeit zu konzentrieren. Schon bald entwickelten wir eine »Guter Bulle, böser Bulle«-Prozedur, bei der Tim Bethan morgens wegbrachte und ich das Vergnügen hatte, sie nachmittags wieder abzuholen.

Während der Arbeit ertappte ich mich dabei, dass ich ständig auf die Uhr sah, und zum ersten Mal seit meinem Schulabschluss sehnte ich fast den Klang des Gongs herbei, der mir sagte, dass ich nach Hause gehen durfte! Ich bin daraufhin morgens besonders früh zur Arbeit erschienen, damit ich nachmittags auf die Minute pünktlich Schluss machen konnte – eine sowohl für mich als auch für meine Kollegen völlig fremde Verhaltensweise, da ich in einer Branche tätig bin, in der die Menschen eher leben, um zu arbeiten, als arbeiten, um zu leben. Ich gebe offen zu, dass ich vor Bethans Geburt ebenfalls zu dieser Gruppe gehörte. Aber der Wunsch, bei meiner Tochter zu sein, setzte bei mir verschüttete Selbstbehauptungsfähigkeiten frei und versetzte mich in die Lage, hoch gezogene Augenbrauen und demonstrative Blicke auf die Uhr zu ignorieren, wenn ich meine Tasche packte und mich auf den Heimweg machte. Egal was die anderen über meine Einhaltung der Arbeitszeiten denken mochten: Ich wusste, dass ich meine Arbeit gut und sorgfältig erledigte und dass ich die richtigen Prioritäten setzte. Denn sobald ich aus dem Büro kam, drehten sich meine Gedanken nur noch um Bethan, und ich wünschte mir nichts sehnlicher, als sofort bei ihr zu sein. Daher rannte ich förmlich zu meinem Wagen und fuhr mit Hochgeschwindigkeit die fünfundzwanzig Minuten zur Kindertagesstätte. Die Erzieherin konnte für meinen Geschmack die Tür gar nicht schnell genug öffnen. Ich wollte nichts anderes, als meine Tochter finden, sie schwungvoll in die Arme nehmen und mich keine Sekunde lang mehr von ihr trennen.

Dagegen schien Bethan das alles sehr gelassen zu nehmen. Sie amüsierte sich prächtig und blühte in der Kinderbetreuung regelrecht auf. Selbst nach einem Wechsel der Tagesstätte im Alter von zweieinhalb Jahren – bedingt durch unseren Umzug – gewöhnte sie sich rasch in die neue Umgebung ein. Vor kurzem wurde sie eingeschult, womit die Tage ihrer Kinderhortzeit eigentlich beendet sind, aber sie kann sich noch nicht so recht davon trennen. Wir mussten den anderen Kindern in der Tagesstätte Briefchen schreiben, sie anrufen, damit Bethan kurz mit ihnen reden konnte, und sogar den einen oder anderen Besuchstermin vereinbaren, damit sie ihnen von der Schule berichten kann. Bethan vermisst sowohl die Erzieherinnen als auch die anderen Kinder, was für eine von Schuldgefühlen geplagte Mutter eine große Erleichterung ist – es zeigt schließlich, dass wir zumindest bei ihrer Vorschulbetreuung alles richtig gemacht haben. Außerdem fiel ihr dadurch der Übergang in die Schule viel leichter.

Sobald der Berufsalltag mich erst einmal wiederhatte und ich Bethan gut betreut in der Tagesstätte wusste, genoss ich es zugegebenermaßen doch sehr, wieder von Erwachsenen umgeben zu sein und Verantwortung im Beruf zu tragen. Und wenn ich ganz ehrlich bin, dann waren die kinderfreien Stunden, in denen ich nicht die nächste Mahlzeit oder Freizeitaktivität planen musste, ebenfalls eine willkommene Abwechslung. Nichtsdestotrotz wusste ich sofort, nachdem ich wieder vier Tage die Woche arbeitete, dass ich den Gedanken an eine Rückkehr zur Fünftagewoche nicht ertragen konnte. Es gelang mir zunächst, meinen Chef davon zu überzeugen, dass ich den Job auch an vier Tagen erledigen konnte, aber natürlich endete es damit, dass ich die Arbeit von fünf Tagen in vier Arbeitstage packte und meine Tage dadurch immer länger wurden. Tim und ich mussten unsere Rollen tauschen, sodass ich nun der böse Bulle war, der morgens die Übergabe regelte, während Tim als guter Bulle Bethan gegen sechs Uhr abends abholte. Das bedeutete allerdings auch, dass ich nicht vor sieben Uhr abends zu Hause war – was ich aber lieber in Kauf nahm, als auf meinen kostbaren, freien Tag mit Bethan zu verzichten. Ich gelobte hoch und heilig, dass wir diesen Tag gemeinsam verbringen würden und dass die Hausarbeit und die Einkäufe eben am Wochenende gemeinsam mit Tim erledigt werden müssten. Und tatsächlich verlegten Bethan und ich alles auf den Freitag. Meist begannen wir mit einer vierzigminütigen Fahrt ins Land der anderen Clubdamen, wo wir dann mit Molly, Max und Jack schwimmen gingen. Danach folgte ein tumultartiges Mittagessen bei McDonald's, bei dem die Kinder durch das Restaurant tobten, während wir bei einem McChicken-Sandwich und einer Cola Light den neuesten Tratsch austauschten. Oh, wie sich unser Leben verändert hatte! Anschließend fuhren Bethan und ich zurück nach Oxfordshire zum Ballett- und Stepptanzunterricht, den Bethan zusammen mit ihren beiden besten Freundinnen aus dem Kinderhort besuchte. Für unsere rasende Besuchsrunde verließen wir etwa gegen halb zehn morgens das Haus und kehrten meistens erst nach fünf Uhr zurück, total erschöpft (ich, nicht Bethan). Manchmal fragte ich mich allerdings, ob ich vielleicht nicht doch masochistisch veranlagt war und ob ein zusätzlicher Tag im Büro nicht weniger anstrengend wäre als diese Routine.

Aber abgesehen davon werde ich unsere rasenden Freitage wirklich vermissen, jetzt da Bethan zur Schule geht. Das Schuljahr begann kurz nach Beginn meines derzeitigen Erziehungsurlaubs; daher musste ich noch keinen dieser kostbaren freien Tage ohne mein kleines Mädchen erleben.

Mir bleiben noch ein paar Monate Zeit, bevor ich wieder in meinen Beruf zurückkehre, und ich muss zugeben, dass mich der Gedanke an die Arbeit nicht sehr begeistert. Ich genieße es wirklich, als Vollzeitmutter zu Hause zu sein, und der Zeitpunkt von Caitlins Geburt erwies sich als perfekt, auch wenn sie eigentlich später als erhofft kam. Dadurch bin ich nämlich in der Lage, Bethan bei der Eingewöhnung in die Schule zu helfen, und außerdem bleibt mir tagsüber genügend Zeit, mich mit Caitlin zu beschäftigen und es so zu genießen, als wäre sie mein erstes Kind. Es ist wundervoll, Bethan am Schuleingang abholen zu können – ein Luxus, dessen sich viele Vollzeitmütter gar nicht bewusst sind. Ich habe vor, dieses Mal nur noch drei Tage in der Woche zu arbeiten, aber ob ich es tatsächlich schaffe, meinen Vollzeitjob in diese wenigen verbleibenden Stunden zu stopfen, wird sich erst noch herausstellen. Von dieser kurzen Phase der frühen Kindheit will ich auf keinen Fall noch mehr verpassen – daher bin ich wild entschlossen, es einfach hinzukriegen.

Allerdings wirft die Frage der Kinderbetreuung wieder ihre Schrecken voraus. Da meine Arbeitsstätte so weit entfernt liegt, Caitlin eine Vollzeitbetreuung benötigt und Bethan zur Schule gebracht und wieder abgeholt werden muss, scheint unsere einzige Chance darin zu bestehen, ein Kindermädchen einzustellen – die Suche hat also begonnen. Wie zum Teufel soll man jemanden, den man nicht seit ewigen Zeiten kennt, dazu auserwählen, auf seine kleinen Schätze aufzupassen? In der Tagesstätte können immer noch die Kolleginnen eingreifen, falls eine Erzieherin mal einen schlechten Tag hat. Außerdem hat das Kind die Möglichkeit zur sozialen Interaktion mit all den anderen Kindern. Wir sehen uns mit einer Situation konfrontiert, in der Caitlin die meiste Zeit allein mit dem Kindermädchen verbringt, während Bethan die Schule besucht – und im Alter von sieben Monaten ist sie wohl kaum in der Lage, uns mitzuteilen, ob ihre Nanny nett zu ihr war oder nicht. Der Dokumentarfilm über kaltblütige Kindermädchen namens *Nannies from Hell* hat mich wie ein schlimmer Albtraum jahrelang verfolgt. Inzwischen kann ich gut nachvollziehen, warum die betroffenen Eltern Überwachungskameras haben einbauen lassen. Es geht nicht nur darum zu verhindern, dass das Kindermädchen grausam zu den Kindern ist. Vielmehr möchte man als Mutter wissen, dass sein kleiner Schatz in der eigenen Abwesenheit genauso viel Liebe und Aufmerksamkeit bekommt wie in den Zeiten, in denen man zu Hause ist. Ich hatte gehofft, es wäre beim zweiten Kind leichter, aber darin habe ich mich wohl enorm getäuscht. Ich werde erst mal drei Monate arbeiten gehen, und dann sehen wir weiter.

Um Bethan mache ich mir nicht so große Sorgen, da sie wesentlich weniger Stunden mit dem Kindermädchen verbringt und irgendwelchen Verdruss in Worte fassen kann. Außerdem hat sie sich so gut in das Dorfleben integriert und sogar schon einen eigenen kleinen Freundeskreis aufgebaut, dass ich vermute, ihre Freizeitaktivitäten nach der Schule werden ihren Tageskalender ziemlich ausfüllen, und sie wird meine Abwesenheit an diesen drei Tagen in der Woche kaum bemerken. Da Tim und ich immer ein eher nomadenhaftes und zurückgezogenes Leben geführt haben, ist es für uns sehr merkwürdig zu beobachten, dass unsere Tochter den Ort, an dem sie lebt – und ich meine nicht nur das Haus – als ihr Zuhause betrachtet. Auf Grund unserer langen Arbeitszeiten sind wir an unserem Wohnort selten in der Lage, einen größeren Bekanntenkreis aufzubauen, und wir setzen daher lieber auf die Gesellschaft unserer langjährigen Freunde, die über das ganze Land verteilt sind.

Nun zu unserem gesellschaftlichen Leben: Was ist das? Seit Bethan auf der Bildfläche erschien, hat es auf diesem Gebiet einen gewaltigen Einbruch gegeben. Nicht dass wir große Partylöwen gewesen oder jeden Abend ausgegangen wären – aber heute sind wir an Wochentagen schon gegen halb zehn bettreif, während wir es am Samstagabend richtig krachen lassen und bis zehn Uhr aufbleiben! Zwar kommen immer noch regelmäßig Freunde zu uns übers Wochenende, aber es ist doch ein klein wenig peinlich, wenn man vor dem Fernseher noch vor den Spätnachrichten eindöst – und das, wo die Gäste 500 Kilometer weit gefahren sind, nur um einen Abend mit uns zu verbringen.

Die vergangenen fünf Jahre hatten sicherlich ihre schwierigen Momente. Aber ich bin davon überzeugt, dass Tim und ich das Elterndasein lieben und nicht das Geringste daran verändern würden – auch wenn wir es beide für eine der größten Herausforderungen in unserem Leben halten.

Sarah

So, jetzt ist es an mir, der einzigen offiziellen »VZM« – das steht für »Vollzeitmutter« – unseres Clubs, mein Innerstes nach außen zu kehren und preiszugeben, welche Höhen und Tiefen die letzten fünf Jahre für mich bereitgehalten haben. Es scheint furchtbar viel Zeit vergangen zu sein, seit wir das erste Buch geschrieben haben, und damals ging es nur um aktuelle Ereignisse aus unserem Leben. Dagegen bedeutet es für mich heute eine enorme Herausforderung, all die Dinge, die seit der Geburt meines ersten Kindes, Jack, passiert sind, wieder aus dem Gedächtnis hervorzukramen. Hinzu kommt, dass auch ich inzwischen älter geworden bin, ein weiteres Kind zur Welt gebracht habe – meine Tochter Eloise – und derzeit mit unserem dritten Kind im vierten Monat schwanger bin, wodurch mir effektiv noch weniger Zeit zur Verfügung steht. Von daher hat allein schon der Gedanke an ein zweites Buch mir schlaflose Nächte bereitet. Aber was soll's? Hier kommt mein Bericht:

Wie jede VZM verstehen wird, fällt mir auf die Frage »Und, was machst du so den ganzen Tag?« oder »Was fängst du nur mit all der Zeit an?« meist nichts anderes ein, als den Fragenden sprachlos anzustarren. Dabei ist die betreffende Person wahrscheinlich tatsächlich davon überzeugt, er oder sie habe eine sinnvolle Frage gestellt. Es scheint fast, als denke der Fragesteller, dass alle, die sich nicht jeden Tag aufbrezeln und zu einem Bürojob pendeln, ein irgendwie wertloses oder zweitrangiges Dasein führen. Derart bedrängt, fühle ich mich trotz dieser Unterstellung kaum in der Lage, eine zusammenhängende Antwort zu formulieren, und ende meist in dem verzweifelten Versuch, mich selbst zu rechtfertigen: »Tja, äh, weißt du …« Währenddessen rotiert mein Hirn und überschlägt all die Aufgaben, die ich im Laufe eines Tages erledige, die aber irgendwie nicht bedeutend genug scheinen, um ausdrücklich erwähnt zu werden. Aus irgendeinem Grund gelten die Essensvorbereitungen, das Füttern des Nachwuchses sowie das Spülen und Desinfizieren der Küche nach jeder Mahlzeit nicht als allgemein akzeptable Erklärung für einen sinnvoll verbrachten Tag im Leben einer Mutter – von den wiederholten Versuchen, die Trotzanfälle in den Griff zu bekommen, die diese dreimal täglich stattfindenden Großkampfeinsätze begleiten, ganz zu schweigen. Auch das Waschen oder Aufhängen der Wäsche, das Bügeln und Staubsaugen, das Einkaufen oder das Windelwechseln scheinen nicht zu zählen, allesamt Tätigkeiten, die ebenfalls unter die Arbeitsplatzbeschreibung einer VZM fallen. Und ich darf mir erst recht nicht einfallen lassen, so frivole Freizeitaktivitäten wie »Gymnastik im Fitnesscenter« oder »Mutter-Kind-Turnen« zu erwähnen, denn dann landet man ganz schnell in der Schublade »Wem's gefällt …« und erntet statt der erhofften Anerkennung nur Missachtung. Und jetzt muss ich auch noch Rechenschaft über fünf derartig verbrachte Jahre ablegen – wenn das keine beängstigende Aussicht ist! Am besten setzen Sie sich hin, um in Ruhe den detaillierten Bericht über eintausend Maschinen mit Weißwäsche und Hunderte stressiger Tage einer VZM zu lesen.

Aber Spaß beiseite: An meinem derzeitigen Lebensstil würde ich um nichts auf der Welt etwas ändern wollen. Denn ich bin der festen Überzeugung, dass ich für mich und die Kinder das Richtige tue. Ich genieße es sehr, dass ich jederzeit in der Lage bin, mit Eloise ein Puzzle zu legen oder sie gründlich durchzukitzeln, wann immer ich Lust dazu habe. Eloise ist jetzt achtzehn Monate alt und das absolute Ebenbild ihres Bruders; es besteht nicht der geringste Zweifel daran, dass die beiden aus dem gleichen Guss sind. Eloise zeigt schon deutlich ihren eigenen kleinen Kopf, begleitet von viel weiblichem Charme, und trotzdem gelingt es ihr immer wieder, sich innerhalb weniger Sekunden nach dem Anziehen frischer Sachen von oben bis unten zu bekleckern. Darüber haben sich die anderen Damen unseres Clubs schon herzhaft amüsiert und zahlreiche Witze auf meine Kosten gemacht, da ich in dem Ruf stehe, immer picobello auszusehen. Es bereitet ihnen großes Vergnügen, wenn sie sehen, dass ausgerechnet ich das schmuddeligste Mädchen bekommen habe! Ich glaube, Eloise ist weniger für ein Dasein als Primaballerina bestimmt, sondern wird einmal ein richtiger Wildfang. Des Weiteren genieße ich es, dass ich Jack jeden Nachmittag vom Kindergarten abholen kann. Er wird demnächst fünf und ähnelt seinem Vater sehr, sowohl in Bezug auf das Äußere als auch hinsichtlich des Charakters. Jack ist ziemlich eigensinnig und weiß genau, was er will und wann er es will – was manchmal zu einem echten Kampf ausartet. Vor kurzem erlebte meine Mutter eine relativ harmlose Auseinandersetzung zwischen Tim und mir und erzählte mir hinterher, ihr sei aufgefallen, dass Jack auf die gleiche Weise argumentiere wie sein Vater. Na, großartig! Hab ich da noch irgendeine Chance? Bedeutet das vielleicht, dass ich zu einem Leben voller Auseinandersetzungen in meinem eigenen Haus verdammt bin, deren Ausgang jetzt schon vorbestimmt ist: Auch wenn mein Widersacher nicht immer Recht hat, so liegt er jedenfalls ganz bestimmt *nie* falsch! Ich werde wohl an meiner Raffinesse arbeiten müssen, wenn ich in diesem Haushalt überleben will. Andererseits sollte ich allerdings betonen, dass mein kleiner Jack in seiner gestreiften Schuluniform richtig stattlich und fast wie einer der »großen Jungs« aussieht, und es mir viel lieber ist, dass er eine ausgeprägte Persönlichkeit besitzt als gar keine. Ich fühle mich sehr privilegiert, dass ich in der Lage bin, zu Hause zu bleiben und den Kindern nach bestem Vermögen durch diese ersten Jahre hindurchzuhelfen. Und ich bin dankbar, dass Tim und ich eine Familie gegründet haben, lange bevor mein Gehalt und meine »Karriere« für mich zu einem Thema wurden und unser Lebensstil sich auf eine Weise entwickeln konnte, bei der wir auf das zweite Einkommen nicht mehr hätten verzichten können. Außerdem möchte ich mir gar nicht vorstellen, was die anderen alles durchmachen mussten, als es um die Frage der Kinderbetreuung ging. Ich halte mich selbst für extrem vom Glück begünstigt, weil es mir vergönnt ist, eine dieser immens wichtigen Aufgaben im Leben – die leider furchtbar unterschätzt wird – selbst zu übernehmen.

Bevor Jack etwa zweieinhalb war, pendelten wir ständig zwischen England und Spanien hin und her. Tims Versetzung nach San Sebastian in Nordspanien – als ich mit Jack gerade hochschwanger war – dauerte insgesamt drei Jahre. Während dieser Zeit war es immer das Gleiche: Sobald ich meine Koffer in San Sebastian oder Berkhamsted ausgepackt hatte, war es schon wieder Zeit, erneut zu packen und zu meinem »anderen« Wohnort zurückzufliegen. Es fühlte sich merkwürdig an, eine Art Doppelleben zu führen und das Zuhause »hier« zu verlassen, um in das Zuhause »dort« zurückzukehren – die dazu noch beide durch völlig unterschiedliche Tagesabläufe und verschiedenartige Beschäftigungen gekennzeichnet waren. Im Laufe der Zeit freundeten wir uns regelrecht mit den Fahrern eines örtlichen Taxiunternehmens an, die uns regelmäßig zum Flughafen nach Heathrow brachten, was dazu führte, dass sie mir selbst heute noch, zwei Jahre später, in der Stadt zuwinken und sich nach dem »kleinen Jack« erkundigen. In Spanien hatten wir einen ständigen Strom von Besuchern, die für ein Wochenende oder manchmal auch eine ganze Woche zu uns kamen und mir etwas Gesellschaft leisteten an einem Ort, an dem ich mich ein wenig wie ein Mauerblümchen fühlte, das das örtliche Idiom nicht spricht. Zwar machte es mir großen Spaß, die neue Sprache zu lernen, und ich war auch bald in der Lage, auf dem Markt die gewünschte Ware – sei es Fisch, Fleisch oder Gemüse – zu kaufen. Aber es gelang mir nie, über den Austausch von Höflichkeiten hinauszukommen und ein anständiges »Schwätzchen« zu halten, weswegen ich die Besuche unserer Freunde umso mehr schätzte!

Sobald wir wieder in England waren, verbrachte ich zwei hektische Wochen damit, sämtliche Besuche und sonstige sozialen Kontakte in einen bereits übervollen Terminplan zu quetschen, während ich gleichzeitig darauf zu achten versuchte, dass Jack nicht zu kurz kam. Glücklicherweise war er mit achtzehn Monaten noch zu jung, um bleibende Erinnerungen an diese Zeit zu behalten – sonst säße ich heute vielleicht mit einem Kind da, das jede Form von Kaffeeklatsch oder ein gemeinsames Mittagessen mit Freunden ablehnt, weil es während seiner frühen Kindheit mit einer Fülle dieser Aktivitäten bombardiert wurde. Die Rückkehr ins relativ ruhige San Sebastian, wo ich meine Bekannten an einer Hand abzählen konnte, war für mich immer wie eine willkommene Ruhepause. Ich versuchte regelmäßig, mich mit unseren Nachbarn auf der anderen Seite des Flurs zu unterhalten, die aber immer nur zurücknickten und dann hastig davoneilten, ohne auch nur einmal »*Buenos dias*« zu sagen. Außerdem wechselte ich in meinem sehr gebrochenen Spanisch ein paar Worte mit den Mitarbeitern der *guarderia* (der Kindertagesstätte), wo ich Jack zwei- oder dreimal die Woche vormittags hinbrachte, damit ich ins Fitnesscenter gehen konnte.

Jack war von der Idee der Kinderbetreuung nicht sehr angetan und strampelte und schrie wie am Spieß, sobald ich mich zum Gehen wendete. Zwar versicherte man mir – wie das so üblich ist –, dass Jack sich innerhalb von Sekunden nach dem Abschied wieder beruhigte, aber ich hatte ständig ein schlechtes Gewissen, weil ich so herzlos war, ihn bei diesen fremden Menschen zu lassen, die kein Wort Englisch sprachen – und das alles nur, weil ich ins Fitnessstudio gehen wollte. War das nicht furchtbar egoistisch? Ich musste ja nicht einmal zur Arbeit oder zu einem Arzttermin oder etwas ähnlich Unvermeidbarem. Trotzdem hielt ich an dieser Regelung fest, damit ich ein wenig kostbare Zeit nur für mich selbst hatte und damit Jack die Möglichkeit zur sozialen Interaktion mit anderen Kindern bekam, was ihm meines Erachtens in Spanien vollkommen fehlte – und sei es auch nur mit Kindern, die sich mit ihm auf Baskisch unterhielten! Allerdings schien er ganz wunderbar mit ihnen klarzukommen. Es ist schon erstaunlich, wie irrelevant eine Sprachbarriere für Kinder sein kann, während sie uns Erwachsene erheblich einschränkt.

Ich hatte nie Zweifel an Jacks Kinderhort gehegt, bis zu dem Moment, als Hilary und Molly uns besuchten und uns eines Morgens begleiteten. Hilary fiel auf, dass sämtliche Mitarbeiter Männer waren und dass der Betreuer, der Jack begrüßte, einen langen beigebraunen Regenmantel trug – einen »Exhibi-Mantel«, wie sie es nannte. Zugegeben, er war gerade erst hereingekommen, und draußen regnete es, aber die Geschichte war Hilarys Ansicht nach nicht ganz geheuer. Das brachte mich natürlich dazu, mir die Frage zu stellen, ob ich mein Kind nicht unwissentlich dreimal die Woche bei irgendeinem Pädophilenclub abgab. Schließlich führte ich Hilarys Misstrauen jedoch auf ihre überbordende Fantasie und die ständigen sozialen Probleme in England zurück. Die Tatsache, dass wir die Vertrauenswürdigkeit der Kinderkrippe von Tims zuverlässigem spanischem

Arbeitskollegen hatten überprüfen lassen, beruhigte mich doch ausreichend genug, um Jack auch weiterhin dort betreuen zu lassen.

Ich muss an dieser Stelle darauf hinweisen, dass Hilarys Bemerkung, sie habe in Bezug auf die ersten Altersanzeichen am kräftigsten zugelangt, alles andere als der Wahrheit entspricht. Da ich mich nicht recht traute, in Spanien zu einem Friseur zu gehen, um mir die Haare schneiden – oder gar färben – zu lassen, beschloss ich, den *au naturel*-Look einmal auszuprobieren und die grauen Haare einfach auswachsen zu lassen. Törichterweise hoffte ich, dass ich damit zeitlos-elegant und nicht frühzeitig gealtert wirken würde. Doch schon bald musste ich feststellen, dass bei einer ehemals Brünetten die grauen Haare besonders stark auffallen, wenn sie plötzlich in dichten Strähnen zum Vorschein kommen. Es blieb mir einfach keine andere Wahl: Ich musste mein Friseurspanisch ein wenig aufpolieren und in den sauren Apfel beißen. Schließlich musste der Begriff »Henna« doch überall auf der Welt verständlich sein. Wie ich aber zu meinem großen Schrecken herausfand, mag zwar der Begriff »Henna« überall verständlich sein, doch über die empfohlene Einwirkungsdauer des Produkts herrschen ganz unterschiedliche Ansichten. Nachdem ich fünfundvierzig Minuten mit meiner Hennapackung in den Haaren gewartet hatte, wovon ich fünfzehn Minuten unter einer dieser Heißlufthauben verbrachte, die normalerweise für die älteren Damen mit der Lilatönung reserviert sind, führte mich die Friseuse schließlich zum Waschbecken, um die Farbe auszuspülen. Dann platzierte sie mich auf einem Stuhl, um mir die Haare zu schneiden, und nahm das Handtuch ab. Der Anblick haute mich fast um – meine Haarfarbe hatte sich von Dunkelbraun mit ein paar grauen Strähnen zu einem kräftigen, leuchtenden Hellrot verwandelt. Ja genau: Scharlachrot. *»Es roja!«*, war das Einzige, was ich stammelnd herausbrachte, während die Friseuse hinter mir stand und meine Haare mit einem zufriedenen Lächeln auf dem Gesicht trockenrubbelte, das »gute Arbeit« signalisierte. Ich konnte nicht glauben, dass sie sich mit diesem Ergebnis zufrieden gab und verlangte, dass sie versuchen sollte, die Tönung herauszuwaschen. Fünf Haarwäschen und einen Schnitt später verließ ich schließlich den Salon, um nach Hause zurückzukehren, wo ein paar Freunde inzwischen auf Jack aufgepasst hatten. Der Ausdruck auf ihren Gesichtern sagte alles. Ich vermute, ihnen wurde schnell klar, dass es wirklich nicht nötig war, mein Aussehen – eine Mischung aus Leuchtboje und Pumuckl – mit Worten zu kommentieren, andernfalls hätten sie möglicherweise eine Flut von Tränen ausgelöst. Die Farbe war so kräftig und unverwüstlich, dass selbst Freunde in England, die mich ewig nicht gesehen hatten, noch monatelang von meiner neuen roten Haarpracht sprachen! Es ist wohl selbstverständlich, dass ich mich seit unserer Rückkehr nach England hier in wesentlich besseren Händen fühle, wenn ich die verräterischen Anzeichen des Älterwerdens verstecken möchte – was mittlerweile regelmäßig der Fall ist. Und um mir das Ganze noch deutlicher vor Augen zu führen, fragte Jack mich vor kurzem: »Mami, was sind Falten?« Dabei sah er mir tief ins Gesicht. Ich gäbe was dafür, wenn ich an dieser Stelle sagen könnte, dass er die Frage nur deshalb stellte, weil er noch nie Falten gesehen hatte. Doch nachdem ich ihn mit irgendeinem Gefasel über das Älterwerden abgespeist hatte, schlich ich mich heimlich ins Bad, um zu kontrollieren, wie deutlich meine Krähenfüße inzwischen zu sehen waren.

Als Jack zweieinhalb war – also in dem Alter, in dem Kindertagesstätten und Kindergärten plötzlich ein Thema werden –, zogen wir zurück nach Berkhamsted. Zunächst erschien es uns sehr bedauerlich, dass wir uns von einem Leben verabschieden mussten, bei dem wir einige Zeit hier in England wohnten und den Rest des Jahres an der nordspanischen Küste verbringen, in fantastischen Restaurants essen und den südeuropäischen Lebensstil genießen konnten. Doch im Nachhinein erwies sich der Zeitpunkt von Tims Stellenwechsel als perfekt. Ich war erneut schwanger, und nachdem wir während unseres Pendlerdaseins mehrere Fehlgeburten durchgemacht hatten, freute ich mich, an einem Ort bleiben und damit der Schwangerschaft eine bessere Chance geben zu können. Und ich war mehr als glücklich, dass ich gar nicht erst ausprobieren musste, wie es ist, mit *zwei* kleinen Kindern hin und her zu fliegen! Jack wurde zeitgleich mit Max am Kinderhort unserer örtlichen Schule angenommen, nur wenige Monate vor Eloises Geburt im darauf folgenden Sommer. Ich kann kaum glauben, dass Jack und Max demnächst schon in die erste Klasse gehen, und Eloise wird vermutlich etwas früher als Jack, nämlich mit gut zwei Jahren, denselben Kinderhort besuchen. Ich hasse den Gedanken, dass ich dann auf die kostbaren Stunden nur mit meiner kleinen Tochter verzichten muss, aber es wird ihr sicherlich gut tun, etwas unabhängiger zu werden, bevor unser drittes Kind auf die Welt kommt. Eloise ist für mich immer noch mein kleines »Baby«, und ich vergesse gerne, dass sie fast zwei ist und ihren eigenen kleinen Kopf hat, dem die sozialen Kontakte in der Kinderkrippe sicherlich nicht schaden werden. Außerdem besucht Andreas Sam diesen Hort schon an drei Tagen in der Woche – daher wird sie nicht allein sein.

In der Zwischenzeit habe ich verschiedene Mittel und Wege gefunden, meine alten Gehirnzellen wieder ein bisschen auf Trab zu bringen: Ich kümmere mich um zwei Projekte. Bei dem umfangreicheren der beiden handelt es sich um eine größere Anschaffung, die wir machten, als Jack ein Jahr alt war, und die sich seitdem zu einem Familienprojekt entwickelt hat. Da ich mich schon immer zur französischen Kultur hingezogen fühlte, vor allem zu Frankreichs Speisen und Weinen, war es vermutlich nur eine Frage der Zeit, bis wir eine alte Ruine kauften, um sie selbst zu restaurieren. Unsere heiß geliebte Bruchbude liegt in einem sehr ländlichen Teil Frankreichs, in La Haute Marne, etwas nördlich von Dijon, und hat sich für uns zu einem richtiggehenden Refugium während der Schulferien entwickelt. Dort kann ich meinen kreativen Fähigkeiten freien Lauf lassen – angefangen vom Tapezieren und Vorhängenähen über die Gartengestaltung bis hin zum Backen von Kuchen mit Früchten aus unserem eigenen Garten. Wenn es unsere Zeit erlaubt, genießen wir dort einen Ort himmlischer Ruhe und künstlerischer Kreativität. In einem weiteren Versuch, meine grauen Zellen etwas in Schwung zu bringen, habe ich mich letztes Jahr für ein Psychologiestudium eingeschrieben – was mir bisher jedoch nur vor Augen geführt hat, dass ich mich mit diesem Thema gerne intensiver beschäftigen würde. Dies wird aber wahrscheinlich erst möglich sein, wenn die Kinder etwas größer sind und mir mehr Zeit für das Studium bleibt.

Wenn ich jetzt auf die vergangenen fünf Jahre zurückblicke, dann muss ich gestehen, dass ich mein Leben als VZM rundum genieße – trotz aller täglichen Herausforderungen, wie beispielsweise meinen Versuch, voll und ganz für meinen Mann da zu sein, sobald er abends nach Hause kommt, gleich nachdem ich die Kinder ins Bett gebracht und gleichzeitig das Abendessen vorbereitet habe. Mir steht noch ein langer Weg bevor, bis ich diesen nahtlosen Übergang vom Sandsack für kleine klebrige Rotznasen zur überaus verständnisvollen, sexuell attraktiven und interessierten Ehefrau perfektioniert habe – was wahren Herrinnen des Hauses mühelos gelingt. An manchen Abenden würde ich mich am liebsten mit einer Flasche Wein und einer Packung Chips einfach nur vor die Glotze hocken, sobald die Kinder im Bett sind. Glücklicherweise tritt Tim bald eine neue Stelle an, die mit einer vermehrten internationalen Reisetätigkeit verbunden ist – und für mich mit mehr Zeit für mich selbst! Da er vor Antritt der neuen Stelle ein paar Tage frei genommen hat, ist er jetzt in der Lage, den Stress und die Belastungen, die ein ganzer Tag mit den Kindern bedeuten kann, hautnah mitzuerleben. Ich glaube, Kommentare wie »Streich doch einfach ein paar von deinen morgendlichen Kaffeekränzchen, dann hast du vielleicht etwas Zeit, um mal eben für mich im Baumarkt reinzuspringen!«, werden in Zukunft seltener werden, auch wenn er mich damit immer nur ein bisschen provozieren wollte. Er versteht nun, warum wir VZMs hin und wieder mal Staubsauger Staubsauger sein lassen und mit dem Kinderwagen aus dem Haus stürmen müssen, um im Gespräch mit anderen gleich gesinnten Müttern ein wenig Trost zu finden, während die eigenen Kleinkinder zur Abwechslung mal das Haus von jemand anders auf den Kopf stellen!

Der traurige Teil der Geschichte

Es wäre schön, wenn wir sagen könnten, wir hätten nicht genügend Material für ein Kapitel mit dieser deprimierenden Überschrift. Aber leider sieht die Wahrheit ganz anders aus.

Als wir fünf unsere ersten Kinder auf die Welt gebracht hatten, sah das Leben noch rosig aus. Wir alle verfügten über ein anständiges Einkommen, besaßen ein hübsches Zuhause und führten glückliche Ehen. Außerdem hatten wir einen ausgedehnten Freundes- und Familienkreis, bei jeder von uns war die erste Schwangerschaft ohne Komplikationen verlaufen, und wir hatten glückliche, gesunde Kinder zur Welt gebracht. Was konnte man sich mehr wünschen? Und was konnte wohl bei diesen fünf vom Glück begünstigten Freundinnen noch schief gehen? Wir waren die Verkörperung von Enid Blyton's *Fünf Freunden.*

Die Tatsache, dass nur noch vier von uns im ersten Kapitel einen Überblick über die Ereignisse der vergangenen Jahre geben, hieß für uns, dass dieses Kapitel einfach von dem fehlenden fünften Mitglied unseres Clubs handeln musste. Alles andere wäre uns so vorgekommen, als hätten wir Annettes Tod einfach unter den Teppich gekehrt – was wir niemals tun würden oder könnten.

Als ob dies noch nicht reichen würde, hatte jede von uns eigene persönliche Tragödien zu verkraften, mit denen das Leben uns konfrontierte, nur um sicherzustellen, dass diese »rosa Brille« der Anfangszeit nicht einfach nur entzweigebrochen, sondern in Tausende von Splittern zersprungen ist. Doch all diese traurigen Erfahrungen bewirkten letztlich auch, dass die Freundschaft des Clubs der glücklichen Mütter dadurch nur noch stärker wurde, da jede von uns ihr Päckchen zu tragen hatte.

Falls Sie also zu heftigen Gefühlsausbrüchen neigen, sollten Sie dieses Kapitel überspringen. Falls nicht, dann holen Sie noch einmal tief Luft und machen Sie sich bereit für unseren aufwühlenden, auf die Tränendrüse drückenden traurigen Teil der Geschichte.

Hilary

Auch bei diesem Kapitel mache ich den Anfang, da ich anscheinend auch die Erste war, bei der es plötzlich nicht mehr so glatt und reibungslos verlief. Bei mir wurde die Mutterschaft von einer Reihe gesundheitlicher Probleme begleitet – nichts Dramatisches oder Lebensbedrohliches, aber ganz gewiss auch nicht das, was ich an diesem Punkt meines Lebens hätte gebrauchen können. Zunächst einmal bewirkte meine Schwangerschaft mit Molly eine Vergreisung meines Unterleibs! Meine Beine und Füße boten nach einer Weile einen Anblick, mit dem selbst eine über achtzigjährige Dame nicht zufrieden gewesen wäre. Ich entwickelte eine entzückende Ansammlung von Krampfadern und einen ganz fantastischen linken Hammerzeh. Die Krampfadern, als deren stolze Besitzerin ich mich immer noch bezeichnen darf, habe ich bisher nicht chirurgisch entfernen lassen, aber der entzündete Fußballen wurde bald ein solch großes Problem, dass ich etwas unternehmen musste. Selbst die kürzeste Strecke bereitete mir furchtbare Schmerzen, und ich konnte auch keine vernünftigen Schuhe mehr finden, jedenfalls keine, deren Stil zu einer Frau von Mitte dreißig gepasst hätte. Als ich mich dabei ertappte, wie ich ernsthaft darüber nachdachte, ein Stück aus dem Schuh zu schneiden und den schmerzenden Ballen einfach herausragen zu lassen – wie meine Großmutter es jahrelang gemacht hatte –, wurde mir klar, dass eine Operation sich nicht länger hinauszögern ließ. Als Molly elf Monate alt war und ich einen extremen Nestbautrieb entwickelte, konnte ich mich der Tatsache nicht verschließen, dass ich mit der Empfängnis eines zweiten Kindes ein paar Monate würde warten müssen, bis mein Fuß wieder gehfähig war und ich keine Schmerzmittel mehr einnehmen musste. Da ich mein kleines Mädchen noch nie auch nur eine Nacht allein gelassen hatte, überwog die Sorge um sie bei weitem die Angst vor der Narkose und den nach der Operation zu erwartenden Schmerzen. Doch die Operation verlief wunderbar glatt, und Molly gedieh in den Armen ihrer »Dan«, wie sie ihre Oma nannte. Zwei Tage später war ich wieder zu Hause, mit einem Gipsverband bis zum Knie und der strikten Anweisung, mich auszuruhen und den Fuß nicht voll zu belasten. Es heißt, Krankenschwestern wären die schlimmsten Patienten – und leider bleibt mir nichts anderes, als die Hände zu erheben und zu gestehen, dass auch ich zu diesen Exemplaren gehöre. Das Wort »ausruhen« existiert einfach nicht in meinem Vokabular, und da man mir nicht gesagt hatte, ich solle den Fuß hochlegen und überhaupt nicht belasten, dachte ich, dass Hinken durchaus den Anweisungen des Arztes entspräche. Und um dem Ganzen noch die Krone aufzusetzen, wollten wir eine Woche später umziehen. David war mitten in der Ernte und daher nicht in der Lage, mir beim Packen der Umzugskisten zu helfen, deshalb kam »Ausruhen« für mich nicht in die engere Wahl. Bei dem heißen Sommerwetter begann die Operationsnaht unter dem Gips derart zu jucken, dass ich ernsthaft darüber nachdachte, den Verband mit meinen bloßen Händen abzureißen und die Wunde mit der harten Seite eines Spülschwamms zu bearbeiten. Im Nachhinein hätte ich mir damit wahrscheinlich einen größeren Gefallen getan als mit der Lösung, zu der ich stattdessen griff: Trotz meiner Medizinkenntnisse nahm ich mir einen Blütenstiel aus dem Strauß mit den Genesungswünschen des Clubs der glücklichen Mütter und attackierte mit ihm die juckende Stelle unter dem Gipsverband. Es hat mich vier ganze Jahre gekostet, diese unglaubliche Dummheit zuzugeben – bis zum heutigen Tag habe ich mich nicht einmal getraut, David davon zu erzählen. Ich kann mir mein Verhalten nicht anders erklären, als dass das Jucken meine kognitiven Fähigkeiten in diesem Moment kurzfristig außer Kraft setzte. Schließlich achtet man in Krankenhäusern nicht umsonst streng darauf, Schnittblumen nachts aus den Krankenzimmern zu nehmen, um die Gefahr einer Staphylokokkeninfektion zu verringern. Und deshalb zählt das buchstäbliche Einreiben einer offenen Wunde mit der Schnittfläche eines Blumenstiels wohl zu den zehn eklatantesten Aussetzern in meinem ganzen Leben.

Zwei Tage später bemerkte ich, dass mein Fuß unangenehm zu riechen begann. Zunächst dachte ich, es läge daran, dass ich den Fuß nicht waschen konnte und er jetzt ein wenig müffelte, aber als der Geruch so penetrant wurde, dass ich mein Bein am liebsten in einem anderen Raum gelassen hätte, wusste ich, dass irgendetwas nicht in Ordnung war. Am Tag vor dem Umzug fühlte ich mich wie ein Zombie: Ich roch wie ein verwesender Leichnam. Daher bat ich meine Mutter, mich ins Krankenhaus zu bringen, um die Sache noch vor dem großen Umzugstag zu regeln. Der Arzt schnitt den Gipsverband auf, und als er ihn abnahm, mussten er und die Krankenschwester buchstäblich würgen bei dem Gestank, der ihnen entgegenschlug. Ich wurde sofort wieder stationär aufgenommen und direkt an einen Tropf mit Antibiotikum gehängt. Während der einen Woche, die ich dann im Krankenhaus lag und nicht zusammen mit David und Molly in das neue Haus ziehen konnte, habe ich mir selbst extrem Leid getan. Meine Mutter und David entwickelten rasch ein ausgeklügeltes Betreuungsschema für

Molly, und bereits nach wenigen Tagen war es meiner Tochter vollkommen egal, ob sie mich zu sehen bekam oder nicht. Da hatte ich ihr während des vergangenen Jahres alles gegeben, und das rund um die Uhr an sieben Tagen die Woche, und jetzt traf mich die harte Realität, dass mein Kind vollkommen wankelmütig und meine Rolle als ihre Mutter jederzeit austauschbar war, wie ein Schlag ins Gesicht. Als Krönung des Ganzen hatte ich auf Grund des Umzugs überhaupt kein Gefühl mehr dafür, was oder wo mein Zuhause war. Als ich schließlich entlassen wurde und »nach Hause« durfte, fühlte ich mich am Anfang wie ein Gast in Davids und Mollys Haus. Ich musste ständig fragen, wo was lag und wie was in diesem neuen Haus geregelt war. Ich bin mir sicher, dass die Mitarbeiter des Krankenhauses während meines Aufenthalts gedacht haben müssen, ich sei auch noch seelisch labil. Vor meiner Mutterschaft konnte ich ruhig und überlegt mit den Tücken des Lebens umgehen. Aber heute scheine ich bei jeder passenden und unpassenden Gelegenheit sofort loszuheulen. Ich war nicht einmal in der Lage, ein vernünftiges Gespräch über meinen Gesundheitszustand zu führen, ohne dass meine Stimme gleich eine Oktave höher klang und mir die Tränen in die Augen schossen. Ich gehöre nun mal zu den Menschen, die es hassen, wenn sie nicht selbst alles regeln können, und da ich wusste, dass ich meinen Zustand selbst verschuldet hatte, schwang neben einer gehörigen Portion Selbstmitleid auch ein hoher Anteil Selbstkasteiung in meinen Gefühlen mit. Diese erbärmliche Darbietung als Mutter erreichte ihren Höhepunkt, als ich erfuhr, dass die Wunde zu infiziert war, um erneut einen Gipsverband anzulegen, wodurch ich nicht rechtzeitig zu Mollys erstem Geburtstag entlassen werden konnte. Daraufhin ließ ich jede Zurückhaltung fahren und versuchte erst gar nicht mehr, meine Gefühlsausbrüche zu unterdrücken. Schließlich war der Arzt einverstanden, den Gipsverband wieder anzulegen und dabei eine kleine Öffnung für die Wunde freizulassen, durch die sie täglich gereinigt werden konnte.

Während es einfach großartig war, wieder zu Hause zu sein, hätte man mir nichtsdestotrotz starke Beruhigungstabletten verschreiben müssen, um sicherzugehen, dass ich die ärztliche Anordnung »viel Ruhe« auch beherzigte. Ich schaffte es noch rechtzeitig zu Mollys Geburtstagsfeier nach Hause – die sie zusammen mit Bethan feierte –, aber es war sehr frustrierend, die Party von einem Stuhl aus zu organisieren und mit einer Krücke zu wedeln, um meiner armen Schwiegermutter Anweisungen für all die Aufgaben zu erteilen, die ich nicht selbst erledigen konnte. Doch der Augenblick, als meine Erstgeborene die Kerze auf ihrer Geburtstagstorte ausblies, zählt trotzdem zu den schönsten Momenten meines Lebens.

Das Fußfiasko warf meine Pläne für eine erneute Schwangerschaft um drei Monate zurück. In einem größeren Zusammenhang betrachtet, ist das sehr wenig Zeit, aber meine Hormone rasten wie wild geworden durch meinen Körper. Annettes kleines Bäuchlein wurde immer deutlicher sichtbar, und Sarah hatte gerade erst verkündet, dass sie ein weiteres Kind erwartete – daher erschienen mir diese drei Monate eher wie drei Jahre. Zwei Monate nach Mollys erstem Geburtstag versuchten wir unser Glück, und ich war sofort schwanger. Das Leben verlief wieder in geregelten Bahnen. Doch dann verlor ich in der achten Woche das Kind. Ich weiß nicht, was schlimmer ist – eine Fehlgeburt bei der ersten Schwangerschaft oder wenn man bereits Kinder hat. Ich bin mir sicher, beide Erfahrungen sind schrecklich niederschmetternd. Da ich bei meinem ersten Kind keine Fehlgeburt erlitt, kann ich dazu nichts sagen, aber bei der Fehlgeburt des zweiten Kindes hatte ich definitiv das Gefühl, ein Kind zu verlieren. Wir wussten, welches Potenzial dieser Fötus besaß, denn das sahen wir tagtäglich vor uns – in Form von Molly. Ich beschloss, dass ich mal ein paar Tage rausmusste, bevor wir es erneut versuchten. Also rief ich Sarah an und buchte für Molly und mich einen Flug, um eine Woche bei ihr in Spanien zu verbringen. Und das war genau das Richtige: Zwar regnete es ununterbrochen, aber wir saßen eine ganze Woche lang nur am Küchentisch und redeten und aßen, während Jack und Molly Sarahs wundervolle Wohnung auf den Kopf stellten. Erstaunlicherweise tat es mir sehr gut, die damit verbundene »Ferntherapie« zum Thema Umstandskleidung zu machen: Sarah war in der sechzehnten Woche schwanger, daher durchstöberten wir San Sebastians beste Boutiquen für Umstandsmoden, und ich half ihr, mit Bedacht in zahlreiche elegante Kleidungsstücke für ihren immer größer werdenden Bauch zu investieren. Ich ahnte damals doch nicht, was das Schicksal für die anderen Mitglieder unseres Clubs bereithielt und dass *ich* diese superschicken Umstandskleider tragen würde, lange bevor Sarah die Gelegenheit hatte, sich an ihnen zu erfreuen. Aber das ist eine andere Geschichte, die Sarah erzählen muss.

Kurz nach meiner therapeutischen, äußerst erholsamen Woche in Spanien wurde ich mit Ella schwanger – nur einen Monat nach meiner Fehlgeburt. Noch im selben Monat brachte Annette ihre zweite Tochter, Megan, zur Welt; Emily war damals gerade erst sechzehn Monate alt. Es fühlte sich sehr merkwürdig an, nur am Telefon von der Freude und dem Glück über das zweite Kind zu hören – Annette war zu dem Zeitpunkt schon aus der Gegend fortgezogen. Nachdem wir die Erlebnisse und Ereignisse rund um die Geburt unserer ersten Kinder so hautnah miterlebt hatten, wurde uns die geografische Entfernung jetzt plötzlich besonders schmerzhaft bewusst. Im Laufe der nächsten Monate setzten wir die Informationen aus den Telefongesprächen, die jede von uns mit Annette geführt hatte, Stück für Stück zusammen und erkannten, dass Annette sich ernsthafte Sorgen um ihre Gesundheit machte – sie erzählte uns von den Schmerzen im Unterleib und dass sie sich ständig müde und erschöpft fühlte. Annette war ganz bestimmt kein wehleidiger Mensch – im Gegenteil, sie zählte zu den Menschen, die alles sofort in Angriff nehmen. Nie hat sie sich über irgendetwas beklagt, selbst wenn wir anderen vier zusammenhockten und die wandelnden Katastrophen – auch als Ehemänner bekannt – analysierten. Sie war nicht der Typ, der einfach so am Wettbewerb »Wer hat den größten Blödmann?« teilnahm. Zwar lachte sie mit uns, bis ihr die Tränen kamen, steuerte aber nie eigene Beiträge zu diesem Thema bei. Und genau auf Grund dieser beneidenswerten Charaktereigenschaft machte ich mir schließlich Sorgen um Annettes Gesundheitszustand, da sie am Telefon auf einmal regelmäßig davon sprach. Wenn Annette wiederholt über Müdigkeit und Schmerzen klagte – selbst nach der Geburt ihres zweiten Kindes –, dann musste es wirklich etwas Ernsthaftes sein. Abgesehen davon bin ich aber auch jemand, der gerne aus einer Mücke einen Elefant macht und immer direkt mit dem Schlimmsten rechnet.

»Halbwissen ist das schlimmste Wissen« – so oder so ähnlich lautet doch eine Redensart, und ich glaube, dieser Spruch trifft perfekt auf mich zu. Meine Ausbildung zur Krankenschwester gab mir einen Vorgeschmack auf alle möglichen Symptome und Anzeichen lebensbedrohender Krankheiten, stattete mich aber nicht mit dem notwendigen Wissen über alle geringfügigeren und leicht zu behandelnden Krankenheiten aus, die durch ähnliche Anzeichen und Symptome gekennzeichnet sind. Das wiederum hat mich zum sprichwörtlichen Überbringer schlechter Nachrichten gemacht, sobald mir jemand seine Beschwerden schildert. Statt den Betreffenden mit der beruhigenden Stimme der Vernunft zu beschwichtigen, verwandele ich mich in das medizinische Ebenbild des Sensenmanns und erstelle in meinem Kopf sofort eine Liste aller möglichen unheilbaren Krankheiten, die sich hinter den Symptomen verbergen könnten. Daher nahmen die anderen meine Sorge um Annettes Gesundheit nie so ganz ernst. Es war schrecklich, festzustellen, dass ich dieses Mal Recht behielt.

Andrea stand in regelmäßigem Kontakt mit Annette und hielt uns daher auf dem Laufenden. Aber trotz dieser engen Bindung zwischen den beiden hatte Annette sich wohl auch ihr gegenüber nicht über irgendwelche Beschwerden im Unterleib ausgelassen. Das Problem mit diesem als peinlich empfundenen Körperteil ist, dass die meisten Menschen den entscheidenden Moment zu lange abwarten, um zum Arzt zu gehen und eventuelle Probleme in dieser Körperregion zu besprechen. Nicht viele Leute stürzen direkt in die nächste Praxis und erörtern mit ihrem Hausarzt ihren Stuhlgang oder die Schwellung in ihren Hoden – so wie sie es vielleicht bei Ausfluss im Ohr oder einer Schwellung am Fuß täten. Unterleibsbeschwerden zählen zu den Problemen, von denen wir hoffen, dass sie nur vorübergehender Natur sind und von alleine wieder verschwinden. Annette klagte zwar direkt nach Megans Geburt über derartige Beschwerden, aber andererseits sind Abgeschlagenheit, Bauchschmerzen und eine gestörte Darmtätigkeit keine ungewöhnlichen Symptome für eine frisch gebackene Mutter. Also dauerte es ein paar Monate, bis die richtige Diagnose gestellt wurde.

Als Annette uns mitteilte, dass sie Darmkrebs habe, war sie wie üblich relativ zuversichtlich, und diese positive Einstellung bewahrte sie sich auch während der kräftezehrenden monatelangen Behandlung im darauf folgenden Jahr. Wenn die kurze Freundschaft mit Annette mich eines gelehrt hat, dann die Erkenntnis, das Beste aus dem zu machen, was das Leben mir zu bieten hat, und nicht länger nach Dingen zu suchen, über die ich mich beklagen kann. Dieser von Selbstmitleid geprägte Sommer, den ich im Jahr zuvor durchgemacht hatte, war plötzlich nur noch ein winziger Pickel im Vergleich zu dem explosiven Geschwür, das sich in Annettes Leben ausbreitete.

Auch nach Annettes Tod verlief das Leben für die Gardeners und die Greens (mein Mädchenname) ziemlich traumatisch. Vergangenes Jahr, als ich gerade mit unserem dritten Kind im fünften Monat schwanger war, hat Davids älterer Bruder Chris sich umgebracht. Er litt schon jahrelang unter Depressionen, aber auf diese Weise im Alter von achtunddreißig zu sterben, scheint einfach so sinnlos. Wir alle müssen uns mit der Tatsache abfinden, dass für manche Menschen mit Depressionen diese Krankheit genauso unheilbar sein kann wie Krebs und dass kein einziges »Wenn ich nur« oder »Hätte ich bloß« etwas daran ändert. Chris hat mit seiner Frau und seinen beiden Jungs zusammen mit uns auf einem Hof gelebt und war Teil des landwirtschaftlichen Gemeinschaftsbetriebs. David hat also nicht nur seinen Bruder verloren, sondern auch noch einen seiner Geschäftspartner, mit dem er tagtäglich zusammenarbeitete. Wenn man bei einer Firma arbeitet und so etwas in der Familie passiert, dann nimmt man ein paar Tage frei. Doch für David, seinen anderen Bruder Richard und seinen Vater bedeutete Chris' Tod, dass sie sich sofort überlegen mussten, wie sie die von Chris hinterlassene Arbeitslücke füllen konnten, und es hieß auch, dass sie selbst trotz dieses schrecklichen Verlustes ihre eigene Arbeit fortsetzen mussten. Das Vieh kann man nicht einfach auf Eis legen – die Tiere brauchen Futter. Die Wunde, die Chris' Freitod gerissen hat, ist immer noch so frisch, dass ich zu diesem Zeitpunkt dieses Thema weder vertiefen möchte noch es für angebracht halte. Andererseits wäre es auch falsch gewesen, diesen überwältigenden, schrecklichen Verlust in unserem Familienleben in diesem Kapitel unerwähnt zu lassen.

Zu guter Letzt wurde bei meinem Vater eine Multi-System-Atrophie diagnostiziert, als er und meine Mutter gerade in den Ruhestand getreten waren und einen aktiven, unternehmungslustigen Lebensabend planten. Bei der MSA handelt es sich im Grunde um eine degenerative Erkrankung, die den allmählichen Zusammenbruch sämtlicher Körperfunktionen verursacht. Seit der Diagnose vor ein paar Jahren hat er sich von einem sportlichen, geselligen, aktiven und kontaktfreudigen Mann in einen Menschen verwandelt, der vollkommen abhängig von meiner Mutter ist. Er kann nicht mehr für sich selbst sorgen oder ohne fremde Hilfe zurechtkommen. Der Verlust an Lebensqualität für ihn und meine Mutter ist unermesslich, da nicht nur sein Leben komplett auf den Kopf gestellt wurde, sondern auch ihres.

Bei mir bewirkte das Schuldgefühl, dass ich meiner Familie keine größere Stütze sein konnte, in Kombination mit meinem völlig durcheinander gewirbelten Hormonhaushalt nach der Geburt unseres dritten Kindes Alfie einen kleinen Anfall von postnataler Depression. Anfangs erkannte ich die Symptome nicht, weil ich so vernarrt in meinen kleinen Jungen war und mir gar nicht vorstellen konnte, es könnte sich um eine postnatale Depression handeln. Ich rede deswegen von »kleinem Anfall«, weil es sich definitiv um eine Störung handelt, die ich ohne Medikamente durchstehen werde. An manchen Tagen fühle ich mich, als ob ich durch Schlamm wate: Ich komme kaum noch aus dem Bett, bin mürrisch und bissig zu den Mädchen, und David gegenüber brennt mir leicht die Sicherung durch – und dann verachte ich mich selbst für mein Verhalten und mache mir Vorwürfe, dass ich mich so elend fühle, obwohl ich so vieles habe, wofür ich glücklich und dankbar sein müsste. Und dann geht die Heulerei los, und wenn das erst mal angefangen hat, hört es den ganzen Tag nicht mehr auf. Glücklicherweise überwiegen die guten Tage die schlechten bei weitem, und da ich beschlossen habe, Annettes positive Lebenseinstellung zu übernehmen, bin ich fest davon überzeugt, dass ich den Kampf gewinnen werde.

Sarah

Nachdem ich jetzt schwarz auf weiß gelesen habe, was Hilary alles durchmachen musste, seit wir uns kennen, halte ich mich für einen außerordentlich glücklichen Menschen. Als ich mit fünfundzwanzig eine Weile in Paris lebte, sagte einmal ein Arbeitskollege zu mir, dass ich auf ihn permanent glücklich wirke. Ich entgegnete darauf, dass ich auch allen Grund hätte, glücklich zu sein – ich hatte einen interessanten, gut bezahlten Job bei der British Telecom, der mir viel Spaß machte, eine liebevolle, feste Beziehung mit Tim, eine wundervolle Familie und einen großen Freundeskreis, der uns häufig in unserer Wohnung im Zentrum der französischen Hauptstadt besuchte. Also was, bitte schön, sollte es in meinem Leben geben, worüber ich »unglücklich« sein konnte? Da wir beide einen gesunden, sportlichen Lebensstil führten, befanden wir uns wahrscheinlich auf dem Höhepunkt unserer Leistungskraft. Heute, fast zehn Jahre später, kann ich nicht behaupten, dass einer von uns beiden seitdem längere Phasen der Trauer durchmachen musste. Aber eines ist sicher wahr: Seit wir älter geworden sind und bei unseren Freunden gesehen haben, wie schnell und einschneidend sich das Leben ändern kann, haben wir gelernt, die wirklich wichtigen Dinge in unserem Leben mehr zu schätzen. Dieses Gefühl wurde durch die Geburt unserer Kinder noch verstärkt, und wir halten nicht mehr alles für selbstverständlich, wie das früher vielleicht der Fall war. Die positiven Dinge im Leben zu genießen und sich bewusst zu machen, dass man keinerlei Einfluss auf die Fallstricke hat, die das Leben möglicherweise bereithält, bedeutet, den Tatsachen ins Auge zu schauen – und genau das mussten wir während der vergangenen fünf Jahre das eine oder andere Mal.

Die erste Trübung in unserem ansonsten rosigen Leben

ereignete sich kurz nach Hilarys und Mollys Besuch bei uns in Spanien. Wie Hilary bereits berichtete, war ich in der sechzehnten Woche schwanger und konnte mit Freude feststellen, dass sie eine echte Freundin war, als es darum ging, mir einmal selbst etwas zu gönnen! Während wir durch die spanischen Umstandsmodegeschäfte zogen, war sie fast wie besessen und hatte das unstillbare Verlangen, zu kaufen, zu kaufen und zu kaufen. Wenn nicht kurz danach das Schreckliche passiert wäre, das ich zu dem Zeitpunkt noch nicht ahnte, dann hätte der damalige Einkaufsbummel mit Sicherheit zu einem dieser Ehekräche geführt, bei dem es um die berechtigte Konfiszierung meiner Kreditkarte gegangen wäre! Jedenfalls kehrten Tim und ich nur wenige Tage nach meiner extravaganten Einkaufsorgie nach England zurück, um die in der sechzehnten Woche fällige Ultraschalluntersuchung machen zu lassen, welche mit dem Tripletest zusammenfiel. Das war der Moment, als wir entdeckten, dass unser Baby gestorben war. Die Ultraschalluntersuchung zeigte keine Herztöne bei dem Fötus, und der Vormittag, der mit all der Vorfreude auf das erste »Bild« von unserem Kind so schön begonnen hatte, endete mit Angst und Ungläubigkeit. Das Gesicht der Ärztin, als sie uns die Nachricht so schonend wie nur möglich beibrachte, werde ich nie vergessen. Ich wusste überhaupt nicht, wie ich mit ihrer offensichtlichen Enttäuschung und ihrem Unbehagen angesichts dieser schwierigen Situation umgehen sollte. Tim, wie immer pragmatisch, sagte irgendetwas wie »So etwas passiert nun mal«, aber ich wusste, dass der Schock und die Enttäuschung bei ihm genauso groß waren wie bei mir – nur dass ich einfach nur stumm dalag.

Nach weiterer eingehender Beratung mit den Ärzten wurde beschlossen, dass es das Beste für mich sei, die Geburt einzuleiten, damit das Kind und die Plazenta auf möglichst natürlichem Wege auf die Welt kamen. Ich hatte gehofft, man würde eine rasche Dilatation und Ausschabung unter

Vollnarkose vornehmen, aber die Ärzte hatten Bedenken, dass auf Grund der Größe des Mutterkuchens eine starke Blutung auftreten könnte. Das Ganze erschien mir vollkommen surreal – ich hatte überhaupt nicht das Gefühl, dass mir das alles widerfuhr. Um Jack, der auf dem Fußboden neben der Untersuchungsliege einen Wutanfall bekam, weil er von unserer langen Rückreise am Abend zuvor noch erschöpft war, musste Tim sich jetzt alleine kümmern: Ich hatte mental bereits in einen »Geist über Materie«-Modus umgeschaltet, um mit der Situation zurechtzukommen. Um mich selbst durch den Schock dieses so genannten »verhaltenen Aborts« zu bringen, brauchte ich meine hundertprozentige Konzentration. Die erste und peinlichste Reaktion meines Körpers bestand in dem unkontrollierbaren Drang, meine Gedärme zu entleeren … und zwar sofort! Im Nachhinein kann ich darüber lachen, aber damals war es mir trotz des alles betäubenden Schocks unsäglich peinlich, dass ich im Schweinsgalopp zu der Toilette sprintete, die normalerweise dazu dient, die volle Blase nach einer Ultraschalluntersuchung zu entleeren, und innerhalb von Sekundenbruchteilen meinen gesamten Darminhalt entleerte. Es überrascht mich, dass das Krankenhaus nicht den Bereich abgesperrt hat, um die Ursache der Explosion in der Abteilung für Pränatal- und Geburtsmedizin zu klären.

Nach unserer gemeinsamen Woche in Spanien war es Hilary, die ich als Erste anrief, um ihr das Ergebnis der Untersuchung mitzuteilen. Während ich ihr ruhig und sachlich erläuterte, dass ich stationär aufgenommen werden musste, um mich dem unvermeidlichen Eingriff zu unterziehen, arbeitete mein Gehirn auf Hochtouren. Meine Gefühle wurden beiseite geschoben, während ich mich mit den praktischen Dingen befasste: Ich musste mich noch darum kümmern, ein paar Lebensmittel für die Familie einzukaufen, dafür sorgen, dass Jack übers Wochenende untergebracht war, und unser Clubtreffen absagen, das am nächsten Tag bei uns zu Hause stattfinden sollte. Hilarys Stimme klang ziemlich zittrig, als sie den Kummer spürte, den ich nur mühsam unterdrückte, und sie bot sich rasch an, die anderen Freundinnen anzurufen und das Treffen abzusagen. Es war eine Ironie des Schicksals, dass ich ausgerechnet an jenem Tag zum ersten Mal die neu gekaufte »Dicke-Damen«-Mode aus Spanien trug. Und ich muss es wohl kaum betonen, dass ich sie sofort auszog, nachdem wir nach der Untersuchung zu Hause ankamen: Allein der Gedanke, zum Supermarkt zu gehen und dort in eindeutiger Umstandsmode auf Bekannte zu treffen, brachte mich zum Ausflippen. Plötzlich fühlte ich mich wie eine schamlose Betrügerin. Obwohl ich das Kind noch in mir trug, bedeutete das Wissen um seinen Tod für mich, dass ich nicht mehr das Recht hatte, mich als Schwangere zu präsentieren. Die Ärzte hatten uns die Möglichkeit eingeräumt, uns ein paar Tage mit unserem schweren Verlust zu arrangieren, bevor die Wehen eingeleitet werden sollten, aber ich empfand das Ganze als eine Entscheidung ohne Wahl und wollte nicht noch mehr Zeit verlieren, mich damit »zu arrangieren«.

Erst als ich meinen größten Albtraum – eine schlimme Blutung nach der eingeleiteten Geburt – überstanden hatte, ließ ich meinen Gefühlen freien Lauf. Ich las gerade im »Gedenkbuch« der Krankenstation, in das ich zunächst nichts hatte hineinschreiben wollen, als plötzlich die ersten Tränen flossen. Möglicherweise lag es daran, dass ich über den Verlust anderer Familien las, oder vielleicht war es einfach nur die Erleichterung, mit meinem Erlebnis nicht alleine dazustehen – ich hatte jedenfalls spontan das Bedürfnis, etwas in das Buch einzutragen und schrieb »Für mein kleines Mädchen, das ich nie kennen lernen werde«. Es überraschte mich, wie sehr mir dieser kleine Akt in meinem Kummer half. Auf einmal hatte ich das Gefühl, dass sich der Kreis schloss, indem ich die Existenz meiner Tochter anerkannte – so kurz diese Existenz auch gewesen sein mochte.

Tim und ich hatten eigentlich geplant, unsere Kinder relativ rasch hintereinander zu bekommen; es schien uns der logischste Schritt, unsere Familie zu erweitern, während ich nicht arbeitete und wir zwischen Spanien und England hin und her pendelten. Bis dahin war alles nach Plan verlaufen: Ich war mühelos zum zweiten Mal schwanger geworden und hatte ohne Probleme die vermeintlich »sichere« sechzehnte Schwangerschaftswoche erreicht. Doch plötzlich hatten wir das Gefühl, dass uns das Schicksal diese so sorgfältig bedachten Zukunftspläne einfach aus der Hand riss. In den darauf folgenden Wochen habe ich Jack sehr viel in meiner Nähe behalten, ihn oft umarmt und viel Zeit mit ihm verbracht, da ich die schlichte Tatsache seiner Existenz noch wesentlich mehr zu schätzen wusste als zuvor.

Es dauerte noch einmal vier Monate, bis ich mich körperlich und emotional kräftig genug fühlte, mich zum dritten Mal auf den Gedanken einer Schwangerschaft einzulassen, und glücklicherweise klappte es auch sofort. Das Leben verlief wieder in geregelten Bahnen – das dachten wir zumindest. Doch dann hatte ich eine zweite Fehlgeburt, dieses Mal in Spanien. Ich war in der zwölften Woche, als plötzlich eine leichte Blutung auftrat. Auf Grund meiner Vorgeschichte eilten wir sofort ins örtliche Krankenhaus, um eine Ultraschalluntersuchung machen zu lassen, die unsere Befürchtungen ausräumen sollte. Aber ich glaube, tief in mir wusste ich bereits – noch bevor das Gel auf meinen Bauch aufgetragen wurde –, dass auch dieses Mal keine Herztöne zu hören sein würden. Da die Blutung bereits eingesetzt hatte, schickte man mich nach Hause, um auf das Unvermeidliche zu warten. An diesem Wochenende hatten wir auch unsere Freunde Emma und Guy zu Besuch. Glücklicherweise sind sie wirklich gute Freunde und waren uns daher ein echter Trost statt eine zusätzliche Belastung. Und da Emma eine gelernte Krankenschwester ist, konnte sie meine Sorgen bezüglich des Blutverlusts lindern: Ich würde nicht so schnell abkratzen, wie ich befürchtet hatte.

Der Unterschied zur ersten Fehlgeburt bestand darin, dass ich bereits Zeit gehabt hatte, mich mit dem Trauerprozess auseinander zu setzen, bevor mein Körper den entscheidenden Schritt machte. Obwohl ich mich meilenweit von allen Menschen entfernt fühlte, die mir helfen und mit mir mitfühlen konnten – vor allem von den Hebammen in Berkhamsted, die mir immer eine große Stütze gewesen sind –, war ich davon überzeugt, dass mein Körper es diesmal auf natürlichem Wege schaffen würde, was dann auch glücklicherweise der Fall war. Zu dem Zeitpunkt hatte ich alle Hoffnung aufgegeben, dass wir noch jemals die Freude und das Glück empfinden würden, ein weiteres neugeborenes Kind in den Armen zu halten. Ich war sogar bereits so verzweifelt, dass ich Tim fragte, was er von einer Adoption hielte. Außerdem hatte ich Schuldgefühle, weil wir vielleicht niemals in der Lage wären, Jack in einer ausgewogenen Umgebung mit Geschwisterkindern aufwachsen zu lassen. Und ich habe auch nie einen Hehl daraus gemacht, dass ich den Verlust der beiden Schwangerschaften erst dann überwinden würde, wenn wir ein gesundes zweites Kind hätten. Können Sie sich vorstellen, wie glücklich wir waren, als unsere kleine Eloise fast genau drei Jahre nach Jacks Geburt zur Welt kam, also einundzwanzig Monate nach meiner ersten Fehlgeburt? Ihre Geburt beseitigte sofort all meine Sorgen, dass ich vielleicht nicht in der Lage wäre, ein Mädchen auszutragen. Als ihr kleines Gesicht Tim und mich anstrahlte, während die Hebamme sie mir auf die Brust legte, hatten wir das Gefühl, einen entscheidenden Wendepunkt in unserem Leben erreicht zu haben, sodass der Moment der Geburt noch emotionaler und gefühlsbetonter war, als er normalerweise schon ist.

Trotzdem überfällt mich manchmal völlig unerwartet die Trauer über die Fehlgeburten. Auch wenn viel Zeit vergangen ist, bekomme ich immer noch einen Kloß im Hals, sobald das Gespräch auf den Verlust eines Kindes kommt – selbst wenn mein Verlust im Vergleich zu den anderen zu einem relativ frühen Zeitpunkt der Schwangerschaft stattfand. Und es überrascht mich immer wieder festzustellen, wie viele Frauen eine Fehlgeburt hatten, wenn man erst einmal dieses Thema angeschnitten hat. Ich habe den Eindruck, dass das Schwierigste dabei die begrabenen Hoffnungen und Wünsche sind, die man in diese Schwangerschaft legte, und die Frustration darüber, dass man nie genau erfahren wird, *warum* es passiert ist. In meinem Fall habe ich beispielsweise nie einen Beweis dafür bekommen, was die Ursache für meine Fehlgeburten war, aber bei meiner nächsten Schwangerschaft achtete ich sehr darauf, die Menge der Flüge zwischen Spanien und England während der ersten drei Monate erheblich einzuschränken – nur für den Fall, dass ich vielleicht anfällig für Probleme war, die durch die Flughöhe ausgelöst wurden. Da ich während des ersten verhaltenen Aborts etwa ein Dutzend Mal hin- und hergeflogen war und bei der zweiten Fehlgeburt etwas weniger häufig, diente dieses selbst verordnete Flugverbot hauptsächlich meinem eigenen Seelenfrieden und war weniger das Ergebnis einer ärztlichen Empfehlung.

Während all dieser Monate waren die anderen Clubmitglieder aus den unterschiedlichsten Gründen eine Quelle der Kraft für mich: Hilarys unausgesprochenes Verständnis, die mir nach meiner ersten Fehlgeburt eine erholsame Verwöhnmassage in einem örtlichen Schönheitssalon schenkte, und Annettes liebe Briefe, die trotz ihrer eigenen schweren Krankheit immer noch ein paar tröstende Worte fand. Sie widmete uns und unseren Minikrisen so viel ihrer Zeit und behandelte sie so, als wären sie wesentlich wichtiger als der »banale Schluckauf« in ihrem Leben, auch bekannt als Krebs. Es schien fast, als müsste sie ihre Gedanken auf etwas anderes konzentrieren, um die Schwere ihrer eigenen Situation eine Zeit lang auszublenden. Dabei trat sie ihrer Krankheit mit fester Entschlossenheit entgegen, unermüdlich auf der Suche nach neuen Informationen und Behandlungsmöglichkeiten. Neben der schulmedizinischen Behandlung versuchte sie es auch mit anderen Therapieansätzen – beispielsweise nahm sie Haifischknorpelpulver ein und entschloss sich zu einer überwiegend vegetarischen Ernährungsweise. Und ganz typisch für sie: Sie dachte sogar darüber nach, eine Website einzurichten mit allen Informationen, die sie gesammelt hatte. Sie wollte anderen Menschen, die in der gleichen Lage waren wie sie, einen schnellen Zugriff zu allen verfügbaren Behandlungsformen ermöglichen – und zwar auf einer umfassenden Website, sodass diese nicht, wie sie selbst, mühsam das gesamte Internet durchforsten mussten. Leider war sie nicht mehr in der Lage, ihre Mission zu erfüllen.

Ich war gerade mit Eloise schwanger, als ich erfuhr, dass Annettes Krankheit sich im Endstadium befand; meine Angst vor einer dritten Fehlgeburt verblasste angesichts dieser Nachricht. Ein paar Wochen später brachte Annette Emily und Megan mit zu Andrea, wo wir uns alle trafen, um ein letztes Mal als Club der glücklichen Mütter mit all unseren Kindern zusammen zu sein. Wir gingen in einen Streichelzoo, in dem es von Müttern nur so wimmelte, deren Kinder zwischen den extrem geduldigen Tieren herumrannten und an ihnen herumzerrten. Wie Annette es schaffte, nicht aus vollem Hals zu schreien »DAS IST EINFACH NICHT FAIR!«, werde ich wohl nie erfahren. Sie sah so täuschend gesund aus und sagte auch, dass sie sich schon lange nicht mehr so gut gefühlt hätte – ihre umgestellte Ernährung in Kombination mit den alternativen Therapien, denen sie sich unterzog, versetzte sie in Hochstimmung. Ich erinnere mich noch, wie sie sagte, es sei grausam, dass sie sich so wohl fühle, während sie genau wisse, dass mit ihrem Körper nichts mehr stimmte. Der Gedanke, dass sie es wohl nicht mehr miterleben würde, wenn ihre kleinen Mädchen zum ersten Mal ihre Tage bekämen, ihren Universitätsabschluss machten oder vielleicht heirateten, war einfach zu schmerzlich für sie, um länger darüber zu reden. Trotzdem schien dieses morbide Gesprächsthema keine große Rolle zu spielen, während ich an jenem sonnigen Herbstmorgen mit dieser scheinbar gesunden jungen Mutter sprach. Sie lachte sogar über eine Unterhaltung, die sie kurz zuvor mit ihrem Mann Gavin geführt hatte: Sie hatte ihm erklärt, sie wolle nicht, dass er sein restliches Leben vergeude, indem er ihr nach ihrem Tod ewig nachtrauere, und er solle ein neues Leben beginnen und wieder heiraten. Und als ich sie gerade für den Pragmatismus bewundern wollte, mit dem sie an die ganze Geschichte heranging, fügte sie mit einem breiten Grinsen hinzu: »Aber wehe, er sieht sich schon nach einer Neuen um, solange ich noch nicht tot bin ... dann bring ich ihn um!« Es ist für mich einfach unerklärlich, woher manche Menschen die Kraft nehmen, ihren nahenden Tod mit einer solchen Leichtigkeit anzugehen, während sie tief in ihrem Inneren doch größte Verzweiflung und Hoffnungslosigkeit empfinden müssen.

Traurigerweise war Annette nicht die Einzige aus unserem engsten Freundeskreis, die in den vergangenen fünf Jahren jung an Krebs starb. Unser Trauzeuge und guter Freund Guy fiel ebenfalls dieser unterschiedslos zuschlagenden Krankheit zum Opfer. Guy hatte seit seiner Jugendzeit an Krebs gelitten und sämtliche medizinischen Vorhersagen über seine zu erwartende Lebenszeit übertroffen. Es ist immer noch ein harter Schlag, selbst ein Jahr nach seinem Tod, wenn man sich bewusst macht, dass er nicht mehr unter uns weilt. Annette trat nur während einer relativ kurzen Zeitspanne in mein Leben, aber dies geschah in einer Phase, in der auf Grund eines gemeinsam durchstandenen Lebensereignisses spontan eine tiefe Freundschaft entstand. Annette zu verlieren, traf mich sehr hart, weil es für mich das erste Mal war, dass ich innerhalb meiner Altersgruppe einen Todesfall erlebte, und weil Annette eine Frau war, die sich an genau der gleichen Stelle im Leben befand wie ich. Plötzlich war das Bewusstsein um die eigene Sterblichkeit allgegenwärtig: Es hatte jeden meiner Freunde treffen können ... es hätte genauso gut mich treffen können. Doch der Verlust von Guy wirkte auf uns, als hätte man uns einen Teil von uns selbst genommen. Guy hatte zu meinem Leben gehört seit dem Moment, in dem Tim und ich uns verbunden hatten. Nur zwei Jahre zuvor war ich noch so dankbar gewesen, dass er und Emma während meiner zweiten Fehlgeburt bei uns in San Sebastian waren. Zu einem Zeitpunkt, als ich mich besonders verwundbar fühlte, habe ich ihr Verständnis und ihre Unterstützung wirklich sehr zu schätzen gewusst. Guy hatte einen großartigen Sinn für Humor, eine nimmermüde Energie und die scheinbar nie versagende Fähigkeit, dem Tod ein Schnippchen zu schlagen, sodass wir in der festen Überzeugung lebten, er sei unverwüstlich. Und daher traf es uns mit voller Wucht, als wir nach einem Wochenendausflug nach Hause zurückkehrten und erfuhren, dass diese Krankheit ihn schließlich doch noch besiegt hatte. Da wir immer geglaubt hatten, er würde wie früher wieder auf die Beine kommen, hatten wir noch nicht einmal die Möglichkeit gehabt, uns von ihm zu verabschieden. Tim wollte ihn noch vor unserer Fahrt im Krankenhaus besuchen, aber da er eine Erkältung hatte, verzichtete er darauf, um Guy nicht mit zusätzlichen Bakterien zu belasten. Wenn wir nur im Geringsten geahnt hätten ... Aber das ist etwas, was das Leben uns in den vergangenen Jahren auf die harte Tour gelehrt hat – es steckt voller Unbekannten.

Da ich mit wachsender Erfahrung im Laufe der Zeit wohl ein wenig »reifer« geworden bin, hat auch mein Pariser Image einer Frau, die ständig gut drauf zu sein scheint, inzwischen ein wenig gelitten, und meine Lebenseinstellung ist wesentlich pragmatischer geworden. Wenn es etwas gibt, das ich in den vergangenen fünf Jahren gelernt habe, dann ist es, das Leben im Hier und Jetzt zu genießen …

Andrea

Vor Annettes Krankheit war ich in der glücklichen Lage, dass niemand aus meinem engen Freundes- oder Familienkreis an Krebs gelitten hatte – doch das machte mich auch besonders naiv und unbekümmert. Es mag furchtbar klingen, aber als Annette mir erzählte, dass die Ärzte bei der Darmuntersuchung ein Krebsgeschwür festgestellt und entfernt hatten, war ich nicht besonders besorgt. Soweit mein nicht medizinisch vorbelastetes Gehirn das verstand, war die Geschwulst beseitigt und die Chemotherapie, der sie sich unterziehen musste, eine reine Vorsichtsmaßnahme – meiner Freundin ging es also gut.

Während der darauf folgenden Behandlungsmonate stellten Annette und ich einen Plan auf, an welchen Tagen der Woche wir miteinander telefonieren konnten und an welchen sie unbedingt Ruhe brauchte. Ich bin aber so telefoniersüchtig, dass es mir natürlich trotzdem mehrfach gelungen ist, sie genau in den Momenten zu erwischen, in denen sie sich eigentlich erholen sollte. Da wurde mir dann auch klar, wie viel Kraft und Energie diese Chemotherapie kostete: An guten Tagen gelang es ihr, einen fröhlichen und zuversichtlichen Eindruck zu erwecken, aber während der »Zombie-Zeiten« klang sie, als wäre sie gerade erst mit einem gewaltigen Kater aufgewacht. Und selbst dann noch brachte sie es fertig, auf meine weitschweifigen Erzählungen höflich zu reagieren. Aber unsere Gespräche verliefen deutlich besser, wenn ich meinen Wunsch, sie anzurufen, wann immer mir der Sinn danach stand, bezwingen konnte und mich nach ihr richtete. Schließlich hat mein Telefon nicht nur eine Sprech-, sondern auch eine Hörmuschel, und es war toll, die neuesten Nachrichten von Emily und Megan zu hören! Ich weiß nicht, was es mit mir und Telefonen auf sich hat, aber ich bin einfach telefoniersüchtig. Wenn mir etwas einfällt, was ich jemandem unbedingt erzählen muss, dann möchte ich denjenigen auch sofort anrufen – ganz egal ob es zu einem späteren Zeitpunkt vielleicht billiger wäre. Ich könnte nicht bis sechs Uhr oder – Gott bewahre – bis neun Uhr abends warten, nur weil das Telefonieren dann preiswerter ist. Wenn es Neuigkeiten gab, mussten sie auch umgehend mitgeteilt werden. Ebenso sehr hasse ich den Gedanken an Nachrichten, die auf meinem Anrufbeantworter auf mich lauern; daher rufe ich selbst dann bei mir zu Hause an, wenn ich nur einen halben Tag fort bin. Und falls ich jemals mein Mobiltelefon vergessen sollte ... daran will ich gar nicht denken. Deshalb war es für mich auch ein echter Kraftakt, mein Gehirn dazu zu bringen, mich nicht ständig zum Hörer greifen zu lassen, um mit Annette zu telefonieren. Und sobald dann der Moment unseres wöchentlichen Plauderstündchens gekommen war, platzte ich fast vor Ungeduld und Neugierde.

Annette erfuhr, dass ihre Erkrankung unheilbar war, kurz nachdem ich Sam zur Welt gebracht hatte. Als ich die Nachricht hörte, saß ich einfach nur da und weinte heiße Tränen auf mein winziges Neugeborenes, während ich an all die Dinge dachte, die meine Freundin niemals mit ihren beiden kleinen Töchtern erleben würde. Doch nach einem Gespräch mit Annette wenige Tage später hatte ihre positive Lebenseinstellung wieder auf mich abgefärbt. Obwohl man ihr gesagt hatte, ihr Zustand sei unheilbar, schien sie fest entschlossen, mit allen verfügbaren Mitteln gegen diese Krankheit anzukämpfen, und ich war gewillt, ihr dabei zu helfen – und zwar in jeder Hinsicht.

Während der nächsten Monate telefonierten wir wöchentlich miteinander. Auf Grund ihrer positiven Einstellung gegenüber der neuartigen Behandlungsmethode, an der sie teilnahm, war mir überhaupt nicht bewusst, wie weit diese bösartige Krankheit von ihrem Körper schon Besitz ergriffen hatte und wie schnell sie fortschritt. Am Ende musste Hilary zu meinem eigenen Besten ziemlich direkt sein: Sie teilte mir unverblümt mit, sie glaube nicht, dass Annette noch lange zu leben hätte. Während ihrer eigenen Telefonate mit Annette war Hilary klar geworden, dass die Situation tatsächlich sehr ernst war.

Es war ein unglaublicher Zufall, dass wir vier einige Monate zuvor Pläne gemacht hatten, um mal ein paar Stunden von unseren Familien wegzukommen und Annette zu besuchen. Damals war uns ja noch nicht bewusst, dass dies unser letzter Besuch sein sollte, in der letzten Woche ihres Lebens. Wir fuhren mit zwei Wagen, und während dieser Fahrt wurde Hilary das erste Mal heftig mit einer unglückseligen Angewohnheit meinerseits konfrontiert – in Zeiten größter Aufregung und Verwirrung bekomme ich immer einen unbezwingbaren Lachkrampf. Während der letzten zehn Minuten unserer Reise gab es wirklich nichts zu lachen, und das Einparken des Wagens war auch nicht unbedingt ein Brüller, aber das hinderte mich nicht im Geringsten daran, ständig loszuprusten. Man hätte meinen können, auf der Rückbank säße Rowan Atkinson und gäbe eine Kostprobe seiner Comedyshow! Ich kreischte förmlich vor Vergnügen, die Lachtränen liefen mir übers Gesicht – und das alles nur, weil ich so nervös war. Auch in meinem Beruf ist diese Angewohnheit alles andere als vorteilhaft; die anderen Schlüsselmomente in meinem Leben, in denen diese nervösen Lachanfälle mich zu überwältigen drohen, sind bei Gericht, wenn ich eine Zeugenaussage machen muss. Glücklicherweise habe ich es jedoch bis heute immer noch geschafft, mich zu bezwingen, bevor ich den Eid spreche, und noch keine Vorstellung der lachenden Polizistin gegeben.

Jedenfalls war der Besuch bei Annette einer der nervenaufreibendsten Momente meines Lebens, doch glücklicherweise gelang es mir, mich wieder in den Griff zu kriegen, bevor ich hineinging. Hilary wartete draußen, damit ich eine Weile mit Annette alleine sein konnte. Als ich aus dem Wagen stieg, kicherte ich immer noch, aber in dem Moment, in dem ich um die Ecke bog und Annettes Zimmer betrat, war meine Hysterie wie weggeblasen, und ich nahm meine arme Freundin einfach nur in den Arm. Wir fünf verbrachten den ganzen Nachmittag zusammen, bevor wir uns schließlich von ihr verabschiedeten. Es war so schön, einfach etwas Zeit mit ihr verbringen und die neuesten Neuigkeit austauschen zu können – nur wir fünf, wie zu alten Zeiten. Aber jedes Gesprächsthema schien zu einem abrupten Ende zu kommen, sobald uns schmerzhaft bewusst wurde, dass Annette keine Zukunft mehr hatte. Dabei ging es meist um ganz einfache Sachen – so erzählte ich beispielsweise, dass ich Max zum ersten Mal mit ins Kino genommen hatte. Daraufhin entspann sich eine Diskussion darüber, wer von uns die eigenen Kinder schon ins Kino geschleppt hatte und wer noch nicht, und Annette beteiligte sich an dem Gespräch, indem sie sagte, sie glaube nicht, dass Emily schon genügend Sitzfleisch hätte, um den ganzen Film ruhig durchzustehen … »Vielleicht im nächsten Sommer.« Darauf trat Stille ein, weil uns die Tränen kamen bei dem Gedanken, dass dies eines der Millionen von ersten Malen war, die sie nicht mit ihren Mädchen erleben würde. Glücklicherweise hatte Annette an diesem Tag eine Aufgabe für uns: Wir sollten ihr helfen, jeweils einen Brief an Emily und Megan von ihrer Mami zu verfassen. Das klingt jetzt vielleicht wie aus dem Drehbuch eines echten Tränendrüsenfilms, aber damals war es uns eine große Ehre, ihr dabei zu helfen, und gleichzeitig eine solche Erleichterung, etwas Sinnvolles tun zu können zu einem Zeitpunkt, wo wir uns alle furchtbar hilflos fühlten. Die größte Ehre bestand für mich jedoch darin, dass Annette mir diese Briefe anvertraute, damit ich sie ihren Töchtern zum gegebenen Zeitpunkt vorlesen konnte. Sie wusste, dass ich auf diese Weise niemals den Kontakt zu den Mädchen verlieren würde und dass die beiden immer eine Erinnerung an ihre Mutter von Seiten ihrer Freundinnen und nicht nur seitens ihrer Familie haben würden.

Ich war gerade im Dienst, als ich nur wenige Tage nach unserem Besuch die Nachricht erhielt, dass Annette gestorben war. Ich nahm mir den Rest des Tages frei und ging direkt zu Sarahs Haus. Ich fühlte mich wie betäubt, als ich auf die Klingel drückte und dann die Worte sagte, die ich nicht hätte auszusprechen brauchen. Sarah wusste sofort Bescheid – mein Gesicht sagte ihr alles. Eine Weile standen wir einfach nur in ihrem Flur und umarmten einander schweigend. Und genau in diesem Moment spürte ich, wie mich jemand in meinen prächtigen Sechsmonatsbauch trat und damit gegen die Enge protestierte, und ich weiß noch, dass ich dachte, wie bizarr das Leben doch sein kann. Wir waren alle miteinander befreundet, weil wir zusammen neues Leben in die Welt gesetzt hatten – und trotzdem hatte nur kurze Zeit später eine von uns ihr eigenes Leben verloren.

Noch vor acht Monaten hätte ich das Kapitel an dieser Stelle beenden können. Abgesehen von einer schwierigen zweiten Schwangerschaft, von der ich aber später berichte, verlief mein Leben relativ normal und stressfrei, doch jetzt stehe ich vor zwei Problemen, die den größten Stress verursachen, den ich bisher erlebt habe: Mein Umzug und die Trennung von meinem Mann. Glücklicherweise werde ich sowohl von meinen Freunden als auch von meiner Familie hervorragend unterstützt – was mich bis zu diesem Zeitpunkt davor bewahrt hat, vollkommen durchzudrehen.

Zwei Wochen vor Weihnachten teilte Bruce mir zum ersten Mal mit, dass er nicht sicher wisse, was er vom Leben erwarte. Es ist schon erstaunlich, wie Weihnachten diese Art von Reaktion bei vielen Menschen auslöst; anscheinend geht ein großer Prozentsatz von Ehen während der Feiertage in die Brüche. Ich frage mich, ob die Scheidungsrate nicht dramatisch nach unten ginge, wenn man Weihnachten verbieten würde. Nachdem Bruce diese hübsche, kleine Bombe in unserem Gespräch hatte fallen lassen, wollte er mich jedenfalls anschließend vier Wochen in der Luft hängen lassen, indem er verkündete, dass er über dieses Thema vor Silvester nicht mehr sprechen wolle.

Zu diesem Zeitpunkt brauchte ich unbedingt jemanden zum Zuhören, und da Bruce und ich gerade erst von einem gemeinsamen Wochenende mit Hilary und David aus Amsterdam zurückgekehrt waren, rief ich Hilary an. Ihr war aufgefallen, dass Bruce während unserer Reise im Umgang mit mir nicht mehr der Alte war, und wir hatten noch am Tag zuvor darüber gesprochen. Keine von uns hatte auch nur die leiseste Ahnung, dass meine Fragen an Bruce bezüglich seines veränderten Verhaltens mir gegenüber das Ende meiner Ehe auslösen würden. Die nächsten Wochen, aus denen dann Monate wurden, waren wirklich zermürbend, während ich darauf wartete, dass Bruce »herausfand, was er wollte«. Ich brauchte eine zweite Meinung, in Person einer engen Arbeitskollegin, Jane – und wenn es nur dazu diente, Hilarys Ohr zwischendurch mal eine Pause zu gönnen. Jane und Hilary waren beide felsenfest davon überzeugt, dass Bruce bald merken würde, was für ein Idiot er war, und zu mir zurückkehren würde. Aber obwohl unsere Ehe nach außen hin ganz normal weiterlief, wusste ich tief in meinem Herzen, dass Bruce bereits gegangen war. Zu der Zeit traute ich mich nicht, mit irgendjemand anderem außer Hilary und Jane darüber zu sprechen – weder mit Lyndsey oder Sarah noch mit meiner Familie, obwohl wir einander sehr nahe stehen. Ich wusste zwar, dass sie gekränkt wären, wenn sie herausfänden, dass ich mich nicht direkt an sie gewandt hatte, aber ich musste die Zahl der Mitwisser auf ein Minimum beschränken, für den Fall, dass ein kleines Wunder geschähe und wir unsere Probleme doch noch in den Griff bekämen. Es ist immer sehr peinlich, wenn man den Partner einer Freundin so richtig niedergemacht hat, weil er sie schlecht behandelt, und dann einen heftigen Rückzieher machen muss, sobald die Flamme der Leidenschaft zwischen den beiden wieder entfacht ist! Ich wollte niemanden in diese Lage bringen, und außerdem wollte ich verhindern, dass die Leute mich für sadomasochistisch hielten, wenn ich Bruce nach all dem, was er unserer scheinbar perfekten Ehe angetan hatte, einfach verzieh.

Es dauerte vier Monate, bis Bruce zu dem unumstößlichen Entschluss kam, dass wir keine gemeinsame Zukunft hätten, und wir beschlossen sofort, das Haus zu verkaufen und einen klaren Schlussstrich zu ziehen. Anfangs verspürte ich sogar eine gewisse Erleichterung, dass jetzt endlich eine Entscheidung getroffen war und ich anfangen konnte, mein eigenes Leben zu planen. Aber die bittere Erkenntnis, dass mir eine Zukunft als allein erziehende Mutter bevorstand und zwar ohne meinen besten Freund, meinen Sportkumpel und meinen Geliebten (alles in einer Person), traf mich schon bald wie ein Schlag ins Gesicht. Die Gefühle schlugen wie eine Sturzwelle über mir zusammen. Das Schlimmste ist, es anderen Leuten mitzuteilen, weil es für Außenstehende wie ein Blitz aus heiterem Himmel kommt und immer eine längere Erklärung erfordert. Wenn es jemand anderen in Bruces Leben gäbe, könnte ich einfach sagen: »Er hat eine Affäre.« Und falls ich nicht weiter darauf eingehen wollte, dann würden diese vier Worte schon reichen – aber der Satz »Er hat sich in seine Firma verliebt« erzielt aus irgendeinem Grund nicht die gleiche Wirkung. Ich erkenne sofort den Ausdruck zynischen Mitgefühls auf ihren Gesichtern, während sie denken, was ich doch für ein armer Trottel bin zu glauben, es sei keine dritte

Person im Spiel. Ich musste mich selbst wappnen, um mit dem Unverständnis der anderen umgehen zu können, indem ich mir immer wieder sagte, dass *ich* diejenige bin, die die Wahrheit über unsere Ehe kennt und dass dies das Einzige ist, was letztendlich zählt. Aber weil das alles nicht so einfach war und ist, gibt es tatsächlich etliche Bekannte, die noch immer nichts davon wissen. Wenn ich in zwei Wochen umziehe, werde ich wieder eine Fülle von Erklärungen abgeben müssen, sobald die Leute die Karte mit unserer neuen Adresse bekommen, auf der nur Andrea, Max und Sam steht. Ach, wie ich mich darauf freue!

Während der vergangenen acht Monate habe ich die gesamte Gefühlspalette durchlaufen – angefangen damit, dass ich mich allabendlich in den Schlaf weinte, bis hin zu dem Wunsch, Bruce im Schlaf den Kinnbart abzurasieren. Ich konnte das Ding sowieso nie ausstehen. Es gab Tage, da fuhr ich abends von der Arbeit nach Hause, und dann lief plötzlich ein Lied im Radio, das alles sofort wieder hochbrachte. Ich saß dann reglos hinter dem Steuer und dachte daran, wie sehr ich ihn noch liebte und dass ich ohne ihn nicht leben könnte und dass ich Scheibenwischer für meine Augen benötigte, um es bis nach Hause zu schaffen. Doch wenn ich dann später am Abend auch nur einen Kommentar über seine Geschäftstüchtigkeit in der Firma hörte oder seinen ständigen, nervösen Reizhusten, den ich früher so niedlich fand, dann war ich im nächsten Moment bereit, ihm eine seiner stinkenden Socken in den Hals zu rammen. Ich glaube, es war gut, dass sich die Monate vor dem Umzug so hinzogen und wir uns auseinander lebten. Mittlerweile erwischt es mich viel seltener, und ich glaube, ich habe mich mit den Tatsachen abgefunden. Es hilft mir auch sehr, dass ich demnächst wieder in Berkhamsted und damit mitten im Einzugsgebiet des Clubs der glücklichen Mütter wohne. Verstehen Sie mich nicht falsch: Die Ereignisse der vergangenen Monate haben mich sehr verletzt, aber ich werde

Bruce ganz bestimmt nicht den Rest meines Lebens hinterherjammern.

Meine größte Sorge gilt nun Max und Sam und der Frage, wie sie mit der Trennung fertig werden. Die Tränen, die ich heute noch vergieße, werden meistens durch Gedanken an meine Jungs und ihren Verlust ausgelöst, und nicht durch meinen eigenen Kummer. Außerdem mache ich mir Sorgen, wie ich mit der Verantwortung als allein erziehende Mutter zurechtkomme. Ich bin mir sehr wohl der Tatsache bewusst, dass ich in Erziehungsfragen viel zu nachgiebig bin – Bruce ist auf jeden Fall der Strengere von uns beiden –, und ich fürchte einfach, dass sich die Jungs in zwei wilde, aufsässige Flegel verwandeln, über die ich keinerlei Kontrolle habe. Ich weiß, dass ich jetzt überreagiere, aber seit unserem Entschluss zur Trennung scheine ich im Dienst mit mehr Fällen konfrontiert zu sein, bei denen ich jugendliche Rabauken aus zerrütteten Elternhäusern verhaften muss, als während meiner gesamten vierzehnjährigen Berufslaufbahn zuvor. Ich weiß, dass es auch jede Menge ausgeglichene Kinder aus zerrütteten Elternhäusern gibt, aber mein Beruf bringt mich nicht mit ihnen in Kontakt. Sowohl Bruce als auch ich sind uns einig, dass wir bei unseren Jungs alles richtig machen wollen, und Bruce liebt die beiden auch heute noch inständig und ist entschlossen, eine aktive Rolle bei ihrer Erziehung zu übernehmen. Und ich werde mich hüten, meinen Kindern jemals etwas Schlechtes über ihren Vater zu erzählen. Ich muss mir zwar manchmal ganz heftig auf die Zunge beißen, aber es gibt nichts Schlimmeres für Kinder, als zwischen die Fronten ihrer beiden Eltern zu geraten – daher steht mein Entschluss fest.

Bruce und ich mussten eine schwere Entscheidung treffen: Wann ist der richtige Zeitpunkt, es den Jungs zu sagen? Wir wollten nicht, dass sie es erfuhren und danach noch eine monatelange Wartezeit folgen würde – so wie es tatsächlich eingetroffen ist. Daher beschlossen wir zu warten, bis alle Verträge unterzeichnet waren und wir einen festen Umzugstermin hatten. Und da wir noch immer in aller Freundschaft unter einem Dach wohnten, wenn auch in getrennten Schlafzimmern, konnten wir diesen Schein aufrechterhalten, ohne dass die Jungs darunter zu leiden hatten. Ich fürchtete mich davor, es ihnen zu sagen. Sie waren noch so jung und unschuldig und wähnten sich bei ihrer Mami und ihrem Dad geborgen. Und ich hasste den Gedanken, dass sie sich in so jungen Jahren schon um so etwas Sorgen machen mussten. Da Sam noch nicht ganz drei Jahre alt ist, erwarte ich nicht, dass er das volle Ausmaß der Entscheidung begreift, und ich mache mir auch nicht allzu viele Sorgen um ihn, weil er schon immer ein Mamakind war. Aber Max ist verrückt nach seinem Vater und reagierte schon immer empfindlich auf Veränderungen, weshalb ich befürchte, dass er möglicherweise zu kämpfen haben wird. Da der Termin nun feststeht und der Umzug in zwei Wochen stattfinden soll, haben wir uns vor ein paar Tagen mit den Jungs zusammengesetzt und ihnen die schlechte Nachricht schonend beigebracht. Das war eine Erfahrung, die ich nicht noch mal machen möchte, obwohl Max auch ein paar tolle Kommentare von sich gab. In dem Moment, als ich anfing, die Situation zu erläutern – ich hatte noch nicht mal meinen ersten Satz beendet –, brach Max in eine Flut von Tränen aus und weinte herzzerreißend. Er versuchte verzweifelt, uns irgendetwas mitzuteilen, aber wir verstanden kein Wort von dem, was er sagte, weil er so weinte und schluchzte. Bruce und ich waren beide außer uns, und es brach uns das Herz bei dem Gedanken, was wir unserem kleinen Jungen antaten. Doch schließlich gelang es uns herauszufinden, was Max zu fragen versuchte … »Und was ist mit den *Simpsons*?« Wir waren so erleichtert, dass seine größte Sorge solch einer trivialen Sache galt, dass wir wirklich Mühe hatten, nicht zu grinsen. Aber nachdem wir ihm versichert hatten, dass er *Die Simpsons* abends in Mamis

Haus sehen dürfte, auch wenn Daddy nicht dabei wäre, ließ sein Kummer sichtbar nach. Wir erklärten den Jungs, dass sie in jedem der beiden Häuser Spielzeug und Videos und sogar ein spezielles Arsenal-Schlafzimmer haben würden. Und wir spulten das gesamte Programm ab: Dass dies alles nicht passieren würde, weil sie etwas falsch gemacht hätten, sondern dass es ganz allein Mamis und Daddys Fehler sei und sonst niemand Schuld hätte. Max saß einfach da und nahm alles in sich auf. Und dann kamen die herzzerreißenden Fragen wie »Was ist, wenn Daddy sich ganz alleine fühlt, wenn wir nicht da sind, oder wenn du dich ganz alleine fühlst?« Das war der Moment, in dem ich mir zum ersten Mal kräftig auf die Zunge beißen musste. Aber es gelang mir zu lächeln und ihm zu versichern, dass er dann Daddy oder mich sofort anrufen könne, falls das passiere.

Während der ganzen Zeit hatte Sam nur lächelnd dagesessen und fasziniert Max' Gefühlsausbruch beobachtet. Schließlich wandte er seine Aufmerksamkeit aber in eine ganz andere Richtung und fragte nach seiner üblichen warmen Milch vor dem Schlafengehen. Ich fragte ihn, ob er verstanden habe, was wir gesagt hätten. »Ja«, sagte er und lächelte glücklich. »Und wer wird dann in unserem neuen Haus wohnen?«, fragte ich weiter. »Daddy, Mami, Max und Sam«, sagte er. Offensichtlich war ihm der Inhalt des gesamten Gesprächs vollkommen entgangen, und Bruce und ich mussten noch mal von vorne anfangen. Inzwischen scheint er es begriffen zu haben, aber ich denke, dass wir das Gespräch wiederholen müssen und zwar mindestens einmal täglich. Und selbst dann glaube ich nicht, dass er das volle Ausmaß begreift – bis zu dem Moment, in dem er die erste Nacht in Daddys Haus verbringen wird.

Meine letzte Sorge bezüglich eines Lebens als allein erziehende Mutter gilt den tagtäglichen, praktischen Dingen wie etwa der Tatsache, dass ich abends nicht einfach noch eine Runde laufen oder einfach so jemanden besuchen kann, den logistischen Aspekten, mir keinen Babysitter nehmen zu können, der keinen Führerschein hat oder sonstwie in der Lage ist, alleine nach Hause zu kommen, und den Auftritten in der Öffentlichkeit, d.h. bei gesellschaftlichen Anlässen ohne Partner erscheinen zu müssen. Da Bruce schon immer etwas ungesellig war und nie gerne zu Hochzeiten, Taufen und dergleichen gegangen ist, verändert sich in letzterer Hinsicht für mich nicht viel. Daher wird der partnerlose Auftritt an sich nicht das Problem sein, doch mein veränderter Status wird mir schwer fallen. Plötzlich bin ich nicht mehr Andrea, deren Mann beruflich unterwegs oder zu Hause ist. Ich werde lernen müssen, das »Meine Ehe ist zerbrochen«-Etikett mit erhobenem Haupt zu tragen – obwohl sich dieses Etikett immer noch nicht so anfühlt, als hätte es mir jemals verpasst werden dürfen.

Lyndsey

Wir dachten, das Sex-Kapitel in unserem ersten Buch *Club der dicken Bäuche* wäre schwierig zu schreiben gewesen – aber ich glaube, dieses Kapitel hier ist eine wesentlich größere Herausforderung. Also, wo soll ich anfangen? Vielleicht am Anfang, also direkt nach Bethans Geburt, oder vielleicht sogar noch vor Bethan? Während Tim und ich beschlossen, unseren Kinderwunsch dem Schicksal oder den Göttern zu überlassen, sprachen wir nie darüber, wie viele Kinder wir uns eigentlich genau wünschten. Ich habe einen älteren Bruder, und Tim hat sieben Geschwister. Als ich Tim kennen lernte und wir uns über unsere Familien unterhielten, traute ich meinen Ohren kaum, als die Liste der Brüder und Schwestern immer länger wurde – das war keine Familie mehr, das war eine ganze Sippe. Glücklicherweise hatte das Verhalten seiner Eltern nicht auf Tim abgefärbt, und ich wusste mit absoluter Sicherheit, dass er sie auf diesem Gebiet ganz bestimmt nicht schlagen wollte. Wenn er es doch gewollt hätte, wäre ich im Schweinsgalopp aus der Tür gerannt, noch bevor unsere erste Verabredung vorbei gewesen wäre. Aber ansonsten hatten wir nie über dieses Thema gesprochen. Offensichtlich haben wir uns beide nicht getraut, über die Zahl Eins hinauszudenken.

Nachdem Bethan geboren war, hatte ich hinsichtlich Schwangerschaft und Geburt deutlich das Gefühl, alles erlebt zu haben, was es zu erleben gibt, und verspürte nicht den geringsten Wunsch, diese Erfahrung so bald zu wiederholen – wenn überhaupt! Ich kannte eine ganze Reihe von Einzelkindern, aus denen auch was geworden war, und sie machten mir nicht den Eindruck, als hätten sie sehr darunter gelitten, keine Geschwister zu haben. Ein weiterer Grund, der mich davon abhielt, an ein zweites Kind zu denken, war die Tatsache, dass Bethan so ein liebes Kind war. Warum sollte mich das abhalten, höre ich Sie jetzt fragen. Es sind doch genau diese Kinder, die ihre Eltern in einem falschen Gefühl der Sicherheit wiegen und dazu verlocken, es noch ein zweites Mal zu versuchen? Aber ich hatte bei zu vielen Gelegenheiten die leidvollen Geschichten meiner eigenen Eltern zu hören bekommen, die davon handelten, was für ein kleines Monster ich als Säugling gewesen war. Offenbar war die Situation so schlimm gewesen, dass sowohl meinen Eltern als auch mir ein starkes Beruhigungsmittel verabreicht werden musste, damit wenigstens einer von uns mal eine Nacht durchschlafen konnte. Meine Mutter hatte sich Jahre auf den Moment der Rache gefreut, in dem ich nämlich ein ebensolches Albtraumkind zur Welt bringen würde – und nun musste sie erstaunt feststellen, was für ein kleiner Engel Bethan war. Daher dachte ich, wenn wir wirklich einen zweiten Versuch wagten, bestünde eine ziemlich hohe Wahrscheinlichkeit, dass dieser Nachwuchs mein Temperament als Kind erben würde. Und dieser Gedanke genügte als Abschreckung. Warum sollte ich das Risiko eingehen? Als Kleinfamilie mit drei Personen hatten wir einen wunderbar reibungslosen Tagesablauf entwickelt.

Der Wendepunkt kam jedoch, als Annette an Krebs erkrankte und schließlich starb. Während dieser Zeit war es mir ein großer Trost, dass Emily wenigstens kein Einzelkind war und ihre Schwester Megan hatte – die beiden hatten einander. Von nun an ließ mich der Gedanke nicht mehr los: Was würde passieren, wenn Tim und mir etwas zustoßen sollte und Bethan als Einzelkind übrig blieb? Ich wusste zwar, dass ihr Vormund sie lieben und umsorgen würde, aber plötzlich genügte mir das nicht mehr. Ich wollte, dass sie jemanden von ihrem eigenen Fleisch und Blut hatte, und als sich Bethans zweiter Geburtstag näherte, unternahmen wir die ersten Versuche für ein weiteres Kind. Da ich bei Bethan so leicht und mühelos schwanger geworden war, kam es mir gar nicht in den Sinn, dass es dieses Mal anders verlaufen könnte. Damals wussten wir ja noch nicht, was die nächsten zwei Jahre für uns bereithielten.

Auch dieses Mal wurde ich relativ schnell schwanger – kurz nach Bethans zweitem Geburtstag –, aber ich verlor das Kind ungefähr in der sechsten Woche. Obwohl ich keinen Schwangerschaftstest gemacht hatte, wies der Umstand, dass meine Periode so verspätet, stark und schmerzhaft einsetzte, alle Anzeichen eines spontanen Abgangs auf. Erst danach begann die monatliche Tortur des Wartens und Hoffens und die fast schon zwanghafte Beschäftigung mit meinem Menstruationszyklus. Jeden Monat, wenn der erste Tag meiner Periode nahte, spürte ich diese Mischung aus Aufregung und Vorfreude. Würde es diesmal klappen? War dies der Monat, in dem ich empfangen hatte? Oder spürte ich irgendwelche prämenstruellen Anzeichen? Ich versuchte, meine Gefühle im Zaum zu halten, aber das war einfach unmöglich. Sosehr ich auch versuchte, ruhig zu bleiben und mich nicht zu sehr zu freuen, konnte ich mich gegen das Gefühl der freudigen Erwartung nicht wehren. Sobald dann aber meine Periode einsetzte, weinte ich vor Enttäuschung und fragte mich, warum das ausgerechnet mir passierte, wo doch mit Bethan alles so einfach gegangen war.

In den darauf folgenden Monaten hatte ich mit jedem Einsetzen der Periode das Gefühl, persönlich versagt zu haben. So verstrich immer mehr Zeit, und ich war drauf und dran, den Verstand zu verlieren. Ich hatte so gehofft, dass der Kinderwunsch nicht mein ganzes Leben beherrschen würde, aber sobald man erst einmal in dieser Achterbahn Platz genommen hat, kann man nicht mehr einfach aussteigen. Man muss warten, bis entweder die Fahrt zu Ende ist oder man herausfällt und sich schwer verletzt. Hinzu kam, dass ich mich zwar nie für abergläubisch gehalten habe, aber trotzdem eine fixe Idee entwickelte im Zusammenhang mit Elstern und dem alten Kinderreim: »Eine Elster bringt nur Leid, zwei verkünden gute Zeit, drei, die steh'n für Mägdelein, vier, dann wird's ein Knabe sein.« Der Rest des Reims interessierte mich nicht.

Sobald sich der Tag meiner Periode näherte, sah ich auf dem Weg zur Arbeit nur noch die einzelnen Elstern, die einsam und allein auf der Leitplanke hockten oder auf dem Parkplatz vor meinem Labor. Und natürlich setzte ein paar Tage später meine Periode ein. Irgendwann war ich so besessen von Elstern, dass ich fast in Tränen ausbrach, wenn ich nur eine einzelne sah – ich wusste einfach, was das für mich am Ende des Zyklus bedeutete. Der schlimmste Moment kam, als ich schließlich achtzehn Monate später doch noch schwanger wurde. Bethan war zu dem Zeitpunkt gerade dreieinhalb. Ich weiß nicht mehr, ob ich zwei, drei oder vier Elstern gesehen hatte, bevor mein Schwangerschaftstest positiv ausfiel, aber ich erinnere mich sehr genau an die einzelne Elster, die zwei Wochen nach dem Test auf den

Zaunpfahl neben meinem geparkten Wagen hüpfte. Ich grüßte die Elster, so wie es in den Ammenmärchen empfohlen wird, um damit das Unglück abzuwenden, aber als vier Tage später eine Blutung einsetzte, war ich vollkommen fassungslos. Es gab nichts, was ich hätte tun können: Ich hatte das Kind verloren. Ich konnte nur noch daran denken, dass es mich achtzehn Monate gekostet hatte, schwanger zu werden, und dass es jetzt vielleicht weitere achtzehn Monate dauern würde, bis ich erneut die Freuden der Schwangerschaft würde genießen können. An diesem Punkt in meinem Leben hatte ich das Gefühl, dass ich aus der Achterbahn gefallen war und nicht sicher wusste, ob ich noch einmal hineinklettern wollte – nur um am Ende erneut schwer verletzt zu werden. Ich war mir nicht sicher, ob ich die monatlichen Höhen und Tiefen noch länger durchstehen konnte. Dazu kam noch etwas anderes: Wenn man bereits ein Kind hat, werden einem die Zeitabstände zwischen Empfängnis, Verlust und erneuter Empfängnis durch die Anwesenheit des schnell wachsenden ersten Kindes noch deutlicher vor Augen geführt. Jeder Monat, der verstrich, war ein weiterer Monat, der den Altersunterschied zwischen den Kindern vergrößerte, und ich fragte mich allmählich, ob es nicht vielleicht schon zu spät war. Der immer größere Abstand zwischen den Geschwistern bedeutete, dass sie im Grunde nicht mehr zusammen aufwachsen würde, so wie ich es mir gewünscht hatte.

Trotzdem beschloss ich, noch einmal in die Achterbahn einzusteigen und meine Fruchtbarkeit untersuchen zu lassen. Ich wollte überprüfen, ob es vielleicht medizinische Gründe für das Ausbleiben einer erneuten Schwangerschaft und die Fehlgeburten gab. Daraufhin begann eine ganze Flut von Untersuchungen: Bluttests, Untersuchungen der inneren Organe und Ultraschalluntersuchungen. Es schien mir fast wie eine Ewigkeit, während ich ungeduldig auf die Ergebnisse wartete. Da viele der Tests an den Menstruationszyklus gekoppelt sind, dauerte es mehrere Monate, bis alle Untersuchungen abgeschlossen waren. Und das Einzige, was mich zu der Zeit über Wasser hielt, war die Tatsache, dass ich eine sehr glückliche Frau war: Ich hatte bereits eine wunderschöne, gesunde kleine Tochter, und wenn sich der Wunsch nach einem zweiten Kind nicht erfüllen sollte, wäre ich dankbar für Bethan. Schließlich kamen die Ergebnisse: Alles war in bester Ordnung. Eine gute Nachricht, meinte der Gynäkologe, aber für mich war das alles sehr schwer begreiflich. Wenn es irgendeine Fehlfunktion gegeben hätte, dann hätte ich wenigstens irgendetwas gehabt, dem ich die Schuld geben konnte. Aber die ärztliche Empfehlung, nach Hause zu gehen und das Ganze etwas entspannter zu sehen, war nicht die Art von Beruhigung, die ich benötigte. Während dieser Zeit geriet Tim zunehmend unter Druck, da er fürchtete, ich könnte ihn ebenfalls zu Untersuchungen schicken, und er wollte gar nicht daran denken, was das vielleicht beinhaltete. Als ich eines Abends bei einem Essen Hilary, Sarah und Andrea mein Herz ausschüttete, hatte ich ihr vollstes Verständnis. Auch ich erfuhr nun den gleichen Schmerz und den Kummer, den Sarah und Hilary mit ihren Fehlgeburten bereits erlitten hatten, und ich kam zu dem Schluss, dass ich wohl die statistische Frau in unserem Club war, die kein zweites Kind empfangen konnte. Natürlich konnten die anderen diese Gelegenheit nicht verstreichen lassen, ohne mir ein paar Tipps zu geben – und sich dabei köstlich zu amüsieren. Ihre beste Empfehlung bestand darin, ich solle mir im Küchenbedarf eine Art Saucière zum Bratenbeträufeln besorgen, da sie gelesen hatten, dass Frauen mit Empfängnisschwierigkeiten sich in der guten alten Zeit auf diese Weise geholfen hätten. Ich weiß ja nicht, welche Bücher die anderen lesen, aber ich hatte schon genügend Schwierigkeiten, Tim ebenfalls zu einer Untersuchung zu bewegen – ganz zu schweigen davon, ihn zu bitten, ein Gefäß zu füllen und mir zu helfen, mich von innen damit zu begießen, damit ich endlich den sprichwörtlichen Braten in der Röhre hatte. Daher schob ich diesen Gedanken sofort beiseite. Vielen Dank, Mädels, guter Vorschlag. Nächster Vorschlag.

Also ging ich wieder zurück auf Start und erlebte erneut den monatlichen Albtraum, wie so viele andere Frauen auch. Ich war vollkommen besessen davon, meinen Eisprung zu erwarten und mit Tests zu bestätigen und dann im genau richtigen Moment zu handeln, um danach dann wieder zu warten. Ich gab ein kleines Vermögen für Ovulationstests aus, und statt leidenschaftlich »Liebe zu machen«, war das Ganze für uns beide nur noch ein rein funktionaler und mechanischer Akt. Schließlich gelang es mir doch noch, schwanger zu werden und zu bleiben – kurz vor Bethans viertem Geburtstag, zwei lange, leidvolle Jahre nach unserem ersten Versuch und sechs Monate nach meiner zweiten Fehlgeburt.

In diese Zeit fiel auch Annettes Tod, und die Aussicht auf die Beerdigung war für uns alle höllisch. Aber zumindest hatten wir restlichen vier Clubmitglieder einander und beschlossen daher, zusammen zu fahren. Ein paar Tage vor dem Begräbnistermin machte sich plötzlich Panik breit, weil man Andrea gebeten hatte, während der Messe ein paar Worte aus der Bibel zu sprechen, ihr aber die entsprechende Stelle nicht genannt hatte. Da sie selbst keine Bibel besaß und griechisch-orthodoxer Abstammung war, suchte sie intensiv im Internet nach der betreffenden Bibelstelle, was aber selbst ihr – trotz ihrer umfangreichen PC-Kenntnisse – nicht gelang. Daraufhin rief sie dann die halbe Welt an, im verzweifelten Versuch, den Vers doch noch zu finden. Gibt es eine größere Bitte, als bei der Beerdigung eines Freundes ein paar Worte zu sprechen? Und gibt es einen größeren Patzer, als dann dieser Bitte nicht gebührend nachzukommen? Als sie mich anrief, weil sie hoffte, dass ich als gelegentliche Kirchgängerin ihr aus der Patsche helfen könnte, zog sie eine weitere Niete. »Aber mach dir keine Sorgen, Andrea, ich werde meinen Dad fragen«, versicherte ich ihr aufrichtig. Ich hatte vollstes Vertrauen zu meinem Vater, aber selbst er konnte die Stelle in unserer Familienbibel nicht ausfindig machen. Daher blieb Andrea nichts anderes übrig, als in letzter Minute Annettes Mutter anzurufen und sie zu bitten, ihr den Vers zu schicken. Es war zwar alles ziemlich knapp, aber wenige Stunden vor der Beerdigung hielt Andrea endlich das Bibelzitat in Händen und konnte die Worte noch einmal üben.

Als der Tag der Beerdigung näher rückte, bot ich an, uns zu fahren – ein schlauer Zug, denn ich war auf diese Weise gezwungen, mich auf die 150 Kilometer lange Fahrt zu konzentrieren statt auf den eigentlichen Zweck unserer Zusammenkunft. Als die drei anderen bei mir zu Hause eintrafen, platzierte ich Andrea neben mich auf den Beifahrersitz, um sie von Hilary zu trennen, die bei Andrea möglicherweise schon nach weniger als zehn Kilometern ein Wechselbad der Gefühle ausgelöst hätte. Auch Sarah und ihre dicke Mohairjacke wurden auf die Rücksitze verbannt, damit sie möglichst weit weg von mir und meiner Allergie gegen flauschige Wollsachen entfernt saß. Auf diese Weise konnte ich wenigstens ohne juckende, tränende, gerötete Augen an der Kirche ankommen – obwohl ich wusste, dass ich sie mit genau diesen Kaninchenaugen verlassen würde, wenn auch aus ganz anderen Gründen. Und so fuhren wir dann los – vier Freundinnen, die das Schicksal näher zusammengebracht hatte. Neben mir saß Andrea unbehaglich in dem einzigen Rock, den sie besaß, und umklammerte das Papier mit dem Bibelvers. Sie nutzte die Fahrt, um ihren Text auswendig zu lernen, immer wieder unterbrochen von nervösen Lachanfällen. Ihre größte Sorge war, dass sie die Lesung emotional nicht durchstehen könnte – das Ganze würde sehr hart werden. Daher besprachen wir, wer für sie einspringen würde, falls sie zu weinen beginnen sollte. Glücklicherweise stand ich an letzter Stelle dieser »Ersatzmannschaft«, da ich schließlich während der Fahrt auf der M40 schlecht einen Text auswendig lernen konnte.

Wie nicht anders zu erwarten, war die gesamte Beerdigungsfeier ein betäubendes, emotional aufwühlendes und tränenersticktes Trauma, nur unterbrochen vom lauten Geräusch eines lustvoll an der Mutterbrust saugenden Säuglings im hinteren Teil der Kirche. Dieses Schmatzen erinnerte uns schmerzhaft an die Geräusche, die Emily nur zweieinhalb Jahre zuvor an Annettes Brust gemacht hatte. Wir nahmen von unserer Freundin Abschied, die uns während einer viel zu kurzen, aber intensiven Zeit in unserem Leben begleitet hatte. Als wir wieder in den Wagen stiegen, um nach Hause zu fahren, herrschte gedrückte Stille. Wir waren alle schwer mitgenommen und erschöpft, und nichts auf der Welt wäre in der Lage gewesen, unsere Gefühle zu beschreiben. Selbst Hilary fehlten zum ersten Mal im Leben die Worte. Etwa eine halbe Stunde nach Fahrtbeginn wurden das konstante Geräusch des Regens auf dem Dach und das rhythmische Quietschen der Scheibenwischer einfach zu viel. Wir brauchten unbedingt ein Ventil, und Andrea fand es. Plötzlich unterbrach sie die Stille mit dem Satz: »Okay, alle mal herhören! In welchem Alter habt ihr eure Unschuld verloren und an wen, und hat es sich gelohnt? Sarah, du fängst an.« Das mag jetzt zwar wie ein ziemlich bizarrer Versuch klingen, mit der Trauer umzugehen, aber bei uns hat es funktioniert. Es führte dazu, dass wir unsere Seele und unsere intimsten Geheimnisse preisgaben, die die sprichwörtliche Fliege an der Wand vor Schreck hätte zu Boden fallen lassen. Es versteht sich wohl von selbst, dass die Details dieser Fahrt auf ewig das Geheimnis des Clubs der glücklichen Mütter bleiben werden.

Wehe dem, der sich wieder ... und wieder traut

Wehen ... obwohl wir sie beim ersten Mal als unglaublich schockierend empfanden und auf keinen Fall erneut erleben wollten, waren wir später doch allesamt bereit, sie noch einmal auf uns zu nehmen – und manche von uns sogar ein drittes Mal.

Wir wissen noch, wie traurig wir nach dem ersten Kind darüber waren, dass wir nie mehr die Aufregung – inklusive der damit verbundenen Naivität – verspüren würden, die wir bei unserer allerersten Schwangerschaft empfunden hatten. Außerdem würden wir uns nie mehr ahnungslos an unserem wachsenden Bäuchlein erfreuen können und an dem Wunder, das im Inneren unseres Körpers stattfand. Und warum nicht? Weil wir jetzt zum Kreis der Wissenden gehörten: Wir kannten das bestgehütete Geheimnis der Weiblichkeit. Wir wussten, was das Wort Wehen wirklich bedeutete.

Aber dann setzte die Wunderwirkung der weiblichen Hormone ein ... Oder ließ sich die Tatsache, dass jede Erinnerung an vorangegangene Wehen wie ausgelöscht schien, vielleicht nur darauf zurückführen, dass unser Gehirn nach der ersten Schwangerschaft fürchterlich geschrumpft war? Was auch immer die Ursache dafür sein mochte – wir alle haben mit Stolz die Empfängnis unseres zweiten Kindes verkündet, ohne auch nur einen einzigen Gedanken an die Wehen zu verschwenden, die uns erneut bevorstanden. Jedenfalls nicht sofort!

Falls Sie gerade Ihr zweites Kind erwarten, wollen wir Sie aber nicht daran erinnern, was bei der nächsten Geburt wieder auf Sie zukommt, sondern lieber von den Unterschieden zwischen unserer ersten und zweiten Schwangerschaft erzählen und davon, wie wir unseren Erstgeborenen dabei geholfen haben, mit dem bevorstehenden Familienzuwachs zurechtzukommen. Plötzlich waren alle Jonglierbälle wieder in der Luft. Der folgende Bericht gibt wieder, wie wir versucht haben, sie alle aufzufangen!

Lyndsey

Als ich Caitlin erwartete, war das meine vierte Schwangerschaft. Nach zwei Fehlgeburten und fast zwei Jahren vergeblicher Versuche hatte ich an jedem Tag dieser Schwangerschaft schreckliche Angst, die gefürchtete Blutung könnte wieder einsetzen – glücklicherweise blieb sie jedoch aus. Während der ersten Wochen beschäftigte ich mich permanent mit jedem Bauchweh, jedem Zwicken und jedem kleinsten Unwohlsein. Daher bereitete mir auch das erste Dilemma nach dem positiven Schwangerschaftstest schlaflose Nächte. In der Firma hatte man mir mitgeteilt, dass ich in der darauf folgenden Woche in die USA fliegen sollte, um bei einem Meeting einen Vortrag zu halten. Ich wusste, dass dies einen hektischen 48-Stunden-Trip bedeutete: An einem Tag hinfliegen, am nächsten Tag die Präsentation halten und noch am selben Abend zurückfliegen. Eine furchtbare Strapaze für jeden Menschen, ganz zu schweigen für eine Schwangere – vor allem da ich fest entschlossen war, dieses Kind auf jeden Fall zu bekommen. Allein das Abwägen der möglichen Konsequenzen dieser Entscheidung machte mich schon ganz krank. Wenn ich tatsächlich flog und das Kind verlieren sollte, könnte ich mir dann jemals verzeihen? Andererseits waren die Auswirkungen auf meinen Job genauso unvorhersehbar, falls ich mich weigerte zu fliegen. Welche plausible Ausrede konnte ich präsentieren? Anscheinend keine. Also saß ich schließlich doch in der Business Class meines Transatlantikflugs und nippte an einem Wässerchen statt wie sonst an Gratischampagner oder -wein. Und anstatt mich auf die Präsentation am nächsten Tag vorzubereiten, verbrachte ich den gesamten Flug mit dem Versuch, den Fötus durch reine Willenskraft an meinen Körper zu binden. Was soll ich sagen? Wir überlebten die Reise. Und wenn das Baby zwei Transatlantikflüge an zwei aufeinander folgenden Tagen verkraftet hatte, dann sollte es wohl auch die übrigen Wochen in meinem Bauch überstehen. Aber meine Paranoia ließ trotzdem nicht nach – im Gegenteil, sie wurde sogar noch schlimmer und vollkommen irrational. Denn nun malte ich mir in den glühendsten Farben alle möglichen Schäden aus, die der Embryo erlitten haben könnte, nachdem er in solch einem frühen Entwicklungsstadium der Höhenstrahlung ausgesetzt war. Die nächsten vierunddreißig Wochen würden verdammt lang werden.

Auf Grund meines Alters von siebenunddreißig und meiner Ängste beschloss ich, den so genannten NT-Test – also die Nackentransparenzmessung – in der dreizehnten Schwangerschaftswoche durchführen zu lassen, um eventuelle Anomalien wie etwa das Down-Syndrom oder andere Entwicklungsstörungen frühzeitig feststellen zu können. Danach ging es mir besser: Das Ergebnis machte mich glatt zehn Jahre jünger, da die Wahrscheinlichkeit, ein Kind mit Trisomie 21 zu bekommen, bei mir nicht größer war als bei einer Siebenundzwanzigjährigen. Die Bestätigung, dass das Kind lebte und es ihm gut ging, war fantastisch, daher ließ ich keine weiteren Tests vornehmen.

Das war auch der Moment, als wir beschlossen, Bethan den bevorstehenden Familienzuwachs mitzuteilen. Nachdem ich sie eine Weile damit abgespeist hatte, dass mein

Bauch durch zu viel Chips und Schokolade angeschwollen sei, zeigte sie sich regelrecht entzückt, als sie die Neuigkeit erfuhr. Tatsächlich hatte sie lange vor ihrem dritten Lebensjahr schon zum ersten Mal gefragt, ob ihre Mami vielleicht ein Baby im Bauch hätte, genau wie die Mütter ihrer diversen Freundinnen im Kinderhort. Ich machte mir Sorgen, dass ich in der dreizehnten Schwangerschaftswoche und mit weiteren siebenundzwanzig Wochen vor mir von nun an jeden Tag gefragt werden könnte: »Und, kommt das Baby heute?« Aber im Alter von vier Jahren verstand Bethan durchaus, dass vor der Geburt erst noch zwei andere Ereignisse im Jahr verstreichen mussten, wie wir ihr erklärten – nämlich Weihnachten und mein Geburtstag. Daher wusste sie, dass sie vor Weihnachten erst gar nicht danach zu fragen brauchte. Den Ultraschalluntersuchungen zufolge lag der voraussichtliche Geburtstermin um meinen eigenen Geburtstag herum im Februar, deshalb konnte Bethan auch mit diesem Datum etwas anfangen und plante sogar schon die Geburtstagsfeier sowohl für das Baby und als auch für mich. Ich war sehr erstaunt, wie reif sie an die ganze Sache heranging. So gefiel es ihr beispielsweise besonders, die Bilder im Schwangerschaftsbuch zu betrachten, die das Wachstum des Embryos und das jeweilige Entwicklungsstadium zeigten, und sie war ganz fasziniert von den Kindsbewegungen und Tritten in meinem Bauch. Als ich sie jedoch eines Tages mit der Fernbedienung in der Hand vor dem Fernseher fand, fragte ich mich allerdings, wie weit ich bei der Aufklärung gehen sollte. Es war ihr nämlich gelungen, sich durch die verschiedenen Programme zu zappen und einen Babysender zu finden, der zum Frühstück bereits Liveübertragungen aus dem Kreißsaal zeigte. »Guck mal, Mami, das Baby wird aus deinem Popo kommen«, erklärte sie und deutete auf den Fernsehschirm, während ich wie versteinert in der Tür stand. Ich weiß nicht, ob es der Schreck war, weil sie diese plastischen Bilder sah, oder weil das Ganze Erinnerungen an eine Situation weckte, der ich mich selbst in nicht allzu ferner Zukunft wieder stellen musste. Es erübrigt sich wohl, darauf hinzuweisen, dass ich danach Bethans Fernsehgewohnheiten ein wenig strenger handhabte, vor allem nachdem sie bei einem Kaiserschnitt zugesehen hatte. Sie war vollkommen außer sich und weinte und schluchzte, weil sie nicht wollte, dass mein Bauch aufgeschnitten würde. Nach diesem Erlebnis hielten wir uns an die Bücher, und obwohl es mir schwer fiel, die Kapitel über den Geburtsvorgang mit all den intimen Abbildungen zu betrachten, musste ich hin und wieder Bethans Wunsch nachkommen, damit sie sich wenigstens ab und zu daran ergötzen konnte.

Während all dieser Zeit war Tim einfach nur begeistert, dass er seiner kleinen Tochter ein Geschwisterchen schenken konnte, und diese verhielt sich, als hätte man ihr das schönste Geschenk aus dem Spielzeugladen versprochen. Schon bald ließen wir uns von ihrer Begeisterung anstecken. So bereitete es Bethan beispielsweise großes Vergnügen, zur Begrüßung »Meine Mami hat ein Baby in ihrem Bauch« zu verkünden, und zwar nicht nur gegenüber Freunden oder sonstigen Besuchern – übrigens noch bevor wir Hallo sagen konnten –, sondern auch gegenüber den Kassiererinnen im Supermarkt, dem Postboten und allen anderen, die ihre Aufmerksamkeit erregten. Die einzige Sorge, die sich in all diese Aufregung und Vorfreude einschlich, war die Frage nach dem Geschlecht des Kindes. Bethan fand es wundervoll, dass bald ein neues Baby kam, aber dabei durfte es sich auf keinen Fall um einen Jungen handeln. Also spielten wir mit dem Gedanken, während der Ultraschalluntersuchung in der zwanzigsten Woche nach dem Geschlecht des Kindes zu fragen, damit wir – falls es ein Junge wurde – schon frühzeitig damit beginnen konnten, Bethan einer Gehirnwäsche zu unterziehen. Andererseits hatte ich das Gefühl, wenn ich das Geschlecht des Kindes wüsste, bekäme es damit für mich eine Identität. Meine Paranoia, die sich noch immer nicht gelegt hatte, weckte jedoch meinen Selbsterhaltungstrieb. Sollten wir das Kind doch noch verlieren, würde das für mich einen wesentlich größeren Verlust bedeuten, wenn wir den Fötus wie eine Person behandelt hatten statt wie ein unbekanntes Wesen. Aber es ist gar nicht so leicht, den wachsenden Embryo bei der zweiten Schwangerschaft nicht wie eine kleine Person zu behandeln. Während der ersten Schwangerschaft war es genau umgekehrt gewesen: Ich empfand es als sehr schwierig, meinen immer größer werdenden Bauch mit irgendeiner Form von entstehendem Leben zu verbinden – ganz zu schweigen von einem Kind. Jedenfalls haben wir die Frage nach dem Geschlecht nicht gestellt und mussten nun damit anfangen, Bethan auf das Schlimmste vorzubereiten ... einen Jungen! Wir erklärten ihr, dass wir ihr kein Schwesterchen versprechen könnten und dass man nicht zwischen Junge oder Mädchen wählen kann, sondern das Kind akzeptieren muss, was man bekommt. Und außerdem würde ein Brüderchen genauso viel Spaß machen und auch ganz bestimmt nicht ihre heiß geliebten Puppen mopsen. Aber es half alles nichts! Bethan hatte sich zu einem einhundertprozentigen Barbiemädchen entwickelt, das Rosa und Rüschen und Puppen und Babys mochte, und für sie waren Jungs diese lästigen, kleinen Lümmel aus dem Kinderhort, die ständig durch die Gegend rannten, so taten, als seien sie Flugzeuge und Bethan aus der Luft beschossen. Wir trugen einen harten Kampf mit ihr aus, der sogar darin gipfelte, dass sie überall herumerzählte, sie bekäme eine Schwester namens Eleanor. Ich musste mich jedes Mal sofort einschalten oder hinter ihrem Rücken mit den Lippen formen, dass das nicht wahr sei und wir nicht wüssten, ob es ein Junge oder ein Mädchen würde. Ich bin mir sicher, dass die Hälfte der Leute gedacht hat, dass wir sehr wohl Bescheid wüssten, es aber nicht sagen wollten, und dass

Bethan das große Familiengeheimnis ausplauderte. Darum ergreife ich hier und jetzt die Gelegenheit, noch einmal zu versichern, dass wir das Geschlecht des Kindes wirklich nicht wussten – großes Indianerehrenwort!

Die Weihnachtstage kamen und gingen, und meine Schwangerschaft näherte sich ruhig und problemlos dem letzten Drittel. Allerdings fühlte ich mich schwindliger und erschöpfter als während der ersten fünfundzwanzig Wochen von Bethans Schwangerschaft. »Ein gutes Zeichen«, versicherte mir jeder. »Das heißt, dass der Hormonspiegel höher liegt und das Kind enger mit dem Körper verbunden ist.« Schließlich wussten alle, dass ich mir ständig Sorgen machte und jeden Trost gebrauchen konnte. Aber das änderte nichts daran, dass ich mich einfach elend fühlte. Während der letzten Wochen hatte ich auch noch zu hohen Blutdruck. Und dann, zwei Wochen vor dem errechneten Geburtstermin, verschlug es mir fast die Sprache, als mein Arzt bei der Vorsorgeuntersuchung meinte, ich sollte besser mal kurz im Krankenhaus vorbeischauen, um sicherzugehen, dass es keine Steiß- oder Querlagegeburt würde. Während der vorangegangenen Untersuchungen hatte es nie einen Zweifel daran gegeben, dass das Kind mit dem Kopf nach unten lag, wenn auch stark nach links. Und ich war mir sicher, ich hätte es gemerkt, wenn es sich gedreht hätte; daher wollte ich kaum meinen Ohren trauen. Plötzlich spürte ich Panik aufsteigen, und siedend heiß fielen mir die Gespräche mit Bethan über Kaiserschnitte ein. Die darauf folgende stundenlange Wartezeit war die reinste Hölle, während ich in Gedanken sämtliche Szenarios durchging. Ich wusste, dass ich ein großes, schweres Kind trug, und auf einmal spürte ich den Druck seiner bevorstehenden Geburt. Zu meiner großen Erleichterung kam dann aber die Bestätigung, dass das Kind mit dem Kopf nach unten wies und damit die Geburtslage eingenommen hatte. Sicherheitshalber wurde jedoch für drei Wochen später ein Termin vereinbart, an dem dann die Geburt eingeleitet werden sollte – falls sich bis dahin nichts getan hatte.

Bei der nächsten Untersuchung in der darauf folgenden Woche fragte ich die Hebamme, als sie die Herztöne abhörte, ob sie anhand der Geschwindigkeit der Herztöne das Geschlecht des Kindes feststellen könne. Ich hatte von einer Reihe von Hebammen gehört, die meinten, das Geschlecht anhand des Herzrhythmus' bestimmen zu können, aber diese Hebamme zählte eindeutig nicht dazu. Sie erklärte mir, dass sie zwar nicht an diese Ammenmärchen glaube, aber sich aus der Art und Weise, wie ich das Kind trug, eventuell schließen ließ, dass es ein Junge werden würde. Natürlich erzählte ich sofort Tim davon, und da der errechnete Geburtstermin nur noch wenige Tage entfernt lag, stürzten wir uns mit aller Kraft in die Schlacht und versuchten, Bethan davon zu überzeugen, dass Jungen doch eigentlich auch ganz nett seien. Denn wir wollten auf jeden Fall verhindern, dass sie enttäuscht sein könnte und ihr Brüderchen ablehnen würde. Bethan verfiel in Schweigen und sagte kaum noch etwas zu diesem Thema.

Zwei Tage vor meinem eigenen Geburtstag und pünktlich zum errechneten Termin hatte ich eine leichte Blutung. Als das bei Bethans Geburt passierte, war sie zwanzig Stunden später auf der Welt. Und da es heißt, dass man beim zweiten Kind die Dauer der Wehen etwa halbieren kann, war ich ziemlich aufgeregt und überzeugt, dass das Baby innerhalb der nächsten zehn Stunden kommen würde. Ich rief sofort im Krankenhaus an, doch die Dienst habende Hebamme meinte, dass eine Blutung auch schon drei bis fünf Tage vor der Geburt einsetzen könne. Sie riet mir, mich zu entspannen und mir keine Sorgen zu machen. Zu diesem Zeitpunkt war meine Mutter bereits seit einer Woche bei uns, um sich um Bethan zu kümmern, wenn bei mir die Wehen einsetzten. Da ich mir am meisten Sorgen um die Frage gemacht hatte, wer bei einer Frühgeburt in der Zwischenzeit nach

Bethan sehen würde, konnte ich mich nun vollkommen auf meine andere große Befürchtung konzentrieren – die Geburt.

Die Hebamme hatte mit ihrer Prognose Recht gehabt: Mein Geburtstag brach an, aber von dem Kind noch keine Spur. Bethan schien doppelt aufgeregt: Erstens weil sie für mich eine Geburtstagsfeier mit ganz vielen ausgeschnittenen Herzchen vorbereiten konnte, und zweitens weil ja am nächsten Tag das Baby kommen würde – wie sie uns ständig versicherte! Als ich ihr an diesem Abend ihre Gutenachtgeschichte vorlas, bedauerte ich, dass dies eine der letzten Gelegenheiten sein würde, bei der nur sie, Tim und ich zusammen waren, denn schließlich würde bald ein neuer kleiner Erdenbürger bei uns leben. Ich legte mich neben sie auf das Bett, während sie allmählich einschlief, und spürte plötzlich ein dumpfes Ziehen im Unterleib. Mir war sofort klar, dass die Geburt des Kindes unmittelbar bevorstand. Und im nächsten Moment fragte eine kleine Stimme wie aus heiterem Himmel: »Mami, wenn du einen Jungen bekommst, hat er dann auch einen kleinen Pillermann?« Ich fiel fast vom Bett – das war das Letzte, womit ich gerechnet hatte! »Ja, mein Schatz, den wird er haben«, sagte ich ruhig. Vielleicht war dies ja das erste Anzeichen dafür, dass Bethan sich mit der Realität anfreundete. »Dann will ich nicht, dass du einen Jungen aus dem Krankenhaus mit nach Hause bringst. Ich will nicht, dass meine kleine Schwester einen Pillermann hat.« Bethan saß jetzt aufrecht in ihrem Bett, mit entschlossener Miene und verschränkten Armen. Plötzlich hatte ich Visionen, wie wir sämtliche Messer und Scheren aus dem Haus verbannen mussten, wenn wir einen Jungen mit nach Hause brachten – aus Furcht, dass seine ältere Schwester die Sache selbst in die Hand nehmen könnte, um ihn mit einem kleinen Schnitt in ein Mädchen zu verwandeln. Anscheinend hatte unsere intensive Gehirnwäsche während der vergangenen Tage nicht gefruchtet. An diesem

Abend ging ich müde und mit einem unbehaglichen Gefühl ins Bett: Jetzt machte ich mir richtig Sorgen um das Geschlecht des Kindes.

Gegen halb zwei erwachte ich mit heftigen Wehen. Jetzt ist es so weit, dachte ich und weckte Tim gegen drei Uhr, damit wir uns auf den Weg ins Krankenhaus machen konnten. Aber Tim schien keine große Eile zu haben und schlenderte schläfrig in Richtung Dusche, um erst mal wach zu werden. Gegen vier Uhr waren wir im Kreißsaal, und um fünf Uhr dreizehn erblickte unser kleiner Engel das Licht der Welt. Das schnelle Fortschreiten der Geburt kam sowohl für mich als auch für das Kind etwas überraschend, das beschlossen hatte, mit dem Gesicht voran geboren zu werden. Also wurde ein Arzt hinzugezogen, der im Notfall eingreifen sollte. Doch schließlich reichte man mir ein ziemlich zerknautschtes und verquollenes und neun Pfund schweres ... Mädchen. Unsere Erleichterung war größer, als die anwesende Hebamme auch nur ahnen konnte. Als Bethan am Nachmittag ins Krankenhaus kam, lauteten ihre ersten Worte: »Seht ihr, ich hab doch gleich gesagt, dass ich heute ein Schwesterchen bekomme.« Und auf diese Weise trat Caitlin Lawrence in unser Leben ein.

Obwohl ich mir lange Zeit große Sorgen über Bethans Beziehung zum neuen Familienzuwachs gemacht habe, muss ich an dieser Stelle aber auch sagen, dass sie sich in der kurzen Zeit seit Caitlins Geburt zu einer richtigen großen Schwester gemausert hat. Auf Grund des Altersunterschieds von viereinhalb Jahren fürchtete ich, dass Bethan, die bis dahin unsere gesamte Aufmerksamkeit genossen hatte, jetzt vielleicht eifersüchtig sein und sich ausgeschlossen fühlen könnte. Aber das war nie der Fall: Bethan hat Caitlin in unserer Familie willkommen geheißen und kann gar nicht genug von ihr bekommen. Da Caitlins Geburt zeitlich mit Bethans Eintritt in die Schule zusammenfiel, bin ich in der Lage, große Teile des Tages mit meiner Neugeborenen zu verbringen und es so zu genießen, als wäre sie mein erstes Kind. Dieser gewaltige Altersunterschied, den ich so sehr gefürchtet hatte, hat sich im Nachhinein als ein Segen erwiesen, und ich hoffe, dass Caitlin zu einem genauso liebevollen und großzügigen Mädchen heranwächst wie ihre Schwester.

Sarah

Da ich nach Jacks Geburt mehrere Fehlgeburten hatte, überkam uns irgendwann das Gefühl, dass wir unseren ganzen Mut zusammennehmen und uns regelrecht »trauen« mussten, einen neuen Versuch zu wagen. Wir hatten gelernt, dass Mutter Natur bei einer Schwangerschaft immer das letzte Wort hat. Daher waren wir ziemlich pragmatisch, wenn nicht sogar ein klein wenig gleichgültig gegenüber einer möglichen Empfängnis geworden. Tims früher einmal geäußerter Wunsch nach fünf Kindern hatte sich zu diesem Zeitpunkt bereits als vollkommen unrealistisch erwiesen – angesichts des langsamen Fortschreitens unserer Familienplanung. Ich erinnere mich daran, dass ich bei meiner vierten Schwangerschaft, als ich das Testergebnis gerade in den Händen hielt, lediglich meinte: »Mal sehen, was daraus wird.« Es ist leicht, in einem solch frühen Stadium zu scherzen, aber als diese Schwangerschaft voranschritt, war ich bei jedem sich nähernden »Meilenstein« ziemlich nervös – von der ersten pränatalen Ultraschalluntersuchung in der achten Woche über die Nackentransparenzmessung in der zwölften Woche und den Tripletest in der sechzehnten Woche bis hin zur großen Ultraschalluntersuchung in der zwanzigsten Woche, bei der überprüft wird, ob der Fötus auch »vollständig« ist. Vor jedem Termin war ich extrem gereizt. Selbst die normalen Untersuchungen bei der Hebamme zur Überprüfung der Herztöne des Kindes trieben mir den kalten Schweiß auf die Stirn. Ich versuchte, meine Ängste einigermaßen im Zaum zu halten, indem ich mir immer wieder sagte, dass wir bereits ein gesundes Kind hatten und es keinerlei medizinische Gründe gab, warum wir nicht ein weiteres bekommen könnten. Aber nach einer Fehlgeburt ist keine Schwangerschaft mehr entspannt und sorgenfrei – oder wie Hilary es so unnachahmlich formulierte: »Man ist mit seinen Gedanken ständig in der Unterhose.« Denn bei jedem feuchten, tröpfelnden Gefühl sieht man sofort in heller Panik nach, ob auch ja alles in Ordnung ist. Bei mir wurde diese Paranoia noch durch die Tatsache verstärkt, dass ich mich selbst dann nicht sicher fühlen konnte, wenn keine Blutung auftrat. Bei meiner Krankheitsgeschichte mit den beiden verhaltenen Fehlgeburten musste ich förmlich die Herztöne des Kindes hören, um Seelenfrieden zu finden.

Um mir langfristig etwas innere Ruhe zu verschaffen, beschlossen wir, meine Pendleraktivitäten zwischen Heathrow und Bilbao während der ersten drei Schwangerschaftsmonate ein wenig einzuschränken. Da die Empfängnis in San Sebastian stattgefunden hatte und ich die Schwangerschaft in England feststellte, nistete ich mich in Berkhamsted ein, nachdem ich den positiven Test in Händen hielt. Das Timing hätte nicht besser sein können, da es nur noch wenige Monate bis Weihnachten waren und ich es sehr genoss, während dieser Zeit von zu Hause aus und ohne Stress alle Weihnachtseinkäufe zu erledigen und die Feiertage in Ruhe vorzubereiten. Außerdem hatte ich dadurch eine wunderbare Ausrede gegenüber all den Leuten zur Hand, denen ich meine frühe Schwangerschaft nicht unbedingt auf die Nase binden wollte. Meiner Erfahrung nach hat es keinen Zweck, engen Freunden nichts von einer Schwangerschaft zu erzählen, weil sie – im Falle einer Fehlgeburt – die Ersten sind, die von meinem schlimmen Zustand erfahren. Aber ich hatte kein gutes Gefühl dabei, irgendwelchen Bekannten bei unserem wöchentlichen Kaffeekränzchen – offiziell »Mutter-Kind-Treffen« genannt – davon zu erzählen. Denn ich fürchtete, wenn etwas mit der Schwangerschaft schief gehen sollte, würde ich beim nächsten Treffen eine Reihe gefühlsbetonter Gespräche führen müssen, die ich mir wirklich nicht antun wollte. Mein selbst auferlegter Zwangsaufenthalt in England bedeutete aber auch, dass unsere Weihnachtspäckchen in diesem Jahr keine köstlichen spanischen Pralinen enthielten!

Nachdem ich erst einmal die enorm wichtige Dreimonatsschwelle überschritten hatte, flog ich zu Silvester doch noch einmal nach Spanien – was sich aber im Grunde auch gar nicht vermeiden ließ, da wir auf Grund Tims bevorstehendem Stellenwechsel zurück nach England zogen und all unsere Sachen aus Spanien holen mussten. Das Ganze endete in einer furchtbar hektischen Woche, in der ich neben dem Packen der Umzugskisten auch noch sämtliche meiner alten Lieblingsplätze ein letztes Mal aufsuchte und wie verrückt einkaufte. Daher war ich sehr erleichtert, als ein paar Wochen später bei der nächsten Vorsorgeuntersuchung die Herztöne des Kindes deutlich zu hören waren. Bei jedem Meilenstein in dieser vierten Schwangerschaft hatte ich das Gefühl, wieder eine Hürde genommen zu haben. Es war ein wunderbares Glücksgefühl, die Klippen – also das entsprechende Datum – zu passieren, an denen die vorigen Schwangerschaften gescheitert waren.

Aus verständlichen Gründen warteten wir recht lange, bis wir Jack mitteilten, dass er bald ein großer Bruder sein würde. Und es fiel uns auch relativ leicht, das Thema zu umgehen, da er erst zweieinhalb war und sämtliche Veränderungen um sich herum einfach so hinnahm. Selbst die Metamorphose seiner Mutter in ein walähnliches Wesen schien ihn nicht zu beunruhigen. Außerdem, dachte ich mir, sind neun Monate eine lange Zeit, um auf ein bestimmtes Ereignis zu warten – erst recht für ein Kleinkind, das ein

Brüderchen oder Schwesterchen erwartet. Doch schließlich sah ich mich in der zwanzigsten Schwangerschaftswoche gezwungen, den wachsenden Umfang meines Bauchs zu erklären: Unsere Nachbarin hatte ihrer Tochter bereits erzählt, dass Jack bald ein »großer Bruder« sein würde. Holly ist das klassische »Mädchen von nebenan«, und sie und Jack sind so gut wie unzertrennlich. Daher wusste ich, dass es nicht mehr lange dauern konnte, bis die sprichwörtliche Katze aus dem Sack war und mir die ersten Fragen um die Ohren fliegen würden. Wie sich herausstellte, war Jack von der Neuigkeit nicht gerade begeistert, erklärte mir aber später in ernstem Ton, dass es ihm nichts ausmache, ein Brüderchen oder Schwesterchen zu bekommen, solange wir es auf den Namen »Verkehr« oder »Panik« tauften. Seine Forderung beunruhigte mich ein wenig, und ich hoffte, dass Jack diesen Namen nicht gewählt hatte, weil seine kindliche Intuition ihm Hinweise auf den möglichen Geburtsort oder meinen zu erwartenden Gemütszustand gab. Als es dann aber so weit war, hatte er nichts gegen »Eloise Daisy« einzuwenden!

Bei meiner derzeitigen Schwangerschaft gelang es mir nicht mehr, Jack so lange im Ungewissen zu lassen, weil er inzwischen älter ist und seine Umwelt sehr viel genauer beobachtet; Eloise dagegen lebt mit ihren achtzehn Monaten noch in seliger Unwissenheit. Als wir Jack mitteilten, dass wir bald ein weiteres Baby bekommen würden, war er ganz aus dem Häuschen vor Freude darüber, dass er dann endlich sein heiß ersehntes Brüderchen bekäme. Diese Illusion musste ich ihm behutsam rauben. Ich erklärte ihm, dass er mit sehr großer Wahrscheinlichkeit ein weiteres Schwesterchen bekäme – zumindest wenn man den Ultraschallbildern Glauben schenkte. Aber die Tatsache, dass er bereits eine Schwester hat, bedeutet für ihn schlicht und einfach, dass er keine weitere bekommen kann – es muss einfach ein Junge werden. Wir können nur hoffen, dass die neue Erdenbürgerin sich dann zu einem ebensolchen Wildfang entwickeln wird wie Eloise. Ein paar Tage, nachdem ich Jack davon erzählt hatte, fragte mich seine Lehrerin, ob man uns tatsächlich gratulieren dürfe. Sie wollte sich einfach nur vergewissern, dass Jacks Ankündigung vor versammelter Klasse auch wirklich begründet war – offensichtlich gab es auch Kinder, die solche Dinge schlichtweg erfunden hatten!

Doch erst einmal zurück zu Eloise, die vierzehn Tage nach Jacks drittem Geburtstag geboren wurde. In der Woche des errechneten Geburtstermins hatte Tim besonders viel Hektik und Stress im Büro und meinte zu mir: »Wenn du es irgendwie einrichten könntest, noch ein paar Tage länger durchzuhalten, dann wäre ich dir sehr dankbar!« Als ob ich irgendeine Wahl gehabt hätte und einfach meine Beine verschränken und die Wehen zum Stillstand bringen konnte, bis es ihm zeitlich besser passte! Wie sich herausstellte, überstanden wir aber diese Woche, und Jack und ich gingen am Freitagabend die zehnminütige Strecke zum Bahnhof, um Tim von der Arbeit abzuholen. Auf dem Weg nach Hause bemerkte ich die ersten verräterischen Stiche und das Gefühl, als ob das »Fahrgestell kurz vor dem Bersten steht«. Halb scherzend sagte ich zu Tim, dass ich wohl eine Medaille für perfektes Timing verdiene. Aber erst als ich gegen acht noch einmal kurz bei Hollys Mutter nebenan klingelte, um nachzufragen, ob sie am Wochenende zu Hause seien und eventuell nach Jack sehen könnten – nur für den Fall der Fälle –, dämmerte mir, dass unser zweites Kind möglicherweise genau wie Jack pünktlich zum errechneten Termin das Licht der Welt erblicken könnte. Für eine Frau, die für ihre Unpünktlichkeit berüchtigt ist, leiste ich ganz gute Arbeit und liefere pünktliche Babys!

Als später am Abend dann die Wehen einsetzten und ich noch ein warmes Entspannungsbad nahm, kehrten plötzlich sämtliche Erinnerungen an die Wehen bei Jacks Geburt zurück. Allerdings traute ich mich nicht, allzu lange im Bad liegen zu bleiben, weil ich mich an eine der Anekdoten meiner Hebamme Carol erinnerte: Eine ihrer Patientinnen hatte bei ihrem zweiten Kind zu lange gewartet, um aus dem entspannenden Bad herauszusteigen, was dazu führte, dass sie das Kind auf dem Badezimmerboden zur Welt brachte. Das warme Bad hatte offensichtlich ihre Wehen kaschiert. Und da wir in unserem Badezimmer einen alten Holzdielenboden mit zahlreichen Spalten und Ritzen haben, wollte ich gar nicht daran denken, hier den großen Showdown abzuliefern – von der Vorstellung, die schreckliche Schweinerei hinterher sauber machen zu müssen, ganz zu schweigen. Andernfalls würde ich mich nie mehr trauen können, den Installateur zu rufen, aus Sorge vor dem Anblick, der sich ihm nach dem Herausnehmen der Dielen, um an die Leitungen und Rohre zu kommen, bieten würde!

Sobald ich aus der Wanne gestiegen war, legte ich das TENS-Gerät an und nahm meine Wanderschaft durch das Haus auf, wobei ich nervös den Impulsgeber mit dem wichtigen roten Knopf für den Reizstrom umklammerte. Dann sagte ich Tim, dass er besser versuchen sollte, noch etwas zu schlafen, während ich weiter schnaufend und schnaubend durch die Zimmer wanderte. Kurz vor zwei Uhr morgens weckte ich ihn, weil es Zeit wurde, ins Krankenhaus zu fahren. Sein einziger Kommentar dazu lautete: »Ach, dann meintest du das also ernst, als du sagtest, dass unser Baby vielleicht heute Nacht kommen würde?« Ich kann mir beim besten Willen nicht vorstellen, was er sonst erwartet haben könnte ... eine hochschwangere Frau, die wie ein Stier schnaubt, die schmerzstillende Elektroden aufgeklebt und den Babysitter organisiert hat – und das alles zum errechneten Geburtstermin. Man sollte meinen, dass dies genügend Hinweise auf eine unmittelbar bevorstehende Geburt sind!

Kaum war Tim aus seinem Schlaf erwacht, da schickte

ich ihn auch schon hinauf auf den Speicher, um den Baby-Autositz zu holen. Ich weiß gar nicht mehr, wie oft ich ihn während der vorangegangenen Monate darum gebeten hatte – nur für den Fall, dass bei mir die Wehen einsetzten, wenn er nicht da war. Mit einer gewissen Genugtuung sah ich nun zu, wie er zur wohlverdienten Strafe jetzt mitten in der Nacht die schmale Leiter zum Dachboden hinaufkraxelte! Glücklicherweise war Hollys große Schwester gerade erst nach Hause gekommen, als Tim bei den Nachbarn klingelte und sie bat, bei uns zu übernachten, damit Jack am nächsten Morgen nicht alleine wäre. Nach einem raschen Küsschen für den fest schlafenden Jack rasten wir ins Krankenhaus, und ich war mir sicher, dass der Muttermund sich schon richtig weit geöffnet hatte. Daher können Sie sich meine Enttäuschung vorstellen, als die Dienst habende Hebamme feststellte, er sei gerade mal fünf Zentimeter geöffnet – bei Jacks Geburt waren es bei der Ankunft im Krankenhaus schon neun Zentimeter gewesen! Ich wäre am liebsten auf dem Absatz umgedreht und nach Hause zurückgekehrt, um meine ruhelose Wanderung wieder aufzunehmen.

Glücklicherweise ging es danach aber recht zügig weiter, und einen Moment lang dachte ich darüber nach, mein Kind auf allen vieren zur Welt zu bringen, da ich im »Yogakurs für Schwangere« gelernt hatte, dass es sich dabei um eine natürliche Gebärposition handelt. Aber irgendwie konnte ich mich doch nicht dazu überwinden: Die Vorstellung, mit dem Hintern in der Luft zu wedeln, aus Leibeskräften zu pressen und gleichzeitig dem natürlichen Bedürfnis, meine Pobacken fest zusammenzudrücken, zu widerstehen – diese Vorstellung war einfach nichts für mich. Also entschied ich mich für die Gebärposition, von der ich wusste, dass sie auch beim ersten Mal funktioniert hatte, und blieb einfach »sitzen«. Auf die gleiche unproblematische Weise wie Jack drei Jahre zuvor trat schließlich auch Eloise in unser Leben, und da sie 3600 Gramm wog und beide Händchen während der Geburt seitlich gegen den Kopf gepresst hatte, musste ich mit ein paar Stichen genäht werden. Obwohl wir bei jeder Vorsorgeuntersuchung nach dem Geschlecht des Kindes gefragt hatten, wussten wir bis zum Moment der Geburt nicht, ob es ein Mädchen oder Junge würde, weil Eloise sich jedes Mal diskret bedeckt hatte. Die Erkenntnis, dass ich jetzt frisch gebackene Mutter eines kleinen Mädchens war, half mir über den Schmerz und die Unannehmlichkeiten der Dammnaht hinweg. Da ich bei Jack nicht genäht werden musste, war diese Erfahrung ein ziemlicher Schock, und ich kann nur eines dazu sagen: Gott sei Dank hielt die Wirkung des Lachgases genau so lange an, wie ich es benötigte! So viel also zur Dammmassage, einer weiteren Technik, die mir die Hebamme im Yogakurs empfohlen hatte, um das Gewebe da unten zu lockern und den Damm zu dehnen. Andererseits muss man wohl mit gewissen Unannehmlichkeiten rechnen, wenn Arme und Kopf gleichzeitig herausdrängen! Daher habe ich immer noch vollstes Vertrauen zur Dammmassage, selbst wenn es nur um eine Schadensbegrenzung geht – und vor der nächsten Geburt werde ich bestimmt eine neue Flasche Weizenkeimöl besorgen. Zwar weiß man nie, wie leicht oder schwer die letzte Phase der Wehen verläuft, aber ich bin der Meinung, wenn man wenigstens ein bisschen Zeit und Mühe in die Vorbereitung steckt, erweist sich das letztendlich als segensreich.

Kurz nachdem Eloise und ich auf die Wochenbettstation verlegt wurden, fuhr Tim nach Hause, um mit Jack zusammen zu frühstücken. Und als Tim später mit ihm zurückkam, um mich und das neue Schwesterchen zu besuchen, strahlte mein Erstgeborener vor Aufregung. Es war ein relativ ruhiger Tag auf der Station, weshalb ihm die Hebammen und Schwestern besonders viel Aufmerksamkeit schenken konnten und ihn sogar zu Kakao und Keksen in die Cafeteria mitnahmen. Das muss auch der Grund dafür sein, warum er sich so sehr darauf freut, mich nach der Geburt unseres dritten Kindes wieder auf der Wochenbettstation zu besuchen. Die Aussicht auf eine Wiederholung des Cafeteriabesuchs und darauf, dass das Baby ihm ein ähnlich großes Präsent bringen wird wie Eloise bei ihrer Geburt (sie »schenkte« ihm einen Monster Truck), reicht völlig aus, um jedes Kind mit freudiger Erwartung zu erfüllen.

Selbst nach der relativ problemlosen Geburt meines zweiten Kindes fürchtete ich mich immer noch ein bisschen davor, wieder »frisch gebackene Mutter« zu sein. Am liebsten hätte ich alle paar Minuten in Eloises Bettchen geschaut, um sicherzugehen, dass sie noch atmete, gut versorgt war und so weiter. Die Vorstellung, mein Kind könnte in seinem Babybettchen neben mir ersticken, weil ich es zu warm angezogen hatte, oder an Unterkühlung sterben, weil seine Kleidung nicht ausreichte, war einfach schrecklich. Außerdem hatte ich Visionen, wie ich meine Tochter fallen ließ, wenn ich sie zum Stillen aus dem Bettchen nahm, denn ich fühlte mich von der Geburt noch immer sehr geschwächt. Wenn man zum zweiten Mal Mutter ist, steht man unter einem ziemlichen Druck, von Anfang an alles richtig zu machen. Ständig hatte ich das Gefühl, dass ich es eigentlich besser wissen sollte und mir keine Fehler unterlaufen durften. Daher war ich während der ersten Stunden nach der Geburt ziemlich angespannt. Vielleicht hing es aber auch damit zusammen, dass ich diese Chance, die unsere Eloise darstellte, nicht gefährden wollte. Schließlich hatte es ziemlich lange gedauert, bis sie endlich bei uns war, und ich wollte nicht schon alles verderben, bevor es überhaupt angefangen hatte. Sobald wir jedoch im »sicheren Hafen« unseres Hauses waren, fühlte sich plötzlich alles wieder ganz natürlich an – das Stillen, das Wechseln der Windeln und das Knuddeln. Ich hatte ein regelrechtes Déjà-vu-Gefühl, und von da an konnte ich die Zeit mit meinem zweiten Kind vollkommen entspannt genießen.

Andrea

Ich weiß nicht, ob es mit meinem griechischen Blut zusammenhängt oder damit, dass ich einfach einen starken Mutterinstinkt habe, aber kurz vor Max' erstem Geburtstag entwickelte ich einen unbezwingbaren Nesttrieb. Ich selbst habe einen älteren Bruder und eine jüngere Schwester, und der Altersunterschied zwischen dem Ältesten und der Jüngsten beträgt nur fünf Jahre. Ich weiß noch genau, wie nahe wir uns immer standen, und dieses Gefühl der Verbundenheit wünschte ich mir auch für Max. Natürlich führten wir Geschwister uns auch regelmäßig auf wie Hund und Katze und haben uns bei zahlreichen Gelegenheiten fast gegenseitig umgebracht, aber wir waren immer füreinander da, wenn es darauf ankam – was mir während meiner Kindheit immer ein warmes Gefühl der Sicherheit gegeben hat.

Bedauerlicherweise schien Bruce gar nicht scharf darauf, unsere Familie so schnell zu vergrößern. Sobald ich das Thema anschnitt, gab er irgendeine ausweichende Antwort wie »Lass uns doch einfach noch ein paar Monate warten. Wir haben doch keine Eile.« Wahrscheinlich hätten wir noch bis zum Zeitpunkt unserer Trennung gewartet, wenn mir mein Arzt nicht empfohlen hätte, die Pille abzusetzen, als ich mit verschiedenen gesundheitlichen Problemen kämpfte. Ich möchte an dieser Stelle mit aller Deutlichkeit darauf hinweisen, dass Bruce genauestens darüber unterrichtet war und ich ihn ganz bestimmt nicht in eine zweite Vaterschaft getrickst habe. Ab diesem Moment lag jedenfalls die Verhütung bei ihm, und er beschloss, sich nicht darum zu kümmern. Also war das stillschweigende Abkommen getroffen: Wir versuchten, ein zweites Kind zu bekommen. Allerdings ging mein Wunsch schneller in Erfüllung als erwartet – genau wie damals bei Max: Ich hatte die Pille noch keine Minute abgesetzt und war schon schwanger.

Etwa in der zehnten Schwangerschaftswoche setzte bei mir eine sehr heftige Blutung ein. Nachdem ich miterlebt hatte, dass sowohl Hilary als auch Sarah bei ihrer zweiten Schwangerschaft eine Fehlgeburt gehabt hatten, war ich davon überzeugt, dass mir das gleiche Schicksal bevorstand. Nach einem Telefonat mit meinem Hausarzt eilten Bruce und ich ins Krankenhaus zur Ultraschalluntersuchung. Ich war der festen Überzeugung, dass das Kind tot sei, und versuchte, mich mental auf das Unvermeidliche vorzubereiten. Während der Fahrt sprachen wir beide kein Wort. Ich konnte mich einfach nicht gegen den Gedanken wehren, dass ich vielleicht niemals ein zweites Kind bekommen würde – angesichts Bruces mangelnder Begeisterung über diese Schwangerschaft. Und Bruce fühlte sich, glaube ich, einfach nur schuldig.

Nach einiger Wartezeit kam schließlich eine Ärztin zu uns, die ich im Laufe der darauf folgenden Monate noch ziemlich gut kennen lernen sollte. Während der Ultraschalluntersuchung versuchte ich verzweifelt, irgendetwas auf dem Monitor zu erkennen. Und es schien mir wie eine Ewigkeit, bis sie schließlich die folgenden Worte sagte, die ich im Leben nicht mehr vergessen werde: »Die gute Nachricht ist, dass wir ein Kind haben und einen Herzschlag.« Ich war unglaublich erleichtert, und Bruce auch – das weiß ich einfach. Er sagte zwar nichts, drückte aber während der ganzen Zeit fest meine Hand. In dem Moment war es mir egal, ob vielleicht irgendetwas nicht stimmte: Das Baby lebte, und das war alles, was zählte. Die Ärztin konnte nicht feststellen, warum bei mir eine Blutung eingesetzt hatte, aber weil die Ursache offensichtlich bei mir lag und nicht beim Fötus, wurde ich nach Hause geschickt, mit der Anordnung strikter Bettruhe, bis die Blutung aufhörte. Für den Rest der Schwangerschaft musste ich dann im Zweiwochenrhythmus zur Kontrolluntersuchung ins Krankenhaus.

Die Blutung hörte etwa zwei Wochen später auf, und ich entspannte mich ein wenig, als ich zu der Überzeugung kam, dass das Kind sich wirklich Mühe gab, an seinem Platz zu bleiben. Auf Grund der Probleme in dieser frühen Schwangerschaftsphase wurde ich während der restlichen Zeit bis zur Geburt extrem umsorgt und äußerst gründlich untersucht – was aber wieder Anlass zu neuer Sorge gab: Nach einer umfassenden Ultraschalluntersuchung in der vierzehnten Woche wusste ich sofort, dass irgendetwas nicht stimmte, als die Ärztin eine Kollegin hinzurief. Die beiden untersuchten mich eine ganze Ewigkeit, bevor sie mir schließlich mitteilten, dass die Untersuchung irgendetwas im Darm des Kindes zu Tage gefördert hatte. Dafür kamen verschiedene Ursachen in Frage, von denen allerdings die meisten völlig harmlos waren – so konnte das Kind vielleicht etwas Blut geschluckt haben. Doch natürlich bestand auch die Möglichkeit, dass dies Anzeichen für eine Mukoviszidose waren, die genauer untersucht werden mussten. Auf Grund meiner extrem beschränkten Medizinkenntnisse hatte ich nicht die geringste Ahnung, was eine Mukoviszidose ist. Zwar hatte ich schon mal davon gehört, und die Bezeichnung klang auch ziemlich dramatisch, aber die Implikationen waren mir vollkommen unbekannt. Die Ärztin teilte mir mit, dass sowohl Bruce als auch ich sofort einen Bluttest machen lassen müssten, um festzustellen, ob wir Träger dieses Gendefekts waren. Wenn keiner von uns beiden dieses Gen in sich hatte, war die Wahrscheinlichkeit minimal, ein Kind mit dieser Erbkrankheit zu bekommen. Nach der Blutabnahme mussten wir drei Wochen auf das Ergebnis warten. Während dieser Zeit konnten wir nicht anders, als immer wieder über die Frage »Was ist, wenn …?« zu sprechen. Ich versuchte, Ruhe zu bewahren und mich nicht zu sehr aufzuregen, aber ich wusste, dass ich nicht in der Lage sein würde, einen Schwangerschaftsabbruch vornehmen zu lassen – ganz gleich wie das Ergebnis der Untersuchung ausfiel. Schließlich erfuhren wir, dass zwar keiner von uns beiden diesen Gendefekt aufwies, aber trotzdem ein fünfprozentiges Restrisiko blieb und nur eine Fruchtwasserpunktion Gewissheit bringen konnte. Doch bevor ich eine Entscheidung treffen musste, wurde noch eine weitere Ultraschalluntersuchung durchgeführt, die zeigte, dass das Problem im Darm nicht länger sichtbar war. Mehr Informationen benötigte ich nicht. Nach all den Anstrengungen, die das Kind unternahm, um noch ein Weilchen in mir zu bleiben, wollte ich keine Fruchtwasserpunktion durchführen lassen und das Kind somit einem weiteren Risiko aussetzen.

Da mir die Ärzte Ruhe verordnet und jeglichen Sport untersagt hatten, überrascht es wohl kaum, dass ich während dieser Schwangerschaft gewaltig an Gewicht zulegte. Trotzdem schien Max, der kurz vor seinem zweiten Geburtstag stand, überhaupt nichts zu merken. Nachdem erst mal die größten Sorgen aus dem Weg geräumt waren, versuchte ich, ihm zu erklären, was in meinem Bauch vor sich ging, aber er wirkte nicht sehr überzeugt. Ich konnte an seinem Gesicht ablesen, dass er mich für vollkommen verrückt hielt: Wie konnte ich nur von ihm erwarten, er solle ernsthaft glauben, dass da ein Baby in meinem Bauch wuchs. Erst als Ella geboren wurde und Max sah, wie Hilarys riesiger Bauch schlagartig schrumpfte, fiel bei ihm der Groschen. Endlich wurde ihm klar, dass an all dem Gerede über ein kleines Brüderchen doch etwas dran sein musste. Ich sage deswegen Brüderchen, weil ich natürlich zu den Leuten gehöre, die, sobald sie das Geschlecht erfahren, auch gerne darüber reden. Bei beiden Kindern hatten wir bereits vor der Geburt einen Namen ausgewählt, daher sprach Max schon bald liebevoll von seinem »Brüderchen Sam«. Max war ziemlich aufgeregt über den bevorstehenden Familienzuwachs, aber ich hatte nicht erwartet, dass er alles so hautnah miterleben und auch bei unserer überstürzten Fahrt ins Krankenhaus dabei sein würde. Ich werde es erklären: Da Max erst eine Woche nach seinem errechneten Geburtstermin auf die Welt gekommen war, kaufte ich noch bis zur siebenunddreißigsten Schwangerschaftswoche Karten für Arsenalspiele, weil ich dachte, bis dahin könne nichts schief gehen. In der vierunddreißigsten Woche fuhren Bruce und ich ins Stadion, um Arsenal gegen Bradford spielen zu sehen. Leider konnten wir an diesem Dienstagabend nicht an der üblichen Stelle parken, wodurch wir fast zwei Kilometer laufen mussten, um noch rechtzeitig zum Anpfiff zu kommen. Als wir uns auf unsere Plätze setzten, hatte ich irgendwie kein gutes Gefühl. Mir war heiß, meine Hände schwitzten und kribbelten, und ich fühlte mich einfach nicht wohl. Arsenal bekam einen frühen Elfmeter, und ich konnte gerade noch aufstehen und zuschauen, aber zum Jubeln war ich nicht mehr in der Lage – was bei mir noch nie vorgekommen war. Das Ganze endete damit, dass wir vorzeitig nach Hause gingen, was bei mir ebenfalls noch nie vorgekommen war, selbst wenn wir ein Spiel verloren; und auf dem Heimweg verkündete ich sogar, dass ich wahrscheinlich nicht zum Spiel gegen Aston Villa in der darauf folgenden Woche gehen würde. Zu Hause angekommen, bat ich meine Babysitterin, die auf derselben Polizeiwache arbeitet wie ich, mich am nächsten Morgen im Büro zu entschuldigen. Danach legte ich mich sofort ins Bett. Drei Stunden später, gegen zwei Uhr morgens, wachte ich auf, weil ich zur Toilette musste, aber als ich aufstand, platzte bei mir die Fruchtblase. Junge, was hatte ich eine Panik! Ich war erst in der vierunddreißigsten Woche – das war doch viel zu früh?! Da wir niemanden hatten, der nach Max sehen konnte, rief Bruce seine Mutter in Kent an, die aber für die Fahrt zu uns mindestens zwei Stunden brauchen würde. Die Ärzte im Krankenhaus bestanden jedoch darauf, dass ich auf Grund einer drohenden Frühgeburt sofort ins Krankenhaus kam, also mussten wir Max wecken und ihn mitnehmen. Sehr schnell wurde deutlich, dass die vierunddreißigste Woche für die Lungen des Kindes nicht der ideale Zeitpunkt für eine Geburt war, und ich bekam mehrere Spritzen, um die Entwicklung der Lungen voranzutreiben, falls die Wehen einsetzten. Ich habe keine Ahnung, ob Max irgendwelche bleibenden Erinnerungen an den Moment hat, wo ich auf einer Bahre liege und von Ärzten und Hebammen umgeben bin. Aber er schien das alles ziemlich gelassen zu nehmen, bis schließlich seine Oma ankam und ihn nach Hause brachte.

Genau wie damals bei Max setzten auch dieses Mal nicht sofort die Wehen ein, und man brachte mich auf die Schwangerenstation, wo ich schließlich eine ganze Woche zubringen musste. Es war der blanke Horror zuzusehen, wie jeden Tag Schwangere kamen und bald danach wieder gingen. Da ich auf einer Station zur Geburtseinleitung lag, wurden jeden Morgen »überfällige Mütter« hereingebracht, bei denen im Laufe des Tages die Geburt eingeleitet werden sollte. Meistens kamen sie am nächsten Tag noch mal kurz vorbei, um mir ihr Neugeborenes zu zeigen. Allmählich verwandelte ich mich zur Stationskönigin – sämtliche Hebammen kannten mich, Neuankömmlinge fragten mich, wo sie was finden konnten, und alle hatten offensichtlich das Gefühl, sie müssten mich um Erlaubnis bitten, wenn sie einen anderen Fernsehsender einschalten wollten! Und auch meine Familie entwickelte einen ausgeklügelten Tagesablauf: Bis etwa vier Uhr nachmittags blieb Max bei einer Tagesmutter, dann holte Bruce ihn ab und brachte ihn zu mir ins Krankenhaus, damit wir zusammen zu Abend essen konnten – was Max ziemlich gut gefiel. Ich war erleichtert, wenn auch ein wenig eifersüchtig, dass er sich so leicht mit der Situation arrangierte. Aber ich fürchtete mich auch vor den Folgen, die diese Komplikation auf Max' Verhältnis zu seinem Brüderchen haben könnte. Die ganze Aufmerksamkeit konzentrierte sich auf mich und das Baby, daher machte ich mir Sorgen, dass Max fürchterlich eifersüchtig sein könnte, wenn Sam endlich zur Welt kam.

Eine Woche später teilte mir meine Ärztin mit, dass sie die Geburt in der sechsunddreißigsten Woche einleiten wollte. Aber Sam hatte sich bis dahin nicht an den vereinbarten Plan gehalten – warum sollte er also jetzt damit anfangen? Offenbar hatte er keine Lust, noch eine Woche zu warten. Als in der darauf folgenden Nacht die Blutung wieder einsetzte, wurde die Geburt eingeleitet, und ich wusste, dass mein Kind noch an diesem Tag geboren werden würde – komme, was da wolle. Nach einem langen und kräftezehrenden Tag erreichten wir schließlich das Stadium, in dem Sams Geburt unmittelbar bevorstand. Die Hebamme erklärte mir, dass man auf Grund der bevorstehenden Frühgeburt mehrere Kinderärzte hinzuziehen müsse. Plötzlich war ich von zwei Hebammen und drei weiteren Personen umringt, von denen ich annahm, dass es sich um die Fachärzte handelte, und Sam kam buchstäblich auf die Welt geflutscht – mit fünf Pfund Geburtsgewicht gar nicht mal so schlecht für ein Kind, das fünf Wochen zu früh auf die Welt kommt. Aber als er mir gereicht wurde, wusste ich sofort, dass irgendetwas nicht stimmte. Im nächsten Moment war er wieder in der Obhut der Fachärzte, während ich schweigend zusah, wie die Ärzte rasch und präzise handelten, und hören konnte, wie einer von ihnen immer wieder sagte: »Komm schon, Kleiner. Komm schon.« Schließlich hörte ich ein leises Röcheln und dann ein Wimmern. Da Sam sofort auf die Frühgeborenenstation gebracht werden musste, bekam ich ihn nur noch einmal kurz zu sehen, bevor er mit Bruce im Schlepptau verschwand.

Nach all den Komplikationen während dieser Schwangerschaft kann ich kaum erklären, was das für ein Gefühl war – man hatte ihn mir so rasch weggenommen, dass ich ihn nicht einmal hatte drücken können. Es war die reinste Qual, im Kreißsaal zu liegen und nicht zu wissen, was in der Zwischenzeit mit ihm geschah. Nach fünf Minuten kam eine Hebamme und sagte, dass es Sam gut ginge, aber dass sie ein paar Untersuchungen machen müssten und Bruce bei ihm bleiben würde. Diese Nachricht beruhigte mich etwas. Aber weil bei mir eine Periduralanästhesie erforderlich gewesen war, durfte ich den Kreißsaal nicht verlassen, sodass ich erst eine Stunde später im Rollstuhl zur Frühgeborenenstation gekarrt werden konnte. Mein winzig kleiner Sam lag in einem Brutkasten unter grellem Licht und schien von Kopf bis Fuß »verkabelt« zu sein, aber ich war froh, dass ich bei ihm sitzen und seine winzige Hand halten konnte. Die Schwestern versicherten mir, dass es ihm gut ging. Aber da man seinen Zustand als »schlapp« bezeichnete und er »bei der Geburt keine Reaktion gezeigt« hatte, musste er noch etwa eine Woche im Krankenhaus bleiben.

Am nächsten Tag wurde ich entlassen, aber Sam musste auf der Station bleiben, was mir unsäglich schwer fiel. Ich fühlte mich emotional hin- und hergerissen zwischen meinen beiden Kindern. Natürlich wollte ich wahnsinnig gerne nach Hause zu Max, aber selbstverständlich wollte ich auch gerne bei meinem kleinen, hilflosen Neugeborenen bleiben. Schließlich beschloss ich, logisch zu denken und weniger gefühlsmäßig, und ich akzeptierte, dass Sam bestens versorgt wurde und mich zu diesem Zeitpunkt weniger brauchte als Max. Ich weiß nicht, ob es an dieser zusätzlichen Zeit lag, die ich mit Max verbrachte, aber glücklicherweise entwickelte er keinerlei Eifersucht gegenüber seinem Bruder – wovor ich mich wirklich gefürchtet hatte. Tatsächlich war er sogar sehr erfreut über sein neues Brüderchen, als wir ihn auf die Frühgeborenenstation mitnahmen, und konnte es gar nicht erwarten, dass wir Sam nach Hause holten. Es war eine große Hilfe, dass wir von Anfang an geplant hatten, Sam solle Max ein Geschenk »mitbringen«, wenn er auf die Welt kam. Und da Max zu dem Zeitpunkt verrückt nach *Toy Story* war, brachte Sam ihm »Woody« mit – und

Max war hellauf begeistert! Bis zum heutigen Tag erzählt Max seinem Bruder die Geschichte, wie Woody in unser Haus kam.

Da ich so früh von Sam getrennt wurde und ihn ein paar Tage lang noch nicht einmal hatte drücken können, entwickelte sich bei mir erst ein Gefühl der Verbundenheit, als wir zu Hause waren. Doch bereits nach wenigen Tagen in der vertrauten Umgebung hatte sich eine sehr enge Bindung entwickelt, die durch das, was wir gemeinsam durchgemacht hatten, noch verstärkt wurde. Dagegen tat Bruce sich sehr schwer, eine Beziehung zu Sam zu entwickeln – er traute sich kaum, ihn anzufassen, weil er so winzig war, und verbrachte mehr Zeit mit Max. Während seiner ersten zehn Lebenswochen war Sam allerdings auch recht schwierig; sehr wahrscheinlich hing das mit seiner frühen Geburt zusammen. Jedenfalls schrie er die ganze Zeit. Sein gesamtes Verhalten war so anders als das von Max im Säuglingsalter – und ich vergoss regelmäßig morgens um drei ein paar heiße Tränen, weil ich so erschöpft war. Aber irgendwie überstanden wir diese ersten Wochen. Dabei war es mir eine große Hilfe, dass Max zwei Tage in der Woche bei einer Tagesmutter blieb, sodass ich an diesen Tagen ein wenig Schlaf nachholen konnte, sobald Sam schlief. Auch Max hatte das ständige Weinen seines Brüderchens langsam satt, und irgendwann musste ich laut lachen, als er schließlich verkündete, dass man seinen Bruder doch bitte zurück ins Krankenhaus bringen möge. Als Eltern neigt man oft zu der Annahme, ein Kind wäre wie das andere, aber das ist bei meinen beiden Jungs definitiv nicht der Fall.

Bruce entwickelte erst eine enge Bindung zu Sam, als dieser das Alter erreicht hatte, in dem er zum ersten Mal lächelte. Inzwischen hat mein Jüngster sich zu einem glücklichen und zufriedenen Kind gemausert, aber es ist immer noch vollkommen klar, dass ich Sams Lieblingselternteil bin. Max wäre wohl nicht in der Lage, sich zwischen mir und Bruce zu entscheiden, aber Sam ist zweifellos ein Mamakind. Ich bin froh, dass ich zwei Jungen habe, die sich gut verstehen. Nur sehr selten kommt es mal zu Eifersüchteleien. Tatsächlich geht Max morgens zur Vorschule in dem Wissen, dass Sam den ganzen Tag mit mir verbringt, dass wir schwimmen gehen oder Freunde besuchen, und trotzdem sagt er jedes Mal: »Viel Spaß beim Schwimmen, Sam.« Die beiden treten auch füreinander ein. Während des letzten Urlaubs war irgendein kleiner spanischer Bengel ohne besonderen Grund über Max hergefallen, und Sam, kaum halb so groß wie der Angreifer, stürzte sich wie ein Pitbullterrier auf den Jungen. Niemand würde seinem großen Bruder wehtun und einfach so davonkommen. Wir wissen auch, dass Sam Molly die Schuld an Dingen zuschiebt, die Max angestellt hat, nur um seinen großen Bruder vor Ärger zu bewahren! Aber natürlich ist nicht alles Friede, Freude, Eierkuchen. Die beiden kämpfen manchmal so heftig miteinander – und ich meine damit, dass sie richtig aufeinander einprügeln –, dass ich rasch dazwischengehen muss, damit es keine Verletzten gibt. Trotzdem stelle ich mir vor, wie sie später einmal die besten Kumpel sein werden, der eine beim anderen als Trauzeuge fungiert und Ähnliches – und warum auch nicht? Wer weiß das schon? Wenn ich ganz ehrlich bin, hätte ich gerne noch ein drittes Kind. Ich kann wohl mit ziemlicher Wahrscheinlichkeit ausschließen, dass Bruce der Vater sein wird, und der Gedanke an eine andere Beziehung – na ja, lassen wir das. Aber ich will die Möglichkeit, eines Tages noch einmal Mutter zu werden, auch nicht vollkommen ausschließen. Schließlich hätte ich mir vor einem Jahr bestimmt nicht träumen lassen, dass ich einmal den Punkt erreichen würde, an dem ich jetzt stehe.

Wie Sie sicherlich längst bemerkt haben, bin ich bisher die Einzige aus unserem Club, die noch zwei weitere Male den Wehen trotzte. Während ich hier mit meinem zehn Wochen alten Sohn Alfie sitze, habe ich deutlich das Gefühl, dass unsere Familie jetzt vollständig ist. Dabei ging es mir gar nicht darum, einen Jungen zu bekommen, da ich am liebsten noch ein Mädchen gehabt hätte – obwohl ich mich natürlich wahnsinnig freue, jetzt eine »bunte Mischung« zu haben. Es ist vielmehr so, dass drei Kinder eine Familie komplett machen – für mich zumindest!

Meine Schwangerschaft mit Ella bedeutete mir sehr viel, nachdem ich das vorige Kind verloren hatte, aber sie war auch eine ganz persönliche Erfahrung. Bei Molly hatte ich David über die Entwicklung des Fötus' mindestens einmal wöchentlich auf dem Laufenden gehalten und seine Hand genommen, damit er es fühlen konnte, wenn Molly in mir strampelte. Damals war alles noch so neu und spannend. Als ich mit Ella schwanger ging, war ich bei den ersten Kindsbewegungen oder beim Hören der Herztöne zwar noch genauso aufgeregt wie beim ersten Mal, aber David schien nicht annähernd so viel Interesse zu zeigen, und ehrlich gesagt drängte ich ihn auch nicht so sehr wie bei Mollys Schwangerschaft. Als Landwirt mit Viehbestand ist für ihn das Wunder neuen Lebens vermutlich etwas ganz Alltägliches geworden. Meine zweite Schwangerschaft verlief ähnlich wie meine erste. Ellas errechneter Geburtstermin lag in der Woche von Mollys zweitem Geburtstag, daher wuchs mein Bauch während der gleichen Jahreszeit. Im Sommer schwollen meine Füße erneut fast auf die doppelte Größe an, und meine Wurstfinger waren so dick, dass mein Ehering abgesägt werden musste: Eine deprimierende Geschichte, da ich ihn seit dem Tag unserer Hochzeit nicht ein einziges Mal abgenommen hatte. Bei Molly war es schon knapp gewesen, und ich hatte gehofft, ich käme erneut glimpflich davon, aber in der vierunddreißigsten Woche nahm mein Finger endgültig eine blaue Tönung an.

Die zweite Schwangerschaft machte mich auch mit einer Reihe ganz neuer Verfallserscheinungen meines Körpers bekannt: In meinem Handgelenk entwickelte sich eine Sehnenscheidenentzündung, die sich durch permanente Stiche in der Hand und ständige Schmerzen im Handgelenk äußerte. Daher musste ich während der zweiten Hälfte meiner Schwangerschaft eine entzückende fleischfarbene Handgelenksbandage tragen. Außerdem hatte ich chronisches Zahnfleischbluten, und mein Sehvermögen verschlechterte sich derart, dass ich nicht mehr ohne Brille Auto fahren konnte. Und natürlich hielten meine Krampfadern dies für eine wunderbare Gelegenheit, um erneut auf der Bildfläche zu erscheinen und dieses Mal sogar noch hübsche Beulen und Wülste zu bilden! Trotzdem wollte ich immer noch ein drittes Kind: War das die Macht des Progesterons oder einfach nur galoppierender Wahnsinn …? Als ich mit Alfie schwanger ging, wirkten sich die Krampfadern und die vermehrte Wasseransammlung im Gewebe nicht annähernd so schlimm aus wie bei den ersten beiden Schwangerschaften, schließlich hatten wir auch Winter, doch das Zahnfleischbluten entwickelte sich zu einem Albtraum. Nach jedem Zähneputzen sah das Waschbecken aus, als hätte gerade ein Massaker stattgefunden. Ich putzte und gurgelte wie wild und verwendete jede Menge Zahnseide, aus Angst, mein Zahnfleisch könnte zu sehr zurückweichen. Diese Sorge wog für mich wesentlich schlimmer als alle Gewebeschwellungen und Krampfadern zusammen.

Hinzu kam, dass nicht nur mein Ehemann den beiden letzten Schwangerschaften weniger Aufmerksamkeit schenkte, sondern auch ich während dieser körperlichen Tortur nicht mehr so umsorgt wurde wie früher. Bei Ellas

Schwangerschaft habe ich noch bis zur achtunddreißigsten Woche drei Tage die Woche gearbeitet und bin an vier Tagen hinter Molly her gerannt. Und in der Woche vor dem errechneten Entbindungstermin habe ich sogar noch eine große Grill- und Geburtstagsfeier für Mollys zweiten Geburtstag organisiert. So viel also zu diesen köstlichen, faulen Tagen auf dem Sofa, zu den Siestas in der Hängematte und zum stillvergnügten Ein- und Auspacken der Kliniktasche vier Wochen vor der Geburt – wie ich es bei der ersten Schwangerschaft erlebt hatte. Und auch so viel zu David, der mir Schüsseln mit kaltem Wasser gebracht hatte, um meine geschwollenen Füße darin zu baden. Ich konnte von Glück reden, wenn er wenigstens mal eine Schüssel mit Wasser füllte, um das Geschirr zu spülen. Dazu war ich doch wohl noch selbst in der Lage?! Was hatte ich denn sonst schon viel zu tun, wo ich doch den ganzen Tag mit unserer Zweijährigen zu Hause herumsaß?

Zwei Wochen vor Ellas errechnetem Geburtstermin trug ich Molly über einen mit Kies bedeckten Parkplatz, als ich plötzlich über irgendetwas stolperte. Da ich instinktiv Molly schützen wollte, fiel ich mit gestreckten Armen der Länge nach aufs Gesicht, in dem verzweifelten Versuch, Molly vor dem Aufschlag auf den Boden zu bewahren – was mir auch gelang. Aber das Ergebnis war, dass ich mit voller Wucht auf dem Bauch landete. Meine Arme und Beine waren gespickt mit kleinen Kieselsteinchen, und ich konnte vor Schmerzen im Bauch kaum gehen. Zu allem Überfluss schien die halbe Welt zu meiner Rettung herbeizueilen. Krampfhaft versuchte ich, ihren neugierigen, mitleidigen Blicken zu entgehen, indem ich sofort wieder auf die Füße sprang, über meine Tollpatschigkeit lachte und ihnen für ihre Bemühungen dankte. »Es geht mir gut, wirklich. Ach, ich kleines Dummerchen. Vielen Dank. Ja, wirklich. Auf Wiedersehen. Wieder-sehen, Wie-der-se-hen!« Nachdem ich erst einmal mein Publikum abgeschüttelt und mich in die Sicherheit meines Wagens geflüchtet hatte, rief ich sofort David an und brach in Tränen aus. Ich hatte furchtbare Angst, dass ich unser ungeborenes Kind getötet haben könnte. David kam mit Höchstgeschwindigkeit zu meiner Rettung herbeigeeilt, und glücklicherweise konnten die Ärzte im Krankenhaus nach einer kurzen Untersuchung bestätigen, dass es dem Kind gut ging. Aber ich hatte mir sämtliche Muskeln des Unterleibs gezerrt und konnte tagelang nicht gehen.

Es ist schon merkwürdig, dass ich bei Molly seit Beginn des Mutterschutzes die Wochen, Tage, ja fast schon die Stunden bis zu ihrer Geburt gezählt habe. Dagegen schien es bei Ella Hunderte von Hürden zu geben, die es zu überwinden galt. Zunächst einmal musste sich die Muskulatur meines Unterleibs wieder erholen – mit diesen Schmerzen konnte ich wohl kaum die Wehen durchstehen. Als Nächstes musste Mollys Geburtstag über die Bühne gebracht werden: Ich hatte solche Angst, dass das Baby genau an diesem Tag kommen und die Geburtstagsfeier verderben würde, dass ich Molly erst von ihrem Geburtstag erzählte, als der eigentliche Tag anbrach und ich mich relativ sicher fühlte. Tagelang hatte sie uns danach gefragt, und immer hatte ich ausweichende Antworten gegeben wie »Bald!« oder »Nächstes Wochenende«. Als sie daher an ihrem Geburtstag morgens noch ganz verschlafen in unser Zimmer wankte und mit einem lauten »Happy Birthday« empfangen wurde, starrte sie uns an, als hätten wir vollkommen den Verstand verloren. Ich weiß nicht, was ich gemacht hätte, wenn Ella an Mollys Geburtstag zur Welt gekommen wäre, aber eine Zeit lang habe ich mit dem Gedanken gespielt, ihren Geburtstag in diesem Fall schlicht um ein oder zwei Tage zu verschieben und alle geladenen Gäste zu bitten, einfach am nächsten Tag zu kommen. Schließlich wäre es für Molly schrecklich gewesen, wenn David und ich nicht bei ihrer Party dabei gewesen wären.

Bis dahin hatte ich angenommen, ich wäre für den großen Showdown bereit, sobald erst einmal der Geburtstag hinter uns lag. Aber direkt danach zog ich mir eine schlimme Blasenentzündung zu, die mit einem Antibiotikum behandelt werden musste. Erneut überkam mich die Angst, dass die Wehen einsetzten, während es mir noch so schlecht ging, und ich betete um einen kleinen Aufschub. Wie sich schließlich herausstellte, hätte Ellas Timing gar nicht perfekter sein können. Die ersten Wehen setzten gegen sieben Uhr morgens am Tag des errechneten Geburtstermins ein, genau eine Woche nach Mollys Geburtstag, und endlich war ich ausreichend vorbereitet. Leider kam dieser Termin David weniger gelegen, weil er noch einen neuen Teppich für ein kleines Cottage auf unserem Land besorgen wollte, das er vermietet hatte. Ich versuchte, ihm zu erklären, es wäre weniger schlimm, wenn er als Vermieter nicht pünktlich einen Teppich verlegte, als die Geburt seines zweiten Kindes zu verpassen. Aber weil Molly sich sechsunddreißig Stunden Zeit gelassen hatte, war David davon überzeugt, er könne das Risiko eingehen, ein paar Stündchen zu verschwinden. Schließlich hatte er doch angeboten, Molly mitzunehmen – was wollte ich denn noch? Mitten in diese nette Unterhaltung, die sich jeweils zwischen zwei Wehen entspann, platzte meine Schwippschwägerin Sarah, um eine Tasse Kaffee mit uns zu trinken. Dies war garantiert ein Spontanbesuch, den sie noch lange bereuen sollte. Denn David nutzte die Gelegenheit und fragte Sarah, ob sie nicht eine Stunde bei mir bleiben könne, und bevor seine Schwägerin auch nur Zeit hatte, nach dem Warum zu fragen oder zu nicken, schnappte er sich Molly und machte sich eilig aus dem Staub, auf in Richtung Teppichland. Sarah, eine dynamische Geschäftsfrau, die »mit Kindern nichts am Hut hat«, wurde bleich, als sie erkannte, was David ihr da aufgehalst hatte.

Während Davids Abwesenheit nahm die Heftigkeit meiner Wehen ziemlich rasch zu – das TENS-Gerät stand auf der höchsten Leistungsstufe, und ich versuchte bereits, auf allen vieren und hinternschwenkend durch bewusstes Atmen den Schmerz zu lindern, als David schließlich wieder zu Hause eintrudelte. Doch bis dahin bemühte ich mich zwischen den Wehen, Sarah zu beruhigen und davon zu überzeugen, dass es wirklich noch Stunden dauern konnte, bis es so weit war, und dass keinerlei Grund zur Panik bestünde. Aber ihr Blick wanderte unruhig durch den Raum – wie ein in die Enge getriebener Fuchs, der nach einem Ausweg sucht. Als David schließlich nach Hause kam, schoss Sarah wie ein geölter Blitz durch die Tür, und zwar schneller als ich »zweite Wehenphase« sagen konnte. Ich riss mir die Elektroden des TENS-Geräts vom Leib und hievte mich in die Badewanne. David rief meine Mutter an und bat sie, herüberzukommen und auf Molly aufzupassen. »Hat allerdings keine große Eile«, meinte er. »Bring Molly doch bitte von unterwegs noch was von McDonald's mit.« Dank der schmerzstillenden Wirkung des warmen Bades hielt auch ich das für eine vernünftige Zeiteinschätzung. Aber als ich aus der Wanne kletterte, stellte ich fest, dass die Abstände zwischen den Wehen jetzt nur noch Sekunden statt Minuten betrugen. Und ich war nicht mehr in der Lage, dazwischen aufzustehen, auch wenn ich es noch so gewollt hätte. Das waren verdammt lange zehn Minuten, die ich auf allen vieren auf der Türschwelle verbrachte und vor Schmerzen zusammengekrümmt darauf wartete, dass meine Mutter eintraf, während Molly mich ständig fragte: »Sollen wir Hoppe-hoppe-Reiter spielen?« und auf meinen Rücken zu klettern versuchte. Als wir schließlich das Krankenhaus erreichten, stand ich kurz davor, mich von David scheiden zu lassen – jedes Mal wenn er auf die Bremse trat, hatte ich das Gefühl, dass er das mit voller Absicht machte, um mir zusätzliche Schmerzen zu bereiten. Der Gedanke, dass er vielleicht einen Zusammenstoß zu vermeiden versuchte, kam mir erst gar nicht ... das war eine persönliche Attacke! Aber ich bekam meine Rache, als ich ihn auf dem Weg vom Parkplatz zum Krankenhaus bis auf die Knochen blamierte. Die Wehen lagen jetzt nur noch dreißig Sekunden auseinander; daher schwankte ich zwei, drei Schritte vorwärts, ließ mich dann auf die Knie fallen, keuchte und schwenkte meinen Hintern, zog mich danach wieder an Davids Hüfte hoch, taumelte weitere drei Schritte und ging erneut zu Boden. Es kostete mich acht Wehen, um die heiß ersehnte Entbindungsstation und meinen besten Freund, die Lachgasmaske, zu erreichen.

Ella erblickte noch in derselben Stunde das Licht der Welt. Die Geburt wäre noch schneller gegangen, wenn die Hebamme sich nicht geweigert hätte, die Fruchtblase zu öffnen. Ich brauchte zwanzig Minuten Lachgas, bis ich genügend Kraft hatte, aufzustehen und auf der Stelle zu hüpfen, damit sie von allein platzte. Bei diesen Wehen war der arme David wirklich vollkommen überflüssig. Während ich bei Mollys Geburt förmlich an ihm gehangen und ständig Augenkontakt gehalten hatte, damit er mich durch diese Tortur brachte, fühlte ich mich bei Ella wie eine Geburtsmaschine – es war eine Aufgabe, die erledigt werden musste. Ich kannte den Ablauf, also hieß es für mich: »Augen zu und durch!« Auf keinen Fall wollte ich berührt oder angesprochen werden – ich brauchte nur ab und zu jemanden, den ich wüst beschimpfen konnte.

Meine größte Sorge beim zweiten Kind galt der Frage, ob ich es auch genügend lieben könnte. Ich bin mir zwar sicher, dass alle Eltern diese Phase durchmachen, aber selbst als Ella schon fast auf der Welt war, konnte ich an nichts anderes denken als »Hervorragend, es ist erst drei Uhr. Ich müsste also rechtzeitig für Mollys Abendessen zu Hause sein.« Es gelang mir einfach nicht, mich auf Kind Nummer Zwei zu konzentrieren. Als Ella schließlich das Licht der Welt erblickte, war ich emotional wie betäubt. Ich hatte das

Gefühl, als wäre ich nicht richtig beteiligt gewesen, als wäre ich nur eine Beobachterin. Außerdem konnte dieses Kind gar nicht meines sein – schließlich hatte es ja noch nicht mal einen Pillermann! Ich war sooo fest davon überzeugt gewesen, dass Ella ein Junge würde, dass ich überhaupt nicht kapieren konnte, dass ich ein zweites Mädchen hatte. Dabei ging es mir gar nicht darum, kein weiteres Mädchen zu bekommen; es war vielmehr eine Frage meiner Erwartungshaltung. Wenn man Vanilleeis bestellt hat, und das hellgelbe Dessert entpuppt sich beim ersten Kosten als Bananeneis, dann ist das ein Schock. Möglicherweise liebt man Bananeneis, aber wenn es nicht das ist, was man erwartet, dauert es einen Moment, bis man sich daran gewöhnt hat. Ella hatte nicht nur dasselbe Geschlecht wie das erste Kind, sie sah auch noch genauso aus. Selbst ich habe Schwierigkeiten, die Säuglingsfotos meiner beiden Töchter auseinander zu halten, wenn nicht irgendwelche zusätzlichen Hinweise bei der Bestimmung des Datums helfen.

Trotz Davids gleichgültiger Haltung während der Schwangerschaft entwickelte er nach der Geburt sofort eine enge Bindung zu Ella – genau wie bei Molly –, während ich ein paar Tage dazu benötigte. Sobald Ella das Licht der Welt erblickt hatte und alle Gesundheitstests positiv ausgefallen waren, schickte ich David nach Hause, um Molly zu holen. Als er ins Krankenhaus zurückkehrte – knapp drei Stunden, nachdem wir gemeinsam das Haus verlassen hatten –, hatte ich die Schwestern überredet, mich vorzeitig zu entlassen. Dummerweise setzte die Wirkung der Spritze mit Meptid, die ich während der letzten zwanzig Minuten der Wehentätigkeit bekommen hatte, in diesem Moment erst richtig ein. Und während David verzweifelt versuchte, meine Tasche zu packen, unser Neugeborenes einzuwickeln und in den Babysitz zu legen und Mollys ständige Fragen zu beantworten, döste ich immer wieder ein. Ich zog einen meiner Schuhe an, und im nächsten Moment sackte mir das Kinn auf die Brust, und ich war wieder eingenickt. David weckte mich mit den Worten: »Wenn du wirklich nach Hause willst, solltest du einen wachen Eindruck machen.« Ich stimmte ihm eifrig zu, bückte mich, um meinen anderen Schuh anzuziehen – und nickte prompt wieder ein. Nach ein paar Klapsen auf die Wangen und mit einem kalten Handtuch im Nacken blieb ich lange genug wach, um es bis zum Wagen zu schaffen. Zu Hause angekommen, ließ ich mich umgehend aufs Sofa fallen, um ein ordentliches Nickerchen zu machen, während Molly darauf bestand, dass David ihre kleine Schwester durchs Haus trug, um ihr sozusagen eine geführte Tour durch die Räumlichkeiten zukommen zu lassen. Während sie noch durch das Haus marschierten, steckte Davids Bruder Richard den Kopf zur Tür herein. Seine Frau war an diesem Morgen bei uns zu Besuch gewesen, daher wusste er von den Wehen. »Hat sich wohl wieder beruhigt, was?«, meinte er und warf einen vieldeutigen Blick auf meinen immer noch riesigen Bauch. Ich war am Boden zerstört. Innerlich fühlte ich mich wieder wie eine Elfe, und Richard konnte nicht einmal sehen, dass ich gerade ein Kind zur Welt gebracht hatte! Nach Kräften versuchte er, seinen Fauxpas mit einer Reihe stotternd hervorgebrachter Ausreden zu kaschieren, aber ich wusste, dass viele, viele Sit-ups vonnöten sein würden, um meinen Schwabbelbauch dieses Mal wieder in Form zu bringen!

Anfangs war ich so besessen von dem Gedanken, dafür zu sorgen, dass Molly glücklich und zufrieden war und sich geliebt fühlte, dass ich buchstäblich keine Zeit mehr hatte, Liebe und Zuneigung für Ella zu entwickeln. Während der ersten zwei, drei Tage kümmerte ich mich um meine Jüngste auf rein praktische und funktionale Weise. Ich stillte sie, wechselte ihre Windeln und umarmte sie, aber immer mit Mollys Bedürfnissen und Gefühlen im Hinterkopf. Und es war auch keine große Hilfe, dass Ella in der ersten Nacht kein Auge zumachte. Ich hatte so fest damit gerechnet, dass sie wie Molly nach ihrer Geburt völlig erschöpft wäre, dass ich zugegebenermaßen ein wenig verärgert über mein neugeborenes Kind war – es gönnte mir einfach keine Ruhe, sodass ich mich am nächsten Tag nicht richtig um Molly kümmern konnte. Dagegen schienen David und Molly unseren Familienzuwachs mit offenen Armen zu empfangen. Nach ein paar Tagen holte David mich aber entschieden in die Wirklichkeit zurück, indem er darauf hinwies, dass es Molly gut ginge und dass ich mich entspannen und die Zeit mit meinem neuen Kind genießen solle. An diesem Abend bereitete ich mich auf eine weitere schlaflose Nacht vor, brachte Ella in ihr Zimmer und verbrachte die Stunden, in denen sie wach war, damit, sie zu knuddeln und zu liebkosen und mit ihr zu scherzen. Am nächsten Morgen war das »Wunder« geschehen: Ella entpuppte sich als mein kleiner, anbetungswürdiger, niedlicher Schatz, und ich war vollkommen hingerissen. Bis zu diesem Zeitpunkt hatte ich kaum Gelegenheit gehabt, sie im Arm zu halten und mich mit ihr zu beschäftigen. Denn jedes Mal, wenn ich sie aus dem Bettchen nahm, kam Molly angerannt, und ich erklärte meiner älteren Tochter, wie sie mit ihrer kleinen Schwester reden und umgehen müsse – statt selbst mit meinem Neugeborenen Kontakt aufzunehmen.

Obwohl wir bei Molly keinen einzigen aggressiven Anfall von Eifersucht erlebten, bedeutete die nun auf zwei Kinder verteilte Aufmerksamkeit, dass wir sehr sorgfältig vorgehen mussten. Molly konnte vergnügt vor sich hinspielen, aber sobald sie mich mit Ella scherzen hörte, schoss sie um die Ecke, schob ihren Kopf zwischen meinen und Ellas und redete wie wild drauflos. Irgendwann stellte ich fest, dass ich dazu übergegangen war, mit Ella nur noch stumm zu kommunizieren und zwar außerhalb von Mollys Sichtweite! Ich machte dann all die klassischen, liebevollen Gesten und Mienen für Ella, bildete die dazugehörenden Worte aber nur mit den Lippen, um ja kein Geräusch zu verursachen, das ihre eifersüchtige Schwester wie einen Wirbelwind ins Zimmer fegen lassen und uns die wenigen, kostbaren gemeinsamen Momente stehlen würde. Allerdings muss man zu Mollys Verteidigung sagen, dass dies die einzige Form von Eifersucht war, die sie zeigte. Spielzeug und Babyausstattung waren nie ein Problem – wenn auch vermutlich auf Grund meiner weisen Voraussicht. Als meine zweite Schwangerschaft festgestellt wurde, brachte ich sämtliche Babysachen und alles, was auch nur im Entferntesten an die Säuglingszeit erinnerte, auf den Speicher. Und als sich dann der errechnete Geburtstermin näherte, machte ich eine Riesenshow darum, zusammen mit Molly alles wieder herunterzuholen und durchzusehen, damit wir überlegen konnten, was wir schon hatten und was wir noch kaufen mussten. Für Molly war das Ganze ein wunderbarer Spaß, und ich bin mir sicher, die Tatsache, dass diese Sachen vom Speicher stammten, trug entschieden dazu bei, dass Molly sie als »die« Babysachen und nicht als »ihre« Babysachen betrachtete. Außerdem half ihr diese Inszenierung dabei zu verstehen, dass mein dicker Bauch nur vorübergehender Natur war – die Ankunft des neuen Babys stand unmittelbar bevor. Ich bildete mir mächtig was darauf ein, dass es mir gelungen war, den bevorstehenden Familienzuwachs auf diese geniale Weise einzuführen. Doch als eine Freundin den gleichen Trick bei ihren Kindern anzuwenden versuchte, mündete das Ganze in einer totalen Katastrophe. Das ältere Kind riss alle Sachen an sich, schrie immerzu: »Meins! Meins! Meins!« und hortete alles unter dem eigenen Bett. Das zeigt mal wieder, dass eine Vorgehensweise bei der einen Familie wunderbar funktionieren kann und bei der nächsten in einem wahren Drama endet. Das gilt auch für die weit verbreitete Empfehlung in Ratgebern und Büchern, wie man ein älteres Kind an ein neues Geschwisterchen gewöhnt: Angeblich soll man darauf achten, dass die Gäste, die zum Babybesuch kommen, auch das ältere Kind gebührend begrüßen und ihm ebenfalls ein Geschenk mitbringen. Dieser Ratschlag war für die gerade einmal zwei Jahre alte Molly die reinste Hölle: Sie hasste es regelrecht, wenn sich sämtliche Besucher auf sie stürzten und sie mit Tausenden von albernen Fragen überhäuften. Das Ganze endete damit, dass ich unsere Gäste bat, so zu tun, als besuchten sie das Neugeborene bereits zum zweiten Mal. Mit anderen Worten: Sie sollten Molly so behandeln wie immer und das Baby ebenfalls begrüßen, als wäre es etwas ganz Normales. Je weniger überschwänglich die Kinder begrüßt wurden, desto leichter war es für Molly.

Als Alfie zur Welt kam, war Molly viereinhalb Jahre alt, und im Gegensatz zu der Zeit direkt nach Ellas Geburt genoss sie förmlich die ganze Aufmerksamkeit, die sie im Zusammenhang mit dem Neugeborenen erhielt. Wie ein aufgeplusterter Pfau stolzierte sie auf dem Spielplatz des Kindergartens umher, schob den Kinderwagen mit stolzgeschwellter Brust und verlangte, dass jeder ihr neues Brüderchen bewundern solle. Ella verhielt sich dagegen genauso wie Molly damals: Zu Hause liebte sie ihren kleinen Bruder, aber sie konnte nicht verstehen, warum auf dem Spielplatz sich alle wie verrückt auf sie stürzten.

Ellas rasche Geburt, meine umgehende Heimkehr und die so gut wie nicht vorhandene Erholungsphase bedeuteten, dass das Leben schon bald wieder in normalen Bahnen verlief – wobei ich lediglich eine weitere Person in meinen Alltag integrieren musste. Gerade einmal vierzig Stunden nach der Geburt erledigte ich mit beiden Kindern im Einkaufswagen einen riesigen Familien-Wochenendeinkauf und zwar ohne jegliche Probleme – zugegebenermaßen mit meiner Mutter im Schlepptau, falls es doch zu Tränen oder Trotzanfällen kommen sollte. Ich war ja so zufrieden mit mir. Nach Mollys Geburt hatte es Wochen gedauert, bevor ich wieder vor die Tür gehen konnte; von daher war dies ein enormer Schub für mein Selbstbewusstsein.

Als ich mit Alfie schwanger wurde, kurz vor Mollys viertem und Ellas zweitem Geburtstag, dachte ich naturgemäß, dass auch dieses Mal alles wie am Schnürchen laufen würde. Schließlich heißt es doch, dass es mit jedem Kind leichter wird! Bei Alfies Schwangerschaft entschieden wir uns für einen NT-Test, um eventuelle Entwicklungsstörungen frühzeitig feststellen zu können. Diese Entscheidung ist mir nicht leicht gefallen, da es mein Beruf ist, Menschen mit geistiger Behinderung oder Lernstörungen zu betreuen. Ich konnte mir nicht vorstellen, wie ich reagieren würde, falls das Ergebnis eine Behinderung prognostizierte. Sowohl bei Molly als auch bei Ella hatte ich alle Tests – bis auf die Ultraschalluntersuchung in der zwanzigsten Woche – abgelehnt, da ich die Vogel-Strauß-Politik bevorzuge: Was ich nicht weiß, macht mich nicht heiß. Mit dem größten Vergnügen hätte ich mich auch dieses Mal gerne wieder gedrückt, aber David wies darauf hin, dass wir nicht länger so egoistisch denken durften. Er meinte, wenn es nur uns beide gäbe oder wir nur ein weiteres Kind in unsere Überlegungen einbeziehen müssten, dann könnten und würden wir mit allem fertig werden, was das Leben für uns bereithielt. Aber bei der Frage nach einem dritten Kind wurde uns klar, dass wir auch an die Auswirkungen denken mussten, die ein Kind mit schwerer Behinderung auf Molly und Ella haben würde – und auf die Zeit und Zuneigung, die dann noch für sie übrig blieben. Zögerlich stimmte ich ihm zu und fügte mich seinem gesunden Menschenverstand. Aber ich konnte mir immer noch nicht vorstellen, mich gegebenenfalls den Konsequenzen eines Untersuchungsergebnisses zu stellen, das nicht durchweg positiv ausfiel. Glücklicherweise waren die Testergebnisse hervorragend: Die Wahrscheinlichkeit, dass ich ein Kind mit Down-Syndrom bekommen würde, lag bei 1:3700, was der Wahrscheinlichkeit einer Fünfzehnjährigen entsprach, wie man uns versicherte. David hatte natürlich nichts Besseres zu tun, als jedermann zu erzählen, seine Frau habe den Körper einer Fünfzehnjährigen, und er fühle sich fast wie ein Kinderschänder mit so einer lolitahaften Gattin!

Während David und ich die Vor- und Nachteile des NT-Tests diskutierten, gelang es mir, ihm seine Zustimmung dafür abzuringen, nach dem Geschlecht des Kindes zu fragen – was wir weder bei Molly noch bei Ella gemacht hatten. Doch nach dem Schock angesichts Ellas »fehlendem« Pillermann hatte ich das starke Bedürfnis, das Geschlecht vorher zu erfahren. Allerdings wollte ich es nicht gleich jedermann auf die Nase binden. Die Ärztin teilte uns mit, dass das Kind ihrer Schätzung nach mit einer Wahrscheinlichkeit von 70:30 ein Mädchen werden würde, und wir waren wirklich froh, dass wir gefragt hatten. Denn jetzt konnte ich mich geistig schon mal auf die Vorteile einstellen, die drei gleichgeschlechtliche Geschwister mit sich brachten, und brauchte mir keine Sorgen zu machen, bei der Geburt enttäuscht zu werden. Aber obwohl ich der festen Überzeugung war, ein Mädchen unter dem Herzen zu tragen, entschloss ich mich, David erneut zu bedrängen, um bei der Ultraschalluntersuchung in der zwanzigsten Woche absolute Gewissheit zu erlangen. Tragischerweise lag der Untersuchungstermin genau vierundzwanzig Stunden nach dem Tag, an dem Davids Bruder sich umgebracht hatte – daher verblassten alle Details des Tests zur Bedeutungslosigkeit. Wir fuhren einfach nur ins Krankenhaus und ließen die Prozedur über uns ergehen, und erst als das Gel aufgetragen und auf dem Monitor das erste Lebenszeichen zu sehen war, fiel mir plötzlich wieder ein, dass ich ja wissen wollte, ob es ein Junge oder ein Mädchen würde. Ich drehte mich zu David um und bildete mit den Lippen die Frage: »Kann ich nach dem Geschlecht fragen?« Aber David reagierte mit einem entschiedenen »Nein«, und es war keine Zeit mehr, diese Frage ausführlich zu erörtern, da die Ärztin mit Hochgeschwindigkeit alle erforderlichen Messungen vornahm. Damals war ich schwer enttäuscht, doch nachher überwog die Erleichterung. Schließlich ist es genau wie bei den Weihnachtsgeschenken: Man hat eine ungefähre Ahnung, was die Päckchen enthalten könnten, aber es ist wesentlich schöner, den Inhalt erst dann zu sehen, wenn man sie am Weihnachtsmorgen öffnet. Wenn man schon vorher heimlich einen Blick hineinwirft, betrügt man nur sich selbst. Ich vertrete ja die Theorie, dass die zukünftigen Eltern, die nach dem Geschlecht fragen, auch als Kinder an Heiligabend heimlich durchs Schlüsselloch geschaut haben. Andrea und Sarah zählten ganz eindeutig zu den Schlüssellochguckern, während Lyndsey und ich definitiv nicht dazu gehörten.

Nachdem der NT-Test mit einer Wahrscheinlichkeit von 70:30 ein Mädchen vorausgesagt hatte, können Sie sich sicherlich unseren Schock vorstellen, als wir schließlich unser Weihnachtsgeschenk auspackten und es ein kleines Anhängsel hatte! Weder war Alfie ein Mädchen noch lief bei der Geburt alles wie am Schnürchen – wie ich es eigentlich erwartet hatte. Nach meinem dreistündigen Krankenhausaufenthalt mit Ella musste ich bei Alfie eine ganze Woche dort verbringen. Da ich zehn Tage über dem errechneten Geburtstermin war, wurde ich schließlich aufgenommen, damit die Geburt eingeleitet werden konnte – morgens hatte ich die Mädels zu meiner Mutter gebracht, in der festen Überzeugung, sie am Abend wieder abholen zu können. Um es kurz zu machen: Das Ganze endete damit, dass mir an drei aufeinander folgenden Vormittagen wehenfördernde Mittel gegeben wurden, die jede Menge Kontraktionen bewirkten, aber keine Öffnung des Muttermunds! Die Hebammen gaben uns immer wieder den Rat, wir sollten einen Spaziergang machen – das würde die Geburt vorantreiben. Spaziergang! David und ich machten nicht nur einen Spaziergang – wir absolvierten einen regelrechten Marathon rund um Hertfordshire. In meiner Verzweiflung bin ich am dritten Tag einen Treppenabsatz mit dreißig Stufen hinuntergesprungen (eine Stufe nach der anderen, nicht alle auf einmal!).

Der dreitägige Aufenthalt auf der Schwangerenstation trug auch nicht gerade zur Beruhigung meiner Nerven bei. Der Anblick all dieser in den Wehen liegenden Frauen förderte bei mir sämtliche Erinnerungen wieder zu Tage. Bei Molly war ich noch so naiv zu denken, dass die Wehen schon nicht allzu schmerzhaft werden würden und hatte deshalb überhaupt keine Angst gehabt. Bei Ella dachte ich, dass beim ersten Mal ja noch alles neu und schockierend gewesen war; wahrscheinlich hatte ich damals noch nicht gewusst, wie ich richtig mit dem Schmerz umgehen sollte, doch dieses Mal würde ich es wissen. Bei Alfie hatte ich die Tortur zweimal durchgestanden und wusste nur zu gut, dass die Schmerzen mörderisch werden würden – und war daher starr vor Schrecken.

Noch am selben Abend platzte die Fruchtblase, die Wehen setzten mit voller Heftigkeit ein, und ich wurde endlich in den lang ersehnten und gefürchteten Kreißsaal gebracht. Jetzt geht's los, dachte ich – aber als sich vier Stunden später der Muttermund immer noch nicht richtig geöffnet hatte, stimmte ich einer Periduralanästhesie zu. Bei den Mädchen hätte ich an so etwas nicht mal im Traum gedacht, aber dieses Mal hatte ich so einen sechsten Sinn, dass wahrscheinlich nicht alles glatt verlaufen würde. Was für eine fantastische Erfindung das doch ist, so eine Periduralanästhesie! Vor der PDA befand ich mich mitten in den Wehen, mit allem Drum und Dran: Vom tiefen Stöhnen bis hin zum Festklammern an David. Doch dann setzte ich mich plötzlich auf, lächelte und seufzte: »Ah, schon viel besser!« David war total verblüfft, dann sah er mich verwirrt an und meinte: »Sag mal, warum zum Teufel haben wir das nicht schon bei den beiden vorigen Geburten machen lassen?« Eine Frage, die ich beim besten Willen nicht beantworten konnte. Ich war zwar froh, dass ich die beiden Mädchen ohne schmerzstillende Mittel bekommen hatte, aber jetzt fand ich es einfach wundervoll, meine Wehen auf dem Monitor ohne jegliche Schmerzen verfolgen zu können! David starrte ebenfalls wie gebannt auf die Mattscheibe und murmelte zwischendurch: »Junge, Junge, sieh dir die an! Stell dir mal vor, wie schmerzhaft die gewesen wäre!« Doch Alfie war noch immer fest entschlossen, nicht den üblichen Ausgang zu benutzen, und nach weiteren vier Stunden ließ plötzlich sein Herzschlag nach. Daher wurde ich ausgezogen und rasiert, damit Alfie den Notausgang nehmen konnte. Bis dahin hatte ich mich immer über Freundinnen und Kolleginnen lustig gemacht, die sich für einen Kaiserschnitt entschieden hatten, und sie mit den Worten »Zu piekfein zum Pressen!« aufgezogen. Aber als wir bei Alfie selbst diese Entscheidung treffen mussten, waren wir einfach nur froh, dass etwas unternommen werden konnte – und zwar rasch! Wir wünschten uns nichts anderes, als unser Kind schnell und sicher auf die Welt zu bringen. Meine Erleichterung schlug fast in Hysterie um, als David im Operationskittel hereinkam. Selbst in meinem angeschlagenen Zustand kam ich nicht umhin festzustellen, wie unwiderstehlich gut er darin aussah. Wer ist George Clooney? Hier kommt David Gardener! Ich brauchte sofort meinen Fotoapparat, um diesen Clooney-Look für die Nachwelt festzuhalten. Nachdem ich Ellas Geburt so unabhängig durchgestanden hatte, brachte diese Krisensituation David und mich noch enger zusammen. Der Schock, den wir empfanden, als der Arzt uns hinter dem OP-Tuch mitteilte, dass wir ein Bananeneis statt des erwarteten Vanilleeis bekommen hatten, ging nahtlos in ein Gefühl der Erleichterung und des Stolzes über: Der Geschmack war uns in diesem Moment vollkommen egal – wir waren einfach nur froh, überhaupt ein Eis bekommen zu haben!

Der Stress der viertägigen Wehen ging auch an den Mädchen nicht spurlos vorüber. Vor allem Molly rannte jedes Mal, wenn das Telefon bei meiner Mutter klingelte, wie von der Tarantel gestochen zum Apparat, und als sie uns schließlich besuchte, konnte ich ihrem hübschen kleinen Gesicht die Anstrengung ansehen. Dagegen schien Ella von der ganzen Aufregung nicht viel mitbekommen zu haben. Sie wirkte lediglich ein wenig ungeduldig – wann kam denn endlich das lang versprochene Baby? – und konnte nicht verstehen, warum wir nicht zu Hause waren. In der Spielgruppe hatte sie allen erzählt, wenn es ein Junge würde, dann bekäme er den Namen »Weihnachtsmann«, und für ihren Geschmack ließ der Weihnachtsmann sich etwas reichlich Zeit. Inzwischen redet sie Alfie mit »Elsie« an, was ein wenig verwirrend ist, aber zumindest nennt sie ihn nicht mehr Weihnachtsmann. Und Molly zeigt Alfie voller Stolz herum, als hätte sie ihn eigenhändig aus ein paar Eierkartons und etwas Klebe gebastelt.

Das Timing von Alfies Geburt hat sich im Nachhinein als perfekt erwiesen. Molly geht jetzt die ganze Woche in die Vorschule, und Ella nimmt an drei Vormittagen in der Woche an einer Spielgruppe teil, was bedeutet, dass ich dieses Mal genügend Zeit habe, mich ausschließlich und ganz meinem neugeborenen kleinen Schatz zu widmen. Das alles klingt doch ziemlich perfekt, oder nicht? Der einzige Nachteil besteht darin, dass die Mädchen zwar überhaupt nicht eifersüchtig auf Alfie sind, aber dafür untereinander um meine Aufmerksamkeit kämpfen – und zwar mit allen Mitteln: Meine süßen kleinen Mädchen, die immer die besten Freundinnen waren, haben sich zu schnippischen Schwestern entwickelt, die kein gutes Haar mehr an der anderen lassen. Andererseits kann ich mich aber auch nicht beklagen. Es wäre ein Wunder oder zumindest glatt gelogen, wenn ich behaupten würde, dass das dritte Kind keinerlei Auswirkungen auf unsere Familie hätte. Aber glücklicherweise haben die beiden nur am Spätnachmittag nach der Schule ein paar Stunden Gelegenheit, mir mit ihren Streitereien auf die Nerven zu gehen – obwohl ich sagen muss, dass sie sich dabei alle Mühe geben!

Essen, Trinken und: Gibt es ein Leben nach dem Brei?

Mittlerweile können wir uns kaum noch daran erinnern, wie die Mahlzeiten abliefen, bevor unsere Kinder auf die Welt kamen. Wir wissen eigentlich nur noch, dass sie irgendwie unproblematisch waren und nur wenig Aufwand und keinerlei vorausschauende Planung erforderten. Einkaufslisten – das war doch was für ältere Damen! Wozu braucht man eine Liste der Dinge, die man vielleicht in der kommenden Woche benötigt?

Aber seit die Kinder auf der Bildfläche erschienen sind, entwickelten sich die Mahlzeiten zu dem Hauptbestandteil eines jeden Tages: Wir tragen nicht nur dreimal täglich einen Kampf mit den unterschiedlichen Geschmäckern unserer Kinder aus, sondern versuchen auch noch, eine ausgewogene Versorgung mit Vitaminen und Mineralstoffen zu gewährleisten und die Vor- und Nachteile von Fastfood und Süßigkeiten abzuwägen. Es ist ein wahres Wunder, dass es Müttern immer wieder gelingt, noch irgendetwas anderes in ihren derart ausgefüllten Tagesablauf hineinzuquetschen. Zusätzlich verschärft wird das Ganze durch die Tatsache, dass die Mahlzeiten zu festen Zeiten fertig sein müssen. Das Mittagessen wird nicht länger irgendwann zwischen zwölf und drei eingenommen, je nach Zeit und Hunger. Nein, plötzlich findet der Mittagstisch um exakt 12.45 Uhr statt, und wenn das Tellerchen mehr als fünfzehn Minuten auf sich warten lässt, besteht die nicht zu unterschätzende Gefahr, dass sich das eigene Kind in ein Ungetüm verwandelt. Doch der Spaß geht erst richtig los, wenn das Essen vor dem Nachwuchs auf dem Tisch steht …

Auf den nächsten Seiten finden Sie unsere ganz persönlichen Erfahrungen zu diesem Thema: Sind die Kinder gute Esser oder eher wählerisch? Kämpfen wir täglich eine Schlacht oder vielleicht doch nur jeden zweiten Tag? Und was ist mit Schokolade und Süßigkeiten? Hier folgt ein Bericht über alle Dilemmas, Entscheidungen und Ernährungstipps.

Apropos Ernährungstipps – was ist eigentlich mit uns selbst? Der Kampf gegen Fertigprodukte wie Fischstäbchen, Mickymausmortadella und Fruchtzwerge ist so gut wie aussichtslos. Woran liegt es nur, dass ein Teller mit Kindernahrung um fünf Uhr nachmittags so viel verlockender erscheint als die Tagliatelle und das Knoblauchbrot, die wir für unser eigenes Abendessen geplant hatten? Und wie viel Alkohol fließt noch, jetzt, da wir Mütter von mindestens zwei Kindern sind? Abstillen, Füttern, Kochen, Planen und nicht zu vergessen: Trinken! Wir lassen keines dieser Themen aus.

Lyndsey

Bethan war von Anfang an eine unglaublich gute Esserin, daher kann ich zu diesem Thema wohl nicht sonderlich viel beisteuern. Der Wechsel von der Brust zur Flasche klappte bei ihr vollkommen reibungslos, und als sie erst einmal feste Nahrung für sich entdeckt hatte, futterte sie sich mit Begeisterung durch sämtliche Breie – ganz egal wie fein- oder grobkörnig sie auch waren. Und bei ihrer Milch erwies sie sich ebenfalls als ein kleiner Schluckspecht, was seine Vor- und Nachteile hatte. Wenn ich andere Mütter mit schlechten Essern sah, dachte ich immer, wie frustrierend es doch sei, die ganze Zeit darauf warten zu müssen, dass das Kind mit seiner Mahlzeit fertig wird. Dagegen konnte Bethan ihre Flasche in einem Tempo leeren, auf das so mancher Zechbruder neidisch gewesen wäre. Aber genau wie bei dem einen oder anderen Teilnehmer eines Trinkgelages kam der ganze Inhalt der Flasche häufig wenige Minuten später wie aus einem Wasserspeier wieder hervorgeschossen. Zu Hause konnte ich mich darauf einstellen und überall Musselintücher verteilen, um das Bäuerchen und seine Begleiterscheinungen aufzufangen. Aber Bethans Lieblingsort für diese Darbietung war ihr Autokindersitz. In dem Moment, in dem ich den Motor anließ und Gott für das Wunder dankte, dass ich trotz der Unkalkulierbarkeit eines Kleinkindes halbwegs pünktlich war, hörte ich auch schon, wie es hinter mir *börrrpppps* machte ... Wenn ich Bethan dann aus dem Sitz nahm, tropfte die ranzige, geronnene Milch von ihrer Kleidung in die Pfütze, die sich am Boden der Babyschale gebildet hatte. Mir blieb nichts anderes übrig, als Bethan vollkommen umzuziehen, den Kindersitz auszuwischen und zu säubern und anschließend mit einem Handtuch auszulegen, damit die Feuchtigkeit nicht direkt in Bethans Kleidung drang. Hinzu kam die Sorge, dass Bethan jetzt einen leeren Magen hatte. Es ist ein wahres Wunder, dass das Polster des Kindersitzes all diese Spuckattacken überstand, sodass der Sitz sogar noch beim zweiten Kind gute Dienste leisten konnte – wobei ich allerdings gestehen muss, dass ich den Bezug nicht annähernd so häufig gewaschen habe, wie es eigentlich nötig gewesen wäre. Manchmal bedurfte es schon der wärmenden Sonne, die die diversen Düfte zur Entfaltung brachte, damit sich bei mir der Gedanke festsetzte: »Ich muss unbedingt den Kindersitz reinigen!« Es ist schon erstaunlich, in welch kräftigen Farben ein Bezug nach dem Waschen leuchten kann.

Bethan ist ganz verrückt nach Milch und bekommt bis heute jeden Morgen direkt nach dem Aufstehen sowie abends im Bettchen ihre warme Milch, während ich ihr die

Gutenachtgeschichte vorlese. Anfangs habe ich mir Sorgen gemacht, dass ich dieses Kleinkindverhalten vielleicht irgendwann mal unterbinden müsste, aber inzwischen tröste ich mich mit dem Gedanken an das Kalzium und die anderen wertvollen Mineralstoffe, die sie dadurch erhält. Und außerdem: Fördert nicht eine warme Milchmahlzeit am Abend einen gesunden Schlaf? Wenigstens trinkt sie die Milch nicht aus einem Babyfläschchen, und sie spuckt sie auch nicht mehr aus.

Bethan wurde mit einem ausgeprägten Freiheitsdrang geboren. Bereits mit zehn Monaten konnte sie laufen, und nachdem sie erst einmal den Wert ihrer eigenen Füße bemerkt hatte, bestand sie auch schon bald darauf, dass ihre Hände Kontrolle über ihr eigenes Kinderbesteck erhielten. Ich weiß nicht, für wen das Ganze frustrierender war: Für mich als zur Beobachterin degradierten Mutter oder für sie selbst, wenn der Inhalt jedes zitternden Löffelchens in ihren Schoß flutschte, nur Millisekunden, bevor er ihren weit aufgesperrten Mund erreichte. Wenn ich helfen wollte und den Löffel für sie zu führen versuchte, riss ihn die kleine Madame aufgebracht wieder an sich, wodurch der Inhalt dann durch die ganze Küche katapultiert wurde. Beharrlich wandte sie sich danach dem restlichen Brei auf ihrem Tellerchen zu, doch diesmal drehte sie den Löffel einen Moment zu früh, sodass der Inhalt nicht ihren Mund erreichte, sondern auf den Rand ihres Lätzchens tropfte. Sobald der Teller leer war, konzentrierte sie all ihre Bemühungen auf die Breireste auf ihrem Lätzchen, wodurch auch jetzt kein Ende der Mahlzeit abzusehen war. Manchmal hatte ich das Gefühl, dass das Mittagessen nahtlos ins Abendbrot überging – so lange zogen sich die Mahlzeiten hin.

Wie Sie sich sicherlich denken können, war ich unglaublich dankbar, als wir das Stadium erreichten, in dem Bethan kleine Snacks selbst in die Hand nehmen konnte und die Länge der Mahlzeiten wieder ein normales Maß annahm.

Bethan benötigte nur wenig Ansporn, um zu erkennen, dass sich ihr Magen mit einem Fischstäbchen oder Würstchen sehr viel schneller füllen ließ als mit einem zittrig geführten Löffelchen. Leider begünstigte meine Begeisterung für schnelle »besteckIose« Mahlzeiten Bethans Vorliebe für bestimmte Speisen. Nachdem sie erst einmal Würstchen & Co. für sich entdeckt hatte, gelang es mir nur noch unter großen Schwierigkeiten, irgendetwas »Saucenartiges« über ihre Lippen zu bekommen. So mussten Spaghetti Bolognese separat serviert werden – auf der einen Seite des Tellers die Nudeln und auf der anderen die Sauce. Selbst heute noch möchte sie die Sauce getrennt auf den Teller bekommen, und es würde ihr im Traum nicht einfallen, ein Schälchen Suppe zu essen. Wenn wir früher bei anderen Leuten eingeladen waren, zuckte ich schon bei dem Gedanken an das Essen innerlich zusammen – schließlich konnte man nie sicher sein, dass das eigene Kind nicht ausgerechnet heute »Das mag ich nicht!« oder »Das ess ich nicht!« rief oder seinen Teller gar unberührt stehen ließ. Dieser peinlichen Situation versuchte ich zuvorzukommen, indem ich rasch darum bat, die Möhren besser gleich wegzulassen oder keine Sauce auf die anderen Speisen zu geben – alles, um sicherzugehen, dass Bethan ihren Teller auch leer aß. Glücklicherweise hat sie mich bis heute in der Öffentlichkeit nicht nennenswert hängen lassen und es irgendwie immer geschafft, höflich alles herunterzuschlucken, was man ihr vorsetzte. Trotzdem bricht mir auch heute noch der kalte Schweiß aus, wenn sich jemand große Mühe gemacht hat mit einer Mahlzeit, von der ich fürchten muss, dass Bethan sie schlichtweg ablehnen wird. Vor kurzem waren wir bei Andrea eingeladen, und sie hatte viel Zeit in der Küche verbracht, um für die Kinder Makkaroni mit Käsesauce zuzubereiten. Glauben Sie mir, es ist ein großer Akt für Andrea, überhaupt ihre eigene Küche zu betreten, ganz zu schweigen davon, sämtliche für diese Mahlzeit erforderlichen Zutaten zu finden. Und trotzdem wusste ich, dass Bethan dieses Gericht nicht anrühren würde, wenn ich es wagen sollte, es ihr bei uns zu Hause vorzusetzen. Daher bat ich höflich »nur eine kleine Portion für Bethan« und überredete sie, wenigstens ein paar Bissen zu probieren. Zu meiner größten Überraschung verschlang sie die gesamte Portion in null Komma nichts und fragte noch nach einem Nachschlag. Warum tun Kinder so etwas? Die Aussage »Das mag ich nicht« gehört zu den ersten Sätzen, die sie zu Hause perfekt beherrschen, aber außerhalb der eigenen vier Wände kommt sie plötzlich nicht mehr in ihrem Repertoire vor. Die Versuchung ist groß, dieses Verhalten persönlich zu nehmen – vor allem da ich weiß, dass Kochen nicht zu meinen Stärken zählt. Aber ich bin einfach nur froh, dass es nicht genau anders herum ist und daher niemand Fremdes mit Bethans Essensmarotten Bekanntschaft machen muss.

Ich habe zwar gesagt, dass Kochen mir nicht liegt, aber eigentlich müsste ich es anders formulieren: Ich habe nur noch äußerst selten Gelegenheit dazu. Nach Bethans Geburt übernahm Tim in unserer Familie die Rolle des Chefkochs. Das liegt hauptsächlich daran, dass die Alternative darin bestanden hätte, jeden Abend unser müdes und quengeliges Kleinkind zu baden und ins Bett zu bringen – und diese Aufgabe ist offensichtlich wesentlich strapaziöser, als mit einer Dose Bier in der Hand in der Küche zu hantieren. Da Tim beruflich für die Preisstrategie eines großen Supermarktes zuständig ist, gelangte er zu der festen Überzeugung, dass ihn dies auch zu einem Experten auf dem Gebiet des Lebensmitteleinkaufs macht. Und darum wird bei uns alles gekocht, was er im Zuge seiner Marktforschungen eingekauft hat, und meine Rolle beschränkt sich auf die der Hilfsköchin, die nur noch für Fischstäbchen und Fruchtzwerge zuständig ist.

Was das Ausgehen betrifft, so kann ich die Male, die ich nach Bethans Geburt mit Tim alleine im Restaurant war, an einer Hand abzählen. Bevor Caitlin dazukam, sind wir am Wochenende sehr viel häufiger zu dritt als zu zweit ausgegangen. Ich vermute, daran war vor allem mein schlechtes Gewissen schuld, weil ich Bethan an vier Tagen in der Woche im Kinderhort unterbrachte. Deshalb wollte ich sie am Wochenende nicht schon wieder in den Armen eines Babysitters zurücklassen. Aber um ganz ehrlich zu sein: Ich habe es auch sehr genossen, sie mitzunehmen. Da Bethan bis zum Alter von viereinhalb Jahren im Grunde wie ein Einzelkind aufwuchs, waren die Besuche im Pub relativ entspannt und angenehm und keineswegs die Belastungsprobe für die Nerven der Eltern, zu der solche Besuche normalerweise ausarten, sobald ein zweites oder drittes Kind mit einem geringen Altersunterschied dabei ist. Außerdem genießt Bethan es, in einem kinderfreundlichen Lokal zu Mittag zu essen. Ich bin mir sogar sicher, dass eines ihrer ersten Worte »Pub« war, da sie die charakteristischen Kneipenschilder mit bemerkenswerter Präzision ausmachte, wenn wir mit ihr über Land fuhren. Plötzlich hörten wir dann, wie sie »Pub« rief und wie wild aus ihrem Kindersitz auf etwas zeigte. Ihre Lieblingsbestellung ist ein Glas Wasser – etwas anderes trinkt sie nicht – mit einem rosa Strohhalm und dazu eine Tüte Paprikachips. Damit ist sie dann ausreichend lange beschäftigt, dass wir selbst ein paar Drinks nehmen können, bevor es wieder nach Hause geht. Ein paar Mal ist es auch schon vorgekommen, dass Tim Bethan vom Kindergarten abholen sollte, und wenn ich dann abends von der Arbeit nach Hause kam, war von den beiden keine Spur zu finden. Ein rascher Anruf auf seinem Mobiltelefon bestätigte dann meine Vermutung: Bethan wollte unbedingt in den Pub gehen, sagte Tim – wie praktisch für ihn! Aber es stimmt schon: Sie bittet tatsächlich darum, dass man mit ihr in den Pub geht. Allerdings muss ich jetzt ganz rasch hinzufügen, dass sie dabei vor allem auf die Chips scharf ist, die sie zu Hause nicht bekommt.

Wo wir gerade von Chips sprechen: Das erinnert mich an einen Gegenstand in unserem Haushalt, dessen Zustand sich seit dem Auftauchen des ersten Kindes extrem verschlechtert hat: das Innere unseres Autos. Vor Bethans Geburt konnte ich stets einen halbwegs sauberen Wagen präsentieren – jedenfalls stellte er nicht die Gefahr für Leib und Leben dar, zu der er sich inzwischen entwickelt hat. An den Wochenenden fahren wir viel in der Gegend herum, um unsere Familie und Freunde zu besuchen, und seit vier Jahren reisen wir jeden Sommer mit dem Wagen nach Frankreich, weil uns das als die praktischste Lösung erscheint. Wir sind der Meinung, dass es wesentlich stressfreier ist, den Wagen mit allem zu beladen, was wir benötigen, als uns auf den Stauraum eines Koffers zu beschränken. Bethan hat mit diesen langen Fahrten überhaupt keine Schwierigkeiten, aber wenn ich an die Mengen von Süßigkeiten und Snacks denke, die sie währenddessen verputzt, wundert mich das kaum. Wenn ich die Verpflegung für die Reise zusammenstelle, erinnert die Menge eher an einen Hamsterkauf für einen bevorstehenden Atomschlag als an eine zweitägige Fahrt in die Dordogne – das Auto wird zu unserem Bunker. Doch wenn wir an unserem Ziel sind, hat es den Anschein, als hätte die Atomexplosion doch noch stattgefunden und zwar *in* unserem Bunker! Brotkrümel, zerdrückte Chips, Wurststückchen, ausgespuckte Trauben- oder Kirschkerne und die obligaten klebrigen Verpackungspapierchen von zahllosen Süßigkeiten tummeln sich auf der Rückbank – einfach widerlich, ich weiß, aber wenigstens hat Bethan auf diese Weise eine Menge Spaß auf der Fahrt. Alles für eine problemlose Reise – das ist mein Motto!

Dennoch habe ich das Gefühl, dass wir im Hinblick auf Kinder und Essgewohnheiten im Augenblick die Ruhe vor dem Sturm erleben. Wenn Bethan also die Ruhe ist, dann kann ich nur beten, dass Caitlin sich nicht zum Sturm entwickelt. Es dauert nicht mehr lange, dann wird sie zum ersten Mal feste Nahrung kosten. Daher werde ich wohl, schneller als mir lieb ist, mein Kochbuch mit Rezepten für Babybreie wieder abstauben und um Einlass in »Tims Küche« bitten müssen, um Zugang zum Mixer und Pürierstab zu erhalten. In Caitlins Alter trank Bethan schon lange aus dem Fläschchen, aber Caitlin weigert sich noch entschieden. Also stehen mir möglicherweise noch ein paar knifflige Zeiten mit meinem zweiten kleinen Mädchen bevor …

Andrea

Was die Ernährung der Kinder anbelangt, lassen Sie mich eines vorweg sagen: Alles, was bei Experten verständnisloses Kopfschütteln auslöst, habe ich ausprobiert. Wenn ich mit den anderen aus unserem Club rede, wird mir jedes Mal klar, was für eine hoffnungslose Niete ich bin, sobald es ums Essen geht. Ich habe beide Jungs von Geburt an mit der Flasche großgezogen, ich habe Schnuller eingesetzt und Fertigbabynahrung verwendet, und ich habe sie mit McDonald's bekannt gemacht – inklusive sprudelnder Cola –, und zwar von dem Tag an, an dem sie zum ersten Mal eine Fritte in der Hand halten konnten.

Nachdem ich Max trotz der damaligen allgegenwärtigen »Muttermilch ist die beste Milch«-Kampagne schon nicht gestillt und deswegen ein furchtbar schlechtes Gewissen gehabt hatte, fürchtete ich mich bereits vor den verächtlichen Blicken der Gesundheitsexperten, falls ich bei Sam erneut versagen sollte. Zum Zeitpunkt von Sams Geburt hatte die Stillkampagne noch härtere Formen angenommen, und auf der Wochenstation in unserem Krankenhaus gab es keinerlei Gratispackungen mit Fertignahrung mehr. Als Sam sechs Wochen früher als geplant zur Welt kam, dachte ich naturgemäß, dass man mir das Leben schwer machen würde, wenn ich nicht versuchte, ihn mit der »einzig wahren« Nahrung zu versorgen, aber da hatte ich mich gründlich getäuscht! Nach all dem Theater darum, dass man seinem Kind die besten Startchancen ins Leben versagt, wenn man es nicht stillt, wirkten die Hebammen heilfroh, als ich mich für die Fertignahrung entschied. Denn das erleichterte ihnen ihre Arbeit erheblich, weil sie genau überprüfen konnten, wie viel Nahrung Sam bekam. Also frage ich mich doch, warum sie es uns Müttern immer so schwer machen müssen, wenn wir genau das machen wollen? Heute kann ich mit ziemlicher Sicherheit sagen, dass ich wegen der Flaschennahrung kein schlechtes Gewissen mehr habe. Selbst das Argument, dass die Muttermilch das Kind besser vor Ansteckungen schützen würde, zog nicht mehr, als Molly sich die Windpocken holte, während Hilary sie noch voll stillte. Dagegen gelang es Max mit seiner Fertignahrung trotz zahlreicher Gelegenheiten, sich nicht bei Molly anzustecken.

Neben dem Fläschchen bekamen meine beiden Jungs schon von Geburt an ihre tägliche Dosis *Infacol,* ein Mittel gegen Koliken. Beim Stichwort »Babygeruch« fällt mir – im Gegensatz zu vielen anderen Menschen – nur ein einziger Duft ein: Das ekelhaft süßliche Aroma, das meine beiden Jungs aus jeder Öffnung und Pore verströmten. Ich habe keine Ahnung, ob meine Kinder überhaupt jemals unter einer Kolik gelitten hätten, und wenn ich ganz ehrlich bin, weiß ich bis heute nicht genau, was eine Kolik ist. Das Einzige, was ich damals ganz genau wusste, war die Geschichte von einem Pferd in einem Roman von Enid Blyton, das wegen einer Kolik die ganze Nacht im Hof herumgeführt werden musste, weil es sonst gestorben wäre. Da ich kein Risiko eingehen wollte, machte ich meine Kinder buchstäblich vom ersten Tag ihres Lebens an mit der Wunderwirkung von Infacol vertraut. Und wenn dieses Präparat nicht in ganz England ausverkauft gewesen wäre, als Sam fünf Monate alt war, dann würde ich ihm wahrscheinlich heute noch eine kleine Dosis vor den Mahlzeiten verabreichen.

Meine nächste ernährungstechnische Bankrotterklärung betrifft die Einführung fester Nahrung. Nachdem ich die Probepackung Fertignahrungspulver aus dem Geschenkpaket für Wöchnerinnen erst einmal ausprobiert hatte, bin ich kaum noch auf die Suche nach anderen Geschmackserlebnissen für mein Kind gegangen. Doch eines muss einmal gesagt werden: Zwar habe ich nur selten etwas ähnlich Abstoßendes gerochen wie das Fertigpulver der Geschmacksrichtung »Sonntagsbraten« – was auch immer das heißen soll –, aber Max hat das Zeug regelrecht verschlungen. Und erst als alle Mitglieder unseres Clubs eines Tages ihre Kinder gemeinsam fütterten, wurde mir bewusst, wie erbärmlich meine Kochkünste sind. Bis dahin war es mir nie in den Sinn gekommen, frisches Gemüse zu garen und zu pürieren – aber das schlechte Gewissen trieb mich zum sofortigen Handeln. Am nächsten Tag rannte ich los und kaufte kistenweise Möhren und Brokkoli sowie einen Küchenmixer, da ich bis dahin keinerlei Püriergeräte besessen hatte. Ich verbrachte den ganzen Nachmittag damit zu kochen, zu pürieren und herauszufinden, welche Küchenutensilien dabei sterilisiert werden mussten – und vor allem auf welche Weise das zu geschehen hatte! Gegen Abend stand ich voller Stolz in meiner Küche (wer ist schon Paul Bocuse?!) und ließ meinen Blick über Berge eiswürfelgroßer Gemüseportionen schweifen, die reichen mussten, um Max mit mindestens einhundert Mahlzeiten zu versorgen. Blieb nur noch die Frage, ob er das Gemüse auch anrühren würde. Die Antwort war vernichtend: Nein, nein und nochmals nein! Auf keinen Fall würde er das essen! Seine Lippen waren wie versiegelt, und der kleine Knabe trat in den Hungerstreik, bis ihm das köstliche Aroma seiner guten, alten Fertignahrung wieder in die Nase stieg. Was mich betraf, bedeutete dies das Ende der eigenen Zubereitung von Babynahrung, und ich muss gestehen, dass ich von da an auch sonst kaum noch frisches Gemüse auf den Tisch gebracht habe.

Ich selbst verbinde ein paar schreckliche Kindheitserinnerungen mit grässlichem Grünzeug, und da ich eher zu den weichherzigen Müttern zähle, wollte ich meine Jungen nicht mit gräulichem Gemüse bedrängen. Ich erinnere mich noch wie heute, dass meine Mutter mir als Kind beim Sonntagsessen Gemüse auf den Teller häufte und ich nicht eher aufstehen durfte, bis alles verputzt war. Und so saß ich dann noch am Spätnachmittag am Tisch, während auf meinem Teller ein Berg kaltes, erstarrtes Kohlgemüse lauerte. Bei einer anderen Gelegenheit brachte mich ein Teller mit Rosenkohl förmlich zum Würgen, als ich verzweifelt versuchte, einen Brocken herunterzukriegen. So blieb mir nichts anderes übrig, als zu außergewöhnlichen Maßnahmen zu greifen, um diese Situationen zu überstehen. Entweder musste ich eine heiß geliebte Bratkartoffel opfern, in die ich ein Loch bohrte und meinen Rosenkohl darin versteckte, oder ich musste meinen Bruder überreden, das Gemüse für mich zu essen und war dann im Tausch für den Rest der Woche sein persönlicher Sklave. Ich weiß noch, wie meine Mutter mir mal erzählte, dass man schlecht riechen würde, wenn man sein Gemüse nicht äße, aber trotz meiner Besessenheit für Körperhygiene konnte ich mich einfach nicht überwinden, das Grünzeug herunterzubringen. Und diese Erfahrungen sollten meinen Jungs erspart bleiben: Daher habe ich einfach generell auf Gemüse verzichtet. Erst als wir vor kurzem bei Sarah zum Abendessen eingeladen waren, entdeckte ich, dass Max Brokkoli heiß und innig liebt. Als Sarah das Essen in die Schüsseln füllte, sagte ich zu ihr: »Ich fürchte, das wird Max nicht essen!«, in Erinnerung an den Berg von Brokkoli, den ich vier Jahre zuvor vergebens püriert hatte. Aber in dem Moment tanzte Max durch die Küchentür herein und rief vergnügt: »Jippie!

Brokkoli, mein Lieblingsessen. Das krieg ich normalerweise nur in der Schule.« Höchste Zeit, der Gemüsetheke mal wieder einen Besuch abzustatten, dachte ich und buchte eine weitere Ernährungssünde auf mein Konto. Glücklicherweise hatte Max sich Sarahs Haus für seine Ankündigung ausgesucht. Ich wäre zutiefst beschämt gewesen, hätte er gegenüber den anderen Schulmüttern meine begrenzten Kochkünste preisgegeben.

Und wenn ich schon mal dabei bin, mich selbst anzuprangern, dann kann ich auch gleich noch gestehen, dass ich meine Jungs sehr zeitig mit Fastfood bekannt gemacht habe – obwohl ich dabei nicht alleine war. Hilary und ich haben Molly und Max schon recht früh zum Schwimmen und einem anschließenden Besuch bei McDonald's mitgenommen. Wir können nicht mehr mit Sicherheit sagen, wie alt sie genau waren, als sie ihre kleinen Zähne zum ersten Mal in Chicken Nuggets und Fritten schlugen, aber es war definitiv lange vor ihrem ersten Geburtstag. Bruce war entsetzt, als er davon hörte, und verlangte, dass wir wenigstens jede zweite Woche statt des Fastfoodrestaurants ein kleines, gesundes Vollwertcafé am Ende der Straße aufsuchen sollten. Wir beruhigten ihn und stimmten ihm zum Schein zu, behielten aber im Grunde unsere wöchentliche Runde bei. Außerdem hatte er überhaupt keinen Grund, sich zu beschweren, da ich nämlich häufig die Reste einer McDonald's-Mahlzeit tief versteckt im Mülleimer fand, nachdem Bruce die Kinder gehütet hatte. Aber kurz vor seinem zweiten Geburtstag hat Max mich doch noch unwissentlich gegenüber seinem Dad verraten, als Bruce nämlich versuchte, ihm die Buchstaben in seinem Namen beizubringen. Nachdem Bruce ein schönes großes M auf ein Blatt Papier gemalt hatte, fragte er Max: »Was ist das?« »McDonald's!«, jubelte Max, wahnsinnig stolz auf sich, dass er den Buchstaben richtig erkannt hatte. Oh, oh, dachte ich, während ich einen raschen Abgang in die Küche machte, bevor die Fragen auf mich einprasseln konnten. Doch auch wenn ich jetzt eine ganze Reihe von Ernährungsfehlern eingestanden habe, möchte ich auf folgende Tatsache hinweisen: Obwohl mein Nachwuchs von allen »Clubkindern« die ungesündeste Ernährung genießt, sind die beiden nur selten krank – toi, toi, toi – und mussten bis heute nicht einen Tag dem Kindergarten wegen Krankheit fernbleiben. Also muss ich wohl doch irgendetwas richtig machen.

Was meine eigenen Essgewohnheiten anbelangt, ist Ihnen sicher längst klar, dass ich keine begeisterte Köchin bin. So behaupte ich bereits, ich würde eine ganze Mahlzeit zubereiten, wenn ich ein tiefgefrorenes Hühnchengericht zusammen mit Waffelkartoffeln in den Backofen schiebe und gleichzeitig eine Dose Bohnen aufwärme. Sie können sich sicherlich vorstellen, wie nervös ich bin, wenn das reihum wechselnde Mittagessen unseres Clubs bei mir zu Hause stattfindet. Inzwischen haben sich zwar alle daran gewöhnt, dass es bei mir nur eine Tiefkühlpizza und ein Schüsselchen Fertigsalat gibt, aber Sarah gelingt es immer noch, mir mit ihren Kochkünsten und ihrem selbst gezogenen Gemüse Angst einzujagen. Beim letzten Mal tauchte sie mit einer riesigen Tüte Rucola aus dem eigenen Garten auf und meinte: »Ich dachte, du würdest damit vielleicht gerne den Salat ein wenig aufpeppen.« Wie reizend, dachte ich, aber was zum Teufel soll ich damit machen? Mir war schon klar, dass das Zeug gewaschen werden musste, aber ich wusste nicht, ob ich die Blätter klein hacken oder nur die Stiele entfernen sollte. Als ich die gewaschenen Blätter in eine Schüssel warf, kam Lyndsey in die Küche, und ich ergriff die Gelegenheit, sie nach der Zubereitung des Rucola zu fragen. »Muss ich sonst noch irgendetwas machen?«, flüsterte ich, weil ich nicht wollte, dass Sarah mich für undankbar hielt. »Es wäre vielleicht eine gute Idee, wenn du die Schnecke entfernen würdest«, erwiderte Lyndsey trocken. Und tatsächlich: Über das oberste Blatt kroch eine dicke, fette Schnecke, die ich komplett übersehen hatte. Plötzlich erschien mir meine Tiefkühlpizza wie der reinste kulinarische Hochgenuss im Vergleich zum Schneckensalat, den ich als Beilage servieren wollte.

Nun aber zum Thema Alkohol: Ich muss gestehen, dass ich nach dreiunddreißig Jahren völliger Abstinenz schließlich doch noch ein alkoholisches Getränk entdeckt habe, das mir schmeckt. Bei einem gemeinsamen Mädelsabend im Pub ließ meine Freundin Lizzie mich mal von ihrem Cranberry Bacardi Breezer probieren, und ich war angenehm überrascht, dass der Mix überhaupt nicht nach Alkohol schmeckte. Wenn ein Getränk auch nur die geringste Chance haben will, von mir akzeptiert zu werden, darf es nicht die Spur nach Alkohol schmecken. Selbst einen Schokolikör würde ich angewidert ausspucken – und dass ich jemals etwas Schokoladenartiges ablehne, hatte man bisher noch nie gehört. Daher muss es sich um eine regelrechte Aversion handeln. Nachdem ich aber besagtes Mixgetränk für mich entdeckt hatte, nahm ich beim nächsten Einkauf einfach einen Vierer-Pack mit nach Hause. Als ich in derselben Woche abends erschöpft und verschwitzt vom Fußballtraining zurückkam und zu meiner üblichen Pepsi greifen wollte, erinnerte ich mich an die Flaschen Bacardi Breezer und beschloss, statt der Cola dieses durstlöschende Getränk zu genießen. Heute weiß ich, wie dumm das war, aber da ich noch nie zuvor einen Schwips gehabt hatte, köpfte ich innerhalb weniger Minuten zwei Flaschen von dem Gesöff. Kurze Zeit später fand ich mich kichernd und schwankend auf dem Weg in mein entspannendes Bad wieder, wobei ich eine erstaunliche Ähnlichkeit mit Eddie aus der Serie *Absolutely Fabulous* aufgewiesen haben muss. Nach dem Bad ließ ich mich direkt in mein Bett plumpsen, und der Raum drehte sich derartig um mich, dass ich nicht einmal mehr den Versuch unternahm, mich aus dem Bett zu wagen. Die Kombination aus Sport und Alkohol hatte die

Verbindung vom Gehirn zu meinen Beinen vollkommen unterbrochen. Ich musste sogar Bruce auf seinem Handy anrufen, damit er nach oben kam und das Licht im Schlafzimmer ausschaltete. Weiß der Himmel, was er von mir gedacht haben mag. Wir waren acht Jahre verheiratet, und nie hatte ich auch nur einen Tropfen Alkohol angerührt, aber einen Monat vor unserer Trennung erlebte er mich sturzbetrunken als »einsame Trinkerin«. Ich denke allerdings nicht, dass das zu einer Gewohnheit werden wird. Schließlich ziehe ich noch immer meine Pepsi und die Kontrolle über meine Gliedmaßen vor – aber zumindest habe ich jetzt ein Getränk, auf das ich zurückgreifen kann, sollte mich der Wunsch nach etwas Alkoholischem überkommen.

Zum Schluss möchte ich noch ein wenig aus dem Nähkästchen plaudern und von Hilarys Alkoholkonsum an einem gemeinsamen Silvesterabend berichten. Ich bin ein großer Fan von Silvesterfeiern und singe wie üblich aus voller Brust, wenn auch nicht ganz tonrein mit, sobald um Mitternacht das traditionelle »Auld Lang Syne« angestimmt wird, in dem der guten alten Tage gedacht wird – und besagte Silvesterfeier war definitiv ein Abend, an den wir noch lange denken sollten. Bruce und ich waren von Hilary und David zu einem eher besinnlichen Silvesterabend eingeladen worden – so war es zumindest geplant. Die Kinder sollten gemeinsam spielen und lange aufbleiben dürfen, und sobald sie erst mal alle in der Falle waren, würden wir Erwachsenen uns zu einem späten Abendessen zusammensetzen. Womit wir aber nicht gerechnet hatten, war die Tatsache, dass Hilary – unsere Gastgeberin und Köchin des Abends – schon angeheitert war, bevor wir uns auch nur zum Essen hinsetzen konnten. Ein paar Gläser Wein auf nüchternen Magen zeigten rasch ihre Wirkung, und Hilarys Bestreben, das Essen auf den Tisch zu stellen, schien sich in Luft aufzulösen. So vergaß sie nicht nur, die Folienkartoffeln in den Backofen zu schieben, sondern auch, den Rinderbraten in Biersauce herauszuholen – mit dem Ergebnis, dass wir erst um halb elf völlig ausgehungert am Tisch Platz nahmen und steinharte Folienkartoffeln mit knochentrockenen, schwarzen Fleischkrusten vorgesetzt bekamen. Das war das einzige Mal, dass ich ernsthaft in Versuchung geriet, mich auf die als Beilage gedachten Brokkoliröschen zu stürzen. Gerade als Hilary wieder in der Küche verschwand, um die sehnsüchtig erwartete Nachspeise zu holen, hörte ich, wie Sam in der oberen Etage zu husten und zu weinen begann. In Begleitung von Hilary und ihrer Freundin, ebenfalls Krankenschwester, marschierte ich nach oben, wo die beiden mir nach einem leicht benebelten Blick auf den Patienten mitteilten, dass Sam Krupp hätte. Sie schleppten uns ins Bad, um ihn zu »dämpfen«, und der warme, feuchte Dampf zeigte tatsächlich seine Wirkung. Eine halbe Stunde später konnte ich Sam wieder ins Bett bringen und danach zu meinem Nachtisch eilen. Die anderen hatten sich in der Zwischenzeit vernünftigerweise an die gekauften Profiteroles gehalten, sodass für mich nur noch ein Hügel aus kohleschwarzem Dessert mit Sahne übrig blieb. Offensichtlich war dieses Dessert in seinem früheren Leben mal ein Apfelstrudel gewesen, aber ich hatte mittlerweile so großen Hunger, dass ich mich trotzdem darauf stürzte. Ich bin mir sicher, dass die danach bei mir fälligen Zahnfüllungen das direkte Ergebnis von Hilarys Nachspeise waren!

Als wir uns nach dem Essen ins Wohnzimmer zurückzogen, entdeckte Hilary auf einmal das Mikrofon von Mollys Kinder-CD-Player, und ehe wir uns versahen, hatte sie Meatloaf eingelegt und brachte eine höchst amüsante Darbietung von »Bat out of Hell«: Sie kannte nicht nur den Text in- und auswendig, sondern hüpfte auch genau wieder wie angestochen durch den Raum, wobei sie ihre Gäste offensichtlich vollkommen vergessen hatte. Zugegeben – wir anderen sangen auch alle in unsere Bierflaschenmikrofone, aber es hätte schon eines verdammt tapferen Mannes bedurft, um Hilary ihr richtiges Mikrofon wegzunehmen, so viel ist mal sicher!

Gegen halb zwei ließen die Sangeskünste allmählich nach, und Sams Husten war wieder bis ins Wohnzimmer zu hören. Als ich ihn nach unten holte, verkündeten die beiden examinierten, obgleich volltrunkenen Krankenschwestern, wenn Sam ihr Sohn wäre, würden sie ihn in die Notaufnahme bringen. Vielen Dank, Mädels, dass ihr mir das jetzt schon mitgeteilt habt! Und so saß ich dann um drei Uhr am Neujahrsmorgen im Krankenhaus zwischen weiteren Haufen von Betrunkenen. Trotz allem muss ich sagen, dass es ein gelungener Abend war – und als ich gegen sechs Uhr morgens mit Sam zurückkehrte, saß Hilary gerade vor ihrer letzten Flasche Wein und hielt das Mikrofon immer noch fest in der Hand!

Hilary

Ich gestehe, dass ich an jenem Silversterabend, bei dessen Beschreibung Andrea mich so wundervoll in die Pfanne gehauen hat, ein klein wenig angeheitert war. Aber wenn dieser Einzelfall übermäßigen Alkoholkonsums mich zur Schnapsdrossel unseres Clubs macht, dann muss ich schon sagen, dass wir ein ziemlich müder Verein geworden sind. Nach der Geburt meiner Kinder kann ich die Male, dass ich betrunken war, an zwei Fingern abzählen. Aber ich gebe gerne zu: Wenn ich schon mal etwas trinke, dann lege ich auch die stilvolle Eleganz eines Teenagers an den Tag. Während ich jetzt darüber nachdenke, überrascht es mich eigentlich nicht, dass meine Alkoholverträglichkeit so rapide nachgelassen hat. Molly wird immerhin bald fünf, und in den vergangenen Jahren hatte ich wirklich nur selten Gelegenheit, ausgelassen zu feiern. Wenn man die drei

Schwangerschaften, also siebenundzwanzig Monate, und etwa zweieinhalb Stillzeiten, bisher sechzehn Monate, zusammenrechnet, dann bleiben wirklich nicht mehr viele Monate übrig, in denen ich zum Alkohol hätte greifen können. Doch selbst wenn wirklich einmal die Gelegenheit dazu bestünde, würde ich die Ausgaben für ein Taxi scheuen, sodass sich bei uns zu Hause inzwischen der »Dicke-Damen-Taxiservice« eingespielt hat. Allerdings gibt es kaum etwas Ärgerlicheres, als in den frühen Morgenstunden mit Streichhölzern zwischen den Augenlidern nach Hause zu fahren, während mein angesäuselter Gatte neben mir sitzt und schläft. David hat die frustrierende Angewohnheit, den wilden Partylöwen zu spielen, der auf dem Höhepunkt des Abends von seiner langweiligen Frau nach Hause gezerrt wird. Die Tatsache, dass wir die vereinbarte Babysitterzeit längst überschritten haben, ist für ihn in dem Moment vollkommen unerheblich. Aber sobald er sich lallend verabschiedet hat und im Wagen sitzt, schnarcht und sabbert er, was das Zeug hält. Daher glaube ich nicht, dass ich den Alkohol tatsächlich vermisse. Vielleicht geht es mir nur darum, dass ich nicht eines Tages den Punkt erreiche, an dem ich unerbittlich auf Rache sinne und meinem schnarchenden Mann Chilischoten in den Mund schiebe – falls ich gerade welche zur Hand hätte.

Jetzt aber zu den Gründen für meinen begrenzten Alkoholkonsum: Da wäre beispielsweise das Stillen zu nennen, das sowohl bei Molly als auch bei Ella ganz natürlich vonstatten ging. Beide Mädchen hatten eine Saugkraft wie ein Staubsauger, und ich entwickelte mich zur wahren Meisterin darin, sie zu stillen und gleichzeitig einhändig eine ganze Mahlzeit vorzubereiten. Während ich durch die Küche flitzte, klammerten sie sich an mich, als hinge ihr Leben davon ab. Okay, okay, das sah sicherlich nicht besonders sexy aus, aber was soll's: Das Essen stand rechtzeitig auf dem Tisch, und die Kinder waren versorgt! Dann erschien Alfie auf der Bildfläche. Er wog neun Pfund bei seiner Geburt und war ziemlich hungrig; daher dachte ich natürlich, dass auch er zur Muttermilch finden würde wie eine Ente ins Wasser. Doch die erste Hürde bildete mein Kaiserschnitt, und das ist ein ziemlicher Albtraum, wenn man sein Neugeborenes stillen möchte – selbst für eine gewiefte Amme wie mich. Ich kann mir gar nicht vorstellen, welche Herausforderung es für eine Erstmutter sein muss, unter diesen Umständen zu versuchen, mit der ungewohnten Aufgabe zurechtzukommen. Es ist schon beängstigend genug, seinen kleinen kostbaren Schatz auf den Arm zu nehmen, wenn man voll beweglich ist. Aber wenn es mindestens der Hilfe von Bob dem Baumeister mit seinem Hebekran Heppo bedarf, nur um in eine aufrechte Sitzposition gebracht zu werden, dann erscheint mir dieses Unterfangen nahezu unmöglich. Man fühlt sich so nutzlos und vollkommen abhängig von der Hilfe anderer, und zwar sowohl hinsichtlich der eigenen Bedürfnisse als auch der des Neugeborenen. Aber für mich als erfahrene »Veteranin« war es nicht ganz so schlimm. Sooft es ging, verzichtete ich darauf, die Schwester über die Klingel an meinem Bett herbeizurufen und bediente mich stattdessen aller möglicher, absolut verkehrter und keinesfalls empfehlenswerter Kniffe, um alleine zurechtzukommen.

Alfie lag in einer dieser aquariumähnlichen Wiegen, die seitlich an den Krankenhausbetten der jeweiligen Mutter befestigt sind. Daher bestand mein Lieblingstrick darin, meinen Oberkörper leicht aufzurichten, Alfie fest am Rücken seines Stramplers zu packen, ihn herumzudrehen und seinen Mund direkt an meine Brust zu führen – das Ganze erinnerte ein wenig an einen automatischen Greifarm, der einen Teddybär zu angeln versucht. Zwar gelang mir dieses Kunststück, ohne meinen schmerzenden Unterleib zu belasten, aber ich muss gestehen, dass Alfies Köpfchen dabei ein wenig nach vorne sackte; daher hätte ich bestimmt eine

Menge Ärger bekommen, wenn eine der Hebammen mich beobachtet hätte. Irgendwie schlugen Alfie und ich uns so eine Weile durch, und ich dachte, es wäre alles in Ordnung, bis meine Milch ins Spiel kam. Das war der Moment, in dem ich erkannte, dass mein Sohn eher ein Kostverächter war. Meine beiden Mädchen hatten bei jeder Stillmahlzeit immer eine Brust vollkommen leer getrunken. Und nach dem Stillen gab es nie einen Zweifel daran, an welche Brust ich sie angelegt hatte, weil ich dann mit einer Pamela-Anderson-Brust und einer ausgelaugten Großmutterbrust dasaß. Dagegen schien Alfie es vorzuziehen, hier mal ein Schlückchen zu nehmen und dann dort ein wenig zu kosten. Es gelang ihm nie, mit aller Kraft zu saugen, was bedeutete, dass er immer nur die Vordermilch trank und nie an die Super-Mischung gelangte – mit dem Endergebnis, dass er an Gewicht verlor und meine Brüste durch die Milch so schmerzhaft angeschwollen waren, dass ich aussah wie ein Opfer aus der Serie »Verpfuschte Silikonbusen«. Und zum ersten Mal seit der Geburt meiner ersten Tochter musste ich eine ambulante Stillberaterin an meinem Busen herumtasten lassen.

Das war ein absoluter Tiefpunkt in der Beziehung zwischen mir und meinem neugeborenen Sohn. Er hatte nicht nur den natürlichen Ausgang zum Eintritt in diese Welt verpasst, sondern war auch nicht in der Lage, ordentlich an einer Brust zu saugen ... Männer! Der Gedanke, dass mir jemand beim Stillen helfen müsste, war mir immer ein Gräuel gewesen, und ich hatte stets behauptet, lieber würde ich mein Kind mit der Flasche aufziehen, als das zuzulassen. Daher können Sie sich bestimmt vorstellen, wie enttäuscht ich war, ausgerechnet bei meinem dritten und letzten Kind diese demütigende Erfahrung machen zu müssen, dass eine andere Frau meine Brust in die Hand nahm und sie meinem Sohn wedelnd vor die Nase hielt – in der Hoffnung, dass er dann den Mund aufsperrte. Aber mal abgesehen von dieser persönlichen Schmach machte mir Alfies Gewichtsverlust wirklich Sorgen. Deshalb stürzte ich in dem Moment, als die Stillberaterin zur Tür raus war, in die Küche und kramte aus dem Schrank mein Desinfektionsgerät und sämtliche Babyflaschen hervor und fütterte von da an bei. Ich fühlte mich als komplette Versagerin, weil ich mich so darauf gefreut hatte, jeden kostbaren Moment beim Stillen meines letzten Kindes richtig zu genießen, und weil ich wusste, dass das Beifüttern bei einem schlechten Esser wie Alfie wahrscheinlich den endgültigen Abschied vom Stillen bedeutete. Doch Alfie reagierte wunderbar auf die Zwiemilchernährung, denn während der kleine Macho in ihm es gar nicht mochte, wenn ich mich beim Stillen nicht hundertprozentig auf ihn konzentrierte, war er wiederum auch typisch Mann genug, das Ganze ziemlich entspannt zu sehen und alles an Milch zu nehmen, was er nur kriegen konnte. Und das war noch nicht alles: Alfie schien es nicht nur egal zu sein, ob er Brust oder Flasche bekam, er hatte auch überhaupt kein Problem damit, sich selbst zu bedienen, wenn ich ihm sein Fläschchen gab. Zu seiner Geburt hatte ihm eine Freundin einen Plüschhund mit langen Beinen und Pfoten mit Mikroperlenfüllung geschenkt, und dieses Kuscheltier erwies sich jetzt als idealer Flaschenhalter. Auch dies zählt sicherlich wieder zu den Vorgehensweisen, die bei Ernährungsexperten Stirnrunzeln hervorrufen, aber ich legte Alfie in seine Babywippe, drapierte ihm den Hund auf sein Bäuchlein, mit jeweils einer Pfote links und rechts von Alfies Kopf, und platzierte dann die Flasche auf den Hunderücken, sodass ein perfekter Winkel zu Alfies Mund entstand. Anschließend zog ich dann die Wippe von Raum zu Raum hinter mir her, während ich im Eiltempo meinen Haushalt erledigte. Glücklicherweise hat Alfie sich so rasch an diese Fütterungsmethode gewöhnt, dass er sofort zu weinen aufhört und erwartungsvoll mit den Beinchen strampelt, sobald ich ihm den Hund auf den Bauch lege. Ich denke, ich werde Alfies neuen Futterfreund Pawlow nennen!

Mein Wunsch, Alfie zu stillen, ist von dem Verlangen, »endlich voranzukommen«, deutlich in den Schatten gestellt worden – kein Wunder bei drei Kindern, etlichen Fahrten zu Schule, Kindergarten und Spielgruppe, jeder Menge Popos, die gewischt werden wollen, einem Landwirtschaft betreibenden Ehemann, der ebenfalls zweimal täglich eine anständige Mahlzeit vorgesetzt bekommen möchte, einem ganzen Haus, das sauber gehalten werden will, und unserer neuesten Anschaffung, einem Welpen, der stubenrein werden soll. Trotzdem bringe ich es nicht übers Herz, Alfie jetzt schon abzustillen. Aus diesem Grund nutze ich jede Gelegenheit, ihn anzulegen, und morgens gönnen Alfie und ich uns eine lange, ungestörte und kuschelige Stillmahlzeit im Bett, während David die Mädchen nach unten zum Frühstück mitnimmt. Diese kostbare Zeit mit meinem süßen kleinen Jungen genieße ich ungemein.

Was die Umstellung auf feste Nahrung anbelangt, kann ich nur sagen: Dem Himmel sei Dank, dass ich eine Familie von kleinen Kahlköpfen hervorgebracht habe! Früher blickte ich immer neidisch auf andere Kinder mit wundervollem Haupthaar und dachte im Stillen, wie schön es doch wäre, endlich einmal Verwendung für die Babybürste zu finden, die ich noch vor Mollys Geburt so hübsch neben den anderen Utensilien im Babyregal platziert hatte. Wenn ich heute jedoch solch niedliche Lockenköpfchen sehe, habe ich nur noch Mitleid mit der Mutter ... was für ein Albtraum muss es doch sein, diese Haarpracht nach jeder Mahlzeit wieder sauber zu bekommen! Molly hätte eigentlich eine Auszeichnung verdient: Es war sensationell, wie weiträumig sie ihr Essen verteilen konnte – und es hätte mindestens einer Zwangsjacke bedurft, um den Schmutzfaktor deutlich zu verringern. Ich sah immer sprachlos zu, wenn Sarah Jack fütterte, der jedes Mal den Mund weit aufsperrte und jedes einzelne Häppchen anstandslos herunterschluckte. Im Grunde brauchte er überhaupt kein Lätzchen. Mit Molly dagegen habe ich einfach alles ausprobieren müssen: So habe ich sie beispielsweise vor jeder Mahlzeit bis auf Unterhemd und Windel ausgezogen, dann ihre Arme mit einer Hand festgehalten und versucht, sie mit der anderen Hand zu füttern. Dieses System funktionierte so lange, bis ich zwei Hände benötigte, um die Reste vom Teller zu kratzen. Sobald ich meinen »Polizeigriff« auch nur einen Moment lockerte, langte sie sofort nach dem Tellerchen, grabschte sich die Reste, zerdrückte sie zwischen den Fingern, verteilte sie über ihren Kopf und rieb sie in jede Falte ihres molligen kleinen Körpers. Wenn ich eine andere Taktik anwandte und den Teller außer Reichweite hielt, dafür aber ihre Hände freigab, entschied Molly sich für die Spucken-und-Schmieren-Strategie. Nach einiger Zeit gelangte ich fast zu der Überzeugung, dass Molly in der Lage war, Babynahrung zu produzieren, weil aus ihrem Mund definitiv mehr herauskam, als ich hineinbugsiert hatte. Und um das Bild vollkommenen Mutterglücks noch zu vervollständigen, wollte sie nach der Hälfte jeder Mahlzeit unbedingt etwas zu trinken – und dabei kam natürlich nur Muttermilch in Frage! Und so saß ich dann mit einem möhrenverkrusteten Kind auf dem Schoß und genoss die unausgesprochenen Freuden der Mutterschaft ... oder auch nicht!

Trotz des Schmierfaktors zählten die Mahlzeiten zu den Lieblingsvergnügen meiner kleinen Tochter, das äußerte sich in einem leisen, durchgehenden Summen, während sie aß. Wenn es etwas gab, das sie besonders gerne mochte, dann steigerte sich die Lautstärke des Summens so sehr, dass man kaum noch sein eigenes Wort verstand. Das Ganze hatte allerdings auch seine Vorteile: Erstens aß sie auf diese Weise wenigstens mit geschlossenem Mund, und zweitens verriet sie mir dadurch unwissentlich, was ihr Vater sonntagmorgens so trieb. Ich werde es erklären: Als Molly gerade ein paar Monate alt war, meinte David großzügigerweise, aber völlig untypisch für ihn, ich solle doch am Sonntagmorgen ruhig lange ausschlafen, weil »ich es verdient hätte«. Natürlich war ich zunächst sehr dankbar für diesen ungewohnt fürsorglichen Zug an ihm und behandelte ihn für den Rest des Tages wie einen wahren Helden, doch ein paar Monate später flog die ganze Geschichte auf. Eines Sonntags saßen wir beim Mittagessen, als mir auffiel, dass Mollys zufriedenes Summen eine Art Melodie war ... und zwar die Erkennungsmelodie von Davids Lieblingssportsendung! Dieser Mistkerl hatte sich monatelang wie ein Heiliger behandeln lassen, nur weil er am Sonntagmorgen früh aufgestanden war, um Fußball zu gucken. Jetzt hatte ich mir meinen gemütlichen Langschläfermorgen erst recht verdient, und wenn ich ehrlich bin, wurmte mich an der ganzen Geschichte eigentlich nur die Tatsache, dass ich nicht ebenso schlau und gerissen war.

Doch unabhängig vom Summen, das übrigens von einem Tag auf den nächsten aufhörte, als Molly drei Jahre alt wurde, war ich extrem stolz auf mich: Schließlich war es mir gelungen, den Appetit meiner Tochter so anzuregen, dass sie sich durch alles Essbare hindurchfutterte. Und ich war doch tatsächlich ehrlich davon überzeugt, dies sei ausschließlich mein Verdienst. Denn auch ich zählte einst zu diesen überheblichen kinderlosen Leuten, die so unausgegorene Dinge behaupten wie: »Ich würde meinen Kindern niemals gestatten, am Essen herumzumäkeln. Wenn sie sagen, sie mögen etwas nicht, dann gibt man es ihnen so lange, bis sie es doch essen.« Was muss ich bloß für eine furchtbare Nervensäge gewesen sein! Als mir eine Arbeitskollegin mal erzählte, sie würde zu Weihnachten für jedes Mitglied ihrer Familie etwas anderes kochen, war ich entsetzt, und ich kommentierte das bestimmt sinngemäß mit den Worten wie »mal ordentlich durchgreifen«. Doch dann erblickte Ella das Licht der Welt, und von da an musste ich alles zurücknehmen. Wenn man dreimal am Tag mit einem schlechten Esser zu kämpfen hat, dann ist das selbst für Menschen mit wahrer Engelsgeduld eine harte Probe. Ellas erste Worte lauteten »Mama« und »Bah«, und das zweite dieser beiden Worte kam bei den dreimal täglichen Albträumen – irrtümlich auch Mahlzeiten genannt – ständig zum Einsatz. Sie aß ihr Essen nur dann, wenn man sie mit einem Bilderbuch ablenkte oder wenn sie einen Käsechip über ihr Tablett jagen durfte. Sobald sie dann den Mund öffnete, um zu lachen, auf dem Buch herumzukauen oder den Käsechip in den Mund zu drücken, schob ich rasch ein Löffelchen mit gesunden Vitaminen und Mineralstoffen dazwischen! Wenn es mir gelang, vier oder fünf Happen auf diese Weise in ihren Mund zu schmuggeln, und sie den Brei auch tatsächlich herunterschluckte, dann galt die Mahlzeit schon als großer Erfolg. Aber das war nur selten der Fall: Meistens wurde die fehlende feste Nahrung eine Stunde später durch Gallonen von Milch wettgemacht. Das Einzige, was Ella gerne mochte, war ein Gläschen mit Spinat-Kartoffelgemüse für Kleinkinder ab dem vierten Monat. Doch als ihr erster Geburtstag hinter ihr lag und sie immer noch nichts anderes akzeptierte, ging ich das Ganze etwas radikaler an. Von da an bekam sie das, was auch Molly bekam, und damit basta! Keine Zwangsfütterungen mehr, keine verärgerte Mutter, keine Käsechips – nur die einfache Entscheidung zwischen Essen oder kein Essen: Du hast die Wahl.

Heute sind wir zwei Jahre weiter, und ich kann mit Fug und Recht behaupten, dass die Mahlzeiten durch diese Entscheidung wesentlich stressfreier verlaufen. Das Problem sind jetzt nur noch die Stunden zwischen den Mahlzeiten! Ella entscheidet sich jedes Mal für die Möglichkeit »Kein Essen«, verbringt aber die gesamte Zeit bis zur nächsten Mahlzeit damit, »Schoggi« zu rufen. Im Grunde ähnelt dieses immer wiederkehrende Ritual einer dieser japanischen

TV-Gameshows, bei denen es darum geht, wer zuerst aufgibt. Wenn dir jemand drei Stunden lang alle dreißig Sekunden »Schoggi« – was so viel bedeutet wie: »Ich möchte den gesamten Inhalt des Süßigkeitenschränkchens aufessen« – ins Ohr quengelt, dann ist das durchaus vergleichbar mit dem Belastungstest der Kandidaten, die ihren Kopf in einen Plexiglaswürfel stecken und dann 200 Kakerlaken über ihre Augenlider krabbeln lassen, zur Erbauung des gesamten Fernsehpublikums. Um das »Schoggi«-Mantra wenigstens ein bisschen einzuschränken, bleibt mir nichts anderes übrig, als zu verschärften Maßnahmen zu greifen, wie etwa begrenzte Menüauswahl, Schmeicheleien, Drohungen und Bestechungsgeschenke. Außerdem muss ich alles daran setzen, dass sie wenigstens die Hälfte ihrer Mahlzeit aufisst. Das Dumme ist nur, dass ich sie auch nicht mit gesunden Zwischenmahlzeiten überlisten kann, falls es ihr gelingt, mich zwischen den Mahlzeiten zu erweichen, da sie kategorisch alles ablehnt, was auch nur im Entferntesten an Obst erinnert. Was Ella anbelangt, könnte ich genauso gut von ihr verlangen, Hundekot zu essen. Wahrscheinlich würde sie das sogar noch vorziehen! Sie trinkt auch keinen Orangensaft, weil der ja irgendwas mit Obst zu tun hat, und isst weder Fruchteis noch mit Früchten aromatisierte Süßigkeiten. Ich habe sogar schon versucht, kleine Bananenstückchen unter die Schokoladensauce zu schmuggeln und ihr zu servieren, aber sobald sie den Geschmack des Obsts auf der Zunge verspürt, beginnt sie regelrecht zu würgen. Ella ist meines Wissens das einzige Kind weit und breit, das schon auf dem Weg zu einem Erdbeerfeld aussieht, als müsste es sich jeden Moment übergeben – dabei hat sie die Früchte noch nicht einmal angerührt, geschweige denn probiert. Andererseits hegt sie noch immer ihre Popeye-artige Vorliebe für Spinat – deshalb mache ich mir nicht allzu große Sorgen. Aber als ich bei einer Vorsorgeuntersuchung mit der Ernährungsberaterin darüber sprach, schlug diese wohlwollend vor, ich könnte doch mal versuchen, das Obst in kleine Stückchen zu schneiden, damit es appetitanregender aussieht. Ich stand wirklich kurz davor, ihr an die Gurgel zu gehen. Was zum Teufel glaubt sie denn, was ich bis dahin gemacht hätte?! Meint sie etwa, ich hätte Ella einfach einen Apfel zugeworfen und gerufen: »Hier, Ella, fang! Wenn du Hunger hast, dann hau deine kleinen Zähne einfach hier rein!«

Das Merkwürdige an der ganzen Geschichte ist, dass Ella für jemanden, der jeder Mahlzeit mit Widerwillen entgegensieht, rasend gerne kocht. Wenn sie bemerkt, dass ich eine Mahlzeit ohne ihre Hilfe zubereitet habe, ist sie schwer enttäuscht. Sobald sie mich in die Küche verschwinden sieht, kommt sie sofort hinterher, zieht sich einen Stuhl vor die Arbeitsfläche und wartet mit hochgekrempelten Ärmeln ungeduldig darauf, dass es endlich losgeht. Bereits im Alter von zwei Jahren konnte sie die Zutaten für Spaghetti Bolognese auswendig aufsagen. Möglicherweise hasst sie einfach meinen Kochstil und versucht verzweifelt, endlich selbst Hand anzulegen, damit wenigstens etwas halbwegs Genießbares dabei herauskommt – das arme unterernährte Kind!

Übrigens gab es noch ein anderes Thema, zu dem ich während meiner kinderlosen Jahre eine ausgesprochen dezidierte Meinung hatte: dem Verzehr von Schokolade. Allerdings vertrat ich nicht die übliche Ansicht; vielmehr war ich davon überzeugt, dass Kinder, denen man Schokolade und andere Süßigkeiten verbietet, eine lebenslange Sucht nach der verbotenen Frucht entwickeln. Bei Kinderpartys hatte ich zu oft miterlebt, wie gerade die Schokoentzugs-Kinder sich auf die Süßigkeitenteller stürzten. Wild entschlossen, alles niederzutrampeln, das zwischen ihnen und einem Schokocroissant stand, bekämpften sie sich selbst dann gegenseitig bis aufs Messer, wenn es um einen einfachen Schokoriegel ging. Deshalb hatte ich mir fest vorgenommen, Schokolade zu etwas ganz Normalem und Alltäglichem in unserem Haus zu machen. Denn wenn die Kinder Süßigkeiten nicht als eine sehnsüchtig erwartete Belohnung betrachteten, würden sie in ihrem Leben auch keine allzu dominante Rolle spielen. Diese Theorie funktionierte bei Molly wunderbar, die nach jeder Mahlzeit zwischen Schokolade und Obst wählen konnte und beides gleichermaßen gerne mochte. Dagegen kann Ella es mit jedem Partykind aufnehmen, und im Kampf um ein Schokoplätzchen legt sie sich selbst mit den großen Jungs an. Wieder einmal wird mir erschreckend bewusst, dass meine Kinder wirklich ihren eigenen Willen haben. Ich habe bei beiden Töchtern exakt das Gleiche gemacht, und trotzdem trinkt die eine nur Orangensaft, hasst Milch, liebt Obst und isst, was das Zeug hält, während die andere nur Wasser trinkt, Milch liebt, Obst hasst und nur unter Zwang isst. Und was Alfie für Vorlieben entwickeln wird, wird die Zeit mich schon lehren.

Sarah

Von dem Tag an, an dem meine erste Schwangerschaft festgestellt wurde, entwickelte ich eine regelrechte Obsession für den Nährwert sämtlicher Lebensmittel, die ich zu mir nahm. Seitdem achte ich bei jeder Schwangerschaft extrem auf das, was ich esse – hauptsächlich um irgendwelche Speisen zu vermeiden, die meinem ungeborenen Kind schaden könnten. Es bereitet mir überhaupt keine Probleme, sämtliche wichtigen Vitamine und Mineralstoffe in einer ausgewogenen Ernährung mit reichlich Obst und Gemüse zu mir zu nehmen, und ich genieße auch gerne mal ein Glas Wein oder Bier. Aber wenn wir in Frankreich sind, fällt es mir schwer, die Nahrungsmittel – hauptsächlich Milchprodukte und Fleischerzeugnisse – zu finden, die ich problemlos essen kann. Ich weiß aus zuverlässiger Quelle, dass man den französischen Frauen nicht vom Konsum ihres heiß geliebten französischen Käses abrät – ganz im Gegensatz zu uns Schwangeren in England. Daher stehe ich in einem französischen Restaurant jedes Mal vor einem Problem, wenn man mir das Dessertwägelchen mit den köstlich riechenden Käsesorten an den Tisch schiebt: Weder kann ich mich dazu überwinden, nach *fromage pasteurisé* zu fragen (da ich den peinlich berührten, spöttischen Gesichtsausdruck schon kenne, der unweigerlich auf meine Bitte folgen wird), noch kann ich diesen köstlich zerlaufenen und intensiv duftenden Weichkäse genießen, den ich normalerweise so liebe. Das gleiche Problem stellt sich bei einem Steak, das meines Erachtens wenigstens ein bisschen blutig verzehrt werden sollte. Die Vorstellung, in einen ledrigeren, komplett durchgebratenen Fleischlappen zu beißen, spricht mich einfach nicht an. Deshalb ziehe ich es vor, lieber ganz auf diese Genüsse zu verzichten, als irgendetwas zu bestellen, nach dessen Verzehr ich mir die nächsten Tage Sorgen machen muss, ich könnte mir vielleicht eine fötusschädigende Listeriose eingehandelt haben. Noch schwieriger wird das Ganze, wenn wir bei Freunden zum Essen eingeladen sind, sowohl hier oder jenseits des Kanals, weil ich niemanden vor den Kopf stoßen möchte oder – noch schlimmer – für eine hysterische Schwangere gehalten werden will, die alles analysiert, was sie isst. Trotzdem zucke ich jedes Mal zusammen, wenn ich sehe, dass das gegrillte Fleisch auf demselben Teller serviert wird, von dem es wenige Minuten zuvor auf den Grill gelegt wurde. Da ich genau weiß, was eine Fehlgeburt ist, bin ich in dieser Hinsicht wahrscheinlich etwas empfindlicher als die meisten anderen Frauen, und sicherlich vorsichtiger, als es nötig wäre. Doch für mein Seelenheil ist mir eine neunmonatige Abstinenz einfach wichtiger; denn ich weiß ja, dass ich mich danach wieder mit allem voll stopfen kann, was mein Herz begehrt – von cremigem Blauschimmelkäse über ein noch leicht blutiges Steak bis hin zu jeder Menge Rotwein!

Abgesehen davon achte ich allerdings auch nach der Geburt meiner Kinder sorgfältig auf meine Ernährung. Nach Eloises Geburt verschlang ich ganze Schüsseln mit Müsli und frischen Sommerfrüchten, um sicherzugehen, dass die Nahrung mein Verdauungssystem glatt und mühelos passierte. Ich wollte auf keinen Fall bei meinem ersten postnatalen Besuch der Toilette zu fest pressen! Erst ein paar Tage später entdeckte ich, dass alle Obstsorten mit Kernen bei gestillten Neugeborenen schlimme Blähungen verursachen. Ich bin mir sicher, dass mir das niemand zuvor gesagt hat. Möglicherweise wurde es in dem Geburtsvorbereitungskurs mal erwähnt, den ich während meiner Schwangerschaft mit Jack besuchte, aber der lag mehr als drei Jahre zurück. Und beim zweiten Kind wird man irgendwie als eine Art Expertin behandelt: Diese kleinen, aber wichtigen Weisheiten fallen einfach unter den Tisch. Jedenfalls erklärte diese alte, wenn auch spät zu mir vorgedrungene Weisheit die Kolikanfälle, unter denen Eloise abends häufig litt. Deshalb reduzierte ich meine tägliche Zufuhr von Erd- und Himbeeren auf ein halbes Schälchen und ersetzte die andere Hälfte durch eine riesige Portion Bananen!

Auch beim zweiten Kind genoss ich die Stillzeit sehr und empfand sie als wesentlich entspannter und müheloser als beim ersten Mal. Ich war fest entschlossen, das Beste daraus zu machen, für den Fall, dass Eloise unser letztes Kind sein sollte. Was das Stillen des zweiten Kindes anbelangt, scheint es eine ganze Fülle von Ratschlägen zu geben – die sich vor allem darum drehen, wie man das ältere Kind gleichzeitig beschäftigt, damit es nicht eifersüchtig auf das Neugeborene wird. Ich entschloss mich, einem hervorragenden Rat zu folgen und »diese Zeit zu etwas ganz Besonderem für das ältere Kind zu machen, indem man ihm während des Stillens etwas vorliest«. So saß ich dann mit Eloise auf dem Sofa und las Jack gleichzeitig eine Geschichte vor. Der Inbegriff perfekter Mutterschaft – das dachte ich jedenfalls, bis ich feststellen musste, dass mein Körper diese Vorlesestunden als willkommene Gelegenheit sah, versäumten Schlaf nachzuholen. Nur allzu häufig endeten meine Bemühungen damit, dass mich eine kleine Stimme aus meinem tiefen Schlummer riss und fragte: »Hast du die Seite schon zu Ende gelesen, Mami?« Trotzdem: Meine Absicht war löblich, wenn auch nicht immer von Erfolg gekrönt!

Da die anderen Mitglieder unseres Clubs mich wegen meiner Vorliebe für frische Gartenerzeugnisse schon immer gerne aufgezogen haben, erhielt ich irgendwann den Spitznamen »Gartengöttin«. Und weil Tim den größten Teil der anstrengenden Aufgaben in unserem Küchengarten erledigt, gestehe ich gerne, dass es mir große Freude bereitet, die Früchte seiner Arbeit zu ernten, zu garen und zu genießen. Jeder, der auch nur einmal eine Tomate in einem Pflanzbeutel angebaut hat, wird mir sicher zustimmen, dass geschmacklich ein himmelweiter Unterschied besteht zwischen den selbst gezüchteten Früchten aus dem eigenen Garten – nicht genmanipuliert und vollkommen frei von Pestiziden und Chemikalien – und den Erzeugnissen, die im Handel erhältlich sind. Wie auch immer, je mehr Zeit und Platz ich zur Verfügung hatte, desto größer wurde unser Obst- und Gemüsegarten, und Tätigkeiten, die ich früher für angestaubt und altmodisch hielt, wie etwa die Herstellung von Marmelade und Konfitüre, genieße ich heute sehr. Möglicherweise wirkt der Alterungsprozess sich doch stärker aus, als mir bewusst ist. Und wer weiß – vielleicht trete ich ja nächstes Jahr schon einem Bridgeclub bei!

Meine Begeisterung für den Anbau und die Zubereitung von frischem Obst und Gemüse hat sich unweigerlich auch auf die Ernährung meiner Kinder ausgewirkt. Sobald Jack die Sechzehn-Wochen-Grenze überschritten hatte, fing ich an, alles zu pürieren, was mir in die Finger geriet. Ein paar Mal habe ich sogar Tim ein Gericht aus Annabel Karmels Kochbuch »Lieblingsrezepte für Babys und Kleinkinder« vorgesetzt, das er zu meiner Freude mit großem Genuss aß – was mir das Leben beträchtlich erleichterte, da ich nun in einem Aufwasch auch meinen gesamten Gefrierschrank mit Kinderportionen desselben Gerichts füllen konnte. Tatsächlich empfand ich es als sehr befriedigend, große Mengen unterschiedlicher Obst- und Gemüsesorten zu pürieren und einzufrieren, weil ich dann wusste, dass ich diese ganze Prozedur erst wieder in ein paar Wochen wiederholen musste. So leicht konnte also »Kochen« sein! Außerdem war es dadurch erheblich einfacher, Tim mal einen Tag mit den Kindern allein zu lassen, da das Mittagessen dann aus »zwei orangefarbenen und einem grünen Eiswürfel« bestand und das Abendessen aus »drei gelben Würfeln«. Es erfüllt mich mit Stolz, wenn ich heute daran denke, dass meine Kinder bereits im zarten Alter von vier Monaten solche Nahrungsmittel wie Butternusskürbis, Mango und Papaya aßen – hauptsächlich, weil sie sich leicht zerdrücken oder pürieren ließen. Allerdings haben sie diese exotischen Speisen nach der Einführung fester Nahrung nicht mehr probiert. Und ich bin mir sicher, dass Jack heute nicht mehr in der Lage wäre, das eine vom anderen zu unterscheiden.

Der Wechsel von flüssiger zu fester Nahrung verlief bei Jack nicht ganz unproblematisch, weil er dazu neigte, alles, was auch nur ein paar kleine Klümpchen enthielt, so hastig zu schlucken, dass er daran zu ersticken drohte. Möglicherweise stammte diese Angewohnheit aus der Zeit, als er gerade erst ein paar Monate alt war und eine wohlwollende Freundin ihm seinen allerersten Keks schenkte. Jack war so begeistert von dem süßen Aroma, dass er alles gab, um diese Köstlichkeit in Rekordzeit hinunterzuschlingen. Obwohl ich meine Bedenken hatte, ob dieser Keks nicht ein wenig zu früh kam – vor allem weil ich gerade erst angefangen hatte, Jack mit Babyreis vertraut zu machen –, führte ich meine Bedenken auf ein »überfürsorgliches Erstmutterverhalten« zurück und schwieg, statt sie zu äußern. Doch im nächsten Moment stürzte ich quer durch den Raum, als mir nämlich schlagartig klar wurde, dass Jack nicht mehr atmete und schon eine ziemlich blaue Färbung angenommen hatte. Ich riss ihn meiner Freundin aus dem Arm – die übrigens überhaupt nicht mitbekommen hatte, welche Wirkung der Keks auf mein Kind ausübte –, hielt ihn kopfüber an den Beinen und schlug ihm wie wild auf den Rücken. Meine Freundin war entsetzt, dass sie etwas getan hatte, was mich dazu zwang, wie eine Sanitäterin zu handeln. Ich dagegen war nur wütend auf mich selbst, weil ich nicht meinem Instinkt gefolgt war. Seit dieser Zeit neigte Jack dazu, sämtliche grobkörnigeren Speisen, mit denen ich ihn langsam vertraut zu machen versuchte, hastig zu verschlingen, sodass ich ihn regelmäßig aus seinem Kinderstuhl zerren, quer übers Knie legen und ihm auf den Rücken klopfen musste, sehr zum Erschrecken nichts ahnender Zuschauer. Auf Grund dieser Marotte und meines beachtlichen Vorrats an tiefgefrorenem Möhrenpüree – das ich auf keinen Fall wegwerfen wollte – ist es eigentlich recht erstaunlich, dass es mir trotzdem gelang, meinen Sohn irgendwann doch noch mit richtiger Nahrung bekannt zu machen. Ich weiß zwar nicht mehr genau, wann und wie das geschah, aber ich bin mir sicher, dass Andrea nicht ganz unschuldig daran war und dass sie Jack durch diese Phase hindurchhalf, indem sie die Jungs heimlich mit zu McDonald's nahm. Ich hätte nie im Leben etwas bemerkt, wenn Jack nicht nach jedem Besuch bei Max mit einem kleinen Spielzeug mit dem vielsagenden Buchstaben »M« nach Hause zurückgekehrt wäre!

Meine Sorge, dass Jack und Eloise immer ausreichend mit Nährstoffen und Mineralien versorgt werden, und meine Abscheu gegenüber jeglicher Verschwendung kehrt sich aber auch manchmal ins Negative und bereitet mir zusätzlichen Stress. Ich weiß gar nicht mehr, wie oft ich fast die Nerven verloren habe angesichts eines halb aufgegessenen Fischauflaufs oder Rhabarberkuchens. Dabei geht es mir nicht nur darum, dass sie wundervolles Essen verschwenden – am meisten ärgert mich, dass sie Gerichte stehen lassen, für deren Zubereitung ich kostbare Zeit geopfert habe. Im Allgemeinen sind beide Kinder nicht gerade Kostverächter, und man sollte meinen, dass ich meine Lektion inzwischen gelernt habe und keine Energie mehr an diese seltenen Auseinandersetzungen verschwende – schließlich ist das Leben zu kurz, um sich wegen einer halben Schüssel Kabeljau zu streiten. Doch leider, leider: Sobald ich merke, dass Jack etwas ablehnen wird – weil er seine Arme verschränkt und diese entschlossene Miene aufsetzt, die besagt, dass er seinen Teller auf gar keinen Fall leeren will –, steigt in mir unweigerlich die Wut auf, weil ich weiß, dass dann sämtliche anderen Verhandlungsmöglichkeiten bereits ausgeschöpft sind und die Situation wieder einmal auf einen Machtkampf hinausläuft. Ich verwandele mich umgehend von der ruhigen Mary Poppins in den miesen Kinderfänger aus »Chitty Chitty Bang Bang«, während ich Auge in Auge mit Jack wüste Drohungen ausstoße. Manchmal fürchte ich mich dann vor mir selbst, aber meine Kinder sind entweder zu eigensinnig oder einfach nur immun gegenüber den merkwürdigen Mahlzeit-Wutanfällen ihrer Mutter bei Mahlzeiten. »Prima, dann kriegst du es eben noch mal zum Abendessen!«, lautet meist mein letztes Wort, und manchmal stelle ich mit Genugtuung fest, dass der Teller im Laufe des Tages doch noch geleert wird. Ich muss allerdings gestehen, dass ich mich nur selten dazu bringen kann, eine Mahlzeit in der Mikrowelle noch mal aufzuwärmen; meistens schlucke ich meinen Stolz hinunter und werfe das gute Essen gleich weg, da es nach einer gewissen Zeit absolut keinerlei Nährwert mehr enthält.

Und wenn es anschließend auch noch »bestrahlt« wird, kann man es sowieso ganz vergessen. Manchmal frage ich mich, warum ich mir überhaupt die Mühe mache und diesen Prinzipienkampf austrage – und dann kommt es auch schon mal vor, dass ich in meiner Not auf Fischstäbchen und Chicken Nuggets aus dem Gefrierschrank zurückgreife.

Zum Schluss noch ein paar Worte zum Thema »auswärts essen gehen«. Ich habe immer geglaubt, dass Kinder sich in Restaurants besser benehmen, wenn sie von klein an daran gewöhnt sind. Bei Jack gelang uns diese Übung mühelos, da wir während unserer Zeit in Spanien häufig am Wochenende zum Essen ausgingen. Er entwickelte rasch Gefallen an spanischen Tapas, an Schinken jeglicher Art und an Calamari, garantiert deshalb, weil die ausgebackenen Tintenfischringe Jacks geliebten Fritten ähnelten. Und als Kleinkind schluckte er einmal versehentlich eine ganze Knoblauchzehe und roch danach tagelang nach Knoblauch – möglicherweise trug dieses Erlebnis dazu bei, seine Liebe zur französischen Küche schon sehr frühzeitig zu wecken! Wenn wir heute ins Restaurant gehen, ist das für Jack immer etwas ganz Besonderes, und er weiß, dass dort gutes Benehmen und ordentliche Tischmanieren gefragt sind – vor allem weil er dann als kulinarischen Höhepunkt ein Glas Cola bekommt! Bei Eloise dagegen, die noch nicht so häufig mit Restaurants konfrontiert wurde, weil wir hier in England viel seltener Anlass dazu haben, steht uns noch ein ordentliches Lernpensum bevor. Vor kurzem gingen wir mittags in ein Restaurant, und mir war sofort klar, dass sie nicht ruhig und vergnügt am Tisch sitzen bleiben würde, sobald sie erst einmal eine Scheibe Brot und ihr Glas Orangensaft vertilgt hätte. Und es würde auch nicht zum entspannten Essen beitragen, wenn sie anschließend das Tablett ihres Kinderstuhls mit einer eleganten Bewegung ihres kleinen Ärmchens leer fegte, sodass alles im hohen Bogen auf den Boden flöge. Also beschloss ich in einem Moment der Inspiration, zu einem ungewöhnlichen Mittel zu greifen und ein »Monster« zu erfinden, das aus den Kellergewölben nach oben kommt und »kleine ungezogene Kinder frisst, die am Essenstisch hin- und herzappeln«. Meine Methode zeigte auch sofort die gewünschte Wirkung: Eloise ließ sich ihr Lätzchen umbinden und versuchte auch nicht mehr, ihr Tablett leer zu fegen, sodass Tim, Jack und ich den ersten Gang relativ problemlos genießen konnten. Ich war ziemlich zufrieden mit meiner leicht unorthodoxen Erziehungsmethode, bis Jack irgendwann verkündete, er müsse mal zur Toilette. In dem Moment, in dem Tim und Jack die Treppe hinunter zur Herrentoilette gingen, verwandelte Eloise sich plötzlich in ein untröstliches, kreischendes Kleinkind und versuchte, aus ihrem Kinderstuhl zu klettern, wobei sie alles umstieß, was sich ihr in den Weg stellte. Sie war felsenfest davon überzeugt, dass ihr Daddy und »Jack-Jack« von dem Monster gefressen würden. Mittlerweile hatten sich sämtliche Gäste im Restaurant zu uns herumgedreht, um sich dieses Schauspiel nicht entgehen zu lassen. Auf ihren Gesichtern stand dieser typische, genervte Ausdruck »Um Himmels willen, nun bringen Sie doch endlich mal Ihr Kind zum Schweigen!«, der nur dazu führte, dass mein Gesicht die Farbe der dunkelroten Servietten annahm. Als Tim und Jack zurückkehrten, hatte ich mich in die relative Sicherheit vor dem Eingangsbereich geflüchtet, und während ich mit dem kreischenden und sich windenden Kind in den Armen kämpfte, fragte ich mich, ob die Idee mit dem Monster wirklich so clever gewesen war. Aber trotz meiner beständigen Sorge, dass ich bei meiner Tochter vielleicht die Anlage für eine spätere Phobie geschaffen habe, bin ich doch der Meinung, dass dieses »Monster« manchmal auch ganz nützlich sein kann, vor allem in Situationen, in denen ihr Verhalten auf keinen Fall außer Kontrolle geraten darf. Ich muss beim nächsten Mal einfach nur aufpassen, dass ich das gefürchtete Monster nicht neben den Toiletten ansiedele!

Ich fürchte, dass wir beim Thema Restaurantbesuch einfach noch eine Weile gute Miene zum bösen Spiel machen müssen. Schließlich möchte ich erreichen, dass meine Kinder ihre Freude am Essen entdecken – und damit meine ich nicht, dass sie es quer durch den Saal katapultieren oder es sich gegenseitig ins Gesicht schmieren! Auch wenn das bedeutet, dass mal der eine oder andere Restaurantbesuch in die Hose geht oder Tim und ich uns abwechseln müssen, um mit einem kreischenden Kind vor der Tür auszuharren, während das andere Kind Verdauungsprobleme bekommt, weil es das Hauptgericht in Rekordgeschwindigkeit verschlingen muss: Ich hoffe einfach, dass wir unser Ziel eines Tages erreichen. Vielleicht bin ich aber auch nur masochistisch veranlagt, und es geht mir gar nicht um die Liebe zum Essen, die ich bei meinen Kindern wecken möchte!

Und was das Feiern anbelangt: Seitdem ich selbst Mutter bin, sind die Mädelstreffen im Restaurant – oder besser gesagt im Pub – auch nicht mehr das, was sie mal waren. Genau wie Hilary habe ich die Trinkfestigkeit meiner Studentenzeit verloren; es bedarf nur weniger Gläser Wein, und mir dreht sich der Kopf. Ich schätze, drei Schwangerschaften, diverse Stillzeiten und das Wissen, dass ich am nächsten Morgen meinen Kater nicht ausschlafen kann, sind dafür verantwortlich, dass ich kaum noch über die Stränge schlage. Der Gedanke, mit den Kindern zurechtkommen zu müssen, wenn ich müde und mürrisch bin, ist schon schlimm genug – da will ich gar nicht erst an einen schlimmen Kater und den damit verbundenen empfindlichen Magen denken, der mich regelmäßig zur Toilette stürzen ließe! Leider wirft das ein ganz trauriges Licht auf unseren Club der glücklichen Mütter, vor allem wenn wir mit einer anderen Gruppe von Müttern im Restaurant verabredet sind. Diese anderen Mütter leeren schon mal ein oder zwei Flaschen Wein bei einer der Frauen zu Hause, bevor sie sich auf den Weg zu unserem Treffen machen. Im Restaurant konsumieren sie dann weitere beträchtliche Alkoholmengen und beenden den Abend erst in den frühen Morgenstunden, wenn sie angesäuselt zu ihrem Taxi taumeln. Wir haben dann immer das Gefühl, dass es uns einfach an Mumm und Stehvermögen fehlt, wenn wir unsere Entschuldigungen stammeln, da die anderen Mütter auch alle Kinder im gleichen Alter haben. Im Vergleich mit ihnen wirken wir wie ein Mitleid erregender Haufen Memmen – ein Bild, das wir aber eines Tages korrigieren werden. Vielleicht, wenn aus unseren Babys im Arm (und im Bauch) einmal Kleinkinder geworden sind, die morgens selbst den Fernseher einschalten können. Dann machen wir es uns als Mitglieder des Clubs der glücklichen Mütter zur Aufgabe, die Latte beim Alkoholkonsum wieder höher zu legen!

Schlaf und Sex

Schlaf und Sex: Die beiden Themen mussten für dieses Kapitel einfach miteinander kombiniert werden, denn schon der Versuch, ein ganzes Kapitel ausschließlich unserem Sexualleben zu widmen, wäre für uns unerträglich gewesen – ganz zu schweigen von dem so gut wie nicht vorhandenen Erzählstoff. Leider lässt sich unser aktuelles Sexleben in etwa mit unserer Fähigkeit zum Konsum von Alkohol vergleichen; allerdings möchten wir an dieser Stelle betonen, dass der hier beschriebene traurige Istzustand – eine von uns ist schwanger, zwei von uns haben Säuglinge und die Vierte im Bunde lebt seit kurzem von ihrem Mann getrennt – hoffentlich kein Spiegelbild unserer Zukunft darstellt.

Das Thema Schlaf dagegen, oder besser der Mangel an Schlaf, ist im Augenblick in unserem Eheleben sehr viel stärker emotional besetzt – die meisten Mütter können stundenlang darüber reden. Ich weiß nicht, ob es sich um ein nationales oder um ein weltweites Phänomen handelt, aber alle Frauen scheinen von der Frage besessen zu sein, wie gut oder schlecht ihr Kind schläft. Das Thema taucht immer in den ersten drei Fragen auf – selbst wenn völlig Fremde die eigene neue Nachkommenschaft bewundern: »Ach, wie süß! Wie alt ist er?«, gefolgt von »Wie heißt denn der Kleine?« Und dann ist es so weit ... »Schläft er auch durch?« Man kann sich darauf verlassen; jede Frau wird danach fragen, ohne Ausnahme. Das Ganze wirkt, als ob das Schlafverhalten eines Säuglings ein Gradmesser für seine zukünftigen Erfolge wäre. Wacht Ihr Kind jede Nacht alle paar Stunden auf, dann wird es im Leben nie mehr erreichen, als die Einkaufswagen im Supermarkt zusammenzuschieben – aber wenn Sie ein »Durchschlaf«-Baby haben, lässt das mindestens eine erfolgreiche Karriere in der Politik erwarten! Das Traurige daran ist, dass wir alle dieses Spiel mitspielen. Wir machen uns zwar darüber lustig, aber kaum haben wir eine Unterhaltung mit der Mutter eines kleinen Kindes begonnen, erkundigen wir uns schon, wenn auch ungewollt, detailliert nach seinen Schlafgewohnheiten. Unser Club bildet da keine Ausnahme – was beschämend deutlich werden wird, da nämlich das Thema Sex bei dem alles beherrschenden Thema Schlaf weichen muss, bis es zu einem gelegentlichen Nebensatz verblasst.

Andrea

Ich glaube, ich kann mit Fug und Recht in diesem Kapitel ausschließlich über Schlaf sprechen – schließlich habe ich als Einzige von uns eine wirkliche Entschuldigung dafür, das Sexuelle zu vernachlässigen. Hinzu kommt, dass ich im ersten Buch viel zu viel darüber erzählt habe und seitdem mit den niemals endenden Hänseleien meiner Polizeikollegen leben muss. Und was noch wichtiger ist: Es sind mehr als sechs Monate vergangen, seit ich zum letzten Mal das Vergnügen hatte (nicht dass ich Buch führen würde oder so …). Mit anderen Worten: Ich habe zu diesem Thema wirklich keine Neuigkeiten beizusteuern. Allerdings bestehen die anderen darauf, dass ich mich dazu äußere, also werde ich mich kurz fassen.

Was mich seit meiner Trennung von Bruce am meisten erstaunt, ist die Tatsache, dass alle Welt mich so schnell wie möglich mit jemand anderem zu verkuppeln versucht. »Mach dir keine Sorgen, wir finden im Handumdrehen einen Neuen für dich«, scheint ein Standardspruch in meinem Freundeskreis geworden zu sein – als ob sich alle insgeheim um den Job als »Herzblatt«-Moderator beworben hätten. Ehepaare arbeiten sich in meinem Beisein durch ihre Liste befreundeter Singlemänner, sprechen über sie, als ob ich gar nicht da wäre, und schreiben sie als ungeeignet ab, noch bevor ich auch nur die ungefähren Eckdaten der armen Kerle zu hören bekommen habe. »Wie wär's mit Jim, der ist doch ganz nett … Nein, zu alt. Oh, jetzt weiß ich's: Patrick. Der ist genau der Richtige, obwohl – ist er nicht ein bisschen zu klein, und wollte er nicht wieder zurück nach Irland? Ach ja, stimmt, dann kommt er auch nicht in Frage …« Und so geht es unentwegt. Ich kann von Glück sagen, dass meine Bekannten inzwischen all ihre Möglichkeiten ausgeschöpft haben, ohne auch nur einen einzigen geeigneten Kandidaten zu finden – was für mich eine außerordentliche Erleichterung bedeutet, da mir allein der Gedanke, mich wieder verabreden zu müssen, einen gewaltigen Schrecken einjagt. Übrigens gehört Sarah zur Gruppe derjenigen, die die Aussicht darauf, dass ich mich mit jemandem treffen könnte, ganz besonders in Erregung versetzt. Dabei glaube ich nicht, dass sie überhaupt möchte, dass ich mich wieder fest binde: Irgendwie werde ich den Eindruck nicht los, dass sie es am liebsten sähe, wenn ich eine Reihe von Liebhabern hätte. Wahrscheinlich bezeichnet sie meine neue Wohnung auch deshalb immer als »Bumsbude«. Ich dagegen kann es kaum fassen, dass ich dabei bin, zusammen mit den Jungs ein völlig neues Leben zu beginnen, und die Vorstellung, einen neuen Mann in die Gleichung mit einzubeziehen, würde mich völlig überfordern. Auf der anderen Seite will ich aber auch nicht akzeptieren, dass mein Sexualleben mit dreiunddreißig abgehakt sein soll! Doch wie stellt man einen neuen Kerl seinen Kindern vor? Wartet man, bis man sich bei ihm sicher ist und annimmt, dass es etwas von Dauer wird, nur um dann festzustellen, dass sie den Typen hassen? Oder stellt man ihn gleich zu Anfang vor, um dann hinterher seine Abwesenheit zu erklären, wenn er einen nach dem ersten Date sitzen lässt? Der Gedanke, meine Jungs müssten eine Reihe kurzlebiger »Onkel« erdulden, ist mir unerträglich. Und was wäre, wenn diese »Onkel« keine Arsenal-Fans sind? Was dann? Das Bekanntmachen mit den Jungs kann ich also von vornherein vergessen – viel wichtiger ist die Frage, wie zum Teufel ich einen Mann mit dem monströsen Schwangerschaftsstreifen bekannt mache, der früher einmal mein Körper war. Bruce hat die ganze Sache zusammen mit mir durchgestanden; er kannte meinen Körper in Bestform, damals als ich noch sportlich, gesund und fit war. Aber was wird irgendein armer, nichts ahnender Kerl sagen, wenn seine Augen über meine ausgedehnten Schwangerschaftsstreifen wandern, die im Laufe der letzten Jahre kaum verblasst sind – ganz zu schweigen von meinen sich rapide ausdehnenden Hüften, Oberschenkeln und Pobacken? Ich beruhige mich selbst mit dem Hoffnungsschimmer, dass als zukünftige Kandidaten nicht nur Arsenal-, sondern auch Busen-Fans in Frage kommen – schließlich haben sich meine Brüste nie ganz auf ihre ursprüngliche Größe zurückentwickelt. Vielleicht bin ich von daher kein völliges Männer-Sperrgebiet.

Bis auf weiteres jedoch ist Sam die einzige Person, die regelmäßig die Nacht mit mir im Bett verbringt – und zumindest ihm ist es egal, wie mein Körper aussieht. Jeden Morgen zwischen fünf und sechs steht er im Zimmer, und im Augenblick lasse ich ihn einfach in mein großes Bett krabbeln, kuschle mich an ihn, und wir schlafen weiter, bis Max uns gegen sieben Uhr weckt. Natürlich ist das eine schlechte Angewohnheit, aber sie hängt mit meinen verzweifelten Versuchen zusammen, Sam letztes Jahr Weihnachten den Schnuller zu entziehen. Meine beiden Jungs bekamen von Geburt an einen Schnuller, aber ich wollte unbedingt dafür sorgen, dass sie beide an ihrem zweiten Geburtstag davon entwöhnt waren. Bei Max war es überhaupt kein Problem. Er hatte bereits einen so großen Wortschatz, dass ich ihm vor seinem zweiten Geburtstag erklären konnte, ein Schnuller würde seine Zähne kaputtmachen. Zwei Tage später warf er den letzten Schnuller in die Mülltonne, und das war's – Problem gelöst. Als Sam drei Monate später geboren wurde und den ersten Schnuller bekam, nahm ich an, Max würde ebenfalls wieder einen haben wollen. Aber es hat auch seine Vorteile, mit dem Streben nach Perfektion geboren zu sein: Um keinen Preis wollte er seinem Wunsch nach einem Schnuller nachgeben und dafür schiefe Zähne riskieren. Sam dagegen erwies sich als Schnullerjunkie, der genau wie seine »Mädchenfreundin« Ella seine Droge nicht kampflos aufgeben wollte. Im letzten Sommer machten beide Familien Urlaub in Spanien, als der zweite Geburtstag von Ella und Sam vor der Tür stand. Erst in diesem Augenblick ging uns auf, wie sehr die beiden sich an ihre Schnuller gewöhnt hatten – sie spielten splitternackt am Strand, hatten aber beide den Nuckel im Mund. Ella und Sam benahmen sich wie Süchtige und kreischten in den höchsten Tönen, sobald Hilary und ich uns den Objekten ihrer Begierde auch nur näherten. Im Laufe der Zeit hatten sie sich zu wahren Feinschmeckern für verschiedene Schnullertypen entwickelt und waren unglaublich anspruchsvoll geworden. Ella rührte nur Winnie Puh-, Tigger- oder Ferkel-Schnuller an, während Sam nichts anderes als Original Tommee-Tippee-Designnuckel mit Kirschgeschmack an seinen Mund ließ. Hilary und ich kamen überein, dass wir uns davon den Urlaub nicht vermiesen lassen wollten – ganz egal wie hässlich und peinlich der Anblick auch war. Erst am Tag unserer Rückkehr setzten wir die beiden auf Entzug und nahmen ihnen einfach tagsüber die Schnuller weg, doch über Nacht bekamen sie sie zurück. Es war eine verdammt harte Zeit, aber wir beide hielten durch und benutzten den »Ella/Sam kriegt ihn auch nicht«-Trick, wenn es besonders hoch herging. Gegen Ende der Woche hatten sich die schwersten Entzugserscheinungen gelegt, und die Abhängigkeit war wenigstens tagsüber ausgestanden.

Ich hätte es dabei belassen sollen – schließlich hatte Sam sich immer als großartiger Schläfer erwiesen, nachdem er einmal seine frühe Ankunft in dieser Welt überwunden hatte. Wenn er nachts überhaupt einmal unruhig wurde, dann lag es daran, dass er seinen Schnuller verloren hatte; doch sobald der Nuckel wieder im Mund steckte, schlief er sofort wieder ein. Aber da Sam inzwischen ein gutes Stück über meinen Zweijahresplan hinaus war, machte ich mir Sorgen wegen der langfristigen Auswirkungen auf seine Zähne. Mitte Dezember legte ich mir eine Strategie zurecht und erklärte ihm, dass der Weihnachtsmann ihm am Weihnachtsabend ganz viele Geschenke bringen, dafür aber all seine Schnuller mitnehmen würde, weil er jetzt ein großer Junge sei. Ich hatte über Weihnachten zwei Wochen Urlaub und beschloss, meinen Plan durchzuhalten. Am bewussten Tag ging alles wie von selbst: Ich warf seine sämtlichen Schnuller weg, sodass ich nicht in Versuchung kam, darauf zurückzugreifen, egal wie verzweifelt die Lage auch werden würde. Auch das eigentliche Zubettgehen, vor dem ich die größte Angst gehabt hatte, erwies sich als unproblematisch. Doch als er mitten in der Nacht aufwachte und ich keinen Schnuller hatte, um ihn zu beruhigen, nahm die Katastrophe ihren Lauf: Sam schrie etwa eine Stunde lang, bevor er wieder Ruhe gab, und das wiederholte sich von da an fast drei Monate lang jede Nacht. Zu diesem Zeitpunkt schliefen Bruce und ich bereits in getrennten Zimmern. Eines Nachts fiel mir auf, dass Sam sofort wieder einschlief, wenn ich ihn mit in mein Bett nahm – so wurde ich sein neuer Schnuller, und das ist der aktuelle Stand der Dinge. Ich bin nicht sicher, wie lange ich meine neue Rolle als menschlicher Nuckel noch spielen muss, aber ehrlich gesagt ist es mir ziemlich egal. Es gibt viel zu viele andere Dinge, über die ich mir Sorgen mache, und außerdem bin ich mir relativ sicher, dass Sam deutlich vor seinem achtzehnten Geburtstag längst aus meinem Bett verschwunden sein wird. Nach meinen Katastrophenmonaten dürfte Hilary sich jedoch überlegen, ob sie bei ihrer Tochter die gleiche Vorgehensweise anwendet – mit etwas Pech rettet Ella ihren Nuckel hinüber in ihre Flitterwochen!

Es gibt noch etwas anderes, von dem ich hoffe, dass meine Jungs es abstellen, bevor sie bei irgendjemand anderem als bei ihrer Mutter übernachten: das Verlangen, ihren Lieblingsfetisch mit ins Bett zu nehmen. Beide sind völlig verrückt nach allem, was im Moment gerade »in« ist, und wollen 24 Stunden am Tag nichts anderes um sich haben. Zuerst war Buzz Lightyear angesagt, dann kam Action Man, danach Harry Potter, und jetzt ist es Peter Pan. Sie machen mit Begeisterung jede Mode mit, lassen aber sofort alles stehen und liegen, sobald der nächste große Hit in Sicht ist. Und dabei geben sie sich nicht mit dem Video und dem passenden Kostüm zufrieden – sie versuchen wirklich, diese Figur zu sein. Max war beinahe ein Jahr lang Buzz und wollte jedem den Kopf abreißen, der es wagte, ihn mit einem anderen Namen anzusprechen. Am meisten verwirrte das die arme Molly – immer wenn sie uns besuchten, erkundigte sie sich zuvor bei Hilary, wer Max gerade sei, aus Angst davor, ihn auf dem falschen Fuß zu erwischen und die Hälfte der Zeit zum Spielen damit zuzubringen, dass er ihr endlich verzieh. Sie hat bereitwillig die Rollen von Max' weiblichen Gegenstücken übernommen und war bis heute schon Jessie das Cowgirl, die Freundin von Action Man, Hermione und Wendy – und das, obwohl sie noch nie einen der Filme komplett gesehen hat.

Als Max in seiner Buzz-Phase war, wollte er tagein, tagaus nichts anderes anziehen als seinen Buzz-Raumanzug, und es war ein gewaltiger Kampf, ihn abends aus dem Ding zu schälen. Mehrmals machte er so einen Aufstand, dass mir das die ganze Aufregung nicht wert war; also steckte ich Buzz ins Bett, gab ihm einen Gutenachtkuss, wartete, bis er eingeschlafen war und verwandelte ihn dann wieder in Max. Glücklicherweise fanden wir irgendwann einen Buzz-Schlafanzug und schlossen einen Kompromiss ... puuh! Obwohl er seiner Buzz-Phase inzwischen entwachsen ist, hat Max nach wie vor feste Lieblings-Schlafgenossen – zur Zeit ist Peter Pan sein Favorit. Er schläft mit Käpt'n Hooks Haken neben sich, den er vor dem Schlafengehen mit einer Socke zudeckt, damit ihm nicht kalt wird. Sam ist kein bisschen anders: War er im letzten Jahr noch völlig auf dem *Toy-Story*-Trip, so hält er sich jetzt für den einzigen echten Harry Potter. Wir müssen ihn Harry nennen, und entweder Eloise oder Ella – je nachdem, wo wir gerade sind – ist seine Hermione. Er hat immer seinen Zauberstab dabei und trägt das passende Harry-Cape aus Samt. Wie früher Max' Buzz-Raumanzug ist dieses Cape auf Sams Rücken wie festgewachsen. Ich muss es ihm einmal in der Woche abluchsen, um die einwöchige Kruste aus Nahrungsresten zu entfernen. Ich hoffe nur, dass diese Phase vorüber ist, bevor das Cape zu einem Putzlumpen verkommt – mittlerweile sieht es schon ziemlich fadenscheinig aus. Sam hat seine hyperaktive Fantasie jedoch noch einen Schritt weiterwandern lassen und einen imaginären Freund namens »Ron« eingeführt. Ich muss gestehen, dass mich das Ganze langsam nervt: Ständig muss ich aufstehen, weil ich mich bei Sams Gutenachtgeschichte wieder mal auf Ron gesetzt habe, ich muss Ron etwas vorsingen, seine Hand halten und ihm im Auto den Sicherheitsgurt umlegen. So was kann ganz schön frustrierend sein – vor allem wenn wir mal wieder zu spät zur Schule unterwegs sind! Wenn ich mir nicht vorgenommen hätte, ganz besonders sensibel auf die emotionalen Bedürfnisse meiner Jungs einzugehen, jetzt da unser Leben in völlig neuen Bahnen verläuft, würde ich Rons Sachen packen und ihn rausschmeißen ... die blöde Nervensäge!

Doch diese Fetische haben auch ihre Vorteile: Sie verschaffen mir jeden Morgen eine zusätzliche Stunde Schlaf. Wenn die Jungs mich geweckt haben, gehe ich mit ihnen nach unten, mache ihnen Frühstück und schiebe ihr neuestes Video in den Rekorder – im sicheren Wissen, dass ich gefahrlos wieder ins Bett kriechen und gut eine Stunde lang ein Nickerchen machen kann. Dieser übermäßige Fernsehkonsum für Kinder ist sicher nicht das Gelbe vom Ei, aber ich bekomme dadurch meinen dringend benötigten Extraschlaf, und wie Lyndsey und Tim bestätigen werden, habe ich den beiden mit diesem Tipp auch einen großen Gefallen getan. Sarah ist dagegen in puncto Fernsehkonsum für ihre Kinder sehr streng – wie ich herausgefunden habe, als Jack vor ein paar Monaten zum ersten Mal bei Max übernachten durfte. Alles lief glatt, bis Sam fragte, ob er fernsehen dürfte, weil die Großen ihn nicht mitspielen ließen. Als Jack das hörte, spitzte er die Ohren – für ihn war das etwas ganz Besonderes, und so hockte er sich mit Sam vor den Fernseher und starrte völlig gebannt in die Glotze, offensichtlich blind und taub für die Verwüstung, die Max anrichtete, während er das Haus zusammenschrie. Die Enttäuschung darüber, seinen Übernachtungskumpel mitten in den Proben für die Puppenshow verloren zu haben, war zu viel für ihn. Jack zeigte sich jedoch eisern entschlossen, diese unerwartete Vergünstigung bis zum Letzten auszukosten, und irgendwann gab Max auf, setzte sich zu den beiden auf die Couch und sah sich mit ihnen die übliche *Simpsons-Folge* vor dem Schlafengehen an.

Max war bei dem Gedanken, sein Zimmer mit Jack zu teilen, so aufgeregt gewesen, dass ich es für ein Ding der Unmöglichkeit hielt, die beiden zu einer vernünftigen Zeit zum Schlafengehen zu bewegen. Aber wie sich herausstellte, war dies eine der wenigen Gelegenheiten, bei denen die große, feste Hand des Gesetzes nicht einzugreifen brauchte. Sobald ich sie ins Bett gesteckt hatte und sie glaubten, ich sei außer Hörweite, schlich ich die Treppe wieder hinauf und saß heimlich lauschend vor ihrer Tür, während sie drinnen flüsterten und über all die Dinge kicherten, die Vierjährige so faszinierend finden. Aber nur zehn Minuten, nachdem ich mir ihre tollen Streiche angehört hatte, die sie uns in den frühen Morgenstunden spielen wollten, fiel mir plötzlich auf, dass ich nur noch Jacks Stimme hörte. Als ich vorsichtig um die Ecke linste, sah ich Jack, der auf einen schnarchenden Max einschnatterte. Ich fürchte, wir werden noch so lange auf Mitternachtspartys verzichten müssen, bis Max seine Augen länger als bis acht Uhr abends offen halten kann – schließlich klingt ein spätes Abendessen nicht annähernd so aufregend. Andererseits kann ich nur hoffen, dass er noch ein paar Jahre ruhig durchschläft, bevor die Mitternachtspartys beginnen und es richtig zur Sache geht!

Hilary

Fast fünf Jahre nach der Geburt meines ersten Kindes kann ich endlich großspurig behaupten, dass meine drei Kinder problemlos durchschlafen. Zugegeben, das mittlere braucht immer noch seinen Schnuller, aber der gerade erst zehn Wochen alte Alfie hat während der letzten sechs Wochen ohne Nuckel zwölf Stunden pro Nacht geschlafen – und das in seinem eigenen Zimmer! Gott sei Dank ist er ein großartiger Schläfer, denn ich glaube, dass ich mich mittlerweile nicht mehr der menschlichen Rasse zurechnen dürfte, wenn er mich in puncto Schlaf auch nur halb so viel Nerven gekostet hätte wie seine Schwestern. Nächtliches Stillen im Bett kam beispielsweise überhaupt nicht in Frage – was mit Sicherheit dazu beigetragen hat, dass Alfie schon sehr früh die Nächte durchschlief. Bei den Mädchen war ich nachts kaum zu Bewusstsein gekommen: Wie ein Zombie wankte ich zu ihren Bettchen, ließ sie neben mir ins Bett plumpsen und döste vor mich hin, während sie saugten. Häufig hingen sie noch an mir, wenn ich am nächsten Morgen aufwachte. Bei Alfie wurde mir diese Vorgehensweise zu gefährlich. Während ich mir bei den Mädchen noch völlig sicher war, dass ich – selbst im Tiefschlaf – ihre Anwesenheit in meinem Bett spüren würde, fiel ich bei Alfie in einen totenähnlichen Schlaf, ohne das hilflose kleine Wesen neben mir überhaupt noch wahrzunehmen. Wie durch ein Wunder überlebte er eine solche Nacht, aber danach zwang ich mich beim nächtlichen Stillen, mich aufrecht auf einen geraden Stuhl zu setzen – aus Angst davor, am anderen Morgen aufzuwachen und ihn nicht mehr neben, sondern platt gedrückt unter mir zu finden. Das aufrechte Sitzen mitten in der Nacht war für mich eine ganz neue Erfahrung – und eine, die ich von ganzem Herzen hassen gelernt habe. Es gelang mir nie, meine Augen offen zu halten, und ich verlor mit schöner Regelmäßigkeit die Kontrolle über meinen Kopf. Wenn er nach vorn sackte, zuckte ich ruckartig hoch und saß die nächsten dreißig Sekunden hellwach und aufrecht da, bevor ich wieder einnickte. Zum Glück wollte mein kleiner Held nur einmal pro Nacht gestillt werden, und auch das endete in seiner vierten Woche. Allein diesen Satz zu Papier bringen zu können, erfüllt mich mit großer Befriedigung: Ich hatte immer angenommen, dass durchschlafende Kinder eine Art Erfindung wären, die es nur in Büchern gab. Wenn früher jemand die Dreistigkeit besaß und mir gegenüber behauptete, ihr oder sein Kind würde durchschlafen, spürte ich immer den dringenden Wunsch, sie oder ihn zu schlagen. Meiner Meinung nach ist es absolut gerechtfertigt, so mit Alfie anzugeben – denn ich bin zuvor in puncto Schlafentzug derart durch die Hölle gegangen, dass ich mir zumindest ein »Wunderkind« verdient habe.

In meinem Verlangen nach einer ordentlichen Mütze voll Schlaf habe ich jeden professionellen Ratschlag ignoriert, wie man sein Kind an einen gesunden Schlafrhythmus gewöhnen kann – und nahezu all die Dinge ausprobiert, die bei anderen Müttern ein Kopfschütteln oder ein »Tss-tss« hervorrufen oder sogar als absolut tabu gelten!

Mollys größtes Problem war immer das Einschlafen. Von Geburt an gehörte sie zu jenen Babys, die gestillt werden müssen, um einschlafen zu können. Als die Stillphase im Alter von sieben Monaten endete, folgten Monate voller vergeblicher Versuche und Fehlschläge mit allen anderen Mitteln. Wir probierten es mit Schaukeln, Herumlaufen, Bauchreiben, Rückenreiben, Schaukeln im Autokindersitz, Kopfstreicheln, lauter Musik, leiser Musik, ganz ohne Musik. Wir versuchten einfach alles, und all unsere Abende konzentrierten sich nur noch auf dieses eine Ziel. Es versteht sich von selbst, dass tagsüber an ein Schläfchen im Kinderbett überhaupt nicht zu denken war und dass uns nur strategisch geplante Runden mit dem Kinderwagen und Fahrten mit dem Auto blieben, die genau auf ihre Nickerchen am Morgen und Nachmittag abgestimmt werden mussten. Der Gedanke, auch bei Nacht so vorzugehen, erschien mir immer verlockender, aber ich war entschlossen, mich nicht von diesem winzig kleinen Etwas unterkriegen zu lassen. Nach elf Monaten versuchte ich die berühmt-berüchtigte Methode des kontrollierten Weinens – eine großartige Theorie, aber wahrscheinlich von jemandem entwickelt, der keine so sture und entschlossene älteste Tochter hat wie ich. Die Idee des kontrollierten Weinens besagt, dass man sein Kind weinen lassen soll und nur in bestimmten Zeitabständen einschreitet, das Kind wieder beruhigt, ins Bett legt und zudeckt und eine zuvor festgelegte, beruhigende Phrase wiederholt wie etwa »Nein, nein, du musst jetzt ins Bettchen. Zeit zum Schlafen. Gute Nacht«. In den Phasen, in denen wir sie bewusst allein ließen, steigerte Molly sich derart in Rage, dass wir die ganze Aktion abbrechen mussten. Sie hielt den Atem an, übergab sich, machte die Windeln voll und ging schließlich in ein unkontrollierbares, untröstliches Schluchzen über, das überhaupt nicht mehr aufhören wollte. Und anstatt sie einfach wieder zu beruhigen, ins Bett zu legen und zuzudecken, musste ich nun auch noch ihre voll gebrochene Bettwäsche und ihre stinkende Windel wechseln und ihr verheultes Gesicht und die Rotznase mit einem lauwarmen Waschlappen säubern. Doch auch danach schrie sie immer noch und weigerte sich, liegen zu bleiben – stattdessen schoss sie sofort wieder hoch und klammerte sich verzweifelt an den Stäben des Kinderbettchens fest. Um die festgelegte, beruhigende Phrase zu wiederholen, mussten wir mit unserem Gebrüll ihr Geschrei übertönen, was irgendwie nicht ganz zur ursprünglichen Anweisung »Wiederholen Sie leise eine beruhigende Phrase« passte. Angeblich soll man mit dieser Methode sein Kind innerhalb von fünf Nächten zum Durchschlafen bringen, aber nach der dritten Nacht war ich ein sabberndes Wrack, und Molly hatte eine krankhafte Angst vor ihrem eigenen Schlafzimmer entwickelt: Sie schrie und begann, am ganzen Körper zu zittern, wenn ich nur mit ihr das Zimmer betrat, um ihre Windel zu wechseln. Es gelang uns nicht mehr, sie von ihrem Hass auf das Kinderbettchen zu heilen, und erst als wir es im vierzehnten Monat gegen ein richtiges Bett austauschten, verbesserte sich die Situation spürbar. Dieses Mal näherten wir uns wesentlich sanfter und zurückhaltender dem Einschlafproblem und legten uns anfänglich sogar zu ihr ins Bett – ein Ansatz, der bei fast allen Experten nur Kopfschütteln hervorruft. Im nächsten Schritt setzten wir uns zuerst auf den Boden neben ihr Bett, dann auf den Boden neben der Tür, dann auf den Boden vor der Tür, aber immer noch in Sichtweite, und lasen dabei ein Buch. Der nächste Schritt war gewaltig – ich setzte mich zwar wieder auf den Boden und las ein Buch, aber an einer Stelle, an der sie mich nicht mehr sehen konnte. Bis zu diesem Punkt hatte ich fast ein Jahr lang Übung darin entwickelt, mich aus ihrem Zimmer zu schleichen – möglichst mit angehaltenem Atem, aus Angst, sie könnte beim kleinsten Geräusch sofort wieder die Augen aufreißen. Daher war diese neue »Außer Sicht«-Zone der perfekte Platz für meine ersten Versuche, das Einschlafritual zu durchbrechen. Als Ella auf die Welt kam, Molly war zu diesem Zeitpunkt zwei Jahre alt, konnten wir bereits in unserem Schlafzimmer fernsehen, solange sie noch wach war, und uns die Treppe hinuntertrauen, sobald sie fest schlief – und das war das Ende des Einschlaf-Kriegs. Das war die endgültige Übereinkunft. Wir konnten unsere Waffen niederlegen und ein Friedensabkommen unterzeichnen, das bis auf den heutigen Tag eingehalten wird. Ich bin mir sicher, wir könnten Molly heute dazu bringen, uns auch schon früher nach unten gehen zu lassen, aber David hat freiwillig die Rolle des Kindermädchens übernommen, und die Verlockung einer ganzen Stunde vor dem Fernseher, ohne Nörgeleien und irgendwelche von mir übertragenen häuslichen Pflichten, ist viel zu groß für ihn, um über diesen nächsten Schritt auch nur nachzudenken.

Obwohl der Einschlaf-Krieg beendet war, gefiel Molly der Gedanke, die ganze Nacht über im Bett bleiben zu müssen, ganz und gar nicht. Ich war schwanger und hatte nach den allabendlichen stundenlangen Scharmützeln mit ihr einfach nicht mehr die Energie oder die Lust, den gleichen Kampf mitten in der Nacht noch einmal ausfechten zu müssen. Wenn also gegen ein Uhr morgens der Furcht erregende Schrei »Mama, kann ich in dein Bett kommen?« ertönte, gab ich ihr grünes Licht, und sie kam durch den Flur geschossen. Auch in diesem Punkt rührten meine Ängste nicht von der Tatsache her, dass ich sie nicht bei uns im Bett haben wollte, sondern hauptsächlich davon, dass dieses Verhalten von sämtlichen Bibeln der Kindererziehung als völlig falsch verdammt wurde. Wir sprachen über die Möglichkeit, sie um sich tretend und schreiend wieder zurück in ihr Zimmer zu zerren – um dieses Problem aus dem Weg zu räumen, bevor das Baby kam –, doch stattdessen entschieden wir uns für ein alternatives Schlafkonzept und kauften ein Super-King-Size-Bett mit genügend Platz für vier. Außerdem führte ich eine Tafel mit Stickern ein: Für jede Nacht, die sie durchschlief, bekam Molly einen Aufkleber, und für fünf Sticker gab es ein neues »Topsy und Tim«-Buch. Molly lässt sich nur allzu gern bestechen, und so funktionierte das Modell ziemlich gut, bis das nächste Problem auftrat. Wir fanden heraus, dass sie sich ihren Hautausschlag blutig kratzte, wenn sie allein schlief. Uns war gar nicht aufgefallen, wie sehr wir sie vom Kratzen im Schlaf abgebracht hatten, bis wir eines Morgens die blutbefleckten Laken und das zerkratzte Etwas von Tochter entdeckten. Wahrscheinlich störte es sie selbst gar nicht, aber diese Selbstverstümmelungen wogen den materiellen Gewinn eines Kinderbuchs nicht auf – also ließen wir sie wieder zu uns ins Bett kriechen. Und schließlich taten wir sogar etwas, das allen Erziehungsversuchen Hohn lachte, und gaben ihr einen Sticker, wenn sie sich in unser Bett schlich, ohne uns aufzuwecken, anstatt uns von ihrem Zimmer aus wachzubrüllen. Es geht doch nichts über eine ordentliche Belohnung, um eine schlechte Angewohnheit ein für alle Mal festzuschreiben.

Dann wurde Ella geboren, und ich entdeckte, was der Begriff »Schlafentzug« wirklich bedeutete. Nachts saugte sie sich regelmäßig über eine Stunde an meiner Brust fest – und wenn ich versuchte, sie aus meinem Bett zu nehmen, dauerte das Ganze sogar noch länger. Irgendwann hielt ich es selbst in unserem riesigen Bett nicht mehr aus, Molly beim Zappeln, Ella beim Saugen und David beim Schlafen zuzusehen – und dazu besaß er noch die Frechheit, uns zugewandt zu schlafen. Ella und ich zogen auf einen Futon in ihrem Zimmer um, und um meinen Brüsten wenigstens nachts eine Ruhepause zu gönnen, ertrug ich es acht Wochen lang, dass Ella mit dem Gesicht nach unten auf mir schlief. In dieser Zeit verwandelte ich mich langsam in einen Zombie mit Rückenschmerzen von der steinharten Matratze, und Molly nahm meinen kuscheligen, gemütlichen King-Size-Schlafplatz in Besitz und sprach nur noch von »mein und Daddys Bett«.

Es musste etwas geschehen. Von da an entwickelte ich mich zum schlimmsten Albtraum jeder Stillberaterin, und auch meine Versuche als Mutter können sicher nicht alle zur Nachahmung empfohlen werden. Als Erstes experimentierte ich damit, Ella über Nacht in ihr Kinderbettchen zu legen, und zwar auf den Bauch. Neun Stunden später rührte sie sich zum ersten Mal – ich war acht Wochen lang durch die Hölle gegangen, und das nur, weil meine Tochter nicht auf dem Rücken schlafen wollte. Es gab nur ein Problem: Jetzt hatte ich zwar ein Kind, das durchschlief, aber ich selbst schaffte das nicht mehr. Ich war fest davon überzeugt, dass ihr ein plötzlicher Kindstod bevorstand, sobald sie auf dem Bauch schlief – also stand ich im Durchschnitt etwa dreimal pro Stunde neben ihrem Bettchen, um zu prüfen, ob sie noch atmete. Zwei Tage später kauften wir mir ein Schlafmittel ... einen Baby-Monitor, der die Atmung von Säuglingen überwacht und Alarm schlägt, wenn er keine Atemzüge mehr registriert. Es waren die am besten angelegten 100 Pfund meines Lebens: Ich war so weit, dass ich wesentlich mehr für eine einzige Nacht Schlaf ausgegeben hätte, ganz zu schweigen von einer Zukunft, in der Tag und Nacht wieder als klar voneinander getrennte Größen existierten. Was wir allerdings tun sollten, wenn der Alarm tatsächlich einmal losgehen würde, war ein Gedankengang, mit dem ich mich nie wirklich auseinander setzen wollte – stattdessen schaute ich mir pflichtbewusst mein Wiederbelebungs-Video an und vertraute darauf, dass mir im Notfall meine Routine als Krankenschwester aus der Patsche helfen würde.

Der Baby-Monitor öffnete meine Büchse der Pandora voller schlechter Schlafgewohnheiten. Nachdem ich einmal über die Möglichkeit verfügte, die Lebenszeichen von einem anderen Zimmer aus überwachen zu können, tat ich alles in meiner Macht stehende, um ganze Nächte lang schlafen zu können. Wenn Ella in der Nacht aufwachte, legten wir eine Flasche schräg über den Rücken eines Teddys – der von uns den passenden Namen »Bärenmarke« bekam – und steckten ihr den Sauger in den Mund, während sie weiterhin auf dem Bauch im Bettchen lag. Dann ließen wir sie allein; wenn sie genug hatte, spuckte sie einfach den Sauger aus, und morgens räumte ich das Leergut weg. Mit achtzehn Monaten hatte sie sich auf drei Flaschen pro Nacht hochgearbeitet, plus mindestens zwei weiteren Alarmrufen, wenn der Schnuller verloren gegangen war. Es war hoffnungslos: Der Einschlaf-Krieg hatte wieder begonnen. Dabei hatte ich wirklich geglaubt, ich müsste mir nur lange genug einreden, dass wir gar nicht so schlecht durch die Nächte kamen, damit diese Phase vorüberging. Aber Ella hatte uns nur veräppelt. Es gelang mir, ihr in gerade einmal drei Nächten die nächtlichen Flaschen abzugewöhnen, indem ich die Menge langsam reduzierte und den Inhalt verdünnte. In der vierten Nacht hatte sie nur noch eine Flasche voll Wasser in einer Ecke ihres Kinderbettchens stehen, aus der sie sich selbst bedienen konnte. Einerseits war ich sehr froh darüber, dass es so einfach gewesen war, andererseits schämte ich mich, weil ich diesen Schritt so lange hinausgezögert hatte. Ganz offensichtlich hatte Ella die Flaschen nicht gebraucht – es war kein Wunder, dass ich sie tagsüber kaum zum Trinken überreden konnte, wenn sie jede Nacht so viel Milch schluckte, dass eine ganze Kindertagesstätte davon hätte satt werden können.

Als Molly vier und Ella zwei Jahre alt waren, standen wir nur noch drei- oder viermal pro Nacht auf, um entweder die eine oder die andere zu beruhigen, und jeden Morgen lagen unweigerlich mindestens drei Personen in unserem King-Size-Bett. Aber da ich mit Alfie schwanger war, mussten wir die beiden trotz dieses Bettchen-wechsel-dich-Albtraums dazu bringen, dass sie sich noch vor seiner Geburt ein Zimmer teilten. Allein die Vorstellung, dass zwei schlechte Schläfer in einem Zimmer lagen und sich gegenseitig wach hielten, jagte mir Angstschauer über den Rücken, aber wir schafften ein Etagenbett an und bissen in den sauren Apfel. Seltsamerweise stellte sich diese Maßnahme als Geniestreich heraus: Von nun an gingen beide Mädchen wie kleine Engel zu Bett und kamen nicht mehr in unser Schlafzimmer gehüpft, bevor ihr Hasenwecker mit den Ohren klingelte und die Augen öffnete. Zugegeben, wir haben gar nicht erst versucht, den Hasen und die Mädchen länger als bis halb sieben schlafen zu lassen, aber in unserem Haus gilt so etwas als »lange ausschlafen«!

Nach all dem Einschlaf-Hickhack mit unseren Mädchen dürfte klar sein, wie Alfie sich in kürzester Zeit den Ruf eines wahren Engels erwerben konnte. Das Einzige, was sich durch ihn an unserer Schlafenszeit-Routine veränderte, war die Einführung militärischer Präzision. Mit nur einem Kind fiel die Schlafenszeit in eine grobe Zeitzone, die sich von halb sieben bis halb neun erstreckte. Bei zwei Kindern schrumpfte dieses Zeitfenster zusammen; die Diskrepanz konnte aber immer noch bis zu einer Stunde betragen. Mit dreien beginnt der Countdown kurz nach dem Abendessen, und zwar mit meinem allabendlichen »Spießrutenlauf«. Der Ablauf ist förmlich in Stein gemeißelt; Ausnahmen oder Abweichungen werden nicht akzeptiert. Es gibt Abendessen um halb sechs, gefolgt von Mollys Hausaufgaben, *Sandmännchen,* Zähneputzen, Gutenachtgeschichte, und ab ins Bett. Um spätestens Viertel nach sieben geht für alle drei das Licht aus, und wehe allen, die es wagen, zu dieser kritischen Tageszeit anzurufen oder gar vorbeizukommen. Früher war die Zeit vor dem Schlafengehen eine gemütliche Zeit, aber mittlerweile kämpfen wir alle nur noch ums Überleben – ich bin zu dem Zeitpunkt völlig erschossen, und mein Geduldsfaden ist so kurz, dass er kaum noch existiert. Ich hasse mein neues Feldwebel-Ich: Jeden Abend, wenn die drei im Bett sind, sitze ich mit heftigen Gewissensbissen auf dem Bett und nehme mir vor, das Ganze am nächsten Abend mit etwas mehr Zuneigung und Pünktlichkeit anzugehen. Sogar das eigentliche Schlafengehen der drei läuft bei uns entschieden weniger idyllisch ab als bei den Waltons. Ich habe mir für jedes meiner Kinder ein kleines Lied ausgedacht, das ich ihnen im Bett vorsinge. Also muss ich inzwischen drei Lieder singen, und wenn ich im Zeitplan zurückliege und mein Geduldsfaden von drei übermüdeten, quengelnden Kindern bis zum Zerreißen gespannt ist, stelle ich fest, dass ich sogar meine individuell komponierten »Mami liebt dich«-Songs im Feldwebel-Stil und im schnellen Vorlauf herunterspule. »Sie könnte sich mehr Mühe geben«, steht in meinem Elternzeugnis, »wesentlich mehr!«

Rückblickend auf die letzten vier Jahre Bettchenwechsel-dich erscheint es mir wie ein Wunder, dass wir uns ein zweites Kind angeschafft haben – ganz zu schweigen von einem dritten. Sex ist definitiv zu einer Aktivität geworden, die wir ganz bewusst in unseren Zeitplan integrieren müssen. Im Augenblick findet unser Liebesleben in sporadischen Sprüngen statt: Manchmal vergehen Wochen oder sogar Monate ohne auch nur einen Quickie, und dann löst ein Ereignis wie ein Restaurantbesuch ohne Kinder, wo wir tatsächlich wieder einmal miteinander reden, die Erinnerung an den Menschen aus, mit dem wir verheiratet sind, und wir sind geradezu wieder verliebt ineinander. Und wenn wir uns einmal daran erinnert haben, dass Sex uns nicht nur um unsere wertvollen Stunden Schlaf bringt, sondern eigentlich etwas ist, das wir genießen, kommt es ein paar Tage hintereinander zu verstärkten nächtlichen Aktivitäten, bevor das Vergessen langsam wieder einsetzt. Glücklicherweise scheinen wir beide in puncto Sex das Gedächtnis einer Amöbe zu haben – was dafür sorgt, dass unser beider Sexualtrieb miteinander vereinbar bleibt. Was sich dagegen nicht mit einem ordentlichen, ungehemmten Sexleben vereinbaren lässt, ist die Notwendigkeit, immer mit einem Ohr auf Geräusche vor der Tür zu horchen. Der Gedanke daran, kurz vor dem Höhepunkt plötzlich feststellen zu müssen, dass ein uneingeladenes Mini-Publikum vor dem Bett steht, lässt mich versteinern. Einmal – mit Molly – war es ganz besonders knapp, aber da wir das Glück haben, in einem alten Bauernhaus zu leben, verfügen wir über den Vorteil eines Zehnsekunden-Vorwarnsystems in Form einer günstig platzierten, quietschenden Bodendiele. Allerdings geriet die Art und Weise, in der wir sie bei dem in Frage stehenden Mal um Mitternacht begrüßten, richtiggehend komisch. Normalerweise wurde sie sofort wieder in ihr Zimmer zurückgeschleppt, während wir ihr in energischem Ton mitteilten, dass es noch nicht Morgen sei und dass sie weiterschlafen solle. Doch dieses Mal verblüfften wir sie mit einem überschwänglichen Willkommensgruß, im verzweifelten Versuch, all das zu verdecken, was sie zwar hätte sehen, aber sowieso nicht verstehen können! »Hallo, Schatz! Schau mal, David, es ist Molly!«, sprudelte ich hervor, als würde ich eine Freundin begrüßen, die ich seit Ewigkeiten nicht gesehen hatte. Dann holten wir sie auf den Boden der Tatsachen zurück, indem wir ihr mitteilten, dass sie bis zum anderen Morgen noch fast sieben Stunden schlafen müsste. Natürlich war diese Unterbrechung Gift für meine erotischen Gefühle, und es sollte einige Monate dauern, bis ich mich entspannt genug fühlte, Sex auch ohne die Hilfe einiger Gläser Wein wieder zu genießen.

Aber nicht nur unser Sexleben ist nur noch unter Mühen aufrechtzuerhalten, sondern auch die ganz normale, alltägliche Unterhaltung zwischen zwei Erwachsenen. Als wir noch zu zweit waren, kamen wir beide von der Arbeit nach Hause, und auch wenn wir dabei bereits vor dem Fernseher saßen, so war es uns doch möglich, uns gegenseitig auszutauschen und auf dem Laufenden zu halten über den neuesten Klatsch, irgendwelche Anrufe, Neuigkeiten usw. Diese alltägliche Konversation hat mit jedem Kind weiter abgenommen. Ich musste mich emotional immer stärker aufteilen, um allen Mitgliedern meiner Familie gerecht zu werden, und da David der am wenigsten Bedürftige war, blieb für ihn meistens nur das kleinste Stück übrig. Früher traf es mich immer wie ein Schock, wenn ich von zerbrechenden Ehen hörte, bei denen die Kinder noch so jung waren. Ich begriff einfach nicht, wie zwei Menschen so etwas Magisches wie eine Familie gründen konnten und kurz danach angeblich nicht mehr in der Lage waren, zusammenzubleiben. Heute frage ich mich, wie ich nur so eine hoffnungslos romantische dumme Kuh sein konnte – denn genau genommen ist diese Phase die ideale Zeit für Trennungen. Selbst die engsten Beziehungen werden durch diese gewaltigen Veränderungen auf eine harte Probe gestellt; unsere Andrea ist das beste Beispiel dafür. Ich glaube, was David und mir am meisten durch diese heiklen Jahre geholfen hat, war unsere Absprache, mindestens zwei Wochenenden im Jahr ohne unsere Kinder zu verbringen. Selbst diese kurze Zeit lädt die ehelichen Batterien wieder auf, ganz zu schweigen von den Sex-Speicherbänken. Ich hoffe nur, dass es uns nach wie vor gelingt, diese Absprache einzuhalten – jetzt, da wir jedes Mal gleich drei Kinder in Pflege geben müssen. Auch die Tatsache, dass David und ich schon so lange zusammen waren, bevor wir Kinder bekamen, hat uns meiner Meinung nach geholfen. Als das erste Kind in unser Leben trat, nachdem wir schon elf Jahre miteinander verbracht hatten, konnte vom ersten Hochgefühl der alles verzehrenden Verliebtheit keine Rede mehr sein. Wenn überhaupt, haben unsere Kinder nur unser Temperament gezügelt. Früher haben wir uns immer gern und laut Schimpfworte an den Kopf geworfen – aber in Gegenwart der Kinder seine böse Zunge im Zaum halten zu müssen, wenn man eigentlich richtig beleidigend sein will, verdirbt einem den ganzen Spaß. Es hat irgendwie keine zündende Wirkung, David einen »Dummkopf« zu nennen, der »ausgesprochenen Unsinn« redet.

Sarah

In Anbetracht der Tatsache, dass Tim und ich zwei Kinder haben, die im Allgemeinen gut durchschlafen, und zwar in ihren eigenen Betten, sollte man meinen, dass wir das Paar mit dem aktivsten Sexualleben sein müssten. Zurzeit bin ich jedoch schon wieder schwanger. Allerdings, so muss ich gestehen, waren wir auch nach der letzten Schwangerschaft nicht unbedingt Mr und Mrs Liebeslust. Das liegt vor allem daran, dass wir beide uns so aktiv mit anderen Dingen beschäftigen, dass wir kaum je vor Mitternacht ins Bett kommen. Nach dem Abendessen warten Aufgaben im Haushalt, Training, Arbeit an Geschäftsideen und Heimwerkerprojekte auf uns – alles Aktivitäten, die sich am besten dann erledigen lassen, wenn die Kinder sicher und warm im Bett sind –, sodass unsere Abende mehr als ausgefüllt sind. Ich steige meistens erst dann ins Bett, wenn mein Körper so erschöpft ist, dass ich kaum noch die Kraft aufbringe, mich umzudrehen – und an ein Schäferstündchen ist da gar nicht mehr zu denken. Wenn Tim dann ins Bett kommt, findet er mich in mein Kopfkissen versunken, das Kinn auf der Brust, und das Buch in meiner Hand noch genau auf der Seite geöffnet, auf der ich es zuvor aufgeschlagen hatte. Eines steht fest: Meine Fähigkeit, überall und sofort einschlafen zu können, kombiniert mit der Tatsache, dass ich mich vor dem Zubettgehen von Kopf bis Fuß mit

Gesichts- und Körperlotion eincreme (in meinem Kreuzzug zur Bewahrung der Überreste straffer Haut, die ich noch besitze), ist nicht unbedingt dazu geeignet, ein männliches Wesen in Fahrt zu bringen. Tim bezeichnet mein allabendliches Ritual des Cremeauftragens immer als »total einbalsamiert« – ein Ausdruck, den manche Leute falsch verstehen könnten. Wenn ich mich »einbalsamiert« habe, bin ich jedenfalls in etwa so attraktiv wie eine über und über mit Vaseline beschmierte Kanalschwimmerin, und außerdem riecht das ganze Haus nach Body Shop. Seit unsere Kinder da sind, haben wir gelernt, dass wir einfach spontan sein *müssen,* wenn unser Bedürfnis nach Schlaf und Körperlotionen unsere körperliche Beziehung nicht völlig unterdrücken soll. Das hat aber auch dazu geführt, dass unser Sexleben in den Nicht-Schwangeren-Zeiten wesentlich abenteuerlustiger geworden ist! Wenn wir miteinander ins Bett gehen, führen wir uns auf wie Kinder, die gerade eben den Geschmack von Süßigkeiten kennen gelernt haben und ein paar Tage lang davon nicht genug bekommen können. Natürlich ist es wesentlich schöner, wenn man Sex nicht einfach als Zeugungsakt betreibt, sondern ihn als lustvollen Moment genießt. Aber ich habe auch den Verdacht, dass die besonders lebhaften Zeiten, in denen wir sozusagen den Bonbonladen leer räumen und uns mit Brausepulver und Pfefferminzbonbons voll stopfen, in direkter Verbindung mit den Tagen im Monat stehen, an denen ich am fruchtbarsten bin. Ich bin dann viel eher bereit, mir die Kleider vom Leib reißen zu lassen – ganz egal ob ich Babys machen will oder nicht!

Kurz nachdem ich Eloise abgestillt hatte und meine erste Periode bevorstand, litt ich eine Weile unter merkwürdigen Migräneanfällen. Mein Arzt riet mir, nicht sofort wieder mit der Pille zu beginnen; also griffen wir erneut zu Kondomen, was uns das Gefühl gab, wieder zwanzigjährige Studenten zu sein. Daneben spielten wir an den Tagen, an denen ich mich »sicher« fühlte, noch ein wenig Russisches Roulette. Wir wussten beide, dass wir irgendwann ein drittes Kind haben wollten, also machte es nichts aus, wenn ich mit meinen Berechnungen einmal leicht daneben lag. Ich bin mir allerdings nicht sicher, welchen Weg der Verhütung wir einschlagen werden, wenn unsere Familienplanung einmal abgeschlossen ist. Die Sterilisation – egal für wen von uns beiden – scheint ein so gewaltiger Schritt zu sein, dass wir uns erst damit befassen wollen, wenn die Frage wirklich akut wird.

Im Augenblick jedoch ist der Begriff »Verhütung« nichts, um das wir uns wirklich sorgen müssen. In den ersten Monaten der Schwangerschaft profitierte ich erneut von der Tatsache, dass meine Brüste anschwollen, denn Tim zeigte sich deutlich von der Vergrößerung angetan; doch nun, da mein Bauch im wahrsten Sinne des Wortes mein Leben bestimmt, ist der Sex in unserer Beziehung schon wieder in den Hintergrund getreten. Sie mögen mich altmodisch nennen, aber meiner Meinung nach verhindert nichts wirkungsvoller als ein aufgeblähter Bauch in Kombination mit immer praller werdenden Oberschenkeln jede Art von sexueller Spontaneität. Dazu kommt zurzeit noch die Tatsache, dass ich mein Einbalsamierungs-Ritual vor dem Zubettgehen um eine Antistreifen-Creme erweitert habe, die unverkennbar nach Krankenhaus riecht und die ich auf jeden erreichbaren Teil meines Körpers auftrage. Abends im Bett denke ich manchmal, dass sogar die über und über mit Vaseline beschmierte Kanalschwimmerin im Vergleich zu mir attraktiv wirkt, und freue mich schon auf die Zeit nach der Geburt, wenn wir uns wieder einmal wie die Kinder im Bonbonladen aufführen können.

Die anderen drei haben von mir verlangt, dass ich mich in diesem Kapitel als Besitzerin eines schwarzen Vibrators oute. Ich habe es ihnen gestanden, als wir von Annettes Beerdigung zurückfuhren und uns gegenseitig unsere Herzen ausschütteten im Versuch, die äußerst bedrückte Stimmung ein wenig aufzulockern. Lyndsey wäre vor lauter Überraschung fast von der Straße abgekommen, und vor allem Hilary blieb ein paar Sekunden lang der Mund offen stehen. Dabei ist die Art und Weise, wie ich an diesen Vibrator gekommen bin, alles andere als eine Enthüllungsstory – ich bekam ihn als Geschenk, komplett mit Batterien, auf einer rauschenden Millenniums-Party. Jedes Pärchen musste ein gewagtes Geschenk für einen Mann und für eine Frau mitbringen, eingewickelt in schwarzes bzw. weißes Seidenpapier, und um Mitternacht durfte jeder von uns in den Sack mit Geschenken greifen und sich ein Päckchen aussuchen. Natürlich sorgte mein Geschenk für die größte Aufregung und die meisten Kommentare, während es in Windeseile die Runde durch den Raum machte. Zu dieser Zeit war ich fast vier Monate mit Eloise schwanger, und der Gedanke, mit diesem Geschenk in der Handtasche nach Hause zu kommen, brachte mich schwer in Verlegenheit! Es fehlte nur noch, dass die Polizei uns auf unserem Heimweg anhielt und durchsuchte: Eine schwangere Frau am Steuer eines Autos voll betrunkener Nachtschwärmer mit einer schwarzen Samthandtasche neben dem Fahrersitz, in der ein gewaltiger schwarzer Dildo steckte! Ganz ehrlich: Ich weiß heute wirklich nicht mehr, wo wir das Ding beim Nachhausekommen versteckt haben. Doch vielleicht sollte ich es wieder heraussuchen, und sei es nur als Einweihungsgeschenk für Andreas »Bumsbude«. Allerdings bin ich mir nicht ganz sicher, ob sie es zu schätzen weiß, wenn ich meine unerwünschten Geschenke bei ihr ablade – vor allem wenn es sich um einen Gebrauchtvibrator handelt. Selbst eine eidesstattliche Erklärung, dass das Ding unbenutzt ist, würde ein solches Geschenk nicht viel attraktiver machen.

Aber Scherz beiseite und zurück zur Wirklichkeit: Sowohl Tim als auch ich sehen die Zehn-Uhr-Grenze nicht als letzten Aufruf zum Schlafengehen, sondern als Möglichkeit, vor dem Zubettgehen noch etwas erledigt zu bekommen. In gewisser Weise bewundere ich Freundinnen wie Lyndsey, die nach neun Uhr abends nichts Neues mehr anfangen und die um zehn Uhr – von Mitternacht ganz zu schweigen – schon längst im Bett liegen. Da ich selbst jemand bin, der gern mit den Hühnern aufstehen würde, um die frühen Morgenstunden so richtig auszunutzen, habe ich gelegentlich versucht, früher ins Bett zu gehen und früher aufzustehen. Doch solange Tim, die Nachteule, sich nicht ändert, werde leider auch ich meine Schlafgewohnheiten nicht großartig ändern. Und da Jack und Eloise beides gute Schläfer sind und im Allgemeinen nicht vor sieben Uhr morgens aufwachen, bedeutet das, dass ich meinerseits nicht allzu früh ins Bett gehen muss, um wie andere Eltern für einen frühmorgendlichen Weckruf gerüstet zu sein.

Im Alter von neun Monaten durchlief Eloise allerdings eine Phase, in der sie um Mitternacht erwachte und sich in ihrem Bettchen die Lunge aus dem Hals schrie. Zunächst hielt ich es im Zweifel mit der Angeklagten und ging davon aus, es müssten »die Zähne« oder schlechte Träume sein. Aber als es Abend für Abend so weiterging und Eloise sogar aus voller Kehle zu schreien begann, sobald wir sie abends zum Schlafen ins Bettchen legten, wurde mir klar, dass es sich um ein Verhaltensmuster handelte, das wir ihr so schnell wie möglich wieder abgewöhnen mussten – entweder das, oder sie hätte lernen müssen, sich selbst wieder in Tiefschlaf zu versetzen. Wie auch immer: Ich suchte nach einer Methode, dieses Problem so schnell wie möglich zu lösen, um wieder zu den ruhigen und ungestörten Nächten zurückkehren zu können, an die ich mich so gewöhnt hatte. Ich hatte von der Methode des kontrollierten Weinens gehört, und obwohl ich wusste, dass derartige Versuche bei Hilary katastrophal geendet hatten, erzählte mir eine andere gute Freundin, sie hätte damit großen Erfolg gehabt. Sie hatte damit begonnen, nachdem sie Nacht für Nacht neben dem Bettchen ihres Sohnes gesessen und dort immer wieder eingenickt war, während er sich die ganze Zeit über an einem ihrer Finger festhielt, bis er schließlich einschlief. Da gleichzeitig die Geburt ihres zweiten Kindes immer näher rückte, entschloss sie sich, ihrem Sohn sein Verhalten abzugewöhnen, bevor das zweite Baby da war. Sie benötigte nur vier Nächte, und obwohl sie sich in diesen Nächten im Nebenzimmer selbst die Augen ausheulte, war der Spuk danach vorbei – statt einem Kind am Finger hatte sie nun ein zufrieden durchschlafendes Baby.

Ich entschloss mich, das Gleiche mit Eloise zu versuchen – nur mit dem Unterschied, dass Tim das Ganze nicht als »kontrolliertes Weinen«, sondern eher als »kalten Entzug« anging. Er entschied, dass wir einfach die Tür zu ihrem Zimmer schließen und sie sich in den Schlaf schreien lassen sollten – was natürlich sowohl Eloise als auch mich fast in den Wahnsinn trieb. Väter sind vielleicht strenger in ihren Methoden, aber obwohl wir beide dasselbe Ziel anstrebten, so hatte ich doch das Gefühl, dass wir eine etwas humanere Vorgehensweise brauchten. Ich hielt es einfach nicht aus, mein armes kleines Mädchen im Nebenraum Rotz und Wasser heulen zu hören, nachdem wir sie zuvor einfach im Stockdunklen allein gelassen hatten, ohne ihr wenigstens zu versichern, wir würden sie in ihrem Schwarzen Loch nicht zurücklassen. Daher setzte ich mich gegen Tims Extrem-Methode durch, überhörte geflissentlich sein Grummeln und Maulen und ging dazu über, Eloise fünf bis zehn Minuten allein zu lassen und anschließend zu beruhigen – was schließlich auch zum Erfolg führte. Natürlich gab es auch Nächte, in denen ich so müde war, dass ich ihre Tür schloss, wieder ins Bett ging und ein paar Stunden durchschlief – nur um danach in heller Panik hochzuschrecken, voller Angst, sie wäre an ihrem hysterischen Schreien erstickt. Also schlich ich mich mitten in der Nacht aus dem

Bett, öffnete vorsichtig und so leise wie möglich die Tür zu ihrem Zimmer und stellte mit ungeheurer Erleichterung fest, dass sie immer noch atmete und schlafend aufrecht in ihrem Kinderbettchen saß, den Kopf gegen die Stangen des Betts gelehnt, während ihre Arme und Beine wie bei einer Puppe durch die Zwischenräume ins Freie baumelten. Die Sorge um die Schlafposition unserer Tochter und ein mögliches Rückenleiden im späteren Leben waren ein geringer Preis für die gewonnene Schlacht!

Ein ganz anderes Thema der Kindererziehung ist die Erläuterung der menschlichen Anatomie – ganz zu schweigen von den Bienchen-und-Blümchen-Fragen. Ich hätte nie gedacht, dass sich das Interesse von Kindern an Körperteilen so früh äußern würde. Obwohl Jack und Eloise Tim und mich jeden Morgen nackt sehen – denn wir verstecken uns nie vor ihnen –, sind sie immer noch völlig fasziniert und kichern über gewisse Körperteile, über die meines Wissens auch einige Erwachsene gelegentlich noch ins Stottern geraten. Ich weiß noch gut, wie wir uns über Hilary und ihre Sorgen wegen der Anatomie-Faszination ihrer Töchter ausgeschüttet haben vor Lachen. Ella hatte eine Zeit lang ganz offensichtlich großen Spaß daran, David jedes Mal, wenn er seine Boxershorts herunterließ, an sein bestes Stück zu fassen und »Muuh muuh« zu rufen, und Molly wünschte sich zu ihrem dritten Geburtstag ausdrücklich ein »Würstchen wie Daddy«. Der arme Alfie tut mir jetzt schon Leid, so ganz allein mit zwei Schwestern mit einem so ausgeprägten Penisneid: Der kleine Kerl wird von zartester Jugend an Schutz nötig haben. Ich weiß nicht, ob Molly ihre Obsession auf Jack übertragen hat oder ob sie einfach nur einen willigen Verbündeten in ihm fand, aber eine Zeit lang gingen die beiden nach dem Abendessen mit Begeisterung ihrer Lieblingsbeschäftigung nach, dem »Doktorspiel«. Im Allgemeinen bedeutete das, dass sie sich unter dem Esstisch herumdrückten – oder schlimmer noch, sich im Badezimmer einschlossen –, die untere Hälfte ihrer Bekleidung auszogen und sich gegenseitig untersuchten. Wir werden wohl nie herausfinden, wie detailliert diese Untersuchungen ausfielen, aber allzu umfassend dürften sie bei Dreijährigen nicht gewesen sein. Glücklicherweise gefiel ihnen das Dreirad fahren und das gegenseitige »Erschießen« mit Stöcken bald viel besser als das Doktorspielen, und ich konnte erleichtert feststellen, dass die Kurve dieser speziellen Wissbegierde steil nach unten zeigte.

Etwa ein Jahr später brachte Jack mich mit der Frage aus der Fassung, warum ich keinen Pillermann hätte – es klang so, als würde mir ein lebenswichtiger Teil meines Körpers fehlen. Ich wusste, dass ich mir schnell eine gute Erklärung einfallen lassen musste: Ganz gleich was ich ihm antwortete, es würde auf ewig in seinem Gedächtnis haften bleiben. Also dachte ich gründlich nach und erklärte ihm kurz die Unterschiede zwischen den Geschlechtern, wobei ich den Ausdruck »Mädchensachen« für die weiblichen Körperteile benutzte und im Stillen erleichtert war, dass er keine weiteren Fragen stellte. Da ich wusste, dass Hilary und David für die Erklärung von Körperfunktionen über eine breite Palette anschaulicher Ausdrücke verfügten, hielt ich es für das Beste, sie zu fragen, welche Terminologie sie in dieser Hinsicht verwendeten. Schließlich kackten in ihrem Haus Babys nicht einfach die Windeln voll, sie »machten Mokkaböhnchen«, und ihre Kinder hatten nie eine »Rotznase«, sondern es wurde bestenfalls »Schniefalarm« ausgerufen. Warum ich also geschockt war, dass Hilary für »Mädchensachen« den Ausdruck »Popodimopo« verwendete, weiß ich selbst nicht. Molly hatte ihr Hinterteil immer schon »Popo« genannt, daher hängte Hilary nur eine Art Erweiterung an ein Wort, das Molly bereits kannte und verstand. Dennoch bin ich froh, dass ich diesen Ausdruck nicht übernommen habe, denn Jack ist inzwischen fast fünf, und ich wage mir kaum auszumalen, was er sich auf dem Spielplatz anhören müsste, wenn er dort etwas von Popodimopos erzählen würde. Ich befürchte, sein Image würde selbst in so jungen Jahren nachhaltigen Schaden nehmen, wenn er sich bei diesem Thema in der Terminologie vergreift. Zumindest ist »Mädchensachen« kein Ausdruck, für den ich mich schämen müsste – für den Fall, dass Jack mich in der Schule blamiert, indem er während der Schulversammlung damit herausplatzt. Ich wünschte mir nur, mein Gedächtnis würde weit genug zurückreichen, um beurteilen zu können, ob diese Faszination völlig natürlich ist oder ein frühes Warnzeichen dafür, dass uns zwei sexbesessene Heranwachsende bevorstehen!

Lyndsey

Schlaf und Sex. Na gut – ich bin froh, dass Schlaf zuerst genannt wird, denn mit einem Säugling im Haus steht dieses Thema zurzeit wesentlich höher auf meiner Prioritätenliste. Also werde ich auch damit anfangen. Bethan ähnelte Molly insofern stark, als dass sie von Geburt an in den Schlaf gewiegt oder geschaukelt werden musste, bevor ich sie ins Bettchen schaffen konnte. Vielleicht sind Mädchen besonders halsstarrig, oder möglicherweise ist das bei allen Erstgeborenen so – denn wir als frisch gebackene Eltern neigen definitiv dazu, dieses kostbare neue Wesen zu verhätscheln, und auch unsere Angst vor Tränen ist sehr viel größer. Für mich genügte schon ein leises Wimmern, um loszustürzen und mein Kind an mich zu reißen, aus Angst, die Situation könnte gefährlich werden, und ich würde mich mit einem schreienden, völlig außer sich geratenen Säugling wiederfinden, für dessen Beruhigung ich weder die Fähigkeiten noch das Selbstvertrauen besaß. Das führte natürlich dazu, dass Bethan uns schon bald nicht mehr erlaubte, sie in ihr Bettchen zu legen, ohne dabei einen Aufruhr zu veranstalten. Obwohl ich sie hin und wieder ein paar Minuten schreien ließ, war ich immer der Ansicht, dass ein Kind beruhigt werden muss, wenn es sich so ängstigt, und sie ängstigte sich wirklich. Bis heute bin ich kein Freund davon, ein Kind unkontrolliert weinen zu lassen, und sei es für einen noch so kurzen Zeitraum. Also nahm ich sie wieder aus ihrem Bettchen und wiegte sie und klopfte ihr leicht auf den Rücken, bis sie nach einer Weile einschlief. Das Rückenklopfen hatte ich vom ersten Tag an begonnen – es war der Tipp einer Hebamme, die damit Säuglinge zum Einschlafen brachte. Angeblich ähnelt es den Herzschlägen, die das Ungeborene im Mutterleib hörte. Ich habe keine Ahnung, ob das der Wahrheit entspricht, aber bei Bethan hatte es Erfolg. Ich wünschte mir nur, die Hebamme hätte mir gesagt, dass Kinder, die sich einmal an diesen Anreiz gewöhnt haben, bis in alle Ewigkeit auf diese Weise zum Schlafen gebracht werden wollen. Doch wenn Bethan einmal eingenickt war, schlief sie mindestens bis sechs Uhr morgens durch, und danach konnte ich mit Stillen und etwas Kuscheln in unserem Bett eine weitere Stunde dringend benötigten Schlaf herausholen.

Es gab nur ein einziges Problem: Wir mussten sie dazu bringen einzuschlafen. Doch je älter und kräftiger sie wurde, desto schwerer fiel es uns, sie in den Schlaf zu wiegen oder zu schaukeln – das Risiko eines permanenten Rückenleidens wuchs mit jedem Tag. Schließlich beugten wir uns abwechselnd über den Rand ihres Bettchens und klopften ihr dabei sanft den Rücken, bis sie einschlief. Diese Methode brachte zwar Erfolg, aber die Stunden, die ich über das Kinderbett gebeugt verbrachte, stellten nicht nur meine Geduld auf eine harte Probe, sondern erwiesen sich auch als wahre Tortur für meine Lendenwirbel. Auch als sie älter wurde, erwartete Bethan nach wie vor von uns, dass wir bei ihr blieben, bis sie eingeschlafen war. Und nachdem sie einmal sprechen gelernt hatte, begann sie, sogar Forderungen zu stellen: »Rücken klopfen!« Es gab kein Entkommen – und keinen Zweifel daran, wer in unserem Haus das Sagen hatte. Doch auch wenn mir von den endlosen Stunden, die ich über das Kinderbettchen gebeugt verbrachte, langsam die Arme abstarben, wollte ich den Wechsel in ein richtiges Bett nicht überstürzt angehen. Die sichere Umrandung eines Kinderbettchens erschien mir wesentlich stressfreier als ein Bett und bot Bethan kaum Möglichkeiten, aus dem abendlichen Einschlafritual auszubrechen. Unglücklicherweise mussten wir um ihren zweiten Geburtstag herum feststellen, dass das Kinderbettchen nicht mehr länger die erwartete Sicherheit bot. Ich hatte mich schon gefragt, wann die Zeit gekommen sein würde, sie in ein richtiges Bett zu legen – und dann erhielt ich die Antwort. Eines Nachts hörte ich sie in ihrem Zimmer etwas rufen, doch bis ich selbst einigermaßen zu Bewusstsein gekommen war, hatte sie sich schon wieder beruhigt. Die Versuchung war groß, einfach weiterzuschlafen, aber irgendetwas trieb mich dazu, wenigstens einmal kurz nachzusehen. Als ich die Tür zu ihrem Zimmer öffnete, wurde Bethan vom Licht aus dem Flur erfasst wie ein Kaninchen von den Scheinwerfern eines Autos. Sie saß rittlings auf der Umrandung ihres Kinderbettchens, aus dem sie gerade herauszuklettern versuchte – und ich verstand zum ersten Mal die wahre Bedeutung des Ausdrucks »dem Tod ins Gesicht sehen«. Was wäre gewesen, wenn ich weitergeschlafen hätte? Sie hätte auf den Kopf fallen oder sich beim Fallen den Hals brechen können: Alles war denkbar! Und so bekam sie ein Bett – und damit die Möglichkeit, jederzeit und überall herumwandern zu können.

Am liebsten kam sie mitten in der Nacht an unser Bett spaziert. Anfänglich fanden wir das noch süß – aber wir hätten diesen Wandertrieb schon beim ersten Mal im Keim ersticken sollen, als ihr niedliches, kleines Gesicht neben unserem Bett auftauchte und darum bettelte, hereingelassen zu werden und ein bisschen kuscheln zu dürfen. Wir waren zu müde und zu abgekämpft, um mit ihr zu streiten, verschwendeten keinen Gedanken an die langfristigen Auswirkungen und ließen sie zu uns ins Bett krabbeln. Doch als sich das Ganze zu einem allnächtlichen Ritual entwickelte, musste etwas geschehen. Eine Weile lang funktionierte Hilarys Methode mit der Tafel und den Stickern – nichts ist befriedigender für eine Dreijährige als eine Tafel, auf der jeder sehen kann, wie brav sie gewesen ist. Außerdem bot auch die nahende Weihnachtszeit die Möglichkeit einer effektiven Bestechung. Schließlich kann der Weihnachtsmann nur den Kindern Geschenke bringen, die auch in ihrem eigenen Bett schlafen – wie sollte er sie sonst finden? Also ging ich davon aus, dass es uns schließlich doch noch gelungen war, dieses Verhalten abzustellen. Doch weit gefehlt: Selbst heute noch ertappe ich mich dabei, wie ich mir eine Belohnung ausdenke, nur damit wir gelegentlich eine Bethan-freie Nacht erleben dürfen. Im Allgemeinen hält das für etwa fünf Nächte vor, aber von »geheilt« kann überhaupt keine Rede sein. Bei Caitlin bin ich mit einer anderen Strategie an die Sache herangegangen: Nach dem Füttern wird sie sofort in ihr Bettchen gelegt, egal ob wach oder nicht, und bisher ist sie immer ohne das ganze Hin und Her eingeschlafen, das wir mit Bethan erlebt haben. Ob dies so bleibt, werden wir sehen, aber ich hoffe, dass es ein gutes Omen für die Zukunft ist.

Bethan hat nie einen Tröster oder ein Beruhigungsmittel wie einen Schnuller, ein Tuch oder einen Daumen gebraucht, aber sie nuckelt an der Rückseite ihres Arms wie an einem imaginären Schnuller. Ich habe so etwas noch nie bei einem Kind gesehen – weder vor Bethan noch danach –, aber wenn ihr Arm in Richtung Mund wandert und die lauten Schlürf- und Schmatzgeräusche beginnen, ist das ein sicheres Zeichen dafür, dass sie müde wird. Ich habe auch gar nichts dagegen, wenn das in ihrem eigenen Bett geschieht, doch wenn sie um fünf Uhr morgens neben mir liegt, sind diese Geräusche etwa so nervenaufreibend wie die Sauggeräusche von jemandem, der direkt neben einem die Reste seines Milkshakes durch den Strohhalm schlürft. Die Ruhe und der Frieden der Dunkelheit sind dahin, und solange man nicht zu extremen Maßnahmen greifen und Ohrstöpsel tragen will, was ich gelegentlich tun musste, macht man kein Auge zu, bis der Lärm etwa eine Stunde später abklingt. Am stärksten und am lautesten saugt sie beim Einschlummern oder im Halbschlaf – und natürlich bemerkt sie überhaupt nicht, welche Aufregung sie verursacht. Und wenn ich endlich langsam wieder in den Schlaf hinüberdämmere, macht es »Drrrriiinnnnnggg«, mein Wecker geht, und ich erhebe mich wie auf Autopilot und stolpere, einem Zombie gleich, in Richtung Badezimmer. Dabei kann ich nur daran denken, wie viele Stunden es noch sind, bis ich wieder in mein Bett zurück darf – in dem Bethan immer noch liegt und zufrieden schläft. Ist es nicht eigenartig, dass wir unser Leben damit zubringen, leise um unsere Kinder herumzuschleichen aus Angst, dass sie bei einem zu lauten Atemzug die kleinen Augen sofort weit aufreißen? Dabei gelingt es nicht einmal den düsenjägerähnlichen Dezibel unseres Weckers – der uns Erwachsene mit einem Schlag ins Land der Lebenden versetzt –, ihnen auch nur ein Muskelzucken zu entlocken. Die Umstellung auf die Sommerzeit, bei der die Uhren eine Stunde vorgestellt wurden, erwies sich als wahrer Segen. Es bedeutete, dass Bethan erst gegen sechs Uhr früh an unser Bett kam – eine zwar nur psychologische Verbesserung, doch es fühlte sich wunderbar an. Bevor wir Kinder hatten, genoss ich es immer, wenn die Uhren zurückgestellt wurden, weil wir dadurch eine weitere Stunde im Bett gewannen; seit wir Kinder haben, kommt es mir vor wie die reinste Hölle, weil ihr frühmorgendliches Auftauchen in unserem Schlafzimmer in Wahrheit mitten in die Nacht fällt. Plötzlich tröstet mich die menschenfreundlichere Zeit zum Aufstehen locker über den Verlust einer Stunde Schlaf hinweg.

Bevor die Kinder kamen, war ich eine Nachteule wie Sarah, aber als mein Schlafbedürfnis ständig zunahm, ging ich immer früher ins Bett – was dazu führte, dass ich heute meist gegen halb zehn mit einem guten Buch unter der Bettdecke zu finden bin. Wenn wir an den Wochenenden Freunde besuchen oder selbst Besuch von Freunden bekommen, muss ich mir mit Macht das Gähnen verkneifen, weil wir zu meiner üblichen Schlafenszeit erst mit der Vorspeise beginnen. Doch irgendwann gewinnen meine guten Manieren die Oberhand, ich unterdrücke mein Gähnen und finde mich kurz darauf in einer neuen Zeitzone wieder – fast wie in meiner Studentenzeit, in der ich bis zwei Uhr morgens in den Clubs herumhing. Habe ich erst einmal die Elf-Uhr-Schwelle überschritten, kann ich problemlos weiterfeiern; allerdings habe ich später im Bett größte Schwierigkeiten einzuschlafen. Ich erinnere mich an die Zeiten, als ich Tim kennen lernte und wir jeden Freitagabend ausgingen. Ich kam immer so in Schwung, dass ich einfach weitermachen konnte und gutes Stehvermögen hatte – ganz egal wie müde ich am Ende einer anstrengenden Arbeitswoche gewesen war. Während ich mit Freunden die Nacht durchtanzte, lag Tim meist schon fest schlafend in einer Ecke, und ich musste ihn regelmäßig wachrütteln, wenn es Zeit war zu gehen. Ich hätte damals schon gewarnt sein müssen – heute verschwindet er liebend gern nach oben, »Ich schau mal kurz nach Bethan« und bleibt verschwunden, bis ich ihn irgendwann im Tiefschlaf neben ihrem Bett finde. In einigen Fällen behauptete er hinterlistig, er würde mal kurz nach ihr sehen, kroch dann in sein eigenes Bett und legte sich voll angezogen zum Schlafen unter die Decke. Ich kann gar nicht sagen, wie sehr mich das auf die Palme bringt – nicht so sehr, weil er so unverschämt ist, mich mit unseren Gästen oder Gastgebern allein zu lassen, sondern weil er heimlich vorschläft. Denn wenn es mir gelingt, wach zu bleiben, warum darf er sich dann einfach den Luxus eines Schlafbonus gönnen? Glücklicherweise sind unsere Freunde von der nachsichtigen Sorte, und wenn Tim wieder einmal verschwindet – und sei es tatsächlich nur, um kurz auf die Toilette zu gehen – , verabschiedet ihn ein »Gute Nacht, Tim«-Chor, der auch aus den *Waltons* stammen könnte. Und wenn es ihm danach gelingt, tatsächlich wieder vom Klo zurückzufinden, wird er mit einem donnernden Applaus begrüßt.

So viel zum Schlaf – und nun zum Sex. Wie ich bereits sagte, kann ich dank einer Bettchen-wechsel-dich-Bethan, einer noch zu stillenden Caitlin und einem unersättlichen Verlangen nach Schlaf kaum etwas zu diesem Thema beitragen. Wenn ich ins Bett gehe, dann schlafe ich – und ehrlich gesagt, möchte ich mir diesen Luxus nicht durchs Liebemachen nehmen lassen. Als wir also unser zweites Kind planten, blieben uns nur noch die Nummern am Morgen. Natürlich erwiesen sich dabei Bethans Bettwanderungen als problematisch – jedes Mal wenn wir morgens aufwachten, lag unweigerlich unser kleiner Cherub zwischen uns. So betrachtet, sind Kinder ein erstklassiges Verhütungsmittel; also mussten wir uns einen Plan B einfallen lassen für die Zeit, in der sie wach war. Plan A – miteinander zu schlafen, während sie im Bett lag und schlief – würde nie funktionieren. Am liebsten wachte sie morgens in unserem Bett auf, rannte dann hinüber in ihr Zimmer und holte ihre Puppen und Teddys, um damit in unserem Bett zu spielen. Doch es gab etwas anderes, das ihr sogar noch besser gefiel: die Erlaubnis, ihr Lieblingsvideo anzuschauen. Und so wurde Plan B aus der Taufe gehoben. Wir überredeten Bethan, nach unten zu kommen und sich ein Video auszusuchen, während Daddy ihr die warme Milch fertig machte. Dann erzählte er ihr, er würde Mami eine Tasse Tee ans Bett bringen und wäre in ein paar Minuten wieder zurück. Zum Glück lag ihre Aufmerksamkeitsspanne etwa bei einer halben Stunde, bevor sie nach Daddy zu rufen begann; somit blieb uns genug Zeit für unsere »Tasse Tee«. Wir waren nicht davon ausgegangen, dass die »Bethan in unserem Bett«-Phase so lange andauern oder dass meine Empfängnis so lange auf sich warten lassen würde – aber als ich endlich mit Caitlin schwanger war, hatte Bethan ihr Morgenritual fest verinnerlicht und besaß außerdem eine außergewöhnlich gut sortierte Videosammlung. Verstehen Sie mich bitte nicht falsch: Plan B kam nicht jeden Tag vor, noch nicht einmal jedes Wochenende, sondern nur während der Zeit meines Eisprungs, wenn die Tage auf dem Kalender eingekreist waren. Zu Anfang freuten Tim und ich uns auf die umkringelten Tage, aber schon bald forderte der Druck seinen Tribut, und während die Monate – und sogar Jahre – ins Land gingen, ließen Gefühle und Empfindungen spürbar nach. Aber eines Tages hatten wir es geschafft. Allerdings kann ich mir heute – mit Caitlin als neuem Familienmitglied und meinem verzweifelten Verlangen nach Schlaf – nicht vorstellen, jemals wieder am frühen Morgen Lust auf eine »Tasse Tee« zu haben.

Mode und Metabolismus

Die Schwangerschaften und das Überschreiten des berühmt berüchtigten dreißigsten Lebensjahrs haben definitiv ihre Spuren auf unseren Körpern hinterlassen. Zwar sind einige von uns immer noch schlank, aber auch ihre Haut ist ein wenig schlaffer geworden. Und bei den anderen tickt die gute alte metabolische Uhr etwas langsamer, was das Aufrechterhalten des Idealgewichts zu einer niemals endenden und letztlich unmöglichen Aufgabe macht.

Was ist mit unseren Körpern geschehen? Welche Diäten und welches Training machen wir, und wie wirkt es sich aus? Die Antwort fällt für jede von uns völlig unterschiedlich aus. Wenn wir nicht so gute Freundinnen wären, gäbe es sicherlich reichlich Anlass zu Missgunst und Eifersüchteleien – vor allem, wo die einzige Schwangere unter uns trotz der nahenden Niederkunft fast schon unanständig ansehnlich und zauberhaft zierlich bleibt.

Das Thema Mode, oder besser der Mangel an Mode, steht in gewisser Weise in direktem Zusammenhang mit den Sorgen und Ängsten des sich ändernden Selbstbildes. Wenn man nicht wirklich einhundertzehnprozentig mit seinem Körper zufrieden ist, bleiben einem zwei Möglichkeiten: Entweder man gibt auf und entscheidet sich für Schlabberlook statt Schick, oder man stürzt sich in einer Art Überkompensation auf die Teenagermode. Es ist alles so schwierig: Eine falsche Entscheidung, und man sieht entweder so aus wie die eigene Großmutter oder wie der älteste Teenager der Stadt. Und nun viel Vergnügen mit Fashion-Flops, Fett und Falten!

Ich war mir nicht sicher, warum die anderen wollten, dass ich dieses Kapitel beginne, aber so langsam drängt sich mir der Verdacht auf, dass das Ganze ein Trick war, um Munition gegen mich zu sammeln. Ich bin eine derjenigen Frauen, die vor, während und nach der Schwangerschaft schlank bleiben, ohne dafür wirklich etwas tun zu müssen. Wie Sie sich vorstellen können, ärgert das die anderen maßlos, da sich ihr Leben anscheinend ständig um das neueste Fitnessprogramm dreht.

Die Firma, für die ich arbeite, hat einen Fitnessraum und bietet ihren Mitarbeitern zur Mittagszeit und nach der Arbeit Aerobic-Kurse an. Als ich noch Vollzeit arbeitete, also noch vor Bethan, besuchte ich diese Kurse regelmäßig, aber seit ich nur noch drei, inzwischen vier Tage pro Woche zur Arbeit gehe, ist mein Arbeitstag einfach zu ausgefüllt. Leider musste ich bald feststellen, dass meine Bauchmuskulatur ohne dieses Minimum an Training ein wenig schlaff geworden ist – die ganzen Schokoladenkekse haben also doch noch einen Weg in die schwabbelige Haut rund um meinen Bauch gefunden, die anscheinend nur darauf gewartet hat, sich mit Fett voll saugen zu können. Als ich zum zweiten Mal schwanger zu werden versuchte, beschloss ich, meinen hektischen Arbeitstag ein wenig besser zu organisieren und schob pro Woche mindestens zwei mittägliche Aerobic-Stunden ein. Der dahinter liegende Gedanke war, wenn ich fit und gesund wäre, würde dies dabei helfen, schneller schwanger zu werden. Doch nach der zweiten Fehlgeburt gelangte ich zu der Überzeugung, dass all diese Übungen, vom Schwingen der Hüften über das Anspannen der Bauchmuskulatur bis zum Steppen über irgendwelche Bänke, möglicherweise einen negativen Effekt haben und den Fötus aus der Gebärmutter schleudern könnten. Zu diesem Zeitpunkt arbeitete mein Verstand nicht mehr hundertprozentig logisch. Daher beendete ich erneut mein Trainingsprogramm. Und das war dann auch der Moment, in dem ich die ersten Pfunde zulegte, wobei der Verzicht auf Aerobic wahrscheinlich nicht die Hauptursache war – es lag vermutlich mehr am so genannten »Trostessen«.

Ich habe mir immer gewünscht, ich würde zu den Menschen zählen, die nichts mehr essen können, sobald sie niedergeschlagen sind, aber leider gehöre ich zur genau entgegengesetzten Gruppe. Wenn ich deprimiert bin, greife ich gerne zu einem ordentlichen Stück Kuchen und einer großen Tasse Milchkaffee – das hilft mir dann wieder ein bisschen weiter. Allerdings eignet sich diese Methode nicht für einen längeren Zeitraum, wenn man auf sein Gewicht achten will. Aber das war mir egal. Als ich mit Caitlin schwanger wurde, befand sich mein Körper in einem traurigen Zustand, und meine Jeans Größe 40 saß verdammt eng. Ich weiß, wie ärgerlich das jetzt für viele Leute klingen muss, die mit ihrem Gewicht kämpfen, aber schließlich ist alles relativ. Wenn man feststellt, dass man so viel zugenommen hat, dass eigentlich eine Kleidernummer größer fällig wäre, dann ist das deprimierend – egal welche Größe man vorher hatte. Es machte mir große Sorgen, dass ich für meine Verhältnisse bereits fett war, noch bevor ich auch nur ein Gramm Schwangerschaftsgewicht zugenommen hatte. Mein rasch wachsender Hüftumfang gefiel mir gar nicht, weil ich fürchtete, dass diese Gewichtszunahme das Ende meines hohen Stoffwechselumsatzes bedeutete. Mein Leben lang hatte ich essen können, was ich wollte, aber jetzt dachte ich, der Zahn der Zeit hätte mich nun doch noch erwischt und auch für mich wäre der Moment gekommen, in dem ich den Kampf gegen die Pfunde aufnehmen musste. Als ich jedoch das letzte Schwangerschaftsdrittel erreichte, wurde mein Körper mit jedem Pfund, das das Baby zulegte, schlanker. Hilarys drastische Beschreibung dieses Phänomens lautet, meine Kinder würden meinen Hintern von innen auffuttern. Sie schwört Stein und Bein, dass mein Po in dem Maße verschwand, in dem mein Bauch weiter herausragte. Da ich mich selbst von hinten so schlecht sehen kann, glaube ich ihr einfach mal. Was ich allerdings genau sehen konnte – und bitte hassen Sie mich jetzt nicht dafür –, war, dass ich zwei Wochen nach Caitlins Geburt wieder in meine alte Jeans passte; dafür gab sich mein Stillbusen nicht mehr mit meinen alten T-Shirts Größe 42 zufrieden. Ich kann mit Fug und Recht behaupten, dass das Stillen bei mir erheblich dazu beigetragen hat, den Wasserballbauch wieder auf Normalgröße zu reduzieren. Wenn ich allerdings die kleinen Speckröllchen meiner pausbäckigen Tochter Caitlin betrachte, habe ich doch einen Anflug von schlechtem Gewissen und frage mich, ob die zugeführten Kalorienmengen aus all dem Kuchen und der Schokolade, die ich im Laufe des Tages verdrücke, vielleicht direkt an Caitlin weitergegeben werden. Ich fürchte mich vor dem letzten Stilltag, weil ich mir sicher bin, dass mein Stoffwechsel kurz danach den Geist aufgeben wird. Irgendwie werde ich das Gefühl nicht los, dass meine »schlanke« Zeit bald abgelaufen sein könnte und ich wie ein Ballon aufgehen werde, wenn ich meinen Schokoladenkonsum nicht einschränke oder mit einem vernünftigen Training anfange. Aber im Augenblick esse ich für zwei, sage ich mir immer wieder, und genehmige mir noch ein Schokoplätzchen.

Was die Mode anbelangt, so kann ich mich kurz fassen: Da meine Kleidergröße sich nicht geändert hat, ergaben sich auch keine Änderungen bei meiner Garderobe. Manchmal schenkt Tim mir eine modische Jacke oder ein schickes Top, um sicherzugehen, dass mein Status als »Über Fünfunddreißigjährige« durch meine Kleidung nicht allzu deutlich wird, aber ansonsten sind Kleider und Mode kein Thema für mich. Bei Bethan sieht das jedoch ganz anders aus.

Als Tim und ich bei unserer Hochzeit unsere kleine, damals dreijährige Nichte als Brautjungfer haben wollten, hatte meine Schwägerin große Bedenken, ob ihre Tochter wohl einverstanden wäre, bei der Feier ein Kleidchen zu tragen. Dafür hatte ich überhaupt kein Verständnis: »Zieh dem Kind doch einfach an, was es tragen soll, und Feierabend!« – so oder so ähnlich lautete wohl mein damaliger Kommentar. Schließlich erklärte sich die Dreijährige bereit, das hübsche Kleid zu tragen, aber nur, wenn sie ihre Lieblingsradlerhose darunter anziehen durfte! Heute blicke ich reumütig auf meine zynische Einstellung von damals zurück, da ich inzwischen eines Besseren belehrt wurde: Mit Bethan habe ich genau das Gleiche durchgemacht, nur in entgegengesetzter Richtung. Ich hatte eine Zweijährige, die ausschließlich Kleider und Röcke trug. Nach ihrem dritten Geburtstag wurde diese Auswahl noch zusätzlich eingeschränkt, weil sie von nun an nur noch rosa Kleider und Röcke trug; und seit ihrem vierten Geburtstag müssen es rosa Kleider und Röcke sein, aber mit Blüten- oder Schmetterlingsmuster! Alles andere kommt nicht in Frage. Ich frage mich, wie das passieren konnte: Ich weiß noch gut, wie ich meine Schwägerin mit ihrer eigensinnigen Tochter ringen sah und insgeheim dachte, das könnte ich besser. Ich würde meinem Kind sagen, was es anzuziehen hat, und damit basta! Doch die Realität sah ganz anders aus: Um acht Uhr morgens auf dem Weg zur Arbeit tat ich alles, damit Bethan ohne großes Murren in den Wagen stieg. Wenn sie unbedingt ein bestimmtes Kleid an einem bestimmten Tag tragen wollte – bitte, von mir aus. Selbst im tiefsten Winter, wenn es schneite oder in Strömen goss, ließ ich mich erweichen und betete, dass die Kinder an diesem Tag im Hort und nicht im Freien spielen würden. Hin und wieder gelang es mir, sie zu einer Legging oder einer Hose zu überreden, aber nur nach einer bizarren Erklärung oder einem klaren Bestechungsversuch, in dem ich ihr beispielsweise versprach, sie nach dem Kindergarten auf ein Getränk und eine Tüte Chips in den Pub mitzunehmen.

Die Schuld an Bethans Vorliebe für alles Rosafarbene gebe ich ganz klar der vierjährigen Tochter von Freunden, mit denen wir zusammen in Urlaub fuhren, als Bethan zwei und deren Tochter ganz verrückt nach Barbiepuppen war. Nachdem Bethan ihr zwei Wochen lang wie ein Schoßhündchen gefolgt war, hing auch sie am Haken. Ich hatte gehofft, dass uns dies noch mindestens ein Jahr lang erspart bliebe, aber dem war nicht so: Schon bald verwandelte sich Bethans Zimmer von »beruhigendem Gelb« in »kreischendes Rosa«, und die Wände waren übersät mit Barbiebildern – ein Geschenk besagter Freunde, die das für eine wundervolle Weihnachtsgeschenkidee hielten. Inzwischen ist Bethan stolze Besitzerin einer großen Kiste mit Barbiepuppen, die allesamt über unterschiedliche rosa Plastikaccessoires verfügen, welche nur darauf warten, zu zerbrechen oder sich in Luft aufzulösen. Ich weiß gar nicht mehr, wie viele Stunden ich mit der Suche nach verlorenen Barbieschuhen in der Größe eines Fingernagels verbracht habe. Manchmal glaube ich, es wäre wesentlich leichter, die sprichwörtliche Nadel im Heuhaufen zu finden, als eines dieser klitzekleinen, aber absolut unverzichtbaren Barbie-Zubehörteile.

Allerdings muss ich auch sagen, dass Bethan trotz ihrer jungen Jahre immer einen hervorragenden Geschmack bei der Kombination ihrer Kleidung bewiesen hat – was allerdings bei einer durchgehend rosafarbenen Garderobe auch nicht allzu schwierig ist. Leider ist ihre exzellente Zusammenstellung nicht immer der jeweiligen Situation angemessen. Letzten Sommer waren wir alle zu einem Club-Grillabend auf Hilarys Hof eingeladen, und weil ich schon früh zum Helfen hinüberfahren wollte, hatte ich Bethan bei Tim gelassen, damit sie später nachkommen konnten. Beim Verlassen des Hauses sagte ich noch: »Zieh einfach eines deiner hübschen Partykleidchen an«, weil ich dachte, dass sie sich darüber freuen würde. Schließlich macht ihr nichts mehr Spaß, als sich für eine Feier fein zu machen und einen rosa Rüschenrock anzuziehen. Sie können sich wohl meinen Schock vorstellen, als Tim mit dem Wagen vorfuhr und Bethan ausstieg und aussah wie die Bonbon-Fee aus der Nussknacker-Suite. Sie trug ihr äußerst knappes, tuffiges Feenkostüm, inklusive Flügelchen, hochhackiger Schuhe (in denen sie nicht gehen konnte), Zauberstab und – als Krönung des Ganzen – rosa Perlen-Stirnreif. Tim zuckte nur mit den Achseln und meinte: »Genau das wollte sie anziehen!« Ich wusste sofort, dass er auch ohne Klärung der Kleiderfrage bereits genug Schwierigkeiten gehabt hatte, pünktlich auf der Feier zu erscheinen. So unpassend dieses Kostüm an einem verregneten Augusttag im Freien auch war, hielt sich unsere Tochter damals für den Star des Abends.

Während dieser Feen-Phase hatte Bethan mit dem Ballettunterricht begonnen und freute sich auf ihren ersten Auftritt. Tag und Nacht träumte sie davon, eine glitzernde Fee zu sein, und verbrachte Stunden damit, durchs Haus zu tanzen und sich wie eine Fee zurechtzumachen. Aber als der Tag der Aufführung näher rückte, schien ihre Begeisterung zu schwinden, und sie zeigte uns ihre Choreografie nur noch sehr zögernd. Die Bombe platzte, als uns die Tanzlehrerin den Schnittbogen für das Kostüm gab, das wir anfertigen sollten – einen Zwerg. Aber Bethan sollte nicht nur einen Zwerg spielen, man verlangte auch noch von ihr, in tristen Blau-, Braun- und Dunkelgrüntönen aufzutreten – also weit entfernt von der rosa Rüschen- und Glitzerpracht, die sie sich erträumt hatte. Bethan war entsetzt. Sie konnte nicht einmal einen Hauch von Rosa entdecken und war daher nicht gewillt, sich an den Vorbereitungen zu beteiligen – geschweige denn, den Zwergenanzug vor der offiziellen Kostümprobe einmal anzuziehen. Ich versuchte jede erdenkliche Taktik, um sie von den Vorzügen der Zwergenrolle zu überzeugen, aber sämtliche Bemühungen scheiterten an ihrem eisernen Widerstand. Ich glaube, es ist wesentlich leichter, einem Eskimo einen Kühlschrank zu verkaufen, als einer rosa Fee einen langweiligen Zwerg! Schließlich gelang es mir doch noch, ihr etwas Freude an dem Auftritt zu vermitteln: Ich versicherte ihr, wie schön es doch wäre, dass sie bald vor all den Müttern und Vätern, Omas und Opas auf der Bühne auftreten dürfe. Tatsächlich ließ sie sich vom Lampenfieber und der Aufregung vor der Show anstecken und stieg sogar begeistert in ihr Zwergenkostüm, bevor wir am großen Abend das Haus verließen und zum Auftrittsort fuhren. Als wir die Garderobe fanden, wo sie geschminkt werden sollte, hüpfte sie noch vergnügt hin und her und sang ihr Zwergenlied. Doch dann öffneten wir die Tür zur Garderobe und entdeckten, dass es darin nicht nur von anderen tristen Zwergen wimmelte, sondern auch von glitzernden Märchenfeen aus der nächsthöheren Ballettklasse. Mir blieb fast das Herz stehen, als ich sah, wie Bethans Gesichtchen sich verzog und ihr Tränen der Enttäuschung in die Augen stiegen. Und obwohl ich ihre Frustration nachempfinden konnte und mit ihr mitfühlte, wandte ich den uralten Trick an und redete einfach begeistert drauflos: »Komm, jetzt werden wir dich ganz toll schminken«, »Welche Lippenstiftfarbe möchtest du denn?«, »Wie wär's mit einem leuchtenden Rosa?« ... Auf diese Weise wurschtelten wir uns durch, und ich ließ sie in den fähigen Händen der Visagistin zurück, die versprach, Bethan etwas Glitzerpulver auf die Wangen aufzutragen. Irgendwie gelang es ihr, ihre Enttäuschung ein wenig zu verbergen, und in dem Moment war sie für mich der niedlichste Zwerg auf der ganzen Welt. Als Bethan schließlich die Bühne betrat, konnte ich kaum etwas von ihrer Darbietung sehen, weil mir vor Rührung die Tränen kamen. Ich brauche wohl nicht zu erwähnen, dass das Zwergenkostüm seit der Aufführung auf dem Boden ihres

Kleiderschranks liegt und nicht einmal mehr getragen wurde.

Seitdem Bethan in die Vorschule geht, lässt ihre Vorliebe für Barbierosa langsam nach, und vor einiger Zeit erklärte sie mir: »Wenn ich fünf bin, wird Lila meine Lieblingsfarbe, und wenn ich erst mal sechs bin, trage ich nur noch Gelb.« Und tatsächlich: Jetzt, da sich ihr fünfter Geburtstag nähert, sortiert sie allmählich ihre rosa Garderobe aus und entscheidet sich immer häufiger für lila T-Shirts, Röcke und Kleider. Sie trägt jetzt auch häufiger Jeans und Hosen, und manchmal fragt sie sogar nach den schwarzen Schuluniformhosen, die ältere Mädchen tragen. Doch trotz dieser allmählichen Öffnung für andere Farben und Schattierungen muss ich einfach akzeptieren, dass sie in puncto Mode ein stures kleines Mädchen mit einem eigenen Willen ist. Ich würde es niemals wagen, für sie Kleidung zu kaufen, wenn sie nicht dabei ist – denn nur so lässt sich eine unnötige Geldausgabe für ein Kleidungsstück vermeiden, das dann doch nur im Schrank hängt und nicht getragen wird. Auch meine Mutter musste diese Lektion lernen, als sie letztes Jahr Weihnachten zwei Kleider für Bethan kaufte. Das eine Kleid war das hinreißendste Partykleidchen, das man sich vorstellen kann, und besaß alles, was Bethans derzeitigen Modekriterien entspricht: ein weiter Rock, lila und rosa Streifen, reichlich Glitzer usw.; das andere Kleid war ein Dornröschenkostüm. In dem Moment, in dem Bethan das Dornröschenkleid erblickte, hatte sie es auch schon übergestreift und weigerte sich, es die nächsten zwei Wochen wieder abzulegen – höchstens für eine schnelle Reinigung in der Waschmaschine. Sie trug das Kostüm bei jeder Gelegenheit, selbst in der Kirche zu meiner Beschämung. Doch was das Partykleid betraf, so teilte Bethan meiner Mutter unumwunden mit, dass sie es nicht mochte und auch nicht tragen würde – und daher wäre es vielleicht das Beste, wenn meine Mutter es wieder zurück in den Laden brächte. Trotz ihres fünfzigprozentigen Kauferfolgs glaube ich, dass meine Mutter jetzt versteht, warum ich nicht ohne die kleine Modediva einkaufen gehe.

Tim und ich fürchten uns schon vor der Teenagerzeit und vor der dann möglicherweise angesagten Mode. Was auch immer zu dem Zeitpunkt aktuell und trendy sein wird – wir sind fest davon überzeugt, dass Bethan an vorderster Front dabei sein wird. Und ich weiß, Tim betet jetzt schon insgeheim, dass dann Mikro-Miniröcke und Bauchnabelpiercings längst aus der Mode sein werden. Doch ich fürchte, dies wäre nur die Spitze des Eisbergs.

Andrea

Wenn Lyndsey glaubt, dass ihre Klagen über ihre nicht mehr ganz so schlanke Figur mir Munition für kleine Spötteleien liefern würden, dann hat sie vollkommen Recht! Während sie fürchtet, bei Kleidergröße 42 zu enden, kann ich mich nach dieser Größe nur sehnen. Ich darf mit Fug und Recht behaupten, dass ich niemals Größe 42 haben werde und wahrscheinlich seit meiner Teenagerzeit schon nicht mehr hatte! Und wenn Lyndsey sagt, jede Gewichtszunahme sei nur relativ, kann ich ihr ebenfalls aus ganzem Herzen zustimmen: Was ich im Spiegel sehe, ist relativ fett! Ich fürchte, es ist realistisch, wenn ich behaupte, dass ich das einzig wahre langfristige Mitglied des Clubs der dicken Bäuche bin. Zugegeben, Hilary gesellt sich nach jedem Kind eine Weile zu mir in die Liga der Molligen, aber Lyndsey und Sarah sind so korpulent wie Kylie Minogue! Zwar gelingt es meinem Oberkörper glücklicherweise, relativ schlank zu bleiben – mal abgesehen von meinem großen Busen –, aber meine untere Hälfte macht, was sie will. Da ich zu fünfzig Prozent britischer und zu fünfzig Prozent griechischer Abstammung bin, kann ich wohl zu Recht behaupten, dass mein riesiges, alles in den Schatten stellendes Hinterteil definitiv auf meine griechischen Gene zurückzuführen ist. Wenn ich ein traditionelles griechisches schwarzes Kleid tragen würde, sähe ich verdammt authentisch aus!

Wenn Sie nun aber glauben, ich hätte mich aufgegeben, dann irren Sie sich gewaltig. Ich bin auf der ständigen Suche nach der schnellen, schenkelumfangreduzierenden Wunderdiät, die nur minimale Mühe erfordert und meiner Liebe zum Essen nicht in die Quere kommt. Bisher habe ich noch nicht zu solchen Mitteln wie Fettabsaugen und medikamentöse Behandlung gegriffen, aber ich kenne so ziemlich jede Diät, die es gibt. Nur das Einhalten einer Diät ist nicht meine Sache, da meine Willenskraft in dieser Hinsicht so gut wie nicht existent ist. Normalerweise bietet Hilary an, mit mir zusammen eine Diät zu machen, weil wir dann beide angeblich länger durchhalten. Aber tatsächlich sieht es so aus, dass Hilary, die mehr Willenskraft als Verstand hat, wesentlich mehr Gewicht verliert als ich – und das deprimiert mich derart, dass ich unbedingt bei der Keksdose Trost suchen muss. Die Menge an Gewicht, die ich mühsam in zwei Wochen heruntergehungert habe, kann ich mir locker in eineinhalb Stunden wieder auf die Hüften futtern. Bei unseren Schlankheitskuren handelt es sich im Allgemeinen um diese Schnelldiäten, die etliche Pfunde Gewichtsverlust in null Komma nichts versprechen. So haben wir beispielsweise die Kohlsuppendiät probiert, die wir schon bald in »Furzsuppendiät« umbenannten. Die dadurch produzierten Darmgase waren phänomenal, aber leider sogar für die Nasen derjenigen, die sie erzeugten, absolut unerträglich; daher fand diese Fastenkur ein rasches Ende. Als Nächstes testeten wir eine Dreitage-Diät, die Hilary in einer Zeitschrift gefunden hatte und die zehn Pfund weniger in nur drei Tagen garantierte. Diese Diät war die Hölle, weil der Speiseplan Unmengen von Brokkoli und Rote Bete vorsah, was ich als Anti-Vegetarierin im wahrsten Sinne des Wortes zum Kotzen fand. Am zweiten Tag fühlte ich mich hundeelend; am dritten Tag stand ich kurz davor, in Ohnmacht zu fallen. Als ich danach auf die Waage stieg und gerade mal drei Pfund weniger wog, hätte ich den restlichen Brokkoli Hilary am liebsten in den Hals gerammt, weil sie mit dieser blöden Diät angekommen war. Und die Tatsache, dass sie dabei sieben Pfund verloren hatte, war mir auch kein sonderlicher Trost! Im Grunde gibt es nur eine Schlankheitskur, die bei mir wenigstens eine gewisse Wirkung zeigt, und das ist die Slim-Fast-Diät. Wenn mich die Wut packt, weil meine Reiterhosen wieder mal ein Ausmaß angenommen haben, das sogar meine Toleranzgrenze übersteigt, dann finde ich irgendwie die Willenskraft, diese Diät durchzuhalten. Letztes Jahr habe ich damit sechseinhalb Kilo in vierzehn Tagen abgenommen und es sogar genossen, »eine Slim-Fast-Mahlzeit zum Frühstück, eine Slim-Fast-Mahlzeit zum Mittagessen und ein ausgewogenes Abendessen« zu mir zu nehmen. Seitdem ersetze ich jeden Morgen mein Frühstück durch einen Fertigdrink mit Erdbeergeschmack, aber leider habe ich den Rest der Diät nicht beibehalten, sodass sich doch wieder ein paar Pfunde auf die Waage geschmuggelt haben. Wenn ich erst einmal umgezogen bin, werde ich es noch einmal mit dieser Schlankheitsmethode versuchen; aber irgendwie scheine ich immer eine gute Ausrede zu finden, um mit dem Abnehmen noch eine Woche zu warten.

Wenn ich mein Gewicht allein durch Sport in Schach halten könnte – so wie vor der Geburt meiner Kinder –, dann wäre ich im siebten Himmel. Ich bin auch heute noch relativ sportlich und spiele regelmäßig Fußball. Aber leider musste ich diese Aktivitäten genau wie meine Arbeitszeiten erheblich reduzieren, hauptsächlich wegen der fehlenden Möglichkeit zur Kinderbetreuung; deshalb versuche ich, mit anderen Fitnessmaßnahmen gegenzusteuern. Im

Grunde folge ich einer Fitnessmode nach der anderen und bin auch hier ständig auf der Suche nach der einen fantastischen Wunderübung, die zu meinen Wunderdiäten passt. Ja, ich gestehe es: Ich gehöre auch zu diesen Trotteln, die auf die Schlagzeile »So können auch Sie in nur sieben Tagen aussehen!« in den Kleinanzeigen der Sonntagsbeilage hereinfallen. Bis jetzt habe ich einen Bauchmuskeltrainer, ein elektrisches Muskelstimulationsgerät (bei dem man die Elektroden auf den Bauch klebt und das »ohne große Anstrengung erstaunliche Effekte erzielt«) und schließlich noch einen so genannten Bauchwegroller (auf die Matte knien, mit dem Gerät nach vorne rollen und zurück in die Ausgangslage) erstanden. Sämtliche Geräte wurden geliefert und etwa eine Woche lang benutzt, bevor sie ihren Weg in meine Ecke für ausgemusterte Fitnessfimmel nahmen – im Volksmund auch Garage genannt. Und was dieses Stimulationsgerät anbelangt, so muss ich schon sagen, dass ich das Ganze ziemlich schmerzhaft fand: An den Stellen, an denen die Elektroden direkt über den Schwangerschaftsstreifen saßen, wurde die Haut ganz rot und fleckig, sodass dieses Ding in Rekordzeit in der Garage landete!

Meine bei weitem beste Fitnessidee bestand darin, zehn Trainingsstunden mit einer persönlichen Fitnesstrainerin zu absolvieren, die auf der anderen Straßenseite wohnte. Sie kam zu mir herüber, und wir trainierten im Garten hinter dem Haus, wo sie mich auf Herz und Nieren prüfte. Am besten gefiel mir das Boxtraining. Dazu hielt sie zwei flache Schlagpolster hoch, auf die ich mit meinen Boxhandschuhen nach Herzenslust eindreschen konnte. Das war eine sehr befriedigende Übung, vor allem nachdem Bruce verkündet hatte, er würde mich verlassen! Der große Unterschied zu allen vorherigen Fitnessversuchen bestand darin, dass ich jetzt jemanden hatte, der mich persönlich motivierte; und so liefen wir dann auch Fünf-Kilometer-Runden durch unser Viertel oder gingen zum Sprinttraining auf einen örtlichen Sportplatz. Dieses Training habe ich wirklich geliebt, musste es aber leider aus Kostengründen einstellen. Da ich demnächst die klassische Situation einer allein erziehenden Mutter auf mich zukommen sehe, bei der ich jeden Cent zweimal umdrehen darf, kann ich diese Ausgabe einfach nicht mehr rechtfertigen.

Einmal lud ich Hilary zu einer der Boxstunden mit meiner persönlichen Trainerin ein, und sie war genauso begeistert wie ich. Also haben wir uns unsere eigenen Boxhandschuhe und Schlagpolster gekauft und treffen uns jetzt dreimal in der Woche in Hilarys Wohnzimmer, wo wir wie wild aufeinander einprügeln. Und wir haben sogar noch ein paar Stepp-Aerobicübungen eingebaut, indem wir einfach die kleinen Hocker zweckentfremdeten, die die Kinder zum Erklettern der Toilette benötigen. Das Ganze beenden wir dann mit 200 Sit-ups. Auf diese Weise haben wir nicht nur ein regelmäßiges und anständiges Trainingsprogramm – es kostet uns auch nichts, und wir müssen uns um die Kinderbetreuung keine Gedanken machen. Alfie vergnügt sich mit seinem Fläschchen auf Pawlows Hunderücken, und die anderen genießen die Gelegenheit, das ganze Haus ungestört auf den Kopf stellen zu können – und anschließend machen sie sogar die Sit-ups mit uns zusammen! Daher bin ich ganz gespannt, ob es mir gelingen wird, diesen neuesten Fitnessfimmel etwas länger als die anderen durchzuhalten. Allerdings muss ich gestehen, dass es mir inzwischen ein wenig langweilig wird, immer nur auf die Schlagpolster zu schlagen – ich würde gerne noch ein Paar Boxhandschuhe kaufen, damit wir mal richtig miteinander boxen können. Aber aus irgendeinem Grund scheint diese Idee Hilary nicht allzu sehr zu begeistern.

Ich würde mich freuen, wenn Max und Sam genauso viel Interesse an Sport entwickeln wie ich. Aber ich will sie zu nichts zwingen und mich selbst auf keinen Fall in eine dieser verrückten Mütter verwandeln, die ihre Kinder von der

Seitenlinie aus anfeuern, während die Kleinen den Tränen nahe über den Sportplatz hetzen. Max ist so fußballbegeistert, dass ich überlege, ihn samstagmorgens am Training in der Pampersliga teilnehmen zu lassen – mal sehen, ob es ihm gefällt. Die einzige sportliche Betätigung, die meine beiden Jungs von frühester Jugend an betrieben haben, war das gemeinsame Schwimmen. Hilary und ich nahmen Molly und Max mit ins Schwimmbad, als die beiden ungefähr sechs Monate alt waren, und seitdem haben wir nicht eine Woche ausfallen lassen.

Allerdings hat Hilary vor ein paar Jahren einmal unser wöchentliches Schwimmtraining versäumt – und das habe ich ihr bis heute nicht verziehen. Lassen Sie es mich erklären: Damals musste Hilary sich die Mandeln rausnehmen lassen, und ich war mit Sam hochschwanger. Ich nahm an, dass Molly nicht zum Schwimmen kommen würde, während ich mich in meinen Umstandsbadeanzug quälte und zum Becken watschelte. Als ich ein kleines blondes Lockenköpfchen sah, dachte ich einen Moment lang, es wäre Molly, verwarf den Gedanken aber sofort, weil Hilary ja im Krankenhaus lag. Ich kam überhaupt nicht auf die Idee, dass David sich mit Molly und der noch ganz kleinen Ella im Schlepptau in ein Becken mit Kinderlieder singenden Müttern trauen würde. Da hatte ich ihn aber völlig falsch eingeschätzt, und zu meinem großen Schrecken entdeckte ich ihn, wie er gerade aus dem Umkleidebereich kam. Normalerweise habe ich keine Hemmungen, aber mein Hintern war in diesem Schwangerschaftsstadium auf einen gigantischen Umfang angewachsen. Also schnappte ich mir Max, rannte zum Becken und sprang mit einem Satz hinein, bevor der Ehemann meiner Freundin um die Ecke biegen und meinen alles in den Schatten stellenden Hintern in all seiner Pracht bewundern konnte. Der arme Max war an dieses plötzliche Eintauchen ins Wasser nicht gewöhnt und brach auch prompt in Tränen aus, als David und Molly ins Becken kamen. Ich tat so, als sei ich überrascht, sie zu sehen, und winkte ihnen zu, in dem guten Gefühl, dass meine untere Hälfte wunderbar in den Wassertiefen verborgen war. Doch dann entschloss Max sich zu einem Totalboykott und krabbelte aus dem Becken – und das war nur der erste von vielen Versuchen, dem nassen Element in dieser Schwimmstunde zu entkommen. Es blieb mir nichts anderes übrig, als mein fettes Hinterteil jedes Mal über den Beckenrand zu hieven und ihm hinterherzujagen. Daher ließ ich schon bald alle Hoffnung fahren, mein gewaltiges Gesäß kaschieren zu können – es sollte einfach nicht sein. Nach dem Schwimmen nahmen wir die Kinder noch mit zu unserem obligatorischen McDonald's-Besuch. Und obwohl David ein Chelsea-Fan ist, freundeten wir uns richtig an. Aber ob Freund oder nicht – vollständig bekleidet fühle ich mich in seiner Gesellschaft immer noch wesentlicher wohler.

Wo wir gerade von vollständig bekleidet reden: Genau wie Lyndsey kann ich zum Thema Mode nur wenig beitragen. Ganz egal wie schlank oder vollschlank ich während der vergangenen fünf Jahre auch war, meine Garderobe hat sich nicht im Geringsten verändert. Jeans und Sweatshirt oder Shorts und T-Shirt mit Baseballkappe sind immer noch meine wichtigsten Kleidungsstücke; mein Kleiderschrank enthält kaum etwas anderes. Allerdings muss ich ein Geständnis machen: Inzwischen besitze auch ich zwei Modeartikel, die ich früher niemals in meinem Haushalt geduldet hätte – und das kommt nur durch den Einfluss der anderen Mitglieder unseres Clubs. In meinem Badezimmer findet man heute auch Make-up und Nagellack, aber eines möchte ich gleich klarstellen: Die Tatsache, dass ich diese Dinge besitze, heißt noch lange nicht, dass ich sie auch regelmäßig benutze.

Zunächst einmal zum Nagellack: Dafür mache ich Sarah verantwortlich. Letzten Sommer waren wir alle zu einer feierlichen Veranstaltung in London eingeladen, weshalb von den anderen Clubmitgliedern ein Einkaufstrip angesetzt wurde, um mich mit einem passenden Outfit auszustatten. Bei dieser Gelegenheit erwarb ich nicht nur einen Wickelrock, bei dem ich erst mal lernen musste, wie man ihn anlegt, sondern auch ein Paar offene Sandalen. Als Sarah mein neues Schuhwerk erblickte, verkündete sie unumwunden, dass ich meine Fußnägel lackieren müsse, da man bei offenen Sandalen nicht darauf verzichten könne. Einen Moment lang war ich versucht, die Sandalen zurückzubringen, aber schließlich kaufte ich pflichtbewusst ein Fläschchen Nagellack und trug ihn anlässlich besagter Feier auch auf.

Und für das Make-up in meinem Bad trägt Hilary die volle Verantwortung. Denn ich zähle zu den Frauen, die niemals auch nur einen Hauch Make-up auflegen. Die einzige Ausnahme machte ich an meinem Hochzeitstag. Kurz vor der geplanten Veranstaltung in London gab Hilary eine Body-Shop-Party bei sich zu Hause, an der auch ich teilnahm. Mir ging es dabei in erster Linie ums Essen und die nette Gesellschaft, und ich hatte mitnichten die Absicht, irgendetwas zu kaufen. Aber ohne mein Wissen hatten die anderen Clubmädels mich bereits zum »Model« auserkoren, an dem die Body-Shop-Vertreterin ihre Produkte vorführen konnte. Das endete schließlich damit, dass sich die ganze Party nur noch darum drehte, was mir wohl am besten stünde; dabei wurden so lange üppige Mengen Make-up aufgetragen und wieder entfernt, bis alle Anwesenden mit meinem Gesicht zufrieden waren. Da die anderen mir immer wieder versicherten, wie gut ich damit aussähe, fühlte ich mich schließlich genötigt, von jedem aufgetragenen Produkt ein Exemplar zu kaufen. Das Ganze kostete mich ein kleines Vermögen, was aber noch immer nicht reichte, da ich jetzt auch noch ein kleines Täschchen für die ganzen Make-up-Utensilien benötigte. Die Body-Shop-Vertreterin muss sich vor Vergnügen die Hände gerieben haben – ganz zu schweigen von Hilary, die als Gastgeberin etliche Gratisgeschenke bekam, weil ich so viel Geld ausgegeben hatte. Jetzt muss ich nur noch zusehen, dass ich das Zeug auch mal benutze, bevor das Haltbarkeitsdatum überschritten ist – das heißt, falls es bei Make-up ein Haltbarkeitsdatum gibt. Ich habe wirklich nicht die geringste Ahnung!

Sarah

Andrea mag vielleicht von der Größe ihres Hinterns besessen sein, aber dazu kann ich nur eines sagen: Wenigstens hat sie die passende Oberweite, um das Ganze auszugleichen. Bei mir liegen die postnatalen Problemzonen ebenfalls im Bereich Oberschenkel und Gesäß, aber mein Dekolletee ist nicht der Rede wert. Irgendwie erscheint mir die »Sanduhr«-Figur bedeutend reizvoller als die Birnenform! Ich war schon immer recht zierlich gebaut mit dazu passender Oberweite, aber das Stillen von zwei Kindern hat wirklich seine Spuren an meinem nicht gerade üppigen Busen hinterlassen. Meine Brüste wurden nach Jacks Stillzeit kleiner, verloren noch mehr an Umfang nach Eloise, und ich fürchte, wenn mein drittes Kind erst einmal abgestillt ist, werden sie vollkommen verschwunden sein. Ich kann nur hoffen, dass Marks & Spencer bis dahin einen Push-up-BH »Super de Luxe« entwickelt hat, weil ich dann ganz bestimmt bereitwillig zugreifen werde! Wenn ich nicht so ein Angsthase wäre, würde ich sogar über eine Brustvergrößerung nachdenken, aber ich fürchte mich vor eventuellen Konsequenzen. Es ist eine Sache, wenn aus einem sexy Dekolletee ein Zipfelchen Watte herausragt, aber es muss eine ganz andere sein, wenn einem plötzlich das Silikonimplantat explodiert. Ich glaube, ich werde mich einfach weiterhin für Kleinigkeiten dankbar zeigen! Nicht einmal beim

Stillen kam ich in den Genuss, mich wie etwa Lyndsey über eine zu dem Zeitpunkt etwas üppigere Büste zu freuen, da ich nicht über die Art von Stoffwechsel verfüge, bei dem das Fett auf meinen Hüften mühelos verbrannt wird. Stattdessen neigt mein Körper dazu, es überall in meiner unteren Hälfte abzulagern. Nach Eloises Geburt wusste ich, dass ich mich mit der pummeligen Ausgabe von mir abfinden musste, solange ich meine Tochter zu stillen gedachte – und dieses Mal wollte ich nicht sofort wieder damit aufhören. Glücklicherweise befindet sich der einzige große Spiegel in unserem Haus hinter einer Schranktür, also konnte ich mir den superkritischen Blick auf meinen Körper ersparen, indem ich die Tür einfach nur einen Spalt öffnete.

Aber das Stillen bewirkte nicht nur, dass mein Körper schön mollig und rund blieb, sondern es spielte mir auch in Modefragen schreckliche Streiche. Normalerweise halte ich mich bei meiner Garderobe immer an Kleidungsstücke von M&S oder Gap, aber als Eloise etwa zwei Monate alt war, tat ich einen gewaltigen modischen Fehlgriff: Ich erstand auf dem Markt eine dieser scheußlichen geblümten Jogginghosen mit Gummizug. Zu diesem Zeitpunkt konnte ich meine Umstandshosen nicht mehr sehen, aber meine alten Hosen passten noch nicht über meine Hüften – und an das Schließen des Reißverschlusses war gar nicht zu denken. Im Nachhinein erkenne ich, welch einen riesigen Fehler dieser Kauf darstellte: Noch heute sehe ich Tims entsetztes Gesicht vor mir, als ich ihn davon zu überzeugen versuchte, dass das himbeerrosa Blümchenmotiv auf dem marineblauen Untergrund gar nicht mal so schlecht aussah, weil es einem Entwurf von William Morris ähnelte und weil die Hose hervorragend zu meinen himbeerrosafarbenen Schuhe passte. Die nächsten Monate habe ich diese Hose fast Tag und Nacht getragen, aber glücklicherweise konnte ich Eloise schließlich abstillen und zu meiner herkömmlichen Kleidergröße und meinem wesentlich dezenteren Kleidungsstil zurückkehren. Wenn ich zu diesen Müttern gezählt hätte, die ihre Kinder stillen, bis sie laufen können, dann wäre meine Garderobe vermutlich in einem fürchterlichen Zustand geendet – allerdings bin ich davon überzeugt, dass Dame Edna sich gerne das ein oder andere Teil ausgeliehen hätte!

Als Eloise sechs Wochen alt war, meldete ich mich bei einem neuen Fitnesscenter in unserer Stadt an, das eine Kinderbetreuung für Säuglinge ab der sechsten Woche anbot. Also tauschte ich meine Blümchenhose gegen meine alten Leggings und genoss es, endlich wieder mal nach Kräften zu trainieren, da ich ja wusste, dass mein kleines Mädchen im Nebenraum bestens versorgt wurde. Schon bald entwickelte ich morgens einen neuen Tagesablauf: Nach dem Aufstehen zog ich sofort meine Sportsachen an, brachte Jack in den Kindergarten und eilte dann direkt in die Stadt, damit ich um halb zehn am Aerobic-Kurs teilnehmen konnte. Das bedeutete häufig, dass Eloise noch ihren Schlafanzug trug und ihr Frühstücksfläschchen mit Milch in ihrem Kinderwagen beendete, während wir beim Sportstudio ankamen – so versessen war ich darauf, nicht eine Gelegenheit zum Training ausfallen zu lassen. Der einzige Nachteil dieses Fitnesscenters bestand darin, dass in den großen Umkleideräumen an allen Wänden bodenlange Spiegel angebracht waren, sodass ich nach dem Duschen meinen überdimensionierten postnatalen Körper in voller Schönheit bewundern konnte. Da ich mich aber nicht traute, mich inmitten all dieser schönen und fitten Frauen auszuziehen, griff ich zu dieser peinlichen Umkleidetechnik, die viele Leute am Strand anwenden: Ich wickelte mein Handtuch um mich, hielt es mit den Zähnen fest und versuchte, mich darunter aus meinen verschwitzten Sportsachen zu schälen. Dabei muss ich ausgesehen haben wie ein Schlangenmensch und erst recht Aufmerksamkeit auf mich gezogen haben, weil ich doppelt so lange benötigte, mich in meinem

Kokon umzuziehen. Wenn ich mich stattdessen einfach nur ausgezogen hätte – eine Sache von zwei Sekunden –, hätte niemand auch nur einen Blick zu mir herübergeworfen. Schließlich wählte ich die einfachste Lösung und fuhr nach dem Training direkt nach Hause, um dort in Ruhe zu duschen.

Dieses tägliche Training macht mir wirklich sehr viel Spaß, und es bereitet mir überhaupt keine Mühe, meinen inneren Schweinehund zu bekämpfen und mich morgens dazu »aufzuraffen«. Doch je weiter meine jetzige Schwangerschaft voranschreitet, desto mehr nähere ich mich dem Zeitpunkt, an dem ich – außer Schwimmen – kaum noch Sport treibe und höchstens meine Beckenbodenmuskulatur trainiere. Aber selbst diese Übungen mache ich nicht mehr so sorgfältig wie bei meinen ersten beiden Schwangerschaften – irgendwie fehlt mir immer die Zeit, oder ich vergesse es einfach. Allerdings führe ich gerade jetzt in diesem Moment, während ich hier sitze und schreibe, ganz bewusst die Kegelübungen durch und bete zu Gott, dass meine Beckenbodenmuskulatur genauso kräftig und »wasserdicht« bleibt wie zuvor. Bei Eloise begann ich relativ übereifrig etwa zwei Wochen nach ihrer Geburt mit der Rückbildungsgymnastik, indem ich die Muskulatur etwa dreißig Minuten in jeder erdenklichen Position trainierte – im Liegen, im Sitzen, im Stehen usw. Da ich der festen Überzeugung war, dass der Wochenfluss fast vollkommen aufgehört hatte, war ich ziemlich überrascht, als ich plötzlich dieses typische feuchte Gefühl in der Unterhose spürte. Leider erwies sich meine Slipeinlage dieser Aufgabe nicht annähernd gewachsen, daher musste ich wieder auf diese minimatratzenähnlichen Binden zurückgreifen. Das Gleiche passierte mir ein paar Tage später erneut, als ich Jack zum Kindergarten gebracht hatte und einen schweren Kinderwagen mit mehreren vollen Einkaufstüten nach Hause schob. In diesem Moment ergriff mich die nackte Panik, dass ich vielleicht verbluten könnte und mir selbst eine schlimme Verletzung zugefügt hatte, weil ich zu schnell nach der Geburt wieder aktiv geworden war. Zu Hause angekommen, rief ich sofort meine Hebamme an, aber sie erklärte mir ruhig, dass mein Körper mir auf diese Weise nur zu verstehen geben wolle, dass ich mich überanstrengt habe. Die Lösung bestünde ganz einfach darin, die Dinge etwas gelassener anzugehen. Sosehr mich dies auch frustrierte, weil ich voller Energie steckte, die ich nicht loswerden konnte, so erleichtert war ich auch, dass es eine einfache und natürliche Erklärung für die starke Blutung gab.

Ich möchte jetzt zwar nicht wie ein Hypochonder klingen, aber danach machte ich mir schreckliche Sorgen, weil ich eine Reihe von merkwürdigen Schwindelanfällen erlebte, bei denen mir plötzlich ziemlich schlecht wurde. Außerdem konnte ich nur noch verschwommen sehen und hatte auf einer Seite ein seltsames Taubheitsgefühl – was bedeutete, dass ich nicht aufrecht stehen konnte. Zu dieser Zeit verlor ich eine Menge Gewicht nur auf Grund der Sorgen, die ich mir wegen einer möglichen Diagnose machte. Als dieses Gefühl das erste Mal auftrat, dachte ich, ich hätte einen Schlaganfall; dann wieder gelangte ich zu der Überzeugung, ich wäre zuckerkrank, und schließlich jagte mir »Schwester Hilary« eine Heidenangst ein, als sie konstatierte, es könnte sich auch um epileptische Anfälle handeln! Glücklicherweise war es nichts Ernsthafteres als eine Reihe hormonell bedingter Migräneanfälle, ausgelöst durch meine erste Periode nach dem Abstillen. Aber es geht doch nichts über ein solch schockierendes Erlebnis, um sich ein paar Tage lang den Appetit zu verderben und diese zusätzlichen Pfunde zu verlieren! Diese Erfahrung trug erheblich dazu bei, meine restlichen Fettreserven aus der Stillzeit zu beseitigen, sodass ich danach schlanker war als je zuvor. Die Besuche im Fitnesscenter dienten nun in erster Linie dazu, meinen Körper wieder zu »formen«, statt überschüssiges Fett zu verbrennen. Aber um ehrlich zu sein: Es wäre mir trotzdem lieber gewesen, die Pfunde auf normalem Wege durch hartes Training zu verlieren, anstatt mir schreckliche Sorgen um den Zustand meines Gehirns zu machen!

Nachdem ich meine alte Figur zurückhatte, war es einfach wunderbar, wieder enge Jeans tragen zu können. Und dank der Erfindung des Push-up-BHs konnte ich endlich voller Selbstvertrauen eng anliegende T-Shirts anziehen, da mein Busen ja etwas »Unterstützung« bekam! Trotz meiner damenhaften Reputation bei den anderen Clubmitgliedern kaufe ich die meisten Kleidungsstücke in den üblichen Geschäften der großen Einkaufsstraßen – hauptsächlich deshalb, weil ich die Sachen dann nicht lange anprobieren muss: Ich weiß einfach, wenn ich eine Hose Größe 42 mit Standardbeinlänge kaufe, dass sie dann auch passt. Dementsprechend brauche ich auch keine Tops oder Büstenhalter oder Unterwäsche anzuprobieren. Nachdem ich nun schon seit Jahren bei M&S einkaufe, weiß ich, wie ich deren klassisch-elegante Kleidungsstücke mit Sachen anderer Hersteller kombinieren muss, damit sie wesentlich modischer und teurer wirken, hoffe ich zumindest. Trotzdem frage ich mich, ob Coco und Jill nicht vielleicht doch Einwände hätten.

Als Mutter von Kindern im Vorschulalter musste ich zu meinem Bedauern feststellen, dass die vergnüglichen Stunden ausgiebiger Einkaufsbummel, die ich früher in vollen Zügen genoss, definitiv der Vergangenheit angehören. Manchmal bin ich richtig neidisch auf ein paar Freundinnen, die als berufstätige Mütter ihre Mittagspause dazu nutzen, mal eben durch die Geschäfte zu schlendern ... ohne ein Kleinkind im Schlepptau. Mit Kindern hat das Einkaufen irgendwie seinen Reiz verloren – es wird zu einer Pflichtübung, die man möglichst schnell hinter sich bringen möchte. Vorbei sind die Tage entspannten Herumstöberns zwischen endlosen Kleiderständern, in der Hoffnung, dass einem irgendein Teil ins Auge springt; vorbei auch die Tage, an denen man mit einem ganzen Arm voll Kleidungsstücken in die Umkleidekabine ging und eine halbe Stunde damit verbrachte, die unterschiedlichsten Sachen anzuprobieren. Heute heißt es: hinein in den Laden, ein Teil in der passenden Kleidungsgröße vom Ständer grabschen, zahlen und wieder verschwinden.

Vor kurzem war ich aber trotzdem gezwungen, ein Kleidungsstück anzuprobieren, während ich die Kinder bei mir hatte: Ich benötigte dringend einen neuen Badeanzug, dessen Größe ich unmöglich schätzen konnte. Während der ganzen Zeit krabbelte Jack über meine Füße und die Kleidungsstücke, die auf dem Boden lagen, und steckte seinen Kopf unter der Abtrennung hindurch, um die Frauen in den Nachbarkabinen zu begutachten. Doch der schlimmste Moment kam, als er mit lauter Stimme fragte: »Mami, warum ist diese Frau so dick?« Da ich nicht wusste, welche Umkleidekabine und welche Frau er meinte, versuchte ich, ihn mit einer geflüsterten Erklärung zum Schweigen zu bringen: »Die Menschen sind nun mal verschieden, Schatz.« Doch das war seiner Meinung nach keine Antwort. Er wollte unbedingt wissen: »Aber *warum* ist diese Frau sooooo *dick*?« Das war's dann für mich: Die Vorstellung, der armen, deprimierten Frau in der Nachbarkabine in die Augen zu sehen, konnte ich einfach nicht ertragen. Also zog ich mich hastig wieder an, schnappte mir die acht verschiedenen Badeanzüge, von denen ich noch keinen einzigen anprobiert hatte und warf sie der amüsiert grinsenden Verkäuferin regelrecht in die Arme, während ich puterrot im Gesicht mit Jack und Eloise im Schlepptau aus dem Geschäft stürmte. Ich brachte es einfach nicht fertig, auch nur eine Minute länger mit einer Frau in einem Raum zu sein, die mein Sohn wahrscheinlich am Boden zerstört hatte. Und wenn ich stammelnd eine Entschuldigung für mein unverschämtes Kind hervorgestottert hätte, so hätte dies die Situation nur noch verschlimmert. Jacks Mätzchen hatten mir einen sehr stressigen Vormittag bereitet, daher vermied ich jeden weiteren Einkaufsversuch, bis die Erinnerung daran ein wenig verblasst war.

Aber vor kurzem musste ich ein paar Umstandsmoden anprobieren, und plötzlich kehrte die Erinnerung schlagartig zurück. Wieder einmal hatte ich Jack mit in die Umkleidekabine genommen, doch diesmal verkündete er mit lauter Stimme, sodass es alle hören konnten: »Du hast aber eine *riesige* Unterhose an, Mami!«, während er meinen überdimensionierten, zeltartigen Slip betrachtete. Ich vermute, sein Vater hat ihm heimlich beigebracht, wie man sich vor einem Einkaufsbummel mit Frauen drücken kann, und dieses Training scheint bei Jack wirklich gut anzuschlagen. Jedenfalls werde ich meine mit Anproben verbundenen Kleidungskäufe von nun an auf die Zeit verschieben, in der die Kinder in der Schule und im Kindergarten sind!

Andrea mit ihren beiden Jungs hat inzwischen wohl jede Hoffnung aufgegeben, jemals wieder in einem Geschäft Kleidung kaufen zu können; allerdings war sie auch vorher nicht besonders kaufsüchtig. Sie bestellt sich jetzt ihre Kleidung aus dem Katalog oder im Internet. Von dieser offensichtlich unkomplizierten und stressfreien Form des Einkaufs inspiriert, wollte ich das Ganze auch mal ausprobieren, musste aber schnell einsehen, dass weder der Katalogkauf noch die Internetbestellung für mich geeignet sind. Vor allem das Internet entpuppte sich als komplette Katastrophe: Es dauerte zwei frustrierende Stunden, um alle Seiten herunterzuladen und durchzusehen, und als ich endlich meinen »Warenkorb« bis zum Rand gefüllt hatte, stürzte der Computer ab. Um ehrlich zu sein: Ich würde lieber Jack und fünf seiner Freunde mit in eine Umkleidekabine nehmen als noch einmal einen kostbaren kinderlosen

Abend auf diese Weise zu vergeuden. Während ich kurz davor stand, den Computer gegen die Wand zu knallen, wirkte Tim recht erleichtert, dass der Rechner die Kontrolle über unsere Finanzen übernommen hatte, bevor ich auch nur die Kreditkartennummer hatte eingeben können! Ebenso wenig reizt es mich, bei einem Versandhaus zu bestellen. Ich bin einfach zu dem Schluss gekommen, dass ich es mag, die Dinge, die ich kaufen möchte, vorher erst einmal in die Hand zu nehmen und zu fühlen. Außerdem ist es toll, mit gefüllten Einkaufstaschen aus einem Geschäft zu wanken. Tim würde jetzt bestimmt den Kopf schütteln, denn seiner Meinung nach ist das alles nur oberflächliches Weibergetue und ein Zeichen von Materialismus, den man nicht auch noch fördern sollte. Aber da diese Bemerkungen aus dem Munde eines Mannes stammen, der stolz darauf ist, dass er die in den Achtzigerjahren gekauften Hemden noch heute trägt, nehme ich seine Kommentare in Bezug auf Mode nicht sonderlich ernst!

Was die modische Erscheinung meiner Kinder anbelangt, so halte ich mich bei ihrer Kleidung meistens an klassische Stoffe und Formen. Bei Jack hatte ich zwar nie beschlossen, mich auf bestimmte Farben zu beschränken, aber als er sechs Monate alt war und Hilary eines Tages seine marineblaue und rote Garderobe kommentierte, wurde mir klar, dass er tatsächlich nur wenige andersfarbige Kleidungsstücke besaß. Als Eloise auf die Welt kam, verkündete ich einer Freundin gegenüber stolz, aber ziemlich naiv, dass sie bis auf wenige Ausnahmen Jacks alte Sachen auftragen würde. Doch sobald ich erst einmal die modische Welt der Farben und Muster für kleine Mädchen entdeckte hatte, musste ich ganz rasch kleine Brötchen backen. Eloise trägt zwar Jacks alte Jeans und Sweatshirts, aber meine Liebe zum Shopping hat dazu geführt, dass ich regelmäßig in einem dieser wundervollen Läden mit Kleidung für kleine Mädchen einkaufe – allerdings nichts im »Barbie-Stil«! Ich fürchte mich vor dem Tag, an dem Eloise darauf besteht, irgendein widerwärtiges bonbonrosa Kleidchen zu erwerben, das ich nicht einmal als Geschenk annehmen, geschweige denn von meinem eigenen Geld kaufen würde. Da ich aber beobachten konnte, wie sowohl Molly als auch Bethan ihre Mütter überredeten, ihnen rosa und lila Kleidung zu kaufen, mache ich mich schon mal darauf gefasst, dass auch ich bald diese Schlacht verloren geben muss. Ich sehe es schon förmlich vor mir: In zehn Jahren werde ich mich als eine dieser peinlichen Mütter entpuppen, die mitten im Geschäft gegenüber ihrer Teenagertochter verkündet: »Aber was ist denn falsch an einem klassischen blauen Rock und einem hübschen roten Pullover?«

Allerdings muss ich gestehen, dass es mir sehr viel Freude bereitete, neben der Kleidung auch Accessoires und Zubehör zu kaufen; und Eloise weiß schon ganz genau, welche Haarspangen oder -bänder sie tragen möchte. Vor kurzem probierten wir beide ein paar neue Haarklämmerchen aus, und nur zum Spaß steckte ich mir eine ganze Hand voll bunter Klammern in die Haare. Etwa eine halbe Stunde später – nachdem wir unser Spiel längst beendet hatten – klingelte es an der Haustür: Der Postbote wollte ein Päckchen abliefern, das zu groß für den Briefkasten war. Wir plauderten bestimmt fünf Minuten miteinander, während sein Blick immer wieder zu meinem Kopf hochwanderte und er amüsiert grinste. Aber erst als ich die Tür schloss und mich selbst im Flurspiegel sah, wäre ich am liebsten vor Scham im Boden versunken: Unser Postbote muss wohl gedacht haben, dass ich diesmal vollkommen den Verstand verloren hatte und jetzt schon Modetipps von Pippi Langstrumpf übernahm. Nach meinem modischen Ausrutscher mit der himbeerrosa Blümchenhose hätte ihn das bestimmt nicht überrascht – für ihn bin ich bestimmt nur eine weitere traurige Hausfrau, die verzweifelt versucht, ihre Jugend zurückzugewinnen!

Hilary

Als Mutter von drei Kindern kann ich eine Menge zum Thema »Metabolismus« beitragen, vor allem zum mangelnden Metabolismus. Obwohl ich nach Mollys Geburt meine ursprüngliche Figur nicht wieder erreichte, waren wenigstens die Schwangerschaftsstreifen unter der Unterhose verborgen – zumindest solange ich eine geräumige Unterhose trug. Dagegen war ich bei Ella nach vier Monaten wieder in »Form«, aber die Schwangerschaftsstreifen erstreckten sich inzwischen bis zum Bauchnabel, was meine Pläne für ein Bauchnabelpiercing endgültig zunichte machte. Und jetzt, nach Alfies Geburt, ist der Ausgang dieses ewigen Kampfes noch offen. Dabei geht es gar nicht so sehr um das Gewicht, obwohl ich durchaus fünf bis sechs Kilo rund um Hüften und Gesäß verlieren könnte – was mich am meisten entsetzt, ist der Zustand meiner Haut! »Mach dir keine Sorgen wegen der Schwangerschaftsstreifen; die verwandeln sich zu kleinen silbrigen Linien!«, wurde mir immer wieder von allen Seiten versichert. Worauf aber niemand hinwies, war die Tatsache, dass sich diese silbrigen Linien auf der papierdünnen Haut einer Großmutter befanden. Denn je schlanker man wird, desto faltiger wirkt die Haut. Dank der 200 Sit-ups, die ich täglich absolviere, konnte sich meine Bauchmuskulatur recht bald schon wieder sehen lassen, aber was nutzt mir das, wenn die Haut über dem Bauch schlapp und faltig herabhängt. Auch bei meinem allerdings streifenfreien Busen ist die Haut dünner geworden, und ohne die Stützwirkung eines anständigen Büstenhalters sackt er sofort etwa 15 Zentimeter nach unten und nimmt diese typische skischanzenähnliche Form ein. Wenn ich heute in irgendwelchen Zeitungen Bilder von der »Schlankheitskönigin des Jahres« sehe – die eine strahlende Frau in einer gewaltigen Hose zeigen, bei der links und rechts der Hüfte noch ein halber Meter Platz ist –, dann frage ich mich immer, was mit der Haut passiert ist, nachdem das Fett erst mal verschwunden war. Inzwischen kenne ich die Antwort: Die Haut hängt einfach in schlaffen Falten herab und wird strategisch zwischen den verschiedenen Lagen der Kleidung versteckt.

Apropos Kleidung – noch so ein deprimierendes Thema! Ich weiß nicht, ob es daran liegt, dass ich inzwischen Mitte dreißig bin oder einfach nur eine übergewichtige Mutter, aber plötzlich habe ich schreckliche Angst, irgendwie altmodisch zu erscheinen. Sobald ich vor dem Spiegel stehe und Bilder meiner Mutter vor meinem geistigen Auge erscheinen, dann genügt das, um mir jedes Mal wildes Herzrasen zu bereiten. Vielleicht hängt es damit zusammen, dass ich jetzt ein Alter erreicht habe, an das ich mich auch bei meiner Mutter erinnere – und das wiederum ängstigt mich, weil es mir zeigt, wie kurz das Leben ist. Aber das ist ein ziemlich schwieriges Thema, also zurück zu Mode und Eitelkeiten! Mit Mitte zwanzig war ich noch schlank und jung. Ich konnte im Grunde tragen, was ich wollte, und schenkte der Mode nicht sonderlich viel Beachtung. Doch mit vierunddreißig muss man sehr viel vorsichtiger sein. Bei über sechs Kilogramm Übergewicht sieht mein »klassisch-zeitloser« Kleidungsstil plötzlich seltsam madamig und altbacken aus und macht mich mindestens zehn Jahre älter. Und als mir irgendjemand erzählte, dass man mit einem Stringtanga unter der Hose zwei Kilo Gewicht am Hintern wegmogeln könne, habe ich mir sofort mehrere von diesen Dingern gekauft. Ich verstehe zwar nicht, wie ein Stück Schnur in der Poritze den Hintern kleiner erscheinen lassen soll – und traue dem Ganzen auch nicht so recht –, aber ich habe mich inzwischen an diese bis dahin ungewohnte Art der Unterwäsche gewöhnt und finde es wundervoll, dass man unter meiner Hose nicht mehr die wulstige SSL (sichtbare Sliplinie) erkennen kann. Ich wünschte nur, die Modemacher würden eine Stringtangaversion dieser vollelastischen Unterwäsche kreieren, mit der man den Bauch kaschieren kann! Um dem Alterungsprozess ein Schnippchen zu schlagen, habe ich alle möglichen modischen und sonstigen Tricks ausprobiert – angefangen von einer neuen roten Haarfarbe über klobigen Lederschmuck und Hippie-Tücher bis hin zu sportlichen Kapuzen- und Bomberjacken. Dafür fürchte ich mich jetzt vor dem Tag, an dem Molly zum ersten Mal den Modegeschmack ihrer Mutter kommentiert. Hoffen wir einfach mal, dass bis dahin noch ein paar Jährchen vergehen. Allerdings habe ich bereits die ersten Anzeichen dafür feststellen können, als ich letztes Jahr einen großen Fehler bei der Wahl eines Wintermantels machte. Ich entschied mich für ein praktisches Teil, um auf dem Spielplatz gegen Sturm und Kälte gewappnet zu sein, und erwarb eine lange wind- und wasserdichte Kapuzenjacke – oder sollte ich besser Anorak sagen?! Andrea taufte das Teil umgehend meine »traurige Jacke« – eine Bezeichnung, die Molly auf der Stelle übernahm. Wenn die eigene vierjährige Tochter auf dem Weg zum Kindergarten Kommentare äußert wie »Du willst doch nicht etwa deine traurige Jacke anziehen, Mami?«, dann weiß man einfach, dass man es gründlich vermasselt hat. Zwar tröste ich mich mit dem Gedanken, dass sie gar nicht richtig versteht, warum meine Jacke so »traurig« ist, aber dieser Ausdruck gibt mir schon einmal einen unangenehmen Vorgeschmack auf zukünftige Kommentare.

Die Mode für Vierjährige ist an sich schon ein Albtraum. Es gefällt mir überhaupt nicht, dass kleine Mädchen lange vor ihrer Einschulung gekleidet und zurechtgemacht werden wie aufgetakelte Sechzehnjährige mit Hormonstau. Sobald man die Regale und Ständer mit der Kleidung für die Vier- bis Fünfjährigen durchsucht, findet man nirgends mehr Kleidung für kleine Mädchen, sondern nur noch trägerlose Bustiers und Miniröckchen. Wenn Sarah Angst davor hat, dass Eloise die Barbiephase erreichen könnte, dann steht ihr noch ein ziemlicher Schock bevor: Die bonbonrosa Barbiephase ist die reinste Wohltat gegenüber dem, was die Geschäfte sonst noch zu bieten haben – dem »Nutten-Look«. Glücklicherweise zieht Molly es noch vor, wie Prinzessin Rosenrot auszusehen statt wie eine Professionelle herumzulaufen, aber ich weiß, es wird nicht mehr lange dauern, bis der Gruppenzwang ihrer gleichaltrigen Freundinnen einsetzt. Oh, diese Freuden kleiner Mädchen!

Dagegen erscheinen mir Jungen wie von einem anderen Stern. Vor kurzem fuhren wir mit Freunden und ihrem vierjährigen Sohn George in Urlaub. Das größte modische Problem, mit dem seine Eltern sich auseinander setzen mussten, war die Frage, wie sie ihn dazu bringen konnten, die Burger-King-Krone abzulegen, die er während des gesamten Urlaubs Tag und Nacht trug. Schließlich überredete Georges Mutter – im verzweifelten Versuch, ihm die Fastfoodkrone abzuluchsen – ihren Sohn dazu, aus einer alten Teebeutelschachtel einen Drachenhut anzufertigen. Georges anschließende Bastelarbeit bestand hauptsächlich darin, ein Loch in eine Seite der Schachtel zu schneiden und das Ding auf seinen Kopf zu setzen – was zwar nicht im Entferntesten an einen Drachen erinnerte, aber mit etwas Fantasie seinen Ansprüchen genügte. Seine Mutter schien jedenfalls sehr erleichtert, dass ihr Sohn jetzt mit einer alten Teebeutelschachtel auf dem Kopf über die Promenade der spanischen Küste flanierte statt mit seiner Burger-King-Krone. Ich persönlich konnte keinen großen Unterschied erkennen. Allerdings denke ich, dass die Teebeutelschachtel mit ihren Kanten und Ecken nicht annähernd so bequem war wie die Krone; daher legte George dieses Ding wenigstens vor dem Schlafengehen ab.

Zum Schluss noch ein paar Worte zum Thema Sport. Ich habe wirklich alles Mögliche ausprobiert, um mich zwischen meinen Schwangerschaften fit zu halten und gegen Fett und Speckröllchen anzukämpfen – hauptsächlich auf

Drängen von Andrea, die jede neue Fitnessidee mit solcher Begeisterung anging, dass ich gar nicht anders konnte als mitzumachen. Eine sportliche Aktivität hat sie bei ihrer Aufzählung allerdings gar nicht richtig erwähnt – das Schwimmen. Ich weiß nicht, warum wir überhaupt damit angefangen haben, denn wir beide gehen eigentlich nicht gerne schwimmen. Während dieser kurzen Fitnessphase machte ich eine ziemlich peinliche Entdeckung, und die betraf die Wasserspeicherkapazität einer postnatalen Popodimopo, auch als Vagina bekannt. Ich war immer so stolz auf meine Beckenbodenmuskultur, weil ich seit der Geburt meiner Kinder nicht ein einziges Mal auch nur ein Tröpfchen Urin verloren habe, aber ich musste erfahren, dass gerade meine Beckenbodenmuskultur für die folgende peinliche Badepisode verantwortlich ist: Nachdem Andrea und ich unsere vorgegebene Menge von Bahnen absolviert hatten, die übrigens kaum eine zweistellige Zahl erreichte, da wir keine großen Schwimmerinnen sind, kletterte ich aus dem Becken und eilte zum Umkleideraum. Als ich gerade meine Sachen aus dem Spind nahm und mit der Dame neben mir ein kleines Schwätzchen hielt, öffneten sich plötzlich die Fluttore – und ohne jede Vorwarnung oder Einflussmöglichkeit gab meine Popodimopo in einem riesigen Schwall den Inhalt eines kleinen Schwimmbeckens von sich. Daraufhin unterbrach die Dame ziemlich abrupt unser freundliches Geplänkel und zog sich hastig unter die Dusche zurück, um die Flüssigkeit von ihren Füßen abzuspülen, die sie ganz eindeutig für Urin hielt. Ich wusste wirklich nicht, was ich machen sollte: Es gibt einfach keine Erklärung für das neue Fassungsvermögen des weiblichen Unterleibs. Und ich bin mir auch nicht sicher, ob ihr die Wahrheit lieber gewesen wäre als die Annahme, ich hätte jegliche Kontrolle über meine Harnblase verloren. An dieser unangenehmen »Fähigkeit« meiner Beckenbodenmuskultur hat sich bisher nichts verändert. Jeden Abend muss ich mich sorgfältig ermahnen, mich nach meinem Bad »zu entleeren«, und natürlich vergesse ich es ausgerechnet dann, wenn wir danach noch ausgehen wollen: In dem Moment, in dem wir zur Tür hinausgehen, taucht plötzlich ein riesiger feuchter Fleck in meinem Schritt auf, sodass ich noch mal ins Bad zurückkehren und das Ganze mit dem Föhn trocknen muss, bevor wir uns unter Leute wagen können. Ich hoffe zu Gott, dass ich nicht die Einzige mit diesem postnatalen Albtraum bin – andernfalls wäre es mir schrecklich peinlich, wenn das jetzt hier jeder liest!

Die einzige Form von sportlicher Betätigung, die bei mir etwas gebracht hat, war die Mitgliedschaft in demselben innerstädtischen Fitnesscenter, von dem schon Sarah sprach – allerdings hatten wir vollkommen unterschiedliche Trainingspläne. Nach Ellas Geburt ärgerte ich mich zunehmend darüber, dass ich kaum noch Zeit für mich selbst hatte. Die Tage waren bis zum Rand gefüllt mit den Bedürfnissen der beiden Kinder und meines hungrigen Ehemannes, während ich am Abend all die Aufgaben im Haushalt zu erledigen versuchte, die tagsüber liegen geblieben waren. Selbst mein Entspannungsbad teilte ich manchmal mit den Kindern. Als einzige Lösung blieb nur das Fitnesscenter. An drei Abenden in der Woche verdrückte ich mich in dem Moment, in dem die Mädchen im Bett lagen, düste in die Stadt und erreichte das Studio gerade noch rechtzeitig zur Erkennungsmelodie der Seifenoper *EastEnders*, die ich mir während des Trainings auf dem Crosstrainer mit Kopfhörern auf den Ohren ansah. Dagegen konnte ich auf die anstrengenden Versuche, meine Gliedmaßen während einer Aerobic-Stunde zu koordinieren, getrost verzichten; denn die Aussicht darauf, eine ganze Folge dieser Seifenoper ungestört genießen zu können – und dabei gleichzeitig noch Kalorien zu verbrennen –, war für mich der reinste Luxus! Nach der Fernsehserie verbrachte ich noch zwanzig Minuten an den verschiedenen Trainingsgeräten, aber das wurde mir bald ziemlich langweilig, weil ich dabei nicht gleichzeitig in die Glotze gucken konnte.

Doch meine Verwöhnabende fanden ein trauriges Ende. Das, was Sarah am Fitnessstudio am meisten hasste, gehörte zu meinen absoluten Höhepunkten: die Umkleideräume. Nach zehn Minuten in der Sauna, um alle Pickel hervorzulocken, gönnte ich mir eine kräftige Dusche, die die Haut richtig zum Glühen brachte, und cremte mich mit köstlich duftenden Lotionen ein – und das alles in himmlischer Ruhe. Selbst als der Reiz des Neuen ein wenig verflogen war, sorgte meine Lust, mich hinterher zu verwöhnen, dafür, dass ich regelmäßig zum Training ging. Die Mitgliedschaft kostete mich etwa zehn Pfund in der Woche, das machte gut drei Pfund pro Abend, wenn ich dreimal wöchentlich trainierte – ein absolutes Schnäppchen! Diesen Betrag hätte ich schon alleine dafür bezahlt, die Sauna und die Duschen benutzen zu können. Wenn ich jedoch nur einmal in der Woche ins Studio ging, kostete mich dieser Besuch zehn Pfund – ein Gedanke, der das Ganze in einem wesentlich unattraktiveren Licht erscheinen ließ. Als ich mit Alfie schwanger wurde, bedeutete dies, dass ich auf Grund der Müdigkeit und Erschöpfung im ersten Schwangerschaftsdrittel manchmal sogar zwanzig oder dreißig Pfund pro Besuch bezahlte, was wirklich deprimierend war; daher setzte ich meine Mitgliedschaft für ein Jahr aus. Dieses Jahr nähert sich nun bald seinem Ende, und ich muss eine Entscheidung treffen, ob ich die dann erneut anfallenden Kosten rechtfertigen kann. Sosehr ich die Zeit auch genossen habe: Im Augenblick sehe ich keine Möglichkeit, mir drei Abende in der Woche fürs Training freizuschaufeln. Also hoffe ich, dass Andreas derzeitige Begeisterung fürs Boxen anhält, denn das ist nicht nur umsonst und jederzeit machbar, selbst mit fünf Kindern im Haus, sondern auch ausgesprochen befriedigend. Platz da, Mike Tyson – jetzt komme ich, eine Frau mit Boxhandschuhen und einer Mission.

Töpfchen, Toilette, Trotzanfälle

Von Pipi bis Plärren und von Aa bis Anfall – das folgende Kapitel spiegelt sicher alle Albträume eines jeden Elternpaars wider. Denn diese Alltagssituationen stellen ihre Fähigkeiten als Mutter oder Vater auf eine harte Probe und werfen die Frage auf, was Sie wohl falsch gemacht haben. Es geht doch nichts über dieses herrliche Schuldgefühl, wenn man bei einer besonders kniffligen Verhandlung mit dem eigenen Kind über die Frage, ob das fest in den Patschehändchen verankerte Spielzeug gekauft wird oder nicht, schließlich doch noch die Geduld verliert. Und erst diese magischen Momente, wenn das bis dahin wunderbar ans Töpfchen gewöhnte Kind plötzlich beschließt, im hohen Bogen von der Spielplatzrutsche zu pieseln. Natürlich gibt es im Buchhandel Dutzende von Ratgebern mit hervorragenden Tipps, wie man mit diesen schwierigen Situationen am besten fertig wird. Doch obwohl diese Bücher ihren Zweck einerseits wunderbar erfüllen, vermitteln sie uns Eltern andererseits das Gefühl, wir wären völlig unfähig und inkompetent, wenn wir wieder einmal feststellen müssen, dass auch wir nur Menschen sind und bei einer Erziehungsfrage danebenliegen. Außerdem lebt man als Mutter ständig in der Angst, möglicherweise ein kleines Monster heranzuziehen, wenn man in diesen schwierigen Situationen nicht exakt gemäß Anleitung vorgeht. Doch schließlich können wir alle nur unser Bestes geben und sollten uns nicht mit Selbstvorwürfen malträtieren, falls irgendetwas schief läuft. Hiermit gestehen wir vier, dass wir bei zahllosen Gelegenheiten versagt haben, als wir unsere Kinder ans Töpfchen gewöhnen wollten und mit ihren Trotzanfällen konfrontiert wurden. Wenn also auch Sie kein perfektes Ebenbild von Mary Poppins sind – ein Zustand, den wir natürlich alle anstreben –, dann lehnen Sie sich entspannt zurück und lassen Sie sich berichten, wie wir Sterblichen an diese Dinge herangehen.

Sarah

Als Mutter von einem Kind wie Jack könnte ich genügend Material zu beiden Themen beisteuern, um damit ein ganzes Buch zu füllen. Jack kam bereits mit ganz klaren Vorstellungen auf die Welt, wie er sein Leben gestalten will – und dabei lässt er sich auf keinem Fall von einer unbedeutenden Nebensächlichkeit wie einer anders denkenden Mutter aus dem Konzept bringen. Dies hat immer wieder zur Folge, dass ich einerseits stolz auf meinem Sohn und seine ausgeprägte Persönlichkeit bin, andererseits aber auch häufig ein wütendes, sich die Haare raufendes Wrack abgebe. An dieser Stelle werde ich die Schilderung unseres *Krieg-und-Frieden*-Dramas jedoch auf eine Hand voll frustrierender Episoden beschränken.

Zunächst zum Thema Töpfchen: Jacks Ansicht nach war der Gang zur Toilette bzw. zum Töpfchen etwas für alle anderen Menschen, aber nichts für ihn. Irgendwann hat mal jemand versucht, mich mit den Worten zu trösten: »Noch kein Kind wurde mit Windeln eingeschult.« Doch ich hatte ernsthafte Bedenken – unser Sohn schien entschlossen, die berühmte Ausnahme von der Regel zu bilden. Und ich fürchte, dass ich selbst zu diesem Dilemma beigetragen habe, indem ich ihn zu früh zur Benutzung des Töpfchens zu zwingen versuchte – obwohl es doch heißt, dass Jungen einfach länger brauchen, bis sie nicht mehr in die Windeln machen. Ich hielt es jedenfalls für eine gute Idee, ihn an das

Töpfchen zu gewöhnen, als ich zum zweiten Mal schwanger wurde. Aber damals war Jack gerade mal ein Jahr alt – was mich allerdings nicht von meinem Entschluss abbrachte. Schließlich hatte ich von den Frauen aus der Generation meiner Mutter immer wieder gehört, dass die Kinder damals schon im Alter von sechs Monaten zum ersten Mal aufs Töpfchen gesetzt wurden. Aber ich vermute, dass für die damaligen Mütter auch ein größerer Anreiz bestand, in Ruhe auf die Erledigung des wichtigen Geschäfts zu warten, als eine total voll geschissene Frotteewindel auszukratzen und zu waschen. Wenn ich damals schon Mutter gewesen wäre, dann hätte ich Jacks Töpfchen wahrscheinlich mit Klebstoff an seinem Po befestigt, nur um mir dieses tägliche Vergnügen zu ersparen. Glücklicherweise haben wir es heutzutage mit den Wegwerfwindeln wesentlich leichter, und wahrscheinlich hätte ich nicht so eifrig versucht, Jack auf den Topf zu setzen, um mir das Leben zu erleichtern, wenn ich nicht wieder schwanger geworden wäre. Doch wie sich herausstellte, benötigte Jack zwar eine ganze Weile, um »schön sauber« zu werden, aber das Schlimmste war überstanden, als unser zweites Kind schließlich auf die Welt kam. Dabei hatte die Zeit für ihn gearbeitet, denn es dauerte länger als ein Jahr, bis unsere Eloise das Licht der Welt erblickte!

In dem Sommer, als Eloise geboren wurde und Jack seinen dritten Geburtstag feierte, kam er zu dem Schluss, dass er nicht ewig in die Windeln machen konnte. Dazu trug ganz erheblich Tims Vorschlag bei, Jack könne doch im Garten Pipi machen, statt jedes Mal ins Haus zu kommen und die Toilette zu benutzen. Diese Möglichkeit kam Jacks nonkonformistischem Wesen sofort entgegen und beunruhigte mich selbst zunächst auch nicht, weil dies immerhin bedeutete, dass er auch andere Orte als seine Windel zur Verrichtung seines Geschäfts in Erwägung zog. Als Jack jedoch ein katerähnliches Verhalten entwickelte und in jede Ecke des Gartens und der Auffahrt pieselte, als wollte er sein Revier markieren, kamen mir die ersten Bedenken. Dabei galt meine größte Sorge dem Zufahrtsweg auf dem Grundstück unserer Nachbarn, den wir nur mitbenutzen dürfen. Als ich eines Tages Jack von unserem Küchenfenster aus beobachtete, wie er die Hose runterließ und seinen kleinen Strahl über die gesamte Hauswand unserer Nachbarn wandern ließ, beschloss ich, dass wir dieser relativ liberalen Einstellung zur Sauberkeitserziehung ein Ende setzen mussten. Glücklicherweise fanden Jacks Freundin Holly und ihre Eltern das Ganze recht amüsant und beschwerten sich nicht bei der Gemeindeverwaltung über Jacks asoziales Verhalten – aber bei weniger verständnisvollen Nachbarn wären die Probleme bereits vorprogrammiert gewesen. Für Jack war es natürlich ein Riesenspaß, mit der Hose auf den Knöcheln durch den Garten zu wetzen und sich von seiner Mami jagen zu lassen; er wusste genau, dass er damit gegen die Regeln sozialer Akzeptanz verstieß. Leider besaßen wir nicht einmal die mächtige Allzweckwaffe, die anscheinend allen anderen Eltern zur Verfügung steht: den Entzug von Privilegien. Ultimaten und Drohungen funktionierten bei Jack einfach nicht, weder damals noch heute. »Wenn du in den Garten pieselst, kriegst du den Lebkuchenmann nicht, den wir gerade gekauft haben« – diese Drohung zeigte bei ihm einfach keine Wirkung. Er zuckte nur mit den Achseln und ließ im nächsten Moment die Hosen runter, ohne auch nur einen Gedanken an die entgangene Leckerei zu verschwenden. Und ich gehöre nicht zu der Sorte von Eltern, die in so einer Situation nachgeben – wenn ich ein Ultimatum stelle, dann bin ich auch konsequent. Allerdings habe ich lernen müssen, meine Drohungen gegenüber Jack sorgfältig auszuwählen, damit der Schuss nicht nach hinten losgeht. Die klassische Drohung »Wenn du das noch einmal machst, Jack, dann gehen wir nach Hause«, trifft mich wie ein Bumerang, wenn ich sie beispielsweise bei einem Treffen der Clubmitglieder ausstoße und dann auch in die Tat umsetzen muss. Denn damit strafe ich letztendlich nicht nur ihn, sondern auch mich selbst!

Da mein Sohn jedoch einen ausgeprägten Willen besitzt und große Freude daran entwickelte, andere mit seinem Pinkelverhalten zu schockieren, beschränkte er seine öffentlichen Darbietungen nicht auf die relative Sicherheit und Anonymität unseres eigenen Gartens. O nein, mein kleiner Schatz war fest entschlossen, mich auch an anderen Orten und Plätzen vorzuführen. Als ich mit Eloise hochschwanger war, nahmen Andrea und ich die Jungs zum Mittagessen mit in die Stadt. Die Mahlzeit verlief relativ reibungslos – wenn man bedenkt, dass das Restaurant nicht erklärtermaßen kinderfreundlich war und wir drei lebendige kleine Jungs im Alter von knapp drei Jahren bei uns hatten. Nachdem wir wenigstens einen Teil der rund um unseren Tisch verstreuten Essensreste aufgesammelt, unsere Rucksäcke mit allen für die Kinderunterhaltung erforderlichen Utensilien gepackt (was ist eigentlich mit unseren Handtaschen geschehen?) und uns mit unseren Kindersportwagen und unserer Brut einen Weg zwischen den anderen Gästen hindurch zur Tür gebahnt hatten, drehte ich mich noch einmal um, um mich bei unserem Kellner zu bedanken. In dem Moment drängelte Jack sich hastig an mir vorbei und stellte sich vor eine der beiden Kübelpflanzen, die den Eingang des Restaurants flankierten. Bevor ich auch nur meine übliche Drohung »Untersteh dich, Jack!« ausstoßen konnte, hatte er auch schon seine Hose heruntergelassen und pinkelte im hohen Bogen auf das wunderschöne Lorbeerbäumchen. Ich wagte nicht, mich noch einmal zum Restaurant umzudrehen, aus Angst vor den Blicken der entsetzten Gäste – von dem Kellner ganz zu schweigen. Daher wollte ich nichts anderes, als meinen Sohn am Kragen packen und ihn im Eiltempo nach Hause schleppen, während mir die Schamesröte ins Gesicht stieg.

Aber Jack wusste ganz genau, dass mein hochschwangerer Bauch schnelle Reaktionen verhinderte. Es bereitete ihm ein diebisches Vergnügen, sich über mich lustig zu machen, indem er mir ein verschmitzt-spöttisches Lächeln schenkte, sich ruhig bückte und seine Hose lässig wieder hochzog, bevor er gemächlich weiterspazierte.

Doch damit war es noch immer nicht genug. Offenbar hatte er viel zu viel Freude daran, mit seinem Pinkelverhalten gegen die Regeln des Anstands zu verstoßen. Der nächste peinliche Vorfall ereignete sich, als Andrea und ich mit den Jungs ins örtliche Schwimmbad gingen. Wir waren kaum im Wasser, als Jack auch schon verkündete, dass er mal zur Toilette müsse. Wie ein geölter Blitz schoss er die Stufen hinauf, woraus ich natürlich schloss, dass er rasch zu den Umkleideräumen zurückwollte ... Aber ich hätte es besser wissen müssen. Während ich meinen voluminösen Bauch aus dem Wasser hievte, um Jack zu folgen, hörte ich plötzlich ein leises Plätschern neben mir – wie von einem Springbrunnen. Entsetzt drehte ich mich um und sah, wie Jack am Beckenrand des städtischen Schwimmbades stand, die Hände in die Hüften gestemmt, die Badehose auf den Knöcheln, und wie ein Miniaturfeuerwehrmann in einem perfekten Bogen direkt auf das Wasser zielte. Im nächsten Moment ließ er die Hüften kreisen und kicherte vor Vergnügen beim Anblick der Muster, die sein Urinstrahl auf der Wasseroberfläche zeichnete. Während Jack dort stand und sich an seiner Verbotsübertretung regelrecht ergötzte, verharrte ich wie versteinert auf den Stufen und überlegte verzweifelt, was ich tun sollte. Ich konnte hören, wie Andrea vor unterdrücktem Lachen fast platzte, und hätte am liebsten auch losgeprustet. Denn wenn das dort oben nicht mein eigenes Kind gewesen wäre, hätte ich bestimmt Tränen gelacht, aber beim eigenen Kind wird es nicht gern gesehen, wenn die Mutter kichert. Obwohl ich mich noch nicht umgedreht hatte, um mir die Reaktionen der anderen Badegäste anzusehen, konnte ich förmlich spüren, wie sich die Blicke der anderen untadeligen Damen in meinen Rücken bohrten. Schlimm genug, dass eines der Kinder es gewagt hatte, in der Nähe ihrer perfekt geschminkten Gesichter und knochentrockenen Haare mit Wasser zu spritzen – jetzt pieselte auch noch eines dieser kleinen Monster in den Nichtschwimmerbereich. Als Jack endlich fertig war, zog er seine Badehose hoch und sprang ins Becken, als wäre nichts geschehen. Ich entschied mich für eine eher zurückhaltende Reaktion, indem ich die Schwimmstunde ein paar Minuten später vorzeitig beendete, mit gesenktem Kopf aus dem Becken schlich und jeglichen Blickkontakt vermied. Ich war einfach fassungslos, dass es Jack innerhalb einer Woche zweimal gelungen war, mich öffentlich zu blamieren, und ich schwor mir, dass in Zukunft Tim mit den Kindern schwimmen gehen würde. Glücklicherweise hatte ich Andrea an meiner Seite, die mich tröstete und meinte, immerhin hätte Jack nicht versucht, einen von den anderen Schwimmern ins Ziel zu nehmen.

Aber auch bei großen Geschäften war Jack immer für eine Überraschung gut. Als sich sein dritter Geburtstag näherte, verlor ich allmählich die Geduld mit seinen unvorhersehbaren Toilettengewohnheiten. Die Tatsache, dass er sein Pinkelverhalten noch nicht richtig im Griff hatte, konnte ich ja noch akzeptieren, aber das mutwillige Einkoten der Kleidung trieb mich an den Rand des Wahnsinns. Es ist schon ziemlich eklig, wenn man eine Kinderunterhose mehrfach in der Toilette ausspülen muss, um sie wenigstens so sauber zu bekommen, dass man es wagen kann, sie zusammen mit der restlichen Wäsche in der Maschine zu waschen. Häufig stand ich kurz davor, die Hose des Anstoßes einfach in den Mülleimer zu werfen. Und das will etwas heißen, da ich nicht gerne etwas verschwende. Aber die zusätzliche Ausgabe in Höhe von 1,99 Pfund für ein neues Päckchen Unterhosen schien mir im Vergleich zum unappetitlichen Entfernen der Hinterlassenschaften in der Unterhose, die auch nach der Wäsche für immer die Zeichen früherer Missgeschicke trägt, durchaus gerechtfertigt. Doch während es bereits schlimm genug scheint, diese Prozedur für sein eigenes Kind auf sich zu nehmen, ist es eine ganz andere Geschichte, wenn man es für anderer Leute Kinder machen muss. Eine Freundin hatte angeboten, eine knappe halbe Stunde auf Jack aufzupassen, damit ich mit Eloise zur nachgeburtlichen Untersuchung gehen konnte. Dankend nahm ich ihr Angebot an, da ich wusste, dass dies den Arztbesuch erheblich erleichtern würde. Aber bei meiner Rückkehr erklärte sie mir, dass Jack jetzt eine Unterhose von ihrem Sohn trage, weil er in die Hose gemacht hatte. Ich war entsetzt und konnte nur noch hilflose Entschuldigungen stammeln, bevor ich mit meinem Sohn nach Hause fuhr, nur um eine *weitere* Unterhose zu säubern. Ich hatte meiner Freundin gegenüber ein so schlechtes Gewissen, dass ich am nächsten Morgen eine Tube Handcreme auf ihre Türschwelle legte, um ihr für diese selbstlose Tat zu danken!

Dagegen hat sich Eloise als reinste Wohltat für die vom Toilettentraining zermürbte Mutter entpuppt. Obwohl sie erst knapp zwei Jahre alt ist, fragt sie schon von sich aus nach dem Töpfchen, wenn sie ein großes Geschäft erledigen möchte. Die Bewältigung kleiner Geschäfte wird wahrscheinlich noch ein Weilchen dauern, aber zumindest ist sie gegenüber diesem Thema auch schon recht aufgeschlossen – obwohl es mich ein wenig beunruhigt, dass sie unbedingt einmal »gegen den Wind Pipi machen« will. Wenn man danach geht, welch großes Interesse sie bereits an Toilettengewohnheiten zeigt, nicht nur an ihren eigenen, sondern auch denen aller Bewohner im Haus, könnte es sein, dass sie eines Tages ziemliche Begeisterung für Darmtätigkeiten aller Art entwickelt – ganz im Gegensatz zu ihrem vollkommen desinteressierten Bruder.

Dafür perfektionierte Jack die Kunst des Trotzanfalls zur wahren Meisterschaft. Er achtet sorgfältig darauf, dass seine Wutausbrüche entweder in aller Öffentlichkeit stattfinden oder dann, wenn ich gerade ein wichtiges Telefonat führen muss. Und inzwischen bemüht Eloise sich, seinem Beispiel zu folgen. Es scheint fast, als sähen meine Kinder einen kleinen weißen Aufkleber auf meiner Stirn mit der folgenden Aufschrift: »Komm und quäl mich, so viel wie du möchtest und so laut du nur kannst.« Noch vor Eloises Geburt gab es eine besonders spannende Situation mit Jack: Ich musste damals ein langes und wichtiges Telefonat führen – die Sorte von Telefonat, bei dem man besonders effizient und geschäftsmäßig klingen möchte, so als würde man aus dem »Londoner Büro« anrufen. Plötzlich versuchte Jack, meine Aufmerksamkeit auf sich zu lenken, indem er laut nach etwas zu essen quengelte. Ich hatte fälschlicherweise angenommen, ihn mit ein paar Keksen ruhig stellen zu können. Doch dann begann er regelrecht hysterisch zu schreien, sodass ich von einem Zimmer ins nächste spurtete. Auf diese Weise versuchte ich, ihn zu überlisten, indem ich immer ein Zimmer zwischen ihn und sein zunehmendes Gebrüll legte. Mein weiterhin ruhiger Geschäftston und meine Fluchtversuche führten jedoch nur dazu, dass die Flammen seiner Wut noch höher aufloderten. Als letzter Zufluchtsort blieb mir schließlich nur noch das Wohnzimmer, in dem ich mich verbarrikadierte. Während ich das Telefonat wegen der Rennerei etwas außer Atem fortsetzte, sah ich zu meinem Schrecken, wie sich die Holztür deutlich nach innen wölbte, als Jack sich mit seinem tobenden, trollähnlichen kleinen Körper von der anderen Seite dagegenwarf. Danach herrschte vollkommene Stille. Ich lehnte mich zurück, legte die Füße auf den Couchtisch und war einfach nur erleichtert, dass ich mein Gespräch nun in Ruhe fortsetzen konnte. Doch dann hörte ich ein »Plitsch, platsch, plitsch, platsch« … und bevor ich auch nur die

Zeit hatte, die Quelle dieses Tropfgeräuschs auszumachen, brach eine Sturzflut über mir herein. Von der Wohnzimmerdecke strömte das Wasser nur so herunter, klatschte auf den Couchtisch und ergoss sich in einem Schwall auf den Teppich. In diesem Moment gab ich jeden Versuch auf vorzugeben, ich säße im Büro, und beendete das Telefonat ziemlich abrupt mit den Worten: »Tut mir Leid, ich muss auflegen, bei mir kommt Wasser durch die Decke!« Ich rannte nach oben und fand Jack im Badezimmer vor dem zugestöpselten Waschbecken und laufendem Wasserhahn, der begeistert zusah, wie das Wasser in Kaskaden über den Beckenrand floss und zwischen den Ritzen im Holzboden versickerte. Der selbstgefällige Ausdruck auf seinem Gesicht – schließlich hatte er nicht nur einen Weg gefunden, mich von meinem Telefonat wegzulocken, sondern obendrein auch noch einen fantastisch unterhaltsamen – ließ mich fast ein Verbrechen aus Leidenschaft begehen. Wie konnte es sein, dass ich mich einem dreijährigen Kind geschlagen geben musste? Meine Gedanken rasten wie verrückt, und ich war fuchsteufelswild, konnte mich aber nicht entscheiden, was ich zuerst machen sollte: Die Sicherungen herausdrehen, im Wohnzimmer Eimer aufstellen oder meinen Sohn erwürgen. Ich entschied mich zunächst für den Haushalt und rannte wie ein kopfloses Huhn treppauf und treppab – zeterte und schimpfte aber die ganze Zeit mit Jack! Nachdem ich erst einmal die wichtigsten Maßnahmen zur Schadensbegrenzung ergriffen hatte, sorgte ich unter eisigem Schweigen dafür, dass mein ziemlich nervös dreinblickender Sohn im Eiltempo badete und um halb sechs im Bett lag – wogegen er nicht ein einziges Mal aufmuckste! Ich vermute, er war einfach nur froh, dass er sich in die Sicherheit seines Bettes zurückziehen und so der Gesellschaft seiner Feuer speienden Drachenmutter entkommen konnte. Als Tim abends von der Arbeit nach Hause kam, erzählte ich Lyndsey gerade am Telefon von der ganzen Geschichte. Wieder hatte ich die Füße auf den Couchtisch gelegt – nur diesmal prangte an der Decke ein riesiger feuchter Fleck, der Teppich stand aufgerollt an der Wand, und ich war umgeben von klatschnassen Aufnehmern und Eimern. Tim kam herein und sah mich mit einem Ausdruck an, der so viel bedeutete wie: »Was zum Teufel ist denn hier passiert? Und wieso sitzt du einfach nur herum und telefonierst, während es hier aussieht wie im Saustall?« Dafür erntete er meinen vernichtendsten Blick: »Fang jetzt bloß nicht damit an!« Und so entschied sich auch der andere Mann in meinem Leben umgehend für die Flucht über den Notausgang und schwang sich auf sein Mountainbike, um die nächsten vierzig Minuten dem Zorn seiner geladenen, schwangeren Frau zu entgehen.

Und damit kommen wir zum nächsten Thema: Trotzanfälle in der Öffentlichkeit. Wie kommt es nur, dass man sich plötzlich der unerwünschten Aufmerksamkeit sämtlicher Umstehenden gewiss sein darf? Dabei brauche ich diejenigen, die mit dem Kopf schütteln und »Tss, tss« machen, gar nicht zu erwähnen – die sind einfach nur schreckliche Nervensägen. Aber ich habe auch Probleme mit den mitleidig Dreinblickenden, deren Gesichtsausdruck zu sagen scheint: »Ja, ja, das habe ich auch schon mal erlebt.« Inzwischen versuche ich, in eine andere Richtung zu blicken, wenn ich in einem Geschäft das Kind einer anderen Frau kreischen und toben höre: Keine noch so große Menge an mitfühlenden Blicken kann bewirken, dass die arme Mutter sich besser fühlt oder das Kind sich auf wundersame Weise beruhigt. Vor kurzem ging ich mit Eloise in einem Supermarkt einkaufen, und zunächst war ich auch sehr erfreut, dass sie sich so brav verhielt und die meiste Zeit ruhig im Wägelchen saß. Doch plötzlich war es mit der Ruhe vorbei – sie hatte mich bei dem Versuch ertappt, wie ich versuchte, eine Tüte mit Gummibärchen heimlich in den Wagen zu schmuggeln. In dem Moment brach die Hölle los: Eloise versuchte, aus ihrem Sitz zu klettern und über den Berg von Lebensmitteln im Wägelchen zu krabbeln, um an diese Packung mit heiß geliebten »Bommbomms« zu gelangen. Und während ich mich verzweifelt bemühte, meinen schwer beladenen Wagen durch den letzten Gang zu schieben, schloss eine wohlwollende junge Mutter mit einem engelsgleichen Kind im Wägelchen zu mir auf, um mir ihr Beileid wegen meines kreischenden Kleinkindes zu bezeugen. Ich lächelte höflich und setzte meinen Einkauf in einem Tempo fort, wie es nur eine wild entschlossene Mutter vorlegen kann, die den Laden schnellstmöglich wieder verlassen will. Doch an jeder Ecke traf ich erneut auf diese mitfühlend blickende Frau, die ihrerseits gewillt war, mir ihre *sämtlichen* Erfahrungen mit Trotzanfällen zu berichten. Schließlich ließ ich sie mitten in der Erzählung über den Wutausbruch ihres Sohns im örtlichen Postamt stehen und sprintete wie eine Wettläuferin zur Kasse, während meine brüllende Tochter halb aus dem Wägelchen hing. Ich weiß, dass diese junge Mutter nur versucht hat, mich zu trösten, aber wenn sie geglaubt hat, dass mir damit gedient gewesen wäre, Eloises Spitzenvorstellung auch nur einen Moment zu verlängern, dann lag sie verdammt falsch. Sie bewirkte damit lediglich, dass mein Gefühl der Frustration ungeahnte Höhen erreichte. Dagegen arbeitete das Mädchen an der Kasse mit Hochdruck und ließ den Scanner glühen, als sie mich kommen sah und die imaginäre Aufschrift auf meiner Stirn las: »Scan, Mädel, scan, wenn dir dein Leben lieb ist!« Als ich schließlich das Wägelchen aus dem Laden schob, kreischte Eloise noch immer mit unverminderter Lautstärke – ihre Augen blutunterlaufen und das Gesicht rot und fleckig –, während mir der Schweiß herunterlief und der Blutdruck der Kassiererin dank des Adrenalinstoßes in die Höhe geschnellt war. Und das war auch der Moment, in dem ich mir wünschte, ich hätte mehr von Andrea, die bei der Erziehung ihrer Kinder unglaublich nachgiebig ist. Wenn ich mich dem Wunsch meiner Tochter nach den Gummibärchen sofort gebeugt hätte, dann wäre dieser Supermarkteinkauf wesentlich stressfreier über die Bühne gegangen. Möglicherweise verliefe mein Leben tatsächlich sehr viel leichter, wenn ich etwas entspannter an die Sache heranginge. Aber ich hoffe einfach, dass irgendwann in der Zukunft der Moment kommen wird, in dem sich meine Erziehungsdisziplin bezahlt macht, die ich meinen Kindern heute angedeihen lasse!

Hilary

Endlich mal ein Thema, bei dem ich ziemliches Glück hatte – das Auf-den-Topf-gehen. Sowohl Molly als auch Ella erreichten ihren zweiten Geburtstag, legten ihre Windeln ab und blickten von da an nur noch nach vorne. Ich habe keine Ahnung, was ich dazu beigesteuert haben könnte, dass alles so leicht verlief – ich glaube, das haben sie alles selbst gemacht. Ich musste sie weder allmählich an Schlüpfer gewöhnen noch ab der Taille nackt herumlaufen lassen noch permanent ein Töpfchen mit mir herumschleppen. Ab dem dritten windelfreien Tag waren beide in der Lage, so lange einzuhalten, bis wir die nächste Toilette fanden. Selbst die Nächte waren kein Problem. Bei beiden Mädchen stellte ich fest, dass sie morgens um sechs mit vollkommen durchnässter Windel aufwachten. Das lag aber nur daran, dass sie die ganze Nacht trocken blieben und erst in den Morgenstunden einmal richtig Pipi machten und dabei eine Menge an Urin produzierten, die selbst die Aufnahmefähigkeit der modernsten Windelgeneration sprengt! Daher zog ich ihnen abends keine Windel mehr an, stellte ein Töpfchen neben das Bett und forderte sie auf, in dem Moment, in dem sie aufwachten, sofort aufs Töpfchen zu gehen. Und was soll ich sagen? Bingo! Zwei nasse Betten später ... trocken. Also entweder habe ich den Bogen raus, oder ich hatte zweimal unverschämtes Glück – und Alfie steht schon bereit, mir das selbstgefällige Lächeln vom Gesicht zu wischen, wenn ich den gleichen Trick auch bei ihm versuche. Ich fürchte das Schlimmste!

So viel zum Thema Pipi; kommen wir jetzt zu den Verdauungsorganen und Gesäßen. Schon als kleines Kind hatte Molly Darmprobleme, daher sind die Gespräche rund um das Thema »Aa« in unserem Haushalt bereits seit einigen Jahren vollkommen normal. Als Säugling litt sie unter chronischer Verstopfung, und ich massierte ihr stundenlang das Bäuchlein, während sie puterrot anlief und wie eine Frau in den Wehen presste. Manchmal hat mich das gefühlsmäßig ziemlich mitgenommen, weil ich daran dachte, dass auch sie eines Tages die Tortur der Geburt durchstehen musste und dass ich als ihre Mutter nichts tun konnte, um ihr zu helfen. Wenn Molly dann endlich ihr großes Geschäft erledigt hatte, war die Befriedigung enorm. Irgendwann stellte ich fest, dass der beste Weg zur Anregung ihrer Darmtätigkeit darin bestand, ihr kleines Poloch zu massieren – natürlich mit einem Babypflegetuch! Das war eine brillante Lösung; das Ganze erinnerte ein wenig an eine Wurstfabrik, wo man auf den Startknopf drückt. Und ich bemerkte, dass ich nach einiger Zeit diese nicht sehr angenehme Körperfunktion regelrecht fasziniert beobachtete. Wieder einmal frage ich mich beim Durchlesen meiner Notizen, ob ich die Einzige bin, die auf diesen Lösungsweg bei Stuhlverstopfung gekommen ist – ich hoffe nicht! Vielleicht liegt es daran, dass dies quasi zu meinem Beruf als Krankenschwester gehört. Auf die Phase der Darmträgheit folgte rasch eine Periode, in der Molly nur furchtbar abstoßende, schlammig schleimige, übel riechende »Kuhfladen« produzierte. Die Ursache dafür war ein Darmparasit namens *Giardia lamblia*, der es irgendwie geschafft hatte, sich in ihrem Dünndarm anzusiedeln; doch die Darmgase rochen, als würde Molly nur von Bier und indischen Currygerichten leben.

Wenn wir während dieser Zeit das Haus verließen, musste ich für sie immer zusätzliche Kleidung mitnehmen, da die breiigen Kuhfladen sich über ihren ganzen Rücken verteilten, und ein Päckchen Zündhölzer, weil der Geruch sonst tagelang in der Luft hing. Bei Mollys Stuhlgang wurde die Theorie der geruchszersetzenden Wirkung von phosphorhaltigen Streichhölzern einem wirklich harten Test unterzogen. Aber ich kann es nur bestätigen: Streichhölzer sind tatsächlich wesentlich besser in der Lage, Darmgase zu kaschieren als beispielsweise blumige Raumsprays; die Mischung aus Rosen und Fäkalien sorgt dafür, dass sich selbst einer hart gesottenen Krankenschwester wie mir der Magen umdreht. Allerdings musste ich beim Abfackeln der Gase manchmal um meine Augenbrauen und Haare bangen: Der Methananteil in der Luft erreichte ein derartiges Niveau, dass ich beim Anzünden des Streichholzes einen riesigen Knall befürchtete, der mich mit einem verkohlten Gesicht zurückließ.

Die nächste Herausforderung bestand darin, Molly beizubringen, sich selbst den Po abzuwischen. Das arme Kind hatte mit seinem ständig verschmierten Po nicht nur die denkbar ungünstigsten Startbedingungen, sondern erhielt auch noch unterschiedliche Anweisungen zur Ausübung der neu zu lernenden Technik. David und ich stellten fest, dass wir vollkommen unterschiedliche Vorgehensweisen bei der Beseitigung unserer eigenen Darmtätigkeit bevorzugten. Ich möchte hier nicht ins Detail gehen, aber einer von uns zerknüllte das Papier, während der andere es ordentlich faltete. Ich werde mich jetzt nicht darüber auslassen, wer von uns was machte, aber das Ergebnis dieser unterschiedlichen Anleitungen war, dass Molly vollkommen verwirrt reagierte. Einer von uns musste sich für die andere Technik entscheiden; doch nachdem erst einmal sämtliche Unklarheiten beseitigt waren, erlernte Molly die neue Fähigkeit recht schnell. Allerdings legt sie auch heute noch großen Wert darauf, dass wir ihr neu erworbenes Können auch wirklich zu schätzen wissen, und hält uns über ihre einzelnen Schritte vom Bad aus ständig auf dem Laufenden. Wenn es sich um einen etwas breiigeren Stuhlgang handelt, kommt sie ins Wohnzimmer gewatschelt, die Hose auf den Knöcheln, und beugt sich ganz weit nach vorne, damit wir das Ergebnis ihrer Bemühungen noch einmal kontrollieren. Das macht viel Freude, besonders dann, wenn man Besuch hat. Möchte jemand vielleicht noch ein Schokoplätzchen?

Wo wir gerade beim Thema sind, kann ich gleich noch von einer weiteren faszinierenden Entdeckung berichten: Der Kaiserschnitt bei Alfies Geburt verlieh meinen postnatalen Erfahrungen eine ganz neue Dimension. Vor der Geburt hatte ich die vorgeschriebene Menge an Klinikpackungen mit Damenbinden für das zu erwartende »Massaker« gekauft. Als aber die Ärzte Alfie durchs »Verdeck« herausholten, entfernten sie gleichzeitig auch das restliche Zeugs, das normalerweise allein seinen Weg nach draußen finden muss. An diesen Aspekt bei einem Kaiserschnitt hatte ich nie gedacht, daher war ich ziemlich überrascht, dass ich insgesamt nur eine Packung Binden und mehrere Packungen Slipeinlagen benötigte – was natürlich fantastisch ist, mich aber auch auf einer riesigen Menge unbenutzter, überdimensionierter Damenbinden sitzen ließ. Ich denke sogar schon darüber nach, sie Tracey Emin für ihr nächstes inspirierendes Beispiel moderner Kunst zur Verfügung zu stellen: Die Binden bieten zahlreiche Möglichkeiten, sie auf unappetitliche Weise in die nächste Installation der Künstlerin einfließen zu lassen und stehen ihrem schmuddeligen Kunstwerk »My Bed« an Potenzial in nichts nach.

Meine zweite faszinierende Entdeckung im Zusammenhang mit dem Kaiserschnitt betraf das Wasserlassen, nachdem man mir einen Blasenkatheter verpasst hatte. Bei meinem ersten Toilettenbesuch nach der Operation sprang ich vor Schreck fast von der Brille, als meine Blase schlagartig die Wassermenge der Niagara-Fälle freigab. Das Katheterröhrchen muss die Harnröhre enorm geweitet haben, sodass sich die Blase in Windeseile leerte! Eine fantastische Erfahrung – es ist einfach wundervoll, mit doppelter Geschwindigkeit pinkeln zu können. Bedauerlicherweise entwickelte sich die Harnröhre nach ein paar Wochen wieder zu ihrem ursprünglichen Zustand zurück.

Das reicht aber jetzt an Geschichten unterhalb der Gürtellinie. Kommen wir nun zu den Torturen der Trotzanfälle. Molly konnte schon sehr früh sprechen, was bedeutete, dass sie in der Lage war, ihre Gedanken in Worten zu fassen. Leider erwies sich dies für sie als Nachteil, denn dadurch zeigte ich mich ihr und ihrem Verhalten gegenüber schon sehr früh recht unnachgiebig. Dagegen zeichnet sich Ella durch deutlich geringere Sprachkenntnisse aus. Sie nähert sich mit Riesenschritten ihrem dritten Geburtstag, ist aber immer noch kaum zu verstehen, wodurch sie sich im Vergleich zur »ehrlichen Haut« Molly wirklich alles erlauben kann. Bereits mit vierzehn Monaten musste ich Molly mit der »Strafbank« bekannt machen, weil sie mir ganz deutlich Widerworte gab. Damals nervten mich am meisten solche Unarten wie das Klauen von Spielzeugen auf dem Kinderspielplatz, mit denen sie dann ihre Spielkameraden bewarf. Wenn ich sie aufforderte, damit aufzuhören und sich zu entschuldigen, starrte sie mich aufsässig an und sagte: »Nein, nich.« Ich konnte kaum glauben, dass die Trotzphase schon so früh einsetzte. Da Molly es hasste, allein in die Ecke gestellt zu werden, funktionierte der Trick mit der Strafbank hervorragend. Ich platzierte sie dann auf dem Läufer im Flur, den sie nicht verlassen durfte, bis sie bereit war, sich zu entschuldigen. An manchen Tagen erforderte dies mehrere Versuche, aber genau wie Sarah gebe ich nicht so schnell nach und behielt auch jedes Mal die Oberhand. Ich hoffte, dass Molly durch diese Erziehungsmaßnahmen schon von klein an meine Vorstellung von Benimmregeln verinnerlichen würde. Aber dafür, dass sie sonst so gescheit ist, erweist sie sich in dieser Hinsicht als ausgesprochen langsame Schülerin. Molly wird bald fünf, doch noch immer muss ich sie hinaus in den Flur oder in ihr Zimmer schicken. Allerdings erlebt man jetzt häufig, wie sie verächtlich schnaubt und die Zunge rausstreckt, während sie den Raum verlässt. Zwar hat sie mich nie mit einem ausgewachsenen, in den höchsten Kreischtönen dargebotenen Tobsuchtsanfall beglückt, aber meine Achillesferse kennt sie verdammt gut: Ich kann mich nicht erinnern, dass ich mit meiner Mutter jemals so gesprochen habe, wie sie mit mir spricht – und dabei ist sie noch nicht einmal fünf! Umgekehrt kann man mich auch nicht gerade als nachgiebig bezeichnen. Tatsächlich bin ich in Erziehungsangelegenheiten so etwas wie der Diktator in unserem Club, und wenn ich die Geduld verliere, dann wirkt selbst Sarah mit ihrem überfluteten Badezimmer im Vergleich zu mir wie die reinste Schmusekatze. Innerhalb kürzester Zeit verwandle ich mich dann in ein am ganzen Körper zitterndes Ungeheuer mit Schaum vor dem Mund, das wüste, unverständliche Drohungen ausstößt. Molly bewahrt sich während dieser Szenen eine verächtliche Nonchalance und betrachtet mich mit einem Blick, der so viel bedeutet wie »Um Himmels willen, Mutter, jetzt reiß dich doch mal zusammen!« Häufig liege ich abends im Bett, lasse den Tag noch einmal Revue passieren und überlege mir Strategien, wie ich es beim nächsten Mal besser machen kann. Mein neuester Erziehungsplan sieht eine dreistufige Lautstärkenpyramide vor: Ich fange damit an, dass ich Molly erkläre, warum mir das, was sie gerade anstellt, nicht gefällt und frage sie, ob sie mich verstanden hat. Wenn sie dann nicht aufhört, erhebe ich meine Stimme auf Level eins und teile ihr klipp und klar mit, dass ich ihr das nicht noch einmal sagen werde. Und falls ich es doch noch mal sagen muss, brülle ich laut los, und Molly bekommt Stubenarrest. Sobald ich Level drei erreiche, entwickle ich eine erstaunliche Ähnlichkeit mit einem Militärausbilder, während ich ein grauenhaftes Gebrüll ausstoße und sie im Polizeigriff nach oben verfrachte. Unglücklicherweise erreichen wir Level drei viel häufiger, als mir lieb ist. Das Problem bei Molly und mir besteht darin, dass wir einander einfach zu ähnlich sind: Nach außen erscheinen wir beide stur und fest entschlossen, aber in unserem Inneren sind wir extrem empfindlich. Wir zählen zu der Sorte von Menschen, die immer genaue Vorstellungen im Kopf haben, aber vollkommen außer sich geraten, wenn irgendetwas nicht so läuft wie geplant. Wegen ihrer überaus empfindsamen Persönlichkeit und ihrer hohen Intelligenz habe ich mich aber nie dazu hinreißen lassen, Molly zu schlagen – für sie waren Ablehnung und Verbannung in den Flur immer schmerzhaft genug.

Außerdem predigte ich Molly ständig, sie solle keine anderen Kinder schlagen; daher wusste ich, dass dieser Schuss nach hinten losginge, falls ich ihr jemals einen Klaps geben sollte. Die Aussage »Habe ich dich schon mal geschlagen, Molly? Nein? Dann schlag du gefälligst auch niemand anderen!« besaß immer eine große Überzeugungskraft. Doch kurz nach Alfies Geburt hackten die beiden Mädchen zunehmend aufeinander herum, und es wurde fast unmöglich, sie rechtzeitig in die Schule und den Kindergarten zu bekommen. Als Alfie vier Wochen alt war, erreichte das Ganze seinen unrühmlichen Höhepunkt: Völlig unausgeschlafen und am Ende meiner Geduld, versuchte ich eines Morgens, alle drei anzukleiden, mit Frühstück zu versorgen und rechtzeitig aus dem Haus zu kriegen. An diesem Tag waren Molly und Ella besonders unausstehlich und brachen beim Ankleiden und während des gesamten Frühstücks abwechselnd alle paar Minuten in Tränen aus. Gleichzeitig wollte Alfie nicht eine Sekunde lang von meiner Brust lassen, ohne das ganze Haus zusammenzubrüllen, und als der Stresslevel ungeahnte Höhen erreichte, kam David auf die glorreiche Idee, noch mal ins Haus zurückzukehren und ebenfalls seinen Senf dazuzugeben. Ich war gerade dabei, meinen laut brüllenden Sohn in seinen Babysitz zu schnallen und gleichzeitig der greinenden Ella zu erklären, dass sie die acht Stufen vom Haus zum Wagen gefälligst allein laufen könne, statt getragen zu werden, wie sie verlangte, als Molly erneut in Tränen ausbrach. Sie war sich nicht sicher, ob ihr die Zöpfe gefielen, zu denen ich ihre Haare geflochten hatte, oder ob sie lieber einen Pferdeschwanz wollte. Was wäre, wenn ihre Freundin Alice einen Pferdeschwanz trüge und sie Zöpfe? So wie sie dabei schluchzte und heulte, hätte man meinen können, das arme Kind sprach von einer Beerdigung und nicht von ihrer Frisur. »Tut dir irgendetwas weh?«, fragte ich sie. »Wenn nicht, dann hör auf zu weinen ... und sag, worum es geht.« Das war wahrscheinlich schon das sechste Mal, dass ich an jenem Morgen diesen Satz rufen musste; daher waren meine Nerven inzwischen zum Zerreißen angespannt. Als ich den Wagen erreichte, kreischten alle drei in voller Lautstärke ob ihrer eigenen kleinen Krise – sei es, dass sie die Brust wollten, einen Transportesel verlangten oder mit ihrer Frisur unzufrieden waren.

Genau in diesem Augenblick beschloss David, seinen eigenen allerliebsten kleinen Beitrag zum Drama zu liefern, und meinte: »Dürfte ich vielleicht vorschlagen, dass du demnächst zehn Minuten früher aufstehst, um dieses ganze Theater zu vermeiden?« In dem Moment brannte bei mir die Sicherung durch, und ich explodierte. Es hätte jeden von den vieren treffen können, aber die arme Molly geriet direkt in die Schusslinie, als sie eine Sekunde später erneut wegen ihrer Frisur jammerte. »Tut dir irgendetwas weh?«, brüllte ich. »Nein«, erwiderte sie, während ich den Rock ihrer Schuluniform hochhob und ihr einen kräftigen Klaps auf den Oberschenkel gab. »Na, dann tut dir jetzt was weh«, sagte ich und schob sie ins Auto. Molly war vor Entgeisterung vollkommen sprachlos, genau wie der Rest der Familie, und ich entwickelte plötzlich eine unheimliche Ähnlichkeit mit John Cleese in »Fawlty Towers«. »Bestens, bestens«, tschilpte ich. »Alle sind zufrieden, und Molly hat jetzt endlich einen Grund zum Heulen, denn nun tut ihr etwas weh. Ausgezeichnet!«, sprudelte ich munter vor mich hin, während ich zur Schule fuhr. Nachdem ich zwei völlig verwirrte Kinder in der Schule und im Kindergarten abgeliefert hatte – wobei ich die ganze Zeit wie irre lächelte –, stieg ich wieder in den Wagen zu Alfie, der jetzt friedlich in seinem Sitz schlief, legte den Kopf auf das Lenkrad und brach in Tränen aus. Ich hatte nicht nur darin versagt, meine prügelfreie Erziehung durchzuhalten, sondern auch noch mit sichtlichem Vergnügen »bestens« gerufen, nachdem ich eines meiner Kinder zum allerersten Mal körperlich gezüchtigt hatte!

Im Vergleich zu Molly ist Ella wesentlich unkomplizierter und unartikulierter und bereitet mir in Sachen Erziehung erheblich weniger Schuldgefühle. Allerdings war sie als Kleinkind gegenüber anderen Kindern ausgesprochen aggressiv. Während ihrer kurzen Zeit im Kinderhort verpasste man ihr sogar den Spitznamen »Hulk«, weil sie die erstaunliche Fähigkeit besaß, jedes andere Kind innerhalb kürzester Zeit vom Schaukelpferd zu zerren. Wenn ich sie dann aufforderte, sich zu entschuldigen, sah sie mich zwar erstaunt an, machte aber widerstandslos alle erforderlichen Gesten – obwohl sie ganz offensichtlich nicht verstehen konnte oder wollte, warum sie sich entschuldigen musste. Es ist ihr auch egal, wenn ich sie zur Strafe für irgendeine Missetat auf ihr Zimmer schicke. Im Gegenteil – sie scheint dies förmlich zu genießen, weil dort ihre Schnuller liegen und sie heimlich einen köstlichen Nachmittag lang daran nuckeln kann. Ich bin mir sicher, wenn sie sich genauso gut ausdrücken könnte wie Molly in ihrem Alter, dann würde sie mir Folgendes an den Kopf werfen: »Mir doch egal. Ich wollte sowieso in mein Zimmer gehen. Bis später.« Eine solche Reaktion würde mich natürlich auf die Palme bringen, aber da Ella schweigt, kommt sie einfach so davon. Nach einiger Zeit hüpft sie vergnügt wieder nach unten und entschuldigt sich mit einem sorglosen »Verzeihung«, ohne auch nur einen weiteren Gedanken an Schuldgefühle zu verschwenden. Das Leben muss für Ella in ihrer kleinen Welt wesentlich leichter sein als für Molly. Molly wägt immer sorgfältig ab, ob die Situation eine Entschuldigung erfordert oder ob sie weiterhin auf ihrem Standpunkt beharren soll. Sie hockt dann oben in ihrem Zimmer und macht sich Sorgen, ob ich sehr verärgert bin und ob ich sie noch lieb habe und was andere Leute wohl von ihr denken. Dagegen sitzt Ella vergnügt auf ihrem Bett, nuckelt an ihrem Schnuller, spielt mit ihren Teddys, summt »Alle meine Entchen« und denkt nicht eine Sekunde darüber nach, warum sie überhaupt in ihr Zimmer verbannt wurde.

Allerdings versteht Ella es meisterhaft, in der Öffentlichkeit einen Tobsuchtsanfall zu inszenieren – was mich jedoch ziemlich kalt lässt. Ich würde mir niemals ein Urteil über die Eltern eines tobenden Kindes erlauben, vor allem dann nicht, wenn sie ihrem Kind gegenüber nicht nachgeben. Vielleicht bin ich ja naiv, aber ich glaube, das ist einfach eine Frage der persönlichen Einstellung, und im Allgemeinen macht es mir überhaupt nichts aus, wenn Ella sich schreiend auf dem Boden wälzt. Allerdings gelang es ihr vor kurzem doch noch, mich mit ihrem Benehmen in Verlegenheit zu bringen: Ella warf sich im Kaufhaus brüllend und tretend auf den Boden, weil ich mich weigerte, ihr eine Tafel Schokolade zu öffnen. Wie üblich blieb ich ruhig und meinte nur: »Ich werde meine Meinung nicht ändern. Wenn du also aufhörst, dich wie ein Baby zu benehmen, findest du mich dahinten.« Dann ging ich ein paar Meter weiter, nahm eine Schachtel Kugelschreiber aus dem Regal und studierte scheinbar vollkommen fasziniert die Beschreibung auf der Verpackung. Bevor Ella jedoch erkennen konnte, wie sinnlos ihr Trotzanfall war, kam auch schon eine wohlmeinende ältere Dame herbeigeeilt, hob sie auf und wollte mit Ella zur Kasse gehen, um sie dort abzugeben. Als ich sie daraufhin ruhig aufforderte, nicht einzuschreiten – »Lassen Sie sie einfach liegen. Ich bin ihre Mutter. Vielen Dank« –, hätte sie wohl am liebsten das Jugendamt eingeschaltet, zumindest dem Ausdruck in ihren Augen nach zu urteilen. Sie setzte mein hemmungslos weinendes Kind neben dem Süßigkeitenregal ab und musterte mich von oben bis unten, als sie an mir vorbeiging. Meine Verlegenheit verwandelte sich in Wut auf Ella, weil sie mich in diese Situation gebracht hatte. Ich beendete meinen Einkaufsbummel, setzte sie unsanft in ihren Kindersportwagen und schob sie mit solch einer Geschwindigkeit zurück zum Auto, dass ihr Kopf regelrecht in das Rückenpolster ihres Buggysitzes gepresst wurde. Wieder einmal zischte ich wütend und stieß vollkommen unsinnige Strafandrohungen aus wie »Das war's jetzt endgültig. Du kriegst nie wieder ein Stück Schokolade!«, während ich sie in ihrem Kindersitz festschnallte, den Motor anließ und mit quietschenden Reifen den Parkplatz verließ wie ein echter Rallyefahrer. Ella saß wie versteinert in ihrem Sitz und schniefte nur noch leise vor sich hin. Auch während des restlichen Tages war sie sehr still, und erst beim abendlichen Bad erkannte ich, dass sie erhöhte Temperatur hatte und offensichtlich eine heftige Erkältung ausbrütete. Und wieder einmal zerriss es mich innerlich fast vor Schuldgefühl, während ich meinen Kindern einen Gutenachtkuss gab und mich fragte, ob ich es wohl jemals richtig machte. Aber vielleicht ist es auch einfach nur so, dass es in Wirklichkeit gar kein »Richtig« oder »Falsch« gibt.

Lyndsey

Als Bethan in den Kinderhort kam, freute ich mich im Stillen darüber, dass ich bei der Frage des Aufs-Töpfchen-Gehens jetzt nicht mehr alleine dastand. Ich hoffte, dass die Erzieherinnen mir vielleicht verraten konnten, wann wir diesen nächsten Meilenstein in der Kindererziehung angehen und vor allem, wie zum Teufel wir das anstellen sollten! Die Sorge um den richtigen Zeitpunkt beschäftigte mich permanent und ängstigte mich, da ich von Freunden mit älteren Kindern etliche Geschichten gehört und auch einiges zu diesem Thema gelesen hatte. Anscheinend war es äußerst wichtig, den richtigen Augenblick abzupassen: Schaffte man das, dann war die Gewöhnung ans Töpfchen innerhalb einer Woche überstanden; verpasste man ihn aber, konnte es Wochen dauern – oder wie in Sarahs Fall sogar Monate. Allerdings entnahm ich all diesen Berichten, dass ich mir vor Bethans zweitem Geburtstag keinerlei Sorgen darüber machen musste. Erst nach ihrer Geburtstagsfeier hielt ich nach den ersten Anzeichen Ausschau, wann das Unternehmen Windelfrei starten konnte. Wie sich herausstellte, traf Bethan wenige Monate später selbst die Entscheidung, von nun an ohne Windeln durchs Leben zu gehen: Eines Abends holte ich sie vom Hort ab, als eine der Erzieherinnen vorschlug, ich sollte doch am nächsten Tag ein paar zusätzliche Schlüpfer und andere Anziehsachen mitbringen, weil Bethan zu dem Schluss gekommen war, genug sei genug. Von nun an wollte sie nur noch aufs Töpfchen, genau wie ihre Freundin Laura.

Laura war gerade mal vier Monate älter als Bethan und in vielerlei Hinsicht ein Vorbild für meine Tochter. Wenn Laura aufs Töpfchen gehen konnte, dann konnte Bethan das auch. Irgendwie hatte ich das Gefühl, dass das ganze Unternehmen zum Scheitern verurteilt war, weil ich nicht recht glauben konnte, dass Bethan schon bereit dafür war. Aber die Erzieherinnen schienen anderer Meinung zu sein und meinten, wir könnten es wenigstens versuchen, da Bethan immerhin die Bereitschaft dazu zeigte – was anscheinend schon die halbe Miete ist. In der ersten Woche lief alles wunderbar (abgesehen von dem einen oder anderen kleineren Malheur), aber als das Wochenende vor der Tür stand und Laura nirgends zu sehen war, verfiel Bethan fast sofort wieder in ihre alte Gewohnheit und nässte in die Hose. Also verschwanden die Schlüpfer unter lautem Protestgeschrei wieder in der Schublade, und die Windel feierte fröhliche Urständ. Ich verbuchte das Ganze als Fehlstart und beschloss, mit den Kindergärtnerinnen darüber zu reden, das Toilettentraining noch eine Weile auszusetzen. Aber am Montagabend kam Bethan mit trockener Hose aus dem Hort nach Hause, und die Betreuerinnen waren so begeistert, dass Bethan den Knoten durchtrennt hatte, dass ich mich nicht traute, eine Rückkehr zur Windel vorzuschlagen. Allerdings verbrachte ich das gesamte nächste Wochenende damit, erneut Pfützen vom Boden aufzuwischen und feuchte Kleidung zu wechseln. Ich hatte fast das Gefühl, als würde Bethan mich foppen, damit ich am Montagmorgen als vollkommene Versagerin dastand. Ich möchte allerdings betonen, dass ich es für wichtiger hielt, am Wochenende auch *jenseits des Badezimmers* etwas zu unternehmen, wohingegen die Stunden im Hort während dieser Phase durch den ständigen Besuch auf der Toilette geprägt waren. Sobald Laura Pipi musste, ging auch Bethan mit und machte ihr Bächlein. Zusätzlich bestanden die Erzieherinnen darauf, dass die »Töpfchendebütanten« mindestens einmal pro Stunde aufs Thrönchen gesetzt wurden. Daher hatte Bethan bei dem ständigen Hin und Her von und zur Toilette überhaupt keine Gelegenheit, sich einzunässen. Zu Hause konnte ich diese hohe Frequenz an Badezimmerbesuchen jedoch nicht aufrechterhalten und hatte deshalb das Gefühl, dass sich der ganze Schlamassel ewig hinzog. Aber als ich schon alle Hoffnung aufgeben wollte, fiel bei Bethan endgültig der Groschen, und die Pipifrage hatte sich ein für alle Mal erledigt.

Dagegen gestaltete sich die Frage des großen Geschäfts wesentlich schwieriger. Sobald Bethan einen ganz besonderen Ausdruck im Gesicht zeigte, war das für mich das Zeichen, sie mir zu schnappen, zur nächsten Toilette zu spurten und ihr rasch und wenig feierlich den Schlüpfer herunterzureißen. Vielleicht lag es an dieser plötzlichen hektischen Betriebsamkeit, bei der sie rüde aus ihren Träumen gerissen und durch die Luft gewirbelt wurde, dass Bethan sich einen Trick ausdachte. Sie kam zu dem Schluss, dass die einzige Lösung wohl darin bestünde, irgendwo im Stillen ihrer Notdurft nachzukommen. Leider wählte sie dazu nicht die Abgeschiedenheit des stillen Örtchens. Stattdessen verdrückte sie sich in ein ruhiges Eckchen, verschwand hinter einem Vorhang oder suchte irgendeinen anderen Ort außerhalb meiner Sichtweite auf, damit sie in Ruhe ihre Geschäfte erledigen konnte. Dadurch war meine Aufmerksamkeit in ganz anderem Maße gefordert: Statt einfach nur Bethans Gesichtsausdruck zu beobachten, musste ich das Kind erst einmal finden. Sobald es im Haus still wurde, ging die große Hatz los: Hektisch rannte ich durch die Zimmer und suchte alle Lieblingsverstecke von Bethan ab, um sie noch vor Vollendung der Tat aufzuspüren. Wenn ich sie dann gefunden hatte, zerrte ich sie aus ihrem Zufluchtsort und hastete erneut mit ihr in Richtung Toilette. Bethans Abneigung gegenüber der Benutzung des Töpfchens erreichte ihren Höhepunkt, als wir bei Andrea und Bruce zu einer Geburtstagsfeier eingeladen waren. Es war ein heißer Sommertag, und die Kinder spielten alle nackt im Plantschbecken. Tim und ich waren zwar nicht wie die anderen Elternpaare daran gewöhnt, Gruppen von noch nicht gänzlich windelfreien Kindern miteinander spielen zu sehen, aber ich wollte auch nicht als überbesorgte Mutter erscheinen und setzte Bethan ebenfalls in das Becken, in das alle anderen Kinder schon hineingepinkelt hatten. Keines der anderen Clubmitglieder schien sich über die hygienischen Zustände Sorgen zu machen; daher schloss ich mich ihnen einfach an. Doch Tim bekam bald eine Krise bei der Vorstellung, dass seine kleine Prinzessin in Urin plantschen sollte, und ermutigte sie, stattdessen doch lieber auf Max' neuer Rutsche zu spielen. Da Tim bis zu diesem Zeitpunkt noch nicht mit vielen peinlichen Situationen rund um Bethans Toilettengewohnheiten konfrontiert worden war, erhielt er an diesem Tag seine Feuertaufe – oder sollte ich Fäkalientaufe sagen? Genau in dem Moment, in dem Bruce die Grillwürstchen servierte, beschloss Bethan, Max' neues Spielgerät mit ihrer Duftmarke zu versehen, und deponierte oben auf der Rutsche die größte Wurst, die die Welt je gesehen hat. Voller Entsetzen musste Tim feststellen, zu welch unwürdigem Verhalten seine engelsgleiche Tochter in aller Öffentlichkeit fähig war. Glücklicherweise war ich in diesem Moment nirgends zu sehen – ich hatte mit meinem Angebot, in der Küche zu helfen, anscheinend den perfekten Zeitpunkt erwischt. Also musste Tim die Ärmel hochkrempeln und das Objekt des Anstoßes in Angriff nehmen – ganz zu schweigen von seiner Tochter, die sich inzwischen seelenruhig in ihren Haufen gesetzt hatte und vergnügt die Rutsche hinunterglitt. Als ich am Ort des Geschehens auftauchte, jagte Tim mit einer Packung Babytüchern hinter Bethan durch den Garten und entschuldigte sich gleichzeitig überschwänglich bei Andrea und Bruce dafür, dass seine Tochter das nagelneue Geburtstagsgeschenk auf diese Weise eingeweiht hatte. Die anderen Clubmitglieder und ihre Männer genossen den Anblick dieses Spektakels in vollen Zügen und dachten gar nicht daran, dem armen Tim zu helfen, sondern kreischten vor Vergnügen. Ich dagegen hatte meine Lehre aus Tims Albtraum gezogen und achtete darauf, dass Bethan bei allen weiteren Sommerpartys in jenem Jahr ihren Schlüpfer anbehielt.

Da wir sehr viel mit dem Wagen verreisen, habe ich mich immer vor dem Moment gefürchtet, in dem wir zum ersten Mal mit einer windelfreien Bethan verreisen würden. Solange die Kinder noch Windeln tragen, muss die Fahrt schließlich nicht andauernd für diese unvermeidlichen Toilettenbesuche unterbrochen werden – die die Qual einer Reise mit Kindern nur noch verlängert. Eine Zeit lang zog ich Bethan vor längeren Fahrten einfach ein Windelhöschen an, nur um mir dieses ständige »Ich muss mal Pipi!« zu ersparen. Es war einfach wunderbar, darauf »Kein Problem, dann mach mal« antworten zu können. Solange wir die Dinger nicht als Windeln bezeichneten, ließ Bethan sich so ein Höschen auch relativ mühelos anziehen. Allerdings muss ich zu Bethans Verteidigung sagen, dass sie genauso lange einhalten konnte wie ich. Und bis zu ihrem vierten Geburtstag schlief sie normalerweise sofort ein und wachte erst auf, wenn wir sowieso anhielten; daher stellten die berüchtigten Pinkelpausen eigentlich kein Problem dar. Schließlich mussten wir anerkennen, dass unser großes Mädchen keine Windelhöschen mehr benötigte und stattdessen ihre heiß geliebten rosa Barbiebaumwollschlüpfer tragen konnte. Leider schlug das Schicksal achtzehn Monate nach der Entsorgung des letzten Windelhöschens doch noch mal zu. Wir waren gerade auf dem Weg nach Dover, um mit der Fähre nach Frankreich überzusetzen, aber dank eines Staus schon ziemlich spät dran, um es mal vorsichtig zu formulieren. In dem Moment, in dem mein Blutdruck gerade unaufhaltsam stieg – weil ich zu berechnen versuchte, mit wie viel Stundenkilometern wir über die Autobahn brettern mussten, um unsere Fähre noch zu erreichen –, stieß Bethan den gefürchteten Satz aus: »Ich muss mal Pipi!« Aber sie musste nicht einfach nur zur Toilette – sie musste so dringend aufs Klo, dass sie fast schon außer sich war vor Not. Es bestand nicht die geringste Chance, dass sie noch die halbe Stunde warten konnte, bis wir den Fährhafen erreichten. Aber wenn wir auch nur eine einzige kostbare Minute lang anhielten, bestand die große Gefahr, dass wir das Schiff verpassten. Doch dann erinnerte ich mich an einen Trick, den eine Freundin in einer ähnlichen Situation angewandt hatte: Ich hatte ja noch Caitlins Windeln! Also rasten wir mit Höchstgeschwindigkeit über die Autobahn, während ich der noch immer in ihrem Kindersitz angeschnallten Bethan den Schlüpfer runterzog, den Rock in den Bund steckte und ihr eine von Caitlins Windeln für Neugeborene unterschob. Was soll ich sagen? Entweder hatte meine Freundin eine wesentlich größere Windel zur Hand oder ein Kind mit einer bedeutend kleineren Blase. Jedenfalls musste unsere todunglückliche Bethan den Rest der Reise auf einem ziemlich feuchten Kindersitz verbringen! Natürlich haben wir ihr einen Pullover untergelegt, damit die Fahrt etwas komfortabler wurde – was wiederum Erinnerungen an die mit Milch getränkte und einem Handtuch ausgelegte Babyschale früherer Zeiten weckte. Wo wir gerade beim Thema sind: Das erinnert mich daran, dass ich unbedingt das Polster des Kindersitzes waschen muss!

Was Bethan betrifft, kann ich zum anderen Thema dieses Kapitels – Trotzanfälle – nicht viel beitragen. Natürlich gab es auch Momente, in denen sie schrie und tobte, aber in neun von zehn Fällen beruhigt sie sich nach wenigen Minuten wieder, sofern man sie in Ruhe lässt, und kommt zu mir. Gemeinsam versuchen wir dann herauszufinden, warum sie so ein Tamtam veranstaltet hat, und klären die Situation. Das macht Bethan natürlich noch lange nicht zu einem kleinen Engel, denn das Theater, das sie mir bei den Trotzanfällen ersparte, machte sie auf einem anderen Gebiet wieder mehr als wett: bei ihrer Abneigung gegen den verhassten Kindersitz. Am schlimmsten war es, wenn ich sie vom Kinderhort abholte und sie müde war und nicht mithelfen wollte. Es kostete mich dann nicht nur viel Überzeugungs-, sondern auch eine Portion Muskelkraft, sie doch noch anzuschnallen. Mir war gar nicht klar, wie kräftig Bethan selbst als Kleinkind war, bis sie und ich den Kampf mit dem Kindersitz austrugen. An manchen Tagen wehrte sie sich so heftig, dass ich sie kaum durch die Wagentür bugsieren konnte und ständig ihre kleinen Finger vom Türrahmen loseisen musste, während sie aus Leibeskräften schrie und kreischte, damit es auch ja alle Umstehenden mitbekamen. Sobald wir die erste Hürde der Türschwelle genommen hatten, ging der Kampf weiter: Ich musste versuchen, sie aus ihrer völlig verkrampften, starren Körperhaltung in eine etwas flexiblere Lage zu bringen, damit ich sie in den Sitz platzieren konnte. Manchmal musste ich sie regelrecht wie ein Ringer mit der Schulter ins Polster drücken, während ich mich hektisch bemühte, sie anzuschnallen und gleichzeitig ihren Tritten zu entgehen. Verschwitzt, errötet, gestresst und – falls Publikum in der Nähe war – auch noch zutiefst beschämt, stand ich dann vor dem Wagen und betrachtete mein Werk. Da hatte ich mich den ganzen Tag darauf gefreut, nach der Arbeit endlich wieder mein kleines Mädchen in den Arm schließen zu können, und keine Minute später brauchte ich die Fähigkeiten eines Catchers, nur um mein Kind nach Hause zu bugsieren. Die Erzieherinnen und anderen Eltern müssen sich bestimmt gefragt haben, ob das Leben für Bethan zu Hause so höllisch war, dass sie sich nach Kräften dagegen wehrte, zu mir in den Wagen zu klettern. Aber wenigstens wusste ich, dass es sich nicht um eine persönliche Sache zwischen mir und Bethan handelte, weil sie diese Marotte auch bei anderen Leuten zeigte. So hatten beispielsweise meine Eltern einmal angeboten, ihre Enkeltochter als kleine Überraschung vom Kinderhort abzuholen. Als Bethan einsteigen sollte, veranstaltete sie einen solchen Aufstand, dass es selbst den vereinten Kräften meiner beiden Eltern nicht gelang, Bethan anzuschnallen. Schließlich musste meine arme Mutter sich geschlagen geben und wieder in den Hort gehen, um eine der Erzieherinnen um Hilfe zu bitten. Das war wahrscheinlich das einzige Mal im Leben meiner Mutter, dass sie von einem Kind vorgeführt worden war; daher verzichtete sie verständlicherweise auf eine Wiederholung. Nach diesem Erlebnis fürchtete auch sie sich davor, mit Bethan irgendwohin zu fahren, aus Angst, dass das Kindersitzmonster wieder zuschlagen könnte.

Glücklicherweise dauerte diese Phase in Bethans Leben nicht lange an, obwohl mir achtzehn Monate Freistilringen damals alles andere als kurz vorkamen. Doch im Nachhinein muss ich feststellen, dass dies der einzige Grund zum Kummer war, den Bethan uns gab. Inzwischen geht sie in die Vorschule, wodurch sich die Vorzeichen erneut geändert haben: Sie ist jetzt wesentlich frecher, und wir erreichen eine neue Phase in ihrem Leben – die »Widerworte«. Im Augenblick kann ich dieses Problem noch ein wenig begrenzen, indem ich ihr sage, dass ich ihrer Lehrerin von ihrem Verhalten berichten werde – was einen wahren Strom von Entschuldigungen auslöst. Ich kann nur hoffen, dass diese Lehrerdrohung erst dann ihre Wirkung verliert, wenn sie selbst einsieht, dass die frechen Widerworte doch gar nicht typisch für meine kleine Bethan sind. Nachdem wir bei Bethan die gefürchtete Phase zwischen zwei und drei so mühelos überstanden haben, frage ich mich erneut, ob unsere kleine Caitlin uns dafür mehr Probleme bereiten wird oder ob sie sich als glatte Kopie ihrer älteren Schwester erweist. Hoffen wir mal, dass das Letztere eintrifft!

Andrea

Eines sollte ich vorausstellen: Was den Umgang mit Kindern betrifft, bin ich wahrscheinlich das größte Weichei von uns vieren. Hilary ist definitiv der Diktator im Club der glücklichen Mütter – und wenn man Sarah zu sehr nervt, kann sie fast genauso Furcht erregend sein. Lyndsey dagegen weiß dank ihres Engels Bethan noch nicht einmal, wie man das Wort Disziplin schreibt! Wenn ich jemals meine Stimme gegenüber einem Kind der anderen drei erheben muss, dann weiß ich jetzt schon, was die jeweilige Mutter ihm sagen wird: »Wenn Andrea laut geworden ist, dann hast du bestimmt etwas sehr, sehr Schlimmes getan.« Auf der anderen Seite habe ich überhaupt kein Problem damit, wenn die anderen Mütter meine Jungs ausschimpfen – nur weil ich kaum jemals herumbrülle, heißt das nicht, dass ich etwas dagegen habe, wenn man den beiden einmal ordentlich die Meinung sagt. Ich weiß nicht, warum ich mich als Elternteil zu einem derartigen Weichei entwickelt habe. Ich selbst bin sehr streng erzogen worden, kann mich aber darüber in keiner Weise beklagen – obwohl es mir nicht gefiel, dass wir alle drei bestraft wurden, nur weil einer von uns eine »Missetat« nicht zugeben wollte; schließlich waren immer entweder mein Bruder oder meine Schwester die Übeltäter.

Bei uns zu Hause achtete hauptsächlich Bruce auf Disziplin – und ich weiß, dass ich es in späteren Jahren bereuen werde, wenn ich jetzt nicht langsam lerne, mich durchzusetzen und die Jungs in den Griff zu kriegen. Ich versuche es, so gut ich kann, aber ich muss zugeben, dass es mir schwer fällt; daher schiebe ich es vor mir her bis nach dem Umzug. Dann allerdings habe ich mir fest vorgenommen, in puncto Essens- und Schlafenszeit und bei den Tischmanieren die Zügel anzuziehen. Noch ein guter Vorsatz für die Zeit nach dem Umzug!

Max war so ein großartiger, fröhlicher und seelenruhiger Säugling, dass ich hoffte, er würde auch als Kleinkind so bleiben. Er beschwerte sich noch nicht einmal, als die ersten Zähne einzuschießen begannen – wir konnten nur an seinen leuchtend roten Wangen sehen, wenn wieder einmal ein neuer Zahn durch den Kiefer gestoßen war. Allerdings mag das auch an der Tatsache gelegen haben, dass ich ihm, sobald er auch nur das leiseste Anzeichen von Zahnen erkennen ließ, sofort die maximale Dosis Zahnschmerzmittel gab und ihn stündlich mit Zahnungsgel behandelte. Wahrscheinlich war die örtliche Betäubung so stark, dass er kaum sein Gesicht spürte, geschweige denn seine Kiefer – kein Wunder, dass der arme Kerl so sabberte. Das Ganze muss ihm wie ein einziger, langer Besuch beim Zahnarzt vorgekommen sein, aber es erfüllte seinen Zweck. Denn während die anderen monatelang mit weinenden Babys zu kämpfen hatten, die nachts nicht schlafen wollten, lächelte Max nur und sabberte sich mit rotem Gesicht durch diese Phase.

Doch dann wurde Max zwei Jahre alt – und ich kann ohne Übertreibung sagen, dass er dieses Alter hasste. Irgendwie schien er zu glauben, die ganze Welt hätte sich gegen ihn verschworen: Außer bei uns zu Hause lief er ständig mit einem finsteren Gesichtsausdruck durch die Gegend. Im Grunde war die Zeit zwischen seinem zweiten und dritten Geburtstag eine einzige Peinlichkeit: Die Male, bei denen er in der Öffentlichkeit mit jemandem sprach oder lächelte, ließen sich an einer Hand abzählen. Ich verbrachte ein volles Jahr damit, mich für das unhöfliche Benehmen meines Sohnes zu entschuldigen, der entweder jeden anfauchte, dem er begegnete, oder seine Nase in die Luft reckte und alle Leute ignorierte, die die Frechheit besaßen, ihm Guten Tag zu sagen. Zu Hause war er fröhlich, gesprächig und eine wahre Freude, doch sobald jemand fremdes durch die Tür kam, verwandelte er sich in Max, den asozialen Miesepeter.

Obwohl er früh sprechen gelernt hatte, schien Max nicht begreifen zu können, dass er manche Dinge nicht bekommen konnte, weil ich sie schlicht nicht hatte. So kam es immer wieder zu ausgewachsenen Wutausbrüchen, die im Allgemeinen erst dann aufhörten, wenn ich Max das gewünschte »Etwas« besorgte. Wenn er Schokolade wollte, ich aber keine im Haus hatte, spielte es keine Rolle, wie oft ich ihm diese Tatsache erklärte oder ihm die leere Süßigkeitenschublade zeigte. »Ich will aber!«, schrie er mich pausenlos an, und zwar so lange, dass es mir wie eine Ewigkeit vorkam. Meistens versuchte ich, in diesen Momenten ruhig und gelassen zu bleiben und ihn einfach toben und wüten zu lassen – doch manchmal erkaufte ich mir natürlich auch ein wenig Ruhe und Frieden, indem ich auf seine lautstarken Forderungen einging. In dieser Hinsicht ist Hilary, deren Tochter Molly es versteht, dass sie manche Dinge nicht bekommen kann, weil sie gerade einfach nicht zur Hand sind, das komplette Gegenteil von mir: Sie findet meinen Umgang mit Max nicht konsequent genug. Auf der anderen Seite gab es Momente, in denen ich mich fragte, wer von beiden das größere Kind war. Nach einer vierstündigen Höllenfahrt mit dem Auto, kurz vor Max' drittem Geburtstag, bin ich schließlich zu der Überzeugung gelangt, dass Hilary Max im Wettbewerb »Wer ist die größte Nervensäge« um Längen schlägt. Als wir auf der Autobahn im Stau standen, gut eine Stunde von zu Hause entfernt, erklärte Max, dass er Saft trinken wolle und nicht das Wasser, das wir ihm anboten. Wir hatten jedoch keinen Saft dabei, und damit begann das Drama. Zusätzlich beging ich noch den Fehler und drohte Max, ich würde sein gerade eben erst gekauftes McDonald's-Spielzeug wegwerfen, wenn er nicht damit aufhörte, herumzubrüllen und nach den anderen Kindern zu schlagen. Es war wirklich ein Fehler: Eigentlich sollte ich langsam gelernt haben, keine Drohungen auszustoßen, die ich gar nicht wahr machen will – egal ob ich dabei hinter dem Steuer sitze oder nicht. Ein halbe Stunde später – Max schrie immer noch auf mich ein, und ich wiederholte immer noch gebetsmühlenartig meine Drohung – riss Hilary der Geduldsfaden. Sie öffnete plötzlich ihren Sicherheitsgurt, beugte sich nach hinten in den Wagen, riss Max das Spielzeug aus den Händen, kurbelte ihre Seitenscheibe herunter, hielt das Plastikding aus dem Fenster und sagte: »Wirst du jetzt auf deine Mami hören? ... Und hör auf rumzubrüllen!« Diese Art von Umgangsform war Max vollkommen neu. Seine Lautstärke steigerte sich ums Zehnfache, als Hilary so tat, als würde sie das Spielzeug aus dem Fenster werfen und es schnell unter ihrem Autositz versteckte. Als ich eine sich entschuldigende Hilary und ihre Kinder vor ihrem Haus absetzte, stand Max kurz vor einem Schlaganfall – was bedeutete, dass ich den Rest der Heimfahrt mit meinem hemmungslos heulenden Sohn allein zurücklegen durfte. Nochmals vielen Dank dafür, Hilary!

Glücklicherweise hörte Max unmittelbar nach seinem dritten Geburtstag mit den Wutausbrüchen auf und genießt es inzwischen sogar ein bisschen, wenn Hilary sich aufregt. Aber er kann immer noch ziemlich launisch sein – eine Stimmung, in der man ihn am besten ignoriert. Sam dagegen hat sein zweites Lebensjahr nicht annähernd so sehr gehasst wie sein großer Bruder und sich auch nicht zum asozialen Miesepeter entwickelt, aber auch er kann einen erstklassigen Trotzanfall hinlegen. Sam neigt nur dann zu Wutausbrüchen, wenn er müde ist oder tagsüber aus einem Schläfchen geweckt wird. Wenn er morgens nach einer ruhigen, durchschlafenen Nacht aufwacht, ist er der fröhlichste Junge unter der Sonne. Dann kommt er angerannt und freut sich, dass es Morgen ist und er seine warme Milch kriegt. Wird er jedoch tagsüber aus einem Schläfchen geweckt, ist er fast immer übel gelaunt und begrüßt mich im Allgemeinen damit, dass er sich auf den Boden legt und mindestens eine halbe Stunde lang um sich tritt und schreit. Wenn ich versuche, mich ihm zu nähern, schlägt er nach mir; wenn ich ihm seine warme Milch geben will, schmeißt er die Flasche durchs Zimmer und schreit anschließend umso lauter danach. Ich habe alles Mögliche ausprobiert, mit diesem Verhalten klarzukommen, doch ich weiß inzwischen, dass ich es einfach ignorieren muss, bis Sams Wut sich gelegt hat; danach kommt er an und umarmt mich ganz lange und schnieft und trinkt seine Milch. Anschließend plappert er auf mich ein, als ob die Aufregung der letzten halben Stunde gar nicht stattgefunden hätte. Als Sarah mich während einer dieser nachmittäglichen Albträume anrief, hörte sie das Geschrei im Hintergrund und befürchtete, dass sich jemand bei uns schwer verletzt hätte. Ich konnte in ihrer Stimme die Sorge um Sams Wohlergehen hören, aber ich bin zugegebenermaßen inzwischen völlig immun gegen diese Wutanfälle und nehme sie kaum noch wahr, wenn wir zu Hause sind und außer uns niemand da ist. Dennoch freue ich mich schon jetzt auf das Ende dieser Phase – denn es kommt immer zu einem richtigen Aufstand, wenn wir unterwegs sind und er im Auto geschlafen hat und dann aufwacht. Diese Darbietungen in aller Öffentlichkeit sind wirklich kein hübscher Anblick.

Meine lasche Einstellung in Fragen der Disziplin hat zwar dazu geführt, dass meine Jungs mir das Leben sauer gemacht haben und zugegebenermaßen immer noch sauer machen, aber in einer Hinsicht hat es sich ausgezahlt: Mir wird ständig versichert, dass die beiden sich anderen Leuten gegenüber mustergültig betragen. Die anderen Clubmitglieder erzählen mir häufig, dass meine Jungs das reinste Vergnügen sind – solange ich nicht dabei bin. Wahrscheinlich sollte ich dafür dankbar sein. Wenn ich jedoch – neben meinem zurzeit ohnehin stressigen Leben – mit einem mürrischen Max kämpfen muss, der gerade aus der Schule gekommen ist, gleichzeitig Sam beruhigen soll, der nach seinem Mittagsschläfchen herumschreit, und das Einzige, worauf ich mich freuen kann, ein Abend mit meinem mir fremd gewordenen Mann ist, dann wünsche ich mir auch manchmal, dass meine Jungs mich ebenso höflich und freundlich behandeln würden wie die Mütter anderer Leute.

Was die Erziehung zur Sauberkeit betrifft, so haben die anderen diesen Punkt meiner Meinung nach erschöpfend behandelt. Max lernte das alles überraschend schnell, vor allem für einen Jungen, wie ich hörte. Sam verhielt sich ähnlich wie Bethan: Auch er schlich sich weg, um ein großes Geschäft zu machen – doch im Gegensatz zu Bethan zog er sich die Hosen runter und ließ seine Beweise an den geheimen Orten zurück, die er sich jeweils ausgesucht hatte. Das Ganze erinnerte mich ein wenig an die Fußballspiele sonntagmorgens im Park, bei denen man immer aufpassen musste, bei einem Tackling nicht in Hundekacke zu treten. Manchmal waren Sams verräterische braune Hinterbacken der einzige Hinweis darauf, dass er wieder irgendwo etwas deponiert hatte. In einigen Fällen zog er seine Hose wieder hoch, was bedeutete, dass wir bis zum abendlichen Bad nichts von dem Vorfall erfuhren, doch häufig nahm er die Gelegenheit wahr und zog sich gleich völlig aus. Ich weiß nicht genau, was mir weniger gefiel: Es ist nicht gerade toll, auf die Suche nach einem einen Tag alten großen Geschäft zu gehen, aber wenn dein eigener nackter Zweijähriger auf deinen Schoß krabbelt, sich an dich kuschelt und beim Herunterrutschen einen braunen Streifen auf deiner Jeans hinterlässt, dann ist das auch nicht gerade erhebend. Irgendwann habe ich aufgehört zu zählen, wie oft ich an Bremsstreifen herumschnüffeln musste, um herauszufinden, ob es sich um Schokolade oder Kinderkacke handelte!

Sam hat immer schon zu den Babys gehört, die nicht gern in ihrer stinkenden Windel herumsitzen, aber das entspringt im Gegensatz zu seinem Bruder nicht seinem tiefen inneren Bedürfnis nach Sauberkeit. Als er etwa achtzehn Monate alt war, hörte ich ihm morgens liebend gerne durch den Babymonitor zu: Er wachte auf, plapperte vor sich hin und spielte dann fröhlich eine halbe Stunde lang in seinem Bettchen, bevor er nach mir rief. Dieses Belauschen meines zufriedenen Sohnes gehörte zu meinen schönsten Momenten als Mutter. Doch eines Tages musste ich entdecken, zu welchen Verwüstungen er in dieser halben Stunde fähig war, und fortan lösten die ehemals magischen Momente wahre Albträume bei mir aus. Irgendwann wollte ich nämlich herausfinden, was das für ein Spiel war, das ihn jeden Morgen so sehr fesselte. Doch als ich die Tür öffnete, traf der ungeheure Gestank mich wie ein Schlag: Vor mir sah ich den nackten Sam, der sein ganzes Zimmer, sein Bettchen, sich selbst und das Bettzeug neu dekoriert hatte – mit dem Inhalt seiner Windeln. Wie Keith Haring hatte er alles in seiner Reichweite mit seinen eigenwilligen – und in diesem Falle braunen – Mustern verziert und grinste mir voll Stolz über seine Schöpfung entgegen.

Obwohl Max inzwischen fast fünf ist, habe ich mich bei ihm um einen Aspekt der männlichen Hygiene überhaupt nicht kümmern müssen: das Pinkeln im Stehen. Max ist so sehr auf Reinlichkeit fixiert, dass er noch nie einen derartigen Versuch unternommen hat, sondern sich immer für die pannensichere Sitzposition entscheidet. Sam dagegen liebt es, neben die Toilette zu pinkeln. Er stellt sich vor die Schüssel, justiert seine Hüften in die ungefähre Richtung, doch bisher ist er noch nicht auf die Idee gekommen, die Ausrichtung des Strahls durch Handanlegen zu beeinflussen. Wenn ich gewusst hätte, dass Bruce und ich uns trennen würden, hätte ich ihn vor langer Zeit damit beauftragt, sich um dieses Problem zu kümmern, denn ich weiß beim besten Willen nicht, welche Tipps ich Sam geben soll. Woher zum Teufel soll ich wissen, wie man seinen Schniepel am besten hält und welche Möglichkeiten es gibt, wenn man gerade keinen Strahl, sondern nur ein Tröpfeln hervorbringt? Ich glaube, ich werde diese Aufgabe dem guten Daddy für die Wochenenden überlassen.

Und wo wir gerade bei Pimmeln sind: Gibt es ein besseres Thema zum Abschluss dieses Kapitels als Erektionen? Meine beiden Jungs haben mich seit frühester Kindheit dadurch überrascht, dass sie mir beim Windelwechseln regelmäßig einen Miniaturständer präsentierten. Keiner von ihnen hat als Säugling mit seinem Pillermann gespielt, und ich weiß nicht, wann sie entdeckten, dass dies eine angenehme Erfahrung ist, aber inzwischen sind beide dahintergekommen. Vor kurzem ließ Max mir und Bruce gegenüber erstmals Anzeichen seines Sexualtriebs erkennen. Als er unter der Dusche stand, sagte er aus heiterem Himmel: »Wenn ich darauf warte, wer Rosie kriegt, dann werde ich richtig aufgeregt, und mein Pillermann wird ganz kribbelig und schleimig und richtet sich auf.« An dieser Stelle muss ich schnell noch erwähnen, dass Rosie ein Teddy ist, den jedes Kind aus der Gruppe abwechselnd für eine Nacht mit nach Hause nehmen darf. Die Kindergärtnerin zieht einen Namen aus einem Hut, um zu sehen, wer den Bären für die Nacht gewinnt. Bruce und ich wechselten einen schnellen Blick und mussten uns beide auf die Lippen beißen, um nach dieser Enthüllung nicht laut herauszuplatzen. »Das ist wirklich prima, Max«, presste ich mit hoher, zittriger Stimme hervor, während Bruce prustend aus dem Raum rannte. Glücklicherweise wird es im ersten Schuljahr keine »Rosie Bär« mehr geben, sodass wir hoffen können, dass Max seine erste große Liebe schnell vergisst. Der arme Kerl – hoffentlich verzeiht er mir später einmal, dass ich es öffentlich gemacht habe, dass seine ersten feuchten Träume einem braunen Stoffbären galten!

O Boden, tu dich auf!

Das nächste Kapitel widmen wir all jenen Augenblicken, in denen man zum Himmel schaut und sich fragt: »Warum ich?« Es könnte sich um einen jener unvergänglichen Augenblicke handeln, in denen unsere Kinder etwas gesagt oder getan haben, das uns völlig sprachlos oder schamrot macht; es könnte aber auch eine dieser peinlichen Situationen sein, in die wir uns selbst bringen, wenn wir uns in der häufig Furcht erregenden und selten berechenbaren Welt der Mütter bewegen.

Bevor wir unsere Kinder bekamen, hatten wir alle unser Alltagsleben und unser Schicksal weitgehend unter Kontrolle. Doch das ist alles Schnee von gestern. »Arbeite nie mit Kindern oder Tieren« lautet ein alter Spruch aus der Filmbranche – und er ist nur zu wahr. Sobald Kinder im Spiel sind, weiß man nie genau, was als Nächstes geschieht. Auf den ersten Blick verläuft alles nach Plan, doch dann, wie ein Blitz aus heiterem Himmel, geschieht »es« ... wobei mit »es« einfach alles gemeint sein kann. Mit einem Schlag verwandelt sich die eigene, kleine, perfekte Welt in ein völliges Chaos, und man bleibt entweder betäubt und geschockt im Zustand völligen Unglaubens zurück oder sucht nach dem sprichwörtlichen Mauseloch, in das man sich verkriechen und darauf warten kann, dass der Albtraum vorübergeht.

Auf den nächsten Seiten erzählen wir Ihnen von einigen der blitzschlagartigen »Es«-Situationen, in die das Wunder der Mutterschaft uns katapultierte – und von unseren Versuchen, aus dem tiefen Loch wieder aufzutauchen.

Sarah

Wenn ich an einige dieser schrecklich peinlichen Momente zurückdenke, fällt mir auf, dass sie sich hauptsächlich auf und neben der Hauptstraße des Ortes abgespielt haben, in dem wir leben – was das Ganze noch peinlicher macht. Wenn diese Vorfälle irgendwo anders geschehen wären, hätten sie wahrscheinlich nicht diese Wirkung auf mich gehabt: Es hätte mich nicht so betroffen, von irgendwelchen fremden Leuten in einer peinlichen Lage gesehen zu werden. Vielleicht sollte mich aber gerade die Tatsache stärken, dass die Menschen in meiner Heimatstadt mich kennen und daher eher *mit* mir über diese Boden-tu-dich-auf-Vorfälle lachen als *über* mich.

Als Jack dreieinhalb war, erschien es mir etwas übertrieben, dass sein Buggy Board immer noch fest an Eloises Kinderwagen befestigt war. Daher beschloss ich, ihn von nun an auf eigenen Beinen durchs Leben laufen zu lassen. Ich war mir sicher, dass der ursprüngliche Nutzen des Buggy Boards, das wir nach der Geburt seiner kleinen Schwester als Transportmittel für den »großen Bruder« gekauft hatten, inzwischen überholt war. Also machten wir uns eines Tages ohne Buggy Board am Kinderwagen auf den Weg. Nach anfänglichem Zögern schien Jack diese neue »Einkaufsbummel«-Form zu gefallen – schließlich war ein Anreiz in Form eines Leckerlis aus dem Supermarkt immer einen Versuch wert. Doch nach einer Weile begann er, sich zu langweilen – wobei in aller Fairness gesagt werden muss, dass zum »Einkaufsbummel« auch ein zehnminütiges Warten in der Schlange vor dem Postschalter gehört hatte sowie der Besuch in einem Laden für Geschenkartikel –, und als wir in den Supermarkt kamen, war er ganz offensichtlich der Meinung, er müsse mal ein wenig Schwung in den Laden bringen.

Während ich am Obststand Äpfel aussuchte – im Glauben, Jack würde sich brav am Griff des Kinderwagens festhalten –, riss der Aufschrei einer anderen Kundin mich plötzlich aus meinen Gedanken. Die arme Frau sah aus, als hätte sie einen Geist gesehen. Ich drehte mich zum Kinderwagen hinter mir um, in dem Eloise immer noch glücklich lächelnd saß – aber von Jack keine Spur. Bei genauerem Hinsehen fiel mir auf, dass er nicht nur in den Einkaufskorb unter dem Kinderwagen geklettert war, sondern sich dort auch in eine Art Kinderwagenmonster verwandelt hatte, das mit einem Knurren in der Kehle nach den Fußknöcheln nichts ahnender Kundinnen schnappte. Offensichtlich war die arme ältere Dame, die unschuldig mit ihrem Einkaufswagen vorüberschlenderte, sein erstes Opfer gewesen. Nach einem Blick in das bleiche und vor Schreck verzerrte Gesicht der Frau entschuldigte ich mich ausgiebig und peinlich berührt für das anstößige Verhalten meines Sohnes; ich bot ihr sogar an, ihr die Kosten für ihre hautfarbenen Nylonstrümpfe zu ersetzen, die einige deutliche Laufmaschen davongetragen hatten. Immer noch erschüttert, akzeptierte sie meine Entschuldigung und ging ihres Weges. Aber so wie sie auf ihrem Weg durch den Gemüsegang verzweifelt versuchte, sich mindestens zwei Schritt von allen entgegenkommenden Kinderwagen fern zu halten, war ich mir sicher, dass Jack ihrem Nervenkostüm bleibenden Schaden zugefügt hatte. Der Albtraum setzte sich danach in jedem Gang fort: Immer wieder trafen wir aus entgegengesetzten Richtungen aufeinander und mussten aneinander vorbei, und jedes Mal wenn unsere Augen sich trafen, murmelte ich: »Entschuldigen Sie bitte nochmals.« Leider muss ich gestehen, dass ich mir dabei nur mit Mühe ein Grinsen verkneifen konnte, während mein Kinderwagenmonster unten im Fahrgestell den ganzen Einkaufsbummel über weiterknurrte. Jack bekam seinen Müsliriegel – aber es war ein Fehler, ihm diese Belohnung auszuhändigen, solange er sich noch in meinem Einkaufskorb festkrallte. Als wir die Supermarktkasse passiert hatten, beschloss er, genau dort zu bleiben, wo er war. Ich musste Himmel und Hölle in Bewegung setzen, um ihn unter dem Kinderwagen hervorzulocken, damit ich den Korb mit meinen Einkäufen füllen konnte. Selbst mit einem Müsliriegel in einer Hand gelang es Jack, sich so am Rahmen des Kinderwagens festzukrallen, dass ich befürchtete, wir müssten die beiden operativ voneinander trennen. Erst nach einem heftigen öffentlichen Streit und reichlich Herumgeknurre von Jack und mir, gelang es mir mithilfe reichlich roher Gewalt, einen entrüsteten und äußerst widerspenstigen Jack die Hauptstraße entlang nach Hause zu zerren. Vielleicht war die Idee mit dem Abmontieren des Buggy Boards doch etwas verfrüht gewesen.

Nachdem ich einmal die Klippe überwunden und meinen Sohn davon abgebracht hatte, im Supermarkt herumzuknurren und nach Fußknöcheln zu schnappen, ging ich als Nächstes das Problem seiner unflätigen Ausdrücke an. Ich habe immer wieder verblüfft festgestellt, dass Kinder in der Lage sind, wie ein Schwamm Informationen aufzusaugen und zum unpassendsten Moment wieder von sich zu geben. Wieso ihnen das vor allem bei Flüchen mit Leichtigkeit gelingt, aber so gut wie nie mit gesitteten Umgangsformen, werde ich mein Leben lang nicht verstehen.

Jacks Gebrauch von Kraftausdrücken hat mich bei vielen Gelegenheiten zusammenzucken lassen – vor allem wenn das wieder mal vor seinen Großeltern oder unseren Nachbarn geschah. Ich war immer der Meinung, wir sollten unsere Kinder dazu erziehen, Sprache intelligent einzusetzen, und habe aus diesem Grund Tim mehrfach heftig zur Ordnung gerufen, wenn er wieder einmal ein paar Schimpfwörter vor den Kindern losließ. Ich bin stolz auf die Tatsache, dass meine Freundinnen wissen, dass alles Widerwärtige, das über Jacks Lippen kommt, nur von seinem Vater stammen kann! Dieses Wissen nutzt mir jedoch überhaupt nichts, wenn ich mich an einem öffentlichen Ort befinde, wo mich niemand kennt. Also wieder zurück zur Hauptstraße unseres Heimatstädtchens, wo ich meine zweite Boden-tu-dich-auf-Erfahrung machte. Ich hatte Jack gerade von der Schule abgeholt, und er lief fröhlich neben mir her, hielt sich am Kinderwagen fest und plapperte mir etwas von seinen Tageserlebnissen vor. Plötzlich, mitten in einem minutiösen Bericht über seine Späße während der Mittagspause, verschwand er einfach aus meinem Blickfeld – und landete bäuchlings auf dem Bürgersteig. Ich weiß selbstverständlich, dass es absolut nicht lustig ist, wenn der eigene Sohn flach aufs Gesicht fällt, aber aus irgendeinem Grund ließ mich sein Bauchklatscher in hysterisches Gelächter ausbrechen. Jacks Sturz erinnerte mich irgendwie an Stan Laurel in einem klassischen *Dick-und-Doof*-Sketch – aber das ist immer noch keine Entschuldigung für meine wenig mitfühlende Reaktion. Ich hielt an, um ihm auf die Beine zu helfen, aber noch bevor ich ihn erreichte, sprang er auf die Füße wie ein wütender kleiner Troll. Er war außer sich, weil ich über ihn gelacht hatte, und als ich dann noch den schweren Fehler beging und andeutete, dass er über seine eigenen Füße gestolpert sein könnte, brachte dies das Fass zum Überlaufen. Jack glühte fast vor Wut und begann, mit voller Wucht auf meine Handtasche einzutreten, die seitlich am Kinderwagen hing. »Ich bin nicht über meine Füße gestolpert«, brüllte er, »das war deine *Scheiß* Handtasche!« Und diesen Satz brüllte er natürlich mehrfach, um absolut sicherzugehen, dass seine blöde, kichernde Mutter ihn auch begriffen hatte. Ich lachte immer noch, als mir plötzlich klar wurde, dass hier der perfekte Klon meines Ehemanns vor mir stand – »Dolly, das Schaf« war ein Nichts im Vergleich mit »Jack, der Tim«. Er hatte sogar den gleichen wütenden Ton in der Stimme, den Tim gehabt hätte, wenn er über meine Handtasche gestolpert wäre. Wenn wir nicht in diesem Moment direkt neben einer dicht besetzten Bushaltestelle gestanden hätten, hätte ich meine Fassung wahrscheinlich erst zu Hause wiedergewonnen. Aber als ich all die verblüfften Gesichter sah, die die Szene verfolgten, die wir ihnen mitten auf dem Bürgersteig lieferten, fühlte ich mich verpflichtet, in meine Rolle als schockierte und mahnende Mutter zu schlüpfen. Schließlich wäre ich selbst auch ziemlich schockiert, wenn ich einen anderen Vierjährigen so mit seiner Mutter reden hörte! »Was für eine abscheuliche Sprache, Jack! Wo hast du die nur gelernt?«, platzte ich heraus und hastete mit Jack im Schlepptau, der immer noch meine Handtasche bearbeitete, um die nächste Hausecke. Ich konnte nur hoffen, dass niemand in der Busschlange zuvor dem Kinderwagenmonster zum Opfer gefallen war!

Tim hat bis jetzt noch keinen peinlichen Schimpfwort-Moment erlebt – was mir eigentlich nicht fair erscheint, da er ganz offensichtlich derjenige ist, von dem Jack die ganzen plastischen Ausdrücke übernommen hat. Daher freute ich mich im Stillen darüber, dass Jack seinen Vater mit einer anderen Fähigkeit, die er sich inzwischen angeeignet hatte, in ein großes, tiefes Loch im Boden versenkte: dem Furzen. Tim arbeitet relativ häufig zu Hause, hat aber bis heute nicht begriffen, dass es nahezu unmöglich ist, die eigenen Kinder aus einem Arbeitszimmer im Oberstock des eigenen Hauses fern zu halten – vor allem wenn dieses Zimmer keine Tür hat. Allerdings muss ich in Bezug auf den folgenden Vorfall auch zugeben, dass ich zu diesem Zeitpunkt nicht gerade mein Bestes tat, »die Kinder fern zu halten«. Ich war gerade mit Andrea in der Küche in ein intensives Gespräch vertieft, das Radio plärrte, der Klatsch blühte – also bemerkte ich überhaupt nicht, dass Jack am Gitter des unteren Treppenabsatzes rüttelte und brüllte: »Papi, lass mich rauf, ich muss mal!« Tim arbeitete in diesem Augenblick nicht einfach zu Hause: In Wahrheit befand er sich mitten in einer Telefonkonferenz mit gut zwanzig Leuten, darunter Anwälte, Steuerberater und Bankiers. Die Tatsache, dass er dringend aufs Klo musste und man ihn gleichzeitig ignorierte, ließ Jack nur noch lauter brüllen, und zwar so heftig, dass einer der Konferenzteilnehmer am anderen Ende der Telefonleitung meinte: »Da ist irgendjemand gar nicht glücklich!« Tim schwieg peinlich berührt, aber immer noch im sicheren Gefühl, dass keiner der Teilnehmer in der Lage war, genau festzustellen, wer von den anderen so ein aufsässiges Kind hatte. Doch irgendwann war seine Konzentration derart von diesen Hintergrundgeräuschen abgelenkt und er selbst so verärgert über die Tatsache, dass ich die Dinge nicht längst in die Hand genommen hatte, dass er mit dem Hörer unter dem Kinn die Treppe hinunterlief und Jack nach oben auf die Toilette schleppte. Der Höhepunkt kam, als Jack – genau in dem Moment, in dem Tim sich vorbeugte, um ihm seine Hose und Unterhose herunterzuziehen – einen krachenden Furz ließ, der laut in der Sprechmuschel des Telefonhörers widerhallte. Die Gespräche im Rahmen der Telefonkonferenz brachen abrupt ab; dann wollten mehrere Gesprächsteilnehmer wissen, wer zum Teufel die Frechheit besaß, mitten in einer derart wichtigen geschäftlichen Besprechung solchen »Wind« zu machen. Tim hoffte verzweifelt, dass seine Anonymität gewahrt bliebe und nahm mit unbewegter Stimme weiter an der Konferenz teil. Seines Wissens nach hat bis heute niemand Tim Groves' dreijährigen Sohn verdächtigt, der unbekannte Eindringling bei dieser Telefonkonferenz gewesen zu sein. Seltsamerweise informiert Tim mich seitdem lange im Voraus, wenn ein wichtiger Telefonanruf bevorsteht – damit ich mich rechtzeitig darauf einstelle, meinen Mutterpflichten nachzukommen.

Eloise hat mich bisher noch nicht in aller Öffentlichkeit bloßgestellt. Aber inzwischen zeigt auch sie, genau wie ihr Bruder, Anzeichen von nonkonformistischem Verhalten:

Ich sollte also vorgewarnt sein! Bis zum letzten Monat hatte ich allen Grund, mit der Art und Weise zufrieden zu sein, in der sich ihre Sprache entwickelte – doch dann kam der Tag, an dem ich wünschte, Eloise hätte überhaupt nie sprechen gelernt. Wir besuchten eine von Jacks Schulversammlungen, bei der die Kinder sehr viel sangen und ein Redner auftrat, der über ein osteuropäisches Kinderhilfswerk referierte. Die ersten fünfzehn Minuten seiner Ansprache hörten wir alle aufmerksam zu, doch nachdem eine halbe Stunde Redezeit vergangen war, konnten selbst die geduldigsten unter den anwesenden Eltern ein Gähnen nicht unterdrücken – und wie es den Lehrern gelang, ihre Schüler zum Stillsitzen zu bewegen, als selbst die Erwachsenen zappelig wurden, wird mir ein ewiges Rätsel bleiben. Eloise jedenfalls beschloss an diesem Punkt, dass sie lange genug zwischen Andreas und meinen Beinen herumgeklettert war; außerdem reichte es ihr langsam, ständig von mir daran erinnert zu werden, dass sie auf meinen dicken Bauch aufpassen sollte. Plötzlich und aus heiterem Himmel verkündete sie so laut, dass es jeder im Umkreis von fünf Metern um unsere Plätze hören musste: »Nippel nuckeln, Mami!« Gleichzeitig riss sie an meiner Bluse herum und versuchte, mit ihren Händen meine Brust zu umklammern. Während ich spürte, wie mir das Blut in die Wangen schoss, begann rund um mich herum das Kichern, und alle Blicke wandten sich uns zu, dankbar für diese willkommene Abwechslung. Andrea fielen fast die Augen aus dem Kopf – sie konnte einfach nicht glauben, dass Eloise gerade lautstark einen solchen Satz von sich gegeben hatte. Selbst meine vorsichtigen Versuche, ihre Aufmerksamkeit wieder auf die Kinder und Traktoren im Diavortrag des Redners zu lenken, blieben völlig ohne Wirkung. Meine Tochter hatte genug davon gesehen, und ihr einziges wahres Interesse bestand nun darin, ihre Mutter vor einer Schulaula voller Eltern bis auf die Knochen zu blamieren. Am meisten fürchtete ich mich davor, die Leute rund um uns herum würden nach Eloises Ausruf annehmen, dass ich ihr immer noch die Brust gab, einer Zweijährigen mit einem voll ausgebildeten Gebiss, die sich jetzt den Weg zu ihrem zweiten Frühstück erkämpfte. Und das, während ich offensichtlich schon wieder schwanger war – einfach widerlich! Obwohl einige Mütter wahrscheinlich gar nichts dagegen hätten, finde ich allein schon den Gedanken abstoßend. Am liebsten wäre ich zum Abschluss der Versammlung aufgestanden und hätte alle Anwesenden im Saal über die wahre Sachlage aufgeklärt: »Nur zu Ihrer Information, meine Damen und Herren: Ich stille meine Tochter schon längst nicht mehr, und ihre soeben geäußerte Forderung muss durch die Bücher provoziert worden sein, die ich ihr zurzeit vorlese, um sie auf die Geburt eines kleinen Schwesterchens oder Brüderchens vorzubereiten. Vielen Dank.«

Hilary

Die wichtigste Lektion, die ich während der ersten Jahre meiner Elternschaft gelernt habe, ist, dass »Tu, was ich dir sage, aber nicht, was ich tue« nicht bei kleinen Kindern zieht. Einige meiner schlimmsten Boden-tu-dich-auf-Momente entstanden aus der direkten, peinlich genauen Nachahmung meiner eigenen Taten. Als erste dieser Situationen fällt mir ein Zwischenfall in einem Geschäft für Bilderrahmen ein. »Nicht anfassen, Molly«, hatte ich sie wiederholt gewarnt. »Wenn du das Glas zerbrichst, dann musst du es bezahlen, und das wird dich viele Wochen lang dein Taschengeld kosten.« Von diesem Augenblick an ging alles schief – Alfie begann zu weinen, Ella sang »Im Frühtau zu Berge« und marschierte dabei durch ganze Berge sorgsam aufgestapelter Bilderrahmen, und Molly durchwühlte den ganzen Laden, um in den Stapeln mit farbigen Rahmen einen in der Farbe Rosa zu finden. Ich war nicht mehr in der Lage, mich inmitten dieses Chaos auf die passende Größe, Form und Farbe der Bilderrahmen zu konzentrieren, die ich für meine Bilder zu Hause suchte. Also raffte ich die bis dahin ausgewählten Rahmen mit einer Hand zusammen, manövrierte Alfies Kinderwagen durch den Laden und griff mir mit der anderen Hand Ella, die gerade vorbeimarschiert kam. In diesem Augenblick blieb ich mit dem Ellbogen an einem Regal hängen, woraufhin ein paar Rahmen zu Boden fielen. Während ich sie schnell aufsammelte und wieder ins Regal stellte, fiel mir auf, dass das Glas in einem der Rahmen zersprungen war. Ich schob den Rahmen verstohlen zwischen zwei unbeschädigte Exemplare und machte mich auf den Weg zur Kasse.

Ich war fest davon ausgegangen, dass Molly die ganze Zeit über ihrer Leidenschaft für Rosa gefrönt hatte, doch ich hatte mich getäuscht. Gerade als ich bezahlen wollte, zwitscherte sie: »Was ist mit dem, den du kaputtgemacht hast, Mami? Für den musst du auch noch bezahlen.« Ich versuchte verzweifelt, sie zu ignorieren, und kramte in meinem Portemonnaie herum, um die passenden Geldstücke zu finden und einen schnellen Abgang einzuleiten. »Mami«, rief Molly, »hast du mich nicht gehört?« Ich konnte spüren, wie mir die Röte ins Gesicht stieg, und vermied jeden Augenkontakt mit der Frau hinter der Kasse. »Aber wenn man was kaputtgemacht hat, dann muss man das doch bezahlen, Mami. Das stimmt doch, oder?« Mit den bezahlten Bilderrahmen unter dem Arm und einem tiefroten Kopf, verließ ich das Geschäft. Doch jetzt wurde es erst richtig peinlich. Molly gab einfach keine Ruhe: Sie wollte die Regeln des Lebens verstehen lernen, und dazu brauchte sie eine Erklärung dafür, warum ich unter diesen Umständen einfach etwas versteckte, was ich kaputtgemacht hatte, anstatt dafür zu bezahlen. Mir fehlte einfach eine überzeugende Antwort. Ich konnte mich noch nicht einmal damit herausreden, ich hätte es vergessen, weil sie mich in so gesetzten und lauten Worten daran erinnert hatte. Nachdem ich ein paar Minuten lang völligen Blödsinn verzapft hatte im Versuch, irgendeine Art von Rechtfertigung für meine Handlung zu erfinden, gab ich mich schließlich geschlagen und gestand, dass ich einen Fehler gemacht hatte. Daraufhin wurde ich von meiner vierjährigen Tochter angemessen getadelt und fühlte mich extrem schuldig. Ich konnte von Glück sagen, dass sie mich nicht wieder in den Laden zurückschleppte und von mir verlangte, mich mit gesenktem Kopf »bei der netten Dame zu entschuldigen«.

Mollys kristallklare Äußerungen haben uns häufiger in delikate Situationen gebracht, als ich mich erinnern möchte. Sie ist zwar in der Lage, die richtigen Worte und Gedanken hervorzubringen, aber ihr fehlt jeder Sinn für die diplomatische Seite von Kommunikation. Am meisten habe ich damit zu kämpfen, wenn wir uns in geschlossenen Räumen befinden. Mollys größte Stunde kam in einem Aufzug: Als wir noch vier Etagen zurückzulegen hatten, öffneten sich die Aufzugtüren, und herein kam eine Frau – oder war es ein Mann? In jedem Fall war es eine jener Situationen, in denen sogar wir Erwachsenen verzweifelt versuchen, jemanden nicht unverwandt anzustarren, während unser Gehirn blitzartig zu verarbeiten versucht, was unsere Augen sehen. Die fragliche Person war etwa einsachtzig groß und trug ein Hemd und Jeans, die keinen Aufschluss darüber gaben, für welches Geschlecht sie gedacht waren. Sie schien Brüste zu haben – oder handelte es sich um Fett? Und sie trug einen Schnurrbart – oder hätte sie besser in einen Damenrasierer investiert? Es ließ sich einfach nicht genau sagen. Gerade als mein Gehirn an diesem Punkt angelangt war, öffnete Molly den Mund, und all ihre Gedanken sprudelten in Form von nicht von mir zu beantwortenden Fragen heraus – eine nach der anderen, und zwar für den Rest unserer vier Stockwerke dauernden Fahrt. »Ist das ein

Mann oder eine Frau, Mami?«, lautete ihre erste Frage. Was zum Teufel hätte ich darauf antworten können? »Ich weiß es nicht«, war die einzige Antwort, die mir einfiel, aber was für einen Eindruck würde das machen? Noch schlimmer wäre nur eine Ja-Nein-Lotterieentscheidung gewesen, bei der ich mich vertan hätte. Als ich daher keine Antwort gab, beschloss Molly, die Angelegenheit selbst zu überdenken ... und zwar laut! »Sie sieht wie eine Frau aus, aber sie hat einen Schnurrbart. Frauen haben doch keinen Schnurrbart, oder? Wie komisch. Vielleicht ist es ja doch ein Mann, aber Männer haben keine Brüste.« Verzweifelt versuchte ich, sie mit meinem »tödlichen Blick« zum Schweigen zu bringen, den ich mir für jene Gelegenheiten in der Öffentlichkeit reserviere, in denen sie die klare Anweisung braucht: »Hör sofort damit auf, oder du wirst es bereuen!« Aber diese Situation verwirrte sie einfach zu sehr – und schließlich hatte sie ja auch nichts Böses getan. »Warum guckst du mich so an, Mami? Was hab ich gemacht?« Wieder einmal spürte ich die roten Flecken an meinem Hals aufglühen, während ich verzweifelt darauf hoffte, dass diese endlose Fahrt ein Ende hatte. Als wir den vierten Stock erreicht hatten, konnte ich gar nicht schnell genug der Enge des Aufzugs entfliehen.

Ella besitzt ihre eigene kleine Sprache, die für das untrainierte Ohr so unverständlich ist, dass sie bis jetzt noch nicht in der Lage war, mich in allzu große Schwierigkeiten zu bringen. Meine größten Probleme mit ihr entstehen aus der Tatsache, dass sie bereits sehr früh angefangen hat, »unanständige« Worte zu benutzen. Diese Entwicklung ist eindeutig dem Einfluss ihrer großen Schwester zu verdanken, die inzwischen in die Schule geht und entdeckt hat, dass die Worte »Aa«, »Arsch« und »Pillermann« zum Totlachen sind. Doch als Ella im Supermarkt aus der Sicherheit ihres Einkaufswagensitzes Molly etwas zurief, schien glücklicherweise niemand zu verstehen, dass meine engelsgleiche zweijährige Tochter mit ihren unschuldigen, blonden Locken ihre Schwester eine »Aa-Arsch-Stinkhose« nannte.

Dank der ständigen Präsenz von Mollys Gedärmen ist die »Poporülpser«-Sprache aus unserer Familie nicht mehr wegzudenken. Wie ich bereits erwähnt habe, kann Molly auf Grund ihrer Verdauungsstörungen Abgase produzieren, auf die eine komplette Rugbymannschaft stolz wäre – und diese Gerüche halten sich oft stundenlang. Manchmal sind die Düfte so intensiv, dass sie fast sichtbar erscheinen. Und auch den bisher peinlichsten Moment meines bisherigen Elternlebens habe ich einem dieser bewusstseinsverändernden Poporülpser zu verdanken. Als Molly zweieinhalb Jahre alt war, musste ich wegen einer relativ banalen Angelegenheit – einer Halsentzündung, glaube ich – zum Arzt und nahm sie mit. Sie hockte vor meinen Füßen und spielte fröhlich mit dem anscheinend gesetzlich vorgeschriebenen, mottenzerfressenen Teddy, den man in der Spielkiste jeder Arztpraxis findet, während der Doktor sich abwandte, um mein Rezept auszudrucken. Genau in diesem Augenblick stieg mir der alte, vertraute Duft in die Nasenlöcher. Glauben Sie mir: Für die ungeübte Nase ist es einfach unmöglich, einer unschuldigen Zweijährigen einen solchen Gestank zuzutrauen; daher wollte ich dem Arzt sofort deutlich machen, wer diesen Fauxpas in seiner Praxis begangen hatte. »Molly«, flüsterte ich laut genug, dass er mich mit Sicherheit hörte, »hast du einen Poporülpser gemacht?« Ich rechnete selbstverständlich mit einer zustimmenden Antwort; danach hätte ich mich in ihrem Namen entschuldigt, und wir wären der Situation entronnen, ohne allzu tief im Boden zu versinken. Von wegen – dieses Mal fand ich mich am Grund des Grand Canyon wieder: »Aber nein«, erwiderte Molly entrüstet, »das war ich nicht, Mami. Das warst du. Ich bin nicht schuld an deinen Poporülpsern.« Meine gesamte Existenz stürzte in eine Tiefe, die so bodenlos war, wie ich es bisher nicht für möglich gehalten hatte. Ich drängte sie nicht weiter, es zuzugeben – für den Fall, dass der Doktor der eigentlich Schuldige war; außerdem würde alles, was ich jetzt sagte, mich nur noch schlechter dastehen lassen. Und so verließ ich die Praxis im Wissen, dass der Arzt mich nicht nur für fähig hielt, einen widerwärtigen Bierfurz in seinem Arbeitszimmer loszulassen, sondern mich auch als eine miese Lügnerin sah, die erfolglos versucht hatte, ihrem armen Kleinkind die Schuld in die Schuhe zu schieben. Sobald wir draußen waren, fragte ich Molly erneut, ob sie es gewesen war, woraufhin sie durchaus fröhlich zugab, dass die Gerüche von ihr produziert worden waren. Als ich wissen wollte: »Und warum hast du dann da drinnen gelogen?«, bekam ich folgende Antwort: »Es hat so schrecklich gerochen. Da wollte ich nicht, dass der Doktor glaubt, ich bin es gewesen.«

Ich gehöre zu den Menschen, die gern genau wissen wollen, was passiert und wann es passiert, und ich kann mich durchaus als gute Organisatorin bezeichnen. Der Nachteil dieser Lebenseinstellung besteht darin, dass ich leicht die Übersicht verliere, wenn ich Dinge verlege. Das mag auf den ersten Blick nicht wirklich gefährlich klingen, ist aber immer sehr zeitaufwendig – besonders seit die Kinder meine Welt erobert haben und ich feststellen musste, dass ich im Grunde das Suchen zu einem Vollzeitjob entwickelt hatte. Diese frustrierenden, verzweifelten Suchaktionen nach alltäglichen Gegenständen haben sich inzwischen zum wichtigsten Bestandteil vieler meiner Tage als Mutter entwickelt. Wenn ich heute etwas verliere, kann ich nicht mehr wie früher im Geiste alle in Frage kommenden Plätze absuchen, an denen das Objekt sein könnte – wenn die Prinzipien der Logik nicht mehr greifen, ist auch keine systematische Suche nach einem verlegten Gegenstand mehr möglich. Vor kurzem hatte ich meine Sonnenbrille mit geschliffenen Gläsern verlegt. Ohne sie wird das Autofahren im Sommer für mich zum Albtraum, denn meine Augen haben sich so an die Tönung gewöhnt, dass ich ohne diese Brille fast nichts mehr sehe; also war ich nicht gerade glücklich. Die Suche begann an allen nahe liegenden Orten – im Auto, auf allen Arbeitsflächen und in sämtlichen Manteltaschen –, blieb aber ohne Erfolg. Daraufhin ging ich zu Stufe Zwei über und schaute an allen weniger nahe liegenden Orten nach, an denen meine Brille hätte sein können: im Bad, in den Küchenschubladen und draußen neben der Hollywoodschaukel. Bis ich diese Suche erfolglos hinter mich gebracht hatte, war der Grad meiner Frustration deutlich angestiegen. Gleichzeitig stieg Ellas Begeisterung bei der Aussicht darauf, dass dieses Versteckspiel noch stundenlang weitergehen konnte. Ich versuchte verzweifelt, ruhig zu bleiben, und fragte Ella mit sehr beherrschter Stimme: »Hast du meine Sonnenbrille gesehen?« »Ja«, antwortete sie, »if glaub, fie ift im Fpielfeugfrank.« Also räumten wir den kompletten Spielzeugschrank aus, doch ebenfalls ohne Erfolg. Jetzt begann das Spiel in Ellas Augen erst richtig – was mir mehr und mehr Sorgen machte. »Ähm«, sagte sie, »waf ift mit den Töpfen und Tellern?« Daraufhin wurde jeder Deckel von jedem Topf und jeder Pfanne gelüftet, auf der Suche nach versteckten Gegenständen. In unserem Wok fand ich die Ohrringe, die ich vergangene Woche verloren hatte – aber von der Sonnenbrille keine Spur. Nachdem wir noch ein paar Ella-Zonen durchsucht hatten, stand ich kurz vor der Explosion. Am liebsten hätte ich vor Wut und Frustration geheult. »If weif ef«, sagte sie, und ich konnte förmlich die Glühbirne leuchten sehen über ihrem kleinen Kopf, während sie mich zum Spielhaus im Garten zog. Als ich auf dem Boden des Häuschens hockte, umgeben von Plastiktöpfen, -pfannen und Schaumstoffgemüse, und mich fragte, was zum Teufel eigentlich aus meinem Leben geworden war, zauberte Ella auf wundersame Weise meine Sonnenbrille aus den Tiefen ihres Puppenkinderwagens hervor. Wir waren beide so glücklich, dass wir kurz das Lied »Hast du Muttis Brille gefunden, klatsch in die Hände« anstimmten. Doch als ich aus der Tür ins Freie krabbelte, immer noch erleichtert ob des erzielten Erfolgs, und auf meine Uhr schaute, traf es mich plötzlich wie ein Schlag: Ich maß meine Tagesleistungen inzwischen am erfolgreichen Abschluss einer stundenlangen Suche nach einem Gegenstand, den ich im Grunde niemals hätte verlegen dürfen. Und dabei war ich mir sicher, dass ich vor vielen Jahren einmal die Kontrolle über mein Leben gehabt hatte ...

All das verblasst jedoch zur Bedeutungslosigkeit im Vergleich zu dem schlimmsten aller Eltern-Albträume, von dem mir vor kurzem eine Freundin berichtete. Ihre beiden Töchter wollten ihre Freundinnen zum Spielen mit nach Hause bringen, und so entschloss sie sich, als nette Geste auch die Mütter der Freundinnen zum Tee einzuladen, um »einander ein bisschen zu beschnuppern«. Sie verbrachte den Morgen damit, dafür zu sorgen, dass ihr Haus peinlich sauber war, kaufte ein paar hausgemachte Plätzchen, die sie als von sich gemachte anbieten wollte, und war eigentlich ziemlich zufrieden mit sich und dem idyllischen Bild, das sie den anderen Müttern präsentieren konnte. Die Gäste kamen, und alles lief reibungslos: Die Kinder gingen zum Spielen ins Wohnzimmer, und die Plätzchen fanden allseits großen Anklang. Doch dann kam eines der Kinder herein und brachte auf einem Löffel aus der Puppenküche etwas beunruhigend Braunes mit. Ihre Gedanken überschlugen sich, als sie aufsprang und zu den anderen Müttern sagte: »Einen Augenblick bitte – ich will nur mal kurz nach den Kindern sehen.« Als sie um die Ecke ins Wohnzimmer bog, sah sie es: Mitten auf ihrem cremefarbenen Teppich lag der größte Haufen menschlicher Exkremente, den sie je zu Gesicht bekommen hatte – und aus diesem unappetitlichen Haufen ragten in verschiedene Richtungen vier Bestecksets aus Plastik hervor, ein Messer und eine Gabel für jedes Kind. Anscheinend hatte nicht nur jemand den Schlüpfer fallen lassen und diesen gewaltigen Haufen mitten auf ihrem Wohnzimmerteppich produziert, sondern alle Anwesenden hatten damit begonnen, die braune Masse ihren Teddys zu servieren. Während sie noch vor Ungläubigkeit erstarrt war, hörte sie die Schritte der sich nähernden Mütter; daraufhin bückte sie sich und schaufelte den Kot mit den bloßen Händen zusammen, um ihn hinter ihrem Rücken zu verstecken. Als ich diese Geschichte hörte, wurde mir klar, dass ich auf der absoluten Skala aller möglichen Boden-tu-dich-auf-Vorfälle noch lange nicht den Tiefpunkt erreicht hatte. In seinem eigenen Haus einen zerteilten Haufen verstecken zu müssen, und noch nicht einmal zu wissen, ob diese Ekligkeit vom eigenen Nachwuchs produziert worden ist – das ist der ultimative Augenblick, in dem man zum Himmel schaut und sich fragt: »Warum ich?«

Andrea

Nach allem, was ich gehört habe, muss ich als Kind ein absoluter Albtraum gewesen sein – schließlich war ich immer diejenige, die mit sehr lauter Stimme an der Supermarktkasse fragte: »Mami, du hast doch gesagt, dass ich in deinem Bauch war. Wie bin ich da reingekommen?« Meine arme Mutter erinnert sich an zahlreiche Gelegenheiten, bei denen sie rot anlief und versuchte, mir vor vielen amüsierten Zuschauern so taktvoll wie möglich zu antworten. Aber meine Mutter war nicht die Einzige, die unter meinen Kommentaren zu leiden hatte – wie eine Biologielehrerin feststellen musste, als ich als Dreizehnjährige von allen meinen Mitschülern dazu herausgefordert worden war, sie zu fragen, was eigentlich ein Orgasmus sei. Da ich nie einer Herausforderung aus dem Weg ging, willigte ich nur zu gern ein. Die Lehrerin errötete und meinte, sie würde es mir nach der Stunde erklären. Damit erwies sich das Ganze als ein Bumerang, denn nun musste ich nach Schulschluss ein längeres Einzelgespräch über die technische Seite der Freude am Sex über mich ergehen lassen. Bei meinem Vorleben verdiene ich also wahrscheinlich zwei Jungs, die mich den lieben langen Tag von einem Fettnäpfchen ins nächste treten lassen.

Ich bin mir nicht sicher, ob ich Peinlichkeiten irgendwie provoziere – aber ich könnte dieses Kapitel problemlos ganz allein füllen. Boden-tu-dich-auf-Vorfälle sind ein fester Bestandteil meines täglichen Lebens; von daher werde ich mich auf die Geschichten beschränken, die in einer einzigen Ferienwoche passiert sind.

Im vergangenen Sommer fuhren Bruce und ich mit den Jungs in dieselbe Ferienanlage in Spanien, in der auch Hilary und David Urlaub machten. Wir hatten unsere eigenen Häuser, verbrachten unsere Tage als getrennte Familien und trafen uns dann jeden Abend am Strand. Diese Einteilung funktionierte prächtig: Wir konnten den Jungs tagsüber immer damit drohen, sie dürften Ella und Molly nicht sehen, wenn sie sich danebenbenahmen, und abends spielten die vier am Strand, genau vor den Restaurants, in denen wir Erwachsenen ein ruhiges Abendessen genossen. Zu den festen abendlichen Höhepunkten gehörte der Besuch beim Sandbildhauer, wo wir seine neuesten Meisterwerke bewunderten – meist handelte es sich um gewaltige Skulpturen, für deren Fertigstellung er mehrere Tage benötigte. In den ersten Tagen konnten wir miterleben, wie aus dem Strand langsam ein fantastisches Porträt der Simpsons erwuchs, die sich auf ihrem Sofa lümmelten; danach begann der Künstler mit den Arbeiten an einer Darstellung des Letzten Abendmahls. In den nun folgenden Tagen wurden Jesus und seine Jünger sorgsam aus Sand geformt, und der Mann verbrachte viele Stunden damit, die Feinheiten der einzelnen Gesichter herauszuarbeiten. Am fünften Tag unseres Urlaubs kamen wir an den Strand und konnten schon von weitem den stolzen Künstler sehen, der sich – umgeben von Zuschauern – vor seinem fertigen Werk fotografieren ließ. Wir erlaubten den Kindern, sich am Klettergerüst am Strand zu vergnugen, und wollten selbst am Wasser entlang in Richtung der fertigen Sandskulptur schlendern – aber Sam hatte andere Pläne. Irgendwann fiel mir auf, dass er nicht mehr am Klettergerüst hing, sondern stattdessen wie ein Blitz zur Rückseite des Letzten Abendmahls rannte. Soweit ich weiß, bin ich noch nie zuvor so schnell gelaufen, und ein Spurt durch den weichen Sand ist weder angenehm noch ein schöner Anblick. Ich erwischte Sam mit einem erstklassigen Torwart-Hechtsprung und konnte ihn gerade eben noch davon abhalten, Jesus' Hinterkopf zu erklettern. Jesus behielt davon zwar eine kahle Stelle am Kopf zurück, doch zumindest sein Gesicht war heil geblieben. Es ist schon schlimm genug, wenn man sich dafür entschuldigen muss, dass das eigene Kind mitten durch eine fremde Sandburg rennt – aber irgendwie hätte ein »Tut mir Leid« nicht ausgereicht, während man gleichzeitig etwas Sand zu einer Kugel formt und mit dem Finger hineinsticht, um so Augen, Nase und Mund von etwas anzudeuten, das Jesus, unseren Herrn, darstellen soll. Und das ausgerechnet im katholischen Spanien! Wenn Sam schon etwas demolieren musste, warum konnten es dann nicht Homer oder Bart Simpson sein ... Warum gerade Jesus?

Am nächsten Abend beschlossen wir, einmal nicht an den Strand zu gehen, und entschieden uns stattdessen für einen auf den ersten Blick weniger gefährlichen Grillabend vor unserem Ferienhaus. Wir ruhten uns gerade mit vollen Bäuchen in der Essecke unseres Balkons aus – Hilary, David und Bruce mit einer Flasche Wein, während ich meine schwangerenfreundliche Pepsi Max trank –, als Hilary ein Platschen hörte. »Irgendjemand ist in den Pool gefallen«, schrie sie, und schon rannte sie mit Bruce auf den Fersen die Treppen zum Schwimmbecken hinunter. Ich sprang auf, schaute über den Balkon – und mir bot sich ein Anblick, den ich nie mehr vergessen werde. Unten aus den Tiefen des erleuchteten Pools schaute Mollys flehendes Gesicht zu mir herauf, während sie verzweifelt an die Oberfläche zu kommen versuchte. Ohne weiter nachzudenken, sprang ich instinktiv über das Balkongeländer hinunter auf den Rasen, rannte zum Pool und zerrte sie aus dem Becken. Als Hilary um die Ecke bog, bereit zum Sprung ins Wasser, stieß sie auf Molly und mich, die beide wie ein großer nasser Haufen neben dem Becken hockten und vor Schock weinten. Ich konnte sehen, wie ihr Gehirn langsam zu erfassen begann, auf welche Weise ich so schnell zum Beckenrand gelangt war. Eigentlich hatte ich von Hilary eine Art Heldenehrung erwartet, nachdem ich ihrer Tochter mit einer spektakulären Aktion das Leben gerettet hatte, doch was bekam ich zu hören? »Du dummes, blödes Weibsstück – du hättest dich verdammt noch mal dabei umbringen können!« Dann fing auch sie an zu weinen. Ich schaute nach oben zu David auf dem Balkon, der die ganze Zeit sitzen geblieben war, und bemerkte erst jetzt, wie tief ich gesprungen war. Plötzlich wurde mir schlagartig klar, dass ich meine Kamikaze-Einstellung wirklich ändern musste: Erst nachdenken, dann handeln! Hilary und Bruce waren bereits unterwegs gewesen, Mollys Leben hatte nicht wirklich in Gefahr geschwebt – und dennoch hatte ich es riskiert, meine Kinder mutterlos aufwachsen zu lassen, um Molly zu retten. Trotzdem wäre ein Dankeschön immer noch netter gewesen als ein Anschiss! Ich glaube, wir fühlten uns alle ein wenig schuldig und fast wie versteinert, als wir über die Frage »Was wäre, wenn ...« nachdachten. Mir wurde zum ersten Mal klar, wie schnell das eigene Leben sich ändern konnte. Wenn Hilary das Platschen nicht gehört hätte, hätte Molly sterben können. Als der Abend zu Ende ging, hatte sogar ich mir ein alkoholisches Getränk erlaubt, und unsere Adrenalinspiegel befanden sich wieder im grünen Bereich. Und als sie gingen, bedankte Hilary sich (wenn auch verspätet) bei mir dafür, dass ich ihrer Tochter das Leben gerettet hatte!

An unserem letzten Abend gingen wir noch ein letztes Mal an den Strand – die Zerstörung einer Jesus-Statue aus Sand war dem Verlust von Menschenleben bei weitem vorzuziehen. Aber aus irgendeinem Grund kam bei keinem von uns gute Stimmung auf. Ich bin mir nicht sicher, ob es die Trauer darüber war, dass die Ferien zu Ende gingen, aber Hilary und David hackten aufeinander herum, und Bruce sah den ganzen Abend lang so aus, als hätte er eine Wespe verschluckt. Die Tatsache, dass Bruce sich ausgerechnet das letzte gemeinsame Abendessen aussuchte, um unsere Jungs zum Gemüseessen zu bringen und Max sogar zwang, Zucchini zu essen, verbesserte die Atmosphäre auch nicht gerade. Als Max zu weinen begann, wurde mir die Schuld dafür in die Schuhe geschoben, weil ich miserable Mutter ihm zu Hause nie Gemüse zubereitete. Wir erlaubten den Kindern, den Tisch zu verlassen und unten am Strand zu spielen, und es gelang Hilary und David, die Situation zu entschärfen, indem sie eine Unterhaltung über ein gänzlich anderes Thema anschnitten. Die Stimmung verbesserte sich gerade wieder von frostig zu lauwarm, als Max zum Tisch kam und verkündete, dass Sam groß in die Windeln gemacht hatte. Meiner Ansicht nach fand ich meine Reaktion überhaupt nicht zum »in den Boden versinken«, aber anscheinend stach die Wespe, die Bruce verschluckt hatte, ihn nun doch, sodass ihn meine nun folgende Handlung zutiefst zu kränken schien: Ich schlenderte in aller Ruhe mit Reinigungstüchern und einer neuen Windel in der Hand zum Strand hinunter und wechselte in Sichtweite der Promenade Sams Windel – die, wie sich herausstellte, noch nicht mal ein großes Geschäft enthielt. Bruce war jedoch wie vom Donner gerührt, und als ich an den Tisch zurückkehrte, fand ich einen zeternden, angewiderten Ehemann vor, der sich kopfschüttelnd darüber ausließ, wie sehr seine Ehefrau den Namen Bettridge in aller Öffentlichkeit durch den Schmutz zog. Er war so wütend, dass ich noch nicht einmal erwähnen konnte, es habe sich in Wirklichkeit nur um ein kleines Geschäft gehandelt – denn schließlich war das Entscheidende, dass ich ein großes Geschäft auf dieselbe Weise beseitigt hätte! Soweit es ihn betraf, hatte ich die schwerste aller Sünden begangen und noch nicht einmal eine Entschuldigung dafür. Tja, wenn die Atmosphäre vorher als frostig zu bezeichnen war, dann konnte man sie jetzt mit Fug und Recht eisig nennen. Doch in dieser Situation zeigte sich, was wahre Freundschaft ist: Kurz darauf kam Molly an den Tisch und sagte, dass auch Ella in die Hose gemacht hätte. Hilary erhob sich wie einer der Drei Musketiere und schlenderte in Richtung Strand. Als sie an mir vorbeiging, flüsterte sie mir zu: »Normalerweise würde ich das nicht tun, aber das ist für den Club.« Dann machte sie sich daran, in aller Öffentlichkeit Ellas Windel zu wechseln – die wirklich voll geschissen war –, und zwar genau an dem Platz, an dem ich kurz zuvor Sams Windelwechsel vorgenommen hatte. Ich vergab Hilary auf der Stelle dafür, dass sie mir nicht sofort für die Rettung von Mollys Leben gedankt hatte. Sie hat es wahrhaft wieder gutgemacht.

Mein letzter Boden-tu-dich-auf-Vorfall fand zwar nicht direkt in diesem Urlaub statt, aber er ereignete sich während eines Einkaufsbummels zur Vorbereitung auf diese Ferien. Dieser Moment wird mir auf ewig als mein großer »Warum ich?«-Augenblick im Gedächtnis bleiben.

Wie Sarah bereits erwähnt hat, kaufe ich meine sämtlichen Kleidungsstücke heutzutage über das Internet oder per Versandhandel – und zwar aus dem nun folgenden Grund. Ich fand es schon peinlich genug, dass Max, sobald er laufen gelernt hatte, nichts lieber tat, als den Vorhang der Umkleidekabine hochzuheben, in der ich gerade Sachen anprobierte, und mich so aller Öffentlichkeit präsentierte. Irgendwie gelang es ihm immer, den Vorhang genau dann wegzuziehen, wenn ich mich in einer besonders kompromittierenden Lage befand. Am meisten Vergnügen hatte er, wenn er mich dabei erwischte, wie ich gerade versuchte, meine Brüste in einen neuen Sport-BH von gigantischen Ausmaßen zu quetschen – diesen »Ta-daa«-Zaubertrick entwickelte er zur Perfektion. Zwar war das in einer Umkleidekabine nur für Frauen nicht das Ende der Welt, aber es brachte mich jedes Mal völlig aus der Fassung, während ich versuchte, gleichzeitig meine Massen zu bedecken und den Vorhang wieder zuzuziehen.

Bei einer Gelegenheit wäre ich jedoch nachgerade dankbar gewesen, wenn Max es nur bei einer »Ta-daa«-Vorführung belassen hätte. Ich hatte ein T-Shirt und ein paar Hosen mit in die Kabine genommen, die ich für den Urlaub anprobieren wollte. Als ich bis auf BH und Höschen ausgezogen war, fiel mir plötzlich auf, dass ich Max gar nicht mehr hörte. Also steckte ich meinen Kopf vorsichtig durch den Vorhang und rief in einem relativ lauten Flüsterton: »Max?« Als keine Antwort kam, ging meine Lautstärke noch ein wenig höher: »MAX?« Immer noch keine Antwort. Das Adrenalin raste durch meine Adern, während ich mir das T-Shirt griff, aus der Umkleidekabine stürzte und es im Laufen über den Kopf zu ziehen versuchte. Ich schoss in typisch panischer Muttermanier in den Laden und brüllte: »*Max, wo bist du?*« Als ich Max nicht sofort entdeckte, setzte bei mir ernsthaft Panik ein. Ich begann, zwischen den Kleiderständern hin und her zu rennen, mit nichts bekleidet als einem T-Shirt, Höschen und Strümpfen. Natürlich war Max in unmittelbarer Nähe – er hatte sich unter einem Ständer mit Mänteln versteckt –, aber erst als ich ihn aus seinem Versteck hervorzerrte und meine Panik langsam abflaute, wurde mir klar, was für eine Aufregung ich verursacht hatte. Offensichtlich war der gesamte Betrieb im Laden zum Erliegen gekommen, alles auf Grund meiner verzweifelten Kindersuche im halb nackten Zustand. Ich weiß zwar, dass die Blicke, die man mir zuwarf, durchaus mitfühlend gemeint waren – schließlich sind sie das immer, wenn die aufgeregten, panischen Rufe einer Mutter erklingen, die ihr Kind an einem öffentlichen Ort verloren hat. Aber als ich mich in die Umkleidekabine zurückschlich und Max in einer Ecke der Kabine einklemmte, während ich gleichzeitig meine Sachen wieder anzog, hatte ich das eindeutige Gefühl, dass so etwas nur mir passieren konnte. Und dann auch noch ausgerechnet in meinem schäbigen, grauweißen Schlüpfer!

Lyndsey

Gegen die Boden-tu-dich-auf-Vorfälle der anderen verblassen meine eigenen irgendwie. Bei den Geschichten, die ich erzählen wollte, wird der Boden bestenfalls kurz eingedrückt – von Versinken kann da überhaupt keine Rede sein. Ich empfand es schon als ziemlich beschämend, als ich in der Umkleidekabine eines Geschäfts auf unserer Hauptstraße stand und Bethan genau in dem Moment, als ich meine Hosen herunterließ, zwitscherte: »Mami, warum machst du jetzt Pipi?« Außerdem zog sie noch den Vorhang zur Seite, damit auch wirklich jeder im Laden einen freien Ausblick auf meinen Hintern hatte, während ich mich gerade vorbeugte und versuchte, meinen Fuß aus dem Hosenbein zu ziehen. Natürlich richteten sich alle Augen auf mich, da die anderen Frauen im Umkleidebereich durch Bethans Bemerkung aufmerksam gemacht worden waren – und den Blicken zufolge glaubten sie tatsächlich, dass ich die Umkleidekabine zweckentfremden wollte. Doch mein nervöses, peinlich berührtes Zurückziehen des Vorhangs ist kaum eine Erwähnung wert, verglichen mit Andreas Dauerlauf durch den ganzen Laden in einem ähnlichen Zustand der Entkleidung. Außerdem besteht Andrea darauf, dass ich an dieser Stelle erwähne, dass sie ein deutlich breiteres Hinterteil zum Entblößen hat! Dann war da noch dieser Moment in der Toilette, als Bethan und ich unsere Hände wuschen und eine Frau, die in der benachbarten Umkleidekabine gewesen war, zu uns an die Waschbecken trat. Bethan drehte sich mir zu und sagte, für jeden im Raum deutlich hörbar: »Mami, warum hat die Frau so einen komischen Hut?« Ich warf der Dame einen entschuldigenden Blick zu, dachte im Stillen, dass Bethan gar nicht so Unrecht hatte – der Hut sah wirklich komisch aus – und scheuchte Bethan schnell aus der Toilette, bevor sie weiteren Schaden anrichten konnte. Doch auch dieser Vorfall ist, verglichen mit Mollys inquisitorischen Fragen bezüglich des Geschlechts einer anwesenden Person im Aufzug, kaum als schreckliches Martyrium zu bezeichnen. Ich habe mich zunächst gefragt, ob das meine Tochter zu einer Art Heiligen macht. Doch dann musste ich an all die peinlichen Augenblicke denken, die sie ihrem Vater beschert hat ... der kleine Schatz.

Tim hat Bethan im Laufe ihres kurzen Lebens nur zweimal zum Arzt mitgenommen – und beide Male kam er zurück und schwor, dass er das nie wieder tun würde. Beim ersten Mal saßen sie im Wartezimmer neben einem Jungen, der etwa achtzehn Jahre alt gewesen sein muss. Tim war direkt aus dem Büro gekommen und trug noch seine »Arbeitshosen«, also eine Stoffhose mit Bundfalten, die sich im Gegensatz zu Jeans beim Setzen über dem Schritt aufplusterten. Zweifellos können Sie sich schon denken, was als Nächstes kam – Bethan fragte laut und deutlich: »Daddy, warum steht dein Pillermann vor?« Tim wusste nicht, wie er sich drehen und wenden sollte, während der Junge neben ihm breit zu grinsen begann. »Das sind meine Hosen, Schätzchen. Das liegt daran, wie ich sitze.« »Nein, das stimmt nicht, Daddy. Das ist dein Pillermann. Ich hab schon mal gesehen, wie er vorsteht.« Tim, der kein besonderes Interesse daran hatte, diese Unterhaltung fortzusetzen, konnte sich nur mit Mühe davon abhalten zu flüchten. Stattdessen stand er auf und zog dabei besagte Stoffbeule über seinem Schritt glatt, sodass jeder, der die Unterhaltung mit angehört hatte, sehen konnte, dass es wirklich nur am Schnitt seiner Hose lag und er kein Praxisfetischist war, den der Gedanke an seinen bevorstehenden Arzttermin ein wenig zu sehr erregt hatte. Im verzweifelten Versuch, jeglichen Augenkontakt zu vermeiden, untersuchte er betont interessiert den Inhalt der Spielzeugkiste zusammen mit Bethan, die glücklicherweise nicht weiter auf seine Genitalien einging. Die Sekunden zogen sich hin wie Jahre, während er dort hockte und darauf hoffte, dass der Arzt ihn hereinrufen und aus seiner öffentlichen Demütigung erlösen würde. Und dass er aus dem Augenwinkel sehen konnte, wie der Teenager ganz offensichtlich seine missliche Lage genoss, trug auch nicht zur Besserung seiner Laune bei.

Das zweite Mal nahm er Bethan mit zum Arzt, als sie etwa dreieinhalb Jahre alt war. Nun ist es so: Wenn ich Bethan irgendwohin mitnahm – oder besser mitnehme –, versuche ich immer, dafür zu sorgen, dass sie Pipi machen geht, bevor wir das Haus verlassen. Auf diese Weise müssen wir unterwegs nicht hektisch nach einer Toilette suchen. Bethan hat die schreckliche Angewohnheit, erst dann etwas zu sagen, wenn sie wirklich ganz dringend aufs Klo muss – und wenn sich danach nicht sofort eine Toilette in unmittelbarer Umgebung findet, ist es meist schon zu spät. Tim dagegen verschwendet an so etwas nie einen Gedanken und beschwert sich stets darüber, dass ich es mit dem »Du gehst auf die Toilette, bevor wir das Haus verlassen« gewaltig übertreibe. Daher überraschte es mich nicht besonders, dass ihm eines Tages genau das Malheur passiert ist, was ich so sorgsam zu vermeiden versuche. Die beiden saßen also im Sprechzimmer, der Arzt hatte Bethan untersucht, erklärte gerade die verschiedenen Salben und Mittel zur Bekämpfung ihrer Krankheit und erläuterte die Reihenfolge, in der sie eingenommen bzw. aufgetragen werden mussten, als unsere Kleine an Tims Arm zu zupfen begann. »Daddy, ich muss mal Pipi.« »Sicher, Kleines, nur noch eine Minute«, antwortete er und wandte sich wieder dem Arzt zu. »Daddy, ich muss mal Pipi« – ihre Stimme klang schon etwas schriller. »Gleich, wir sind fast fertig.« Der Arzt beugte sich vor, um das Rezept auszufüllen. »DADDY, ICH MUSS MAL PIPI!«, schrie Bethan, doch diesmal begleitet vom verzweifelten Versuch, ihren Schlüpfer herunterzuziehen – denn wie Tim mit Entsetzen feststellte, hing ihre Hose schon auf den Fußknöcheln. Endlich fiel bei ihm der Groschen. Um ihr und sich die Peinlichkeit zu ersparen, dass Bethan vor den Augen des Doktors ihre Blase mitten auf dem hochflorigen Teppich des Sprechzimmers entleerte, schnappte Tim sich seine Tochter, riss dem Arzt im Laufen das soeben unterschriebene Rezept aus der Hand und rannte zur Tür. Als die Tür des Sprechzimmers aufflog, richteten sich alle Augen im Wartezimmer auf den nackten Unterleib von Bethan und auf Tim, der sie in Armeslänge Abstand vor sich her trug. Ich habe keine Ahnung, was nach Ansicht der anderen Patienten im Sprechzimmer passiert sein muss, und Tim wird sein Leben lang nie in diese Praxis zurückkehren, um es herauszufinden. Seine einzige Hoffnung war, dass niemand der Anwesenden ihn bereits vom Zwischenfall mit dem vorstehenden Pillermann kannte!

Aber der ultimative Boden-tu-dich-auf-Vorfall für Tim kam, als er Bethan eines Abends aus dem Kinderhort abholte. Zum besseren Verständnis sollten Sie wissen, dass Tim ein Mensch ist, der sehr auf das Äußere achtet und der sowohl bei Männern wie bei Frauen ein Auge auf gepflegte Kleidung und einen guten Haarschnitt hat. Tatsächlich kennt er neben dem Rugby in Wales nur eine weitere große

Leidenschaft: Er kauft gern Kleidung für sich und mich. Als Tim und Bethan die Kinderkrippe verließen, kam gerade die Mutter von Steven herein, um ihren Sohn abzuholen. Eines muss man ihr lassen: Sie ist eine sehr attraktive Frau und immer gut gekleidet, sodass es mich nicht wundert, dass sie Tims Blicke auf sich zog und er sich, während Bethan und er Hand in Hand den Weg zur Straße hinunterliefen, zu der Bemerkung hinreißen ließ: »Stevens Mutti ist wirklich hübsch, nicht wahr?« Tja, damit hatte er, ganz wie beabsichtigt, Bethans Lieblingsthema angeschnitten. Sie schwärmte sofort von einer Welt voller wunderschöner Prinzessinnen und wie gern sie eine Prinzessin wäre und begann, die Kleider zu beschreiben, die sie gern tragen wollte. Andererseits ist Bethan eine Trödlerin – vor allem wenn sie in ihrer Prinzessinnenwelt schwebt und dem Zuhörer jedes Detail ganz genau erklären muss. Bevor die beiden das Ende des Weges erreicht hatten, hatte Steven sich bereits aus dem Kinderhort verabschiedet und rannte mit seiner Mutter im Schlepptau wie der Blitz Richtung Auto. Gerade als die beiden Tim und Bethan passierten, brüllte Bethan: »Tschüss, Steven! Mein Papi sagt, deine Mutti ist hübsch.« Tim traute seinen Ohren nicht – seine Tochter hatte ihn soeben unbewusst aus großer Höhe ins Fettnäpfchen fallen lassen. Er wusste, dass dieser Moment die beiden Vorfälle beim Arzt in puncto Peinlichkeit um Längen schlug. Blitzartig fühlte er sich in seine Schulzeit zurückversetzt, wo sein bester Freund nichts Besseres zu tun hatte, als der Traumfrau aus der sechsten Klasse zu erklären, dass Tim verliebt in sie sei, während er selbst vor Scham am liebsten im Schulbussitz versunken wäre. Während Steven diesen Satz nicht allzu ernst nahm, war seine Mutter offensichtlich ziemlich verblüfft, doch zum Glück für Tim und sie rannte Steven mit vollem Tempo weiter und zog sie mit sich, sodass der peinliche Moment vorüberging, ohne dass irgendwelche Höflichkeiten ausgetauscht werden mussten.

Inzwischen machte Bethan genau dort im Land der Prinzessinnen weiter, wo sie aufgehört hatte – ohne sich auch nur im Geringsten der misslichen Lage bewusst zu sein, in die sie ihren Vater gebracht hatte. Tim lernte jedenfalls seine Lektion und hat seitdem nie wieder den Fehler begangen, seine intimsten Gedanken mit seiner Tochter zu teilen.

Der Ernst des Lebens beginnt: Der erste Schultag

»Genießen Sie die Zeit – ehe man sich versieht, gehen sie schon in die Schule.« Wie oft haben wir von wildfremden Menschen einen Satz wie diesen gehört, während wir nervös unser Erstgeborenes umklammerten und uns jede Stunde so lang erschien wie ein ganzes Leben. Und doch – inzwischen sind fünf Jahre vergangen, und es kommt uns vor, als hätten wir erst gestern zum ersten Mal diese irritierende Weisheit von wohlmeinenden Fremden auf der Straße gehört. Die letzten fünf Jahre haben sich buchstäblich in nichts aufgelöst, und es erscheint uns allen völlig unglaublich, dass wir mittlerweile alle unsere Erstgeborenen zur Schule schicken. Und darüber gibt es einiges zu erzählen – von der Auswahl der richtigen Schule über die Herausforderungen beim Spielen und Lernen bis hin zu unseren Gefühlen und den Gefühlen unserer Kinder. In diesem Kapitel finden Sie alles über Spiel, Schule, Streit und Spaß!

Natürlich kommt für uns noch ein völlig neues Phänomen hinzu: Wir haben wieder Zeit. Für einige von uns bedeutet das nur, dass sich die Anzahl der zu hütenden Nachkommen tagsüber reduziert hat, aber andere haben plötzlich wieder Zeit für sich selbst. Also was tun mit der neu gewonnenen Freiheit in der großen weiten Welt der Erwachsenen?

Andrea

Auf Grund der Art von Kinderbetreuung, die wir für Max ausgewählt hatten, haben wir den berühmt-berüchtigten emotionellen Moment des »Ersten Schultags« im Grunde gar nicht erlebt. Seit er zweieinhalb war, ging Max vier Tage pro Woche in den Kinderhort einer örtlichen Privatschule – und zwar vom ersten Tag an komplett ausgestattet mit Schuluniform, Turnschuhen und Pausenbrot. Das lag nicht daran, dass Bruce und ich ihn unbedingt in so jungen Jahren im privaten Bildungssystem unterbringen wollten, sondern schlicht und einfach an der Tatsache, dass es dort eine Kinderbetreuung gab. Ich gebe ja zu, dass es nicht unbedingt der beste Weg war, eine Schule auszusuchen, aber genau so ist es passiert. Wir sind nicht durch die Gegend gefahren, um uns verschiedene Schulen anzusehen und die Vor- und Nachteile gegeneinander abzuwägen; wir haben uns einfach für die Schule entschieden, die in Reichweite von der örtlichen Polizeistation lag und die einen Frühstücksclub, eine Nachmittagsbetreuung sowie – als ganz großes Plus – auch eine Betreuung in den Schulferien bot.

Als Max etwas über zwei Jahre alt war, beschlossen wir, dass er – ganz egal wie sehr er seine Tagesmutter liebte – einige Zeit mit Kindern seines Alters verbringen sollte. Wir entschieden uns für die oben erwähnte Schule, die Kinder von zwei bis achtzehn Jahren aufnimmt, statt für eine private Kindertagesstätte, aus der wir ihn wieder hätten herausnehmen müssen, wenn er ins schulpflichtige Alter gekommen wäre. Zu der Zeit lebten wir in einem kleinen Ort. Ich hätte es gern gesehen, dass Max später dort zur öffentlichen Schule ging, aber Bruce bestand darauf, dass er weiter auf der Privatschule blieb. Dabei wollte ich im Grunde nur verhindern, dass Max der einzige Junge im Ort war, der nicht die örtliche Schule besuchte und der dadurch beim Heranwachsen keine sozialen Kontakte hatte. Doch er fühlte sich im Kinderhort und später in der Vorschule der Schule so wohl, dass ich keinen Gedanken mehr an einen Schulwechsel verschwendete, als er in die Übergangs- oder Orientierungsklasse kam, wie manche andere Schulen das nennen. Dabei spielte auch die Tatsache eine Rolle, dass seine Klasse nur aus neun Schülern bestand anstatt aus dreißig, wie es in staatlichen Schulen in der Regel der Fall ist. Im Nachhinein bin ich heilfroh, dass wir ihn nicht haben wechseln lassen – nicht zuletzt deshalb, weil wir jetzt sowieso aus dem Ort fortziehen werden.

In den ersten Jahren besuchte Max an den Tagen, an denen ich arbeitete, regelmäßig den Frühstücks- und den Nachmittagsclub, und das schien ihm nicht das Geringste auszumachen. Tatsächlich gefiel es ihm im Frühstücksclub so gut, dass er an meinen freien Tagen, wenn wir zu Hause frühstückten, tief enttäuscht herumsaß. Und sobald er alt genug war, durften er und ich am »Tschüss-und-weg«-Programm teilnehmen, was im Grunde bedeutete, dass ich ihn zum Eingang der Schule brachte, wo eine Lehrerin oder ein Lehrer Max abholte und ich wieder nach Hause fuhr. Großartig! Eigentlich hätte ich mich schuldig fühlen müssen, weil ich meinen Sohn in so jungen Jahren all diesen zusätzlichen Aktivitäten aussetzte, aber Max genoss es regelrecht. Er fühlte sich dabei sehr erwachsen und machte mir überhaupt keinen Kummer wegen des ganzen Arrangements. Erst als Sarah, deren Jack in dieselbe Schule geht, mir von einem Vorfall in einer Schulversammlung erzählte, entwickelte ich zum ersten Mal Schuldgefühle, weil ich nicht genug für ihn da war. Ich konnte den Gedanken nicht ertragen, dass mein kleiner Junge der Einzige war, dessen Mutter sich nicht bei Schulveranstaltungen zeigte und deren Gesicht niemals nach der Schule im Meer lächelnder und wartender Gesichter auftauchte. Daher reduzierte ich meine Arbeitsstunden noch stärker, als ich nach Sam wieder in meinen Beruf zurückkehrte – doch dieses Mal entschied ich mich nicht für einen weiteren freien Tag, sondern legte meine Arbeitszeiten so, dass sie möglichst selten mit den Schulfahrten kollidierten. Dadurch konnte ich zumindest einige der Bring- und Holtouren übernehmen und hatte genügend Zeit für die gelegentlichen Schulversammlungen – eine gute Lösung.

Ich bin nach wie vor davon überzeugt, dass Max durch meine Abwesenheit nicht verunsichert wurde – und falls er doch irgendwelche Ängste deswegen ausgestanden haben sollte, sind sie durch die Tatsache gelindert worden, dass er die coolste Mutter der ganzen Schule hat. Als örtliche Polizeibeamtin gehören zu meiner Tätigkeit auch Vorträge an den Schulen der Umgebung, und Max' Schule bittet mich relativ regelmäßig vorbeizukommen. Die ersten Besuche fand ich ziemlich beängstigend. So aufregend die Polizeiarbeit auf der Straße auch sein kann, so muss ich doch sagen, dass eine Rede vor einem Haufen Fünfjähriger mindestens genauso nervenaufreibend ist. Inzwischen habe ich mich an die Standardfragen wie »Tragen Sie eine Waffe?« oder »Haben Sie schon mal jemanden mit Ihrem Knüppel geschlagen?« gewöhnt, und zum Glück hat noch keiner der Schüler je gesagt »Sie haben mal meinen Dad eingebuchtet« und mich damit in eine heikle Lage gebracht. Max findet es großartig, wenn ich in die Schule komme und im Polizeiwagen mit Blaulicht und Martinshorn auf den Schulhof rolle. Sein ganzer Körper plustert sich vor Stolz auf, wenn die anderen Schüler aufgeregt quietschen und sich um den Wagen drängen. Außerdem ist er ein großartiger Freiwilliger, wenn es ums Ausprobieren von Handschellen geht und die anderen Kinder noch zu schüchtern sind. In seinem Alter gilt es definitiv als eindrucksvolles, persönliches Plus, wenn die eigene Mutter die Ortspolizistin ist, aber ich bin mir sicher, dass er es nicht mehr so eindrucksvoll finden wird, wenn er in die Pubertät kommt – dann dürfte die Tatsache, dass die eigene Mutter ein Bulle ist, nicht mehr so cool sein.

Da ich selbst staatliche Schulen besucht habe, hatte ich anfangs keine Ahnung, was ich vom Privatschulsystem halten sollte. Aber dieses Bildungssystem bringt definitiv einige Vorteile mit sich, von denen die Klassengröße am offensichtlichsten ist. An Max' Schule wird darüber hinaus Schwimmunterricht angeboten, der einfach großartig sein muss. Seine Schwimmkünste haben gewaltige Fortschritte gemacht, seitdem ich nicht mehr am Beckenrand stehe. Es ist einfach verblüffend, zu welchen Leistungen die eigenen Kinder in der Lage sind, wenn man selbst nicht dabei ist, und vor denen sie sich drücken würden, wenn man anwesend wäre. Ein Aspekt seiner Schulausbildung, der mir weniger gut gefällt, betrifft die große Menge an Hausaufgaben, die man schon in so jungen Jahren von ihm erwartet. Er bekommt jeden Tag Unterricht im Lesen und Schreiben, und es bedarf gewaltiger Anstrengungen, ihn nach einem ganzen Tag in der Schule dazu zu motivieren, dass er sich hinsetzt und sich erneut konzentriert. Die Hausaufgaben nach der Schule hängen über uns wie eine schwarze Wolke – und ich hasse das Gefühl. Vielleicht bin ich in meiner Erziehung einfach zu nachgiebig, aber zwischen Schule und Schlafengehen bleiben so wenige Stunden übrig, dass ich alles andere als scharf darauf bin, in *meiner* kurzen Zeit mit den Jungs solche Kämpfe auszufechten.

Inzwischen geht Sam drei Tage pro Woche in den Kinderhort von Max' Schule, doch dank meiner verkürzten Arbeitszeit besucht er kaum jemals den Frühstücksclub oder die Nachmittagsbetreuung. In den seltenen Fällen, in denen ich zu spät von der Arbeit komme, ist Sarah jederzeit bereit, für eine halbe Stunde einzuspringen. Bruce findet es wichtig, dass die Jungs ihre gesamte Schulzeit in ein und derselben Schule verbringen, und ich habe nichts dagegen einzuwenden; auf der anderen Seite bin ich vollständig darauf angewiesen, dass er alle Kosten übernimmt, weil ich mir so etwas von meinem Gehalt nicht leisten könnte. Das Wichtigste für mich ist einfach, dass beide Jungs glücklich sind, egal wo sie zur Schule gehen – und im Augenblick scheint das der Fall zu sein. Max mault zwar morgens gelegentlich rum, wenn ich ihn aus dem Bett scheuchen muss, aber im Großen und Ganzen geht er wirklich gern zur Schule; das geht sogar so weit, dass er regelrecht in Jubel ausbricht, wenn die Ferien vorüber sind und ich ihm sage, dass er am nächsten Tag wieder zur Schule muss. Sam ist richtig enttäuscht, wenn er an meinen beiden freien Tagen nicht in den Kinderhort darf, und wenn wir Max zur Schule bringen, möchte er immer mitfahren und kurz im Hort »Guten Tag« sagen.

Wenn ich laut Schichtplan am Samstagabend arbeiten muss, bekomme ich zum Ausgleich einen freien Wochentag, an dem Max und Sam natürlich in der Schule sind. Ich muss gestehen, dass ich diese Tage wirklich herrlich finde. Im Allgemeinen kommt das zweimal im Monat vor, und ich fülle diese Tage auf die unterschiedlichste Weise aus: Ich gehe ins Fitness-Studio oder zum Einkaufen, mache einen Besuch bei IKEA, treffe mich mit Freunden, lerne für die Fernuniversität oder hänge den ganzen Tag nur herum. An einem solchen Faulenzertag bringe ich die Jungs zur Schule, fahre wieder nach Hause und lege mich erst noch mal hin. Anschließend gammle ich im Haus herum, schalte den Sportkanal im Fernsehen ein und checke meine E-Mails. Allerdings werden diese faulen Tage in letzter Zeit immer seltener, weil der große Umzug kurz bevorsteht. Nur eines mache ich an meinen »freien« Tagen nie – ich verschwende sie nicht für etwas so Langweiliges wie Bügeln oder Hausputz. Dabei hilft natürlich auch die Tatsache, dass ich eine Putzfrau und eine Bügelhilfe habe, und ich bin mir ehrlich gesagt nicht sicher, was ich nach dem Umzug tue, denn dann werde ich mir einen solchen Luxus mit Sicherheit nicht mehr leisten können. Wahrscheinlich muss ich dann hin und wieder nach einundzwanzig Uhr ins Bett gehen, um solche Aufgaben bewältigen zu können – das wäre mir jedenfalls lieber, als mir meine »freien« Tage zu verderben.

Eines versuche ich an meinen »freien« Tagen immer einzurichten – ich versuche immer, etwas Zeit mit Ella zu verbringen. Ich war hocherfreut, dass meine besten Freundinnen mich im Verlauf eines Jahres dreimal baten, Patentante zu werden. Leider sind zwei von ihnen inzwischen aus der Gegend weggezogen, sodass Hilarys Ella das einzige meiner Patenkinder ist, das ich noch regelmäßig sehe. Von Anfang an hat Ella und mich etwas ganz Besonderes verbunden, und da sie in ihrer liebenswert entsetzlichen Aussprache noch nie »Andrea« sagen konnte, war ich seit jeher ihre »Jaja«. Ich bin sehr gern mit ihr zusammen, selbst wenn sie mich nur auf einen meiner Heimwerkerinneneinkäufe in den Baumarkt begleitet oder mitfährt, wenn ich die Jungs von der Schule abhole. Ich habe mir vorgenommen, mir an meinen »freien« Tagen immer ein wenig Zeit für sie zu reservieren.

Lyndsey

Der Kinderhort, den Bethan besuchte, lag zufällig auf dem Gelände einer Vorschule, und viele der Kinderhortkinder wechselten im Lauf der Zeit direkt dorthin. Für Eltern, die im selben Ort arbeiteten, war die Situation einfach ideal: Die Kindertagesstätte, in die ihre Kinder schon seit Jahren gingen, übernahm die Aufgabe, die Kinder langsam an die Schule heranzuführen, und betreute sie im Frühstücksclub und am Nachmittag. Als Bethan drei Jahre alt war, kam sie in die erste Vorschulgruppe und hatte bald neue Freunde gefunden, mit denen sie später zur Schule für die Großen gehen sollte. Irgendwann durfte sie gelegentlich eine der

Betreuerinnen begleiten, die die Kinder am Morgen zur Schule brachte oder sie zum Mittagessen oder für den Nachhauseweg einsammelte. Das führte natürlich dazu, dass Bethan den Tag herbeisehnte, an dem sie sich endlich ihrem ständig wachsenden Kreis von Freunden zugesellen durfte, der schon in die richtige Schule ging. Für sie und für uns war es jedoch leider so, dass dieser Tag nie kam – Kinderhort und Schule lagen nicht nur fünfzehn Kilometer von unserem Haus entfernt, sondern auch in einer anderen Grafschaft. Selbst wenn wir also im Interesse der Kontinuität die täglichen Fahrten auf uns genommen hätten, hätte man sie wahrscheinlich nicht an der Schule akzeptiert, weil sie so weit außerhalb des Einzugsgebiets wohnte. Stattdessen sollte Bethan die Schule in unserem Ort besuchen, die einen knappen Kilometer von zu Hause entfernt lag.

Als sie immer häufiger davon sprach, in die richtige Schule gehen zu wollen, machten wir mit ihr einen Spaziergang über die Felder und zeigten ihr ihre neue Schule. Auch die Kinder unserer Nachbarn besuchten diese Schule – was sich als großes Plus herausstellte, als es darum ging, ihr Interesse zu wecken. Bethan wollte so gern mit ihrer Freundin von nebenan spielen, die ein Jahr eher eingeschult werden sollte, dass sie sich schon bald auf den Tag freute, an dem sie ihre Barbie-Butterbrotdose nehmen und zusammen mit den großen Jungs und Mädchen zur Schule gehen durfte. Das ließ sie ihren heiß geliebten Kinderhort vergessen. Allerdings hat unsere Schule am Ort einen Nachteil: Es gibt keinen Frühstücks- oder Nachmittagsclub, und damit erreichte für mich das Gezerre zwischen Arbeit und Kinderbetreuung einen neuen Höhepunkt. Wir mussten der Tatsache ins Gesicht sehen, dass wir nicht mehr den Luxus einer Kinderbetreuung von 8.00 Uhr bis 18.00 Uhr genießen konnten, und uns stattdessen Gedanken darüber machen, wie wir die kürzeren Schulzeiten von 8.45 Uhr bis

15.05 Uhr mit unseren Arbeitszeiten koordinieren konnten – von den Schulferien ganz zu schweigen.

Ich kann mich noch gut erinnern: Als Bethan noch ein Säugling war und ich mir schwere Vorwürfe machte, weil ich sie jeden Tag so lange im Kinderhort ließ, meinten meine Kollegen und Freunde: »Wart's nur ab – wenn Bethan in die Schule kommt, wird's erst richtig kompliziert.« Damals ahnte ich noch nicht, wie Recht sie hatten. Ich ging davon aus, dass es nur besser werden könnte, wenn ein großer Teil der täglichen Kinderbetreuung vom Bildungssystem übernommen wurde. Zusätzlich machte mir die Tatsache Sorgen, dass ich Bethan zumindest während ihrer ersten Schulwochen nicht nach der Schule abholen konnte, und der Gedanke, dass eine Tagesmutter Bethan während dieser so wichtigen Phase zur Schule brachte und sie wieder abholte, gefiel mir gar nicht. Ich hatte das Gefühl, als Mutter zu versagen – dabei wollte ich diesen Meilenstein im Leben meines kleinen Mädchens so gern mit ihr zusammen erleben. Aber es gab ein Licht am Ende des Tunnels: Nach langen Jahren des Wartens auf eine erneute Schwangerschaft und den Sorgen darüber, zu welchem Albtraum sich der Altersunterschied von viereinhalb Jahren entwickeln würde, zeigte sich das Schicksal uns wohl gesonnen. Das Timing war perfekt: Ich konnte zu Beginn von Bethans erstem Schuljahr in Mutterschutz gehen, und mir blieben dann noch die ganzen Sommerferien und ein Monat des zweiten Schuljahrs. Damit hatte sich das Thema Kinderbetreuung vorläufig erledigt, zumindest bis nach Caitlins Geburt.

Der Wechsel vom Kinderhort zur Schule verlief für meine Begriffe ein wenig zu abrupt, und ich machte mir deshalb große Sorgen. Ich hatte gehofft, Bethan könnte erst ein paar kurze Schulbesuche machen, dann halbe und später ganze Tage in der Schule verbringen, so wie das in anderen Schulen der Fall war. Stattdessen beschränkte sich das Kennenlernen auf zwei Besuche von je zwei Stunden und ging dann sofort in eine volle Fünftagewoche über. Dass Bethan nach dem ersten Besuch an Windpocken erkrankte und so den zweiten Besuch verpasste, erleichterte die Angelegenheit auch nicht gerade. Ich konnte es einfach nicht fassen: Nach all den Jahren, in denen in ihrem Kinderhort regelmäßig die Windpocken grassiert hatten, legte sie sich ausgerechnet drei Wochen vor Schulbeginn damit ins Bett. Außerdem war die gerade zwei Wochen alte Caitlin von ihrer nichts ahnenden, von Windpocken infizierten großen Schwester nach Herzenslust abgeküsst, beschmust und ohne Zweifel auch eingespeichelt worden. Meine Befürchtungen, dass Bethan ihre Schullaufbahn fast ohne jede Vorbereitung begann, wurden in gewisser Weise von meiner Sorge um Caitlin überschattet. Trotz aller Versicherungen, dass Caitlin sich die Krankheit nicht beim Stillen zuziehen könnte, bekam sie zwei Wochen danach drei große Pocken – doch zum Glück war das alles. Hoffentlich haben damit beide die Windpocken nun ein für alle Mal hinter sich.

Und dann kam der große Tag. Bethan konnte ihre Aufregung kaum zügeln – sie erwachte tatsächlich noch früher als am Weihnachtsmorgen. Um sieben Uhr morgens stand sie neben der Haustür, das Frühstück im Bauch, die Barbie-Butterbrotdose in der Hand, den Mantel angezogen, und konnte es kaum noch erwarten. Mir blieb nichts anderes übrig, als ihr zu sagen, dass ihre Lehrer wahrscheinlich noch im Bett lagen und sie ein paar Stunden würde warten müssen. Tim hatte sich entschlossen, sie an ihrem ersten Schultag in die Schule zu begleiten, und so bekam die Lehrerin gleich die ganze Familie Lawrence zu sehen: Mutter, Vater, die fünf Wochen alte kleine Schwester und natürlich Bethan. Ich hatte mich oft gefragt, wie der erste Tag wohl verlaufen würde. Im Kinderhort ließ Bethan sich jeden Morgen von einer der Erzieherinnen erst einmal kräftig drücken, bevor Tim oder ich uns verabschieden durften, und an diesem Ritual hatte sich bis zum letzten Tag nichts geändert. In einer Kindertagesstätte, mit ihrem relativ hohen Betreuer-Kind-Verhältnis, war das kein Problem gewesen, aber ich nahm an, dass die Lehrerin weder die Zeit noch die Lust haben würde, jedes einzelne Kind zu umarmen – selbst bei einer kleinen Klasse von zwölf Schülern. Dann konnten Tim und ich völlig entgeistert beobachten, wie Bethan eifrig ihren Mantel und ihren Turnbeutel auf ihren Haken hängte, ihre Büchertasche in die rote Kiste legte und loslief, um sich vor der Lehrerin auf den Boden zu setzen. Wir müssen wirklich einen bemitleidenswerten Anblick geboten haben. Ich hatte zumindest einen Augenblick des Zögerns erwartet oder die stille Bitte um eine beruhigende Umarmung. Aber nein, absolut nichts – mein kleines Mädchen war über Nacht erwachsen geworden. Ihre Lehrerin muss den Blick in unseren Gesichtern gesehen haben, denn sie bat Bethan, uns wenigstens noch zum Abschied zuzuwinken – was sie auch tat, fröhlich und ein wenig abschätzig: »Okay, ihr könnt jetzt gehen.« Ich wurde von einer Mischung aus gewaltiger Erleichterung und plötzlicher Leere erfasst; wir fühlten uns beide absolut überflüssig.

Bethan hat nie wieder zurückgeschaut. Sie liebt die Schule, und nach den langen Tagen im Kinderhort kommt ihr der Schulschluss um 15.05 Uhr wie eine Belohnung vor. Wenn ich andere Eltern erzählen höre, wie müde ihre Kinder sind, seit sie zur Schule gehen, lächle ich nur mitfühlend und denke an unsere Bethan, die dank ihrer verkürzten Stunden wie ein Gummiball fröhlich bei uns durchs Haus springt. Ich hatte die leise Befürchtung, dass durch die neue kleine Schwester und auf Grund der Tatsache, dass ich immer zu Hause war, Komplikationen oder so etwas wie Eifersucht aufkommen könnten, aber davon kann überhaupt keine Rede sein. Bethan hatte sich seit gut achtzehn Monaten auf die Schule gefreut, und sie war eisern entschlossen, jede Minute zu genießen, ganz egal was für aufregende neue Dinge zu Hause passierten. Im Nachhinein frage ich mich, ob Bethans Übergang in den Schulalltag auch deshalb so problemlos verlaufen ist, weil sie sich zuvor an die disziplinierte Umgebung der Kindertagesstätte gewöhnt hatte, aber letztlich glaube ich, dass es an einer Kombination aus diesem Aspekt und ihrer Persönlichkeit liegt.

Mit Bethan frisch in der Schule und einem neuen Baby war die Umstellung auf die neuen Schulzeiten kein ganz so großes Problem; allerdings erforderte die Abstimmung der Schlafens- und Essenszeiten eine sorgfältige Planung. Ich habe festgestellt, dass Caitlin tagsüber eine ordentliche Mütze voll Schlaf benötigt, bevor ich Bethan von der Schule abhole – ansonsten erwartet uns in den Stunden rund um Abendessen, Zähneputzen und Schlafengehen ein Albtraum. Im Grunde ist es so, dass sich Caitlin weigert einzuschlafen, sobald sie ihre laute, aufgeregte, große Schwester sieht, aus Angst, sie könne etwas verpassen. Vielleicht ist es aber auch nur ihre Art, ihrer Schwester zu zeigen, wie sehr sie sich freut, sie zu sehen und wie sehr sie sie den Tag über vermisst hat. Der Altersunterschied zwischen den beiden bietet mir den Vorteil, dass ich im Augenblick tagsüber wieder ganz allein mit einem Säugling zu Hause bin – manchmal komme ich mir vor, als wäre ich zum ersten Mal Mutter geworden. Ich kann mich den ganzen Tag lang ausgiebig mit Caitlin beschäftigen, ohne mir Sorgen um ihre ältere Schwester machen zu müssen. Allerdings ist das postnatale gesellschaftliche Leben dieses Mal ein wenig eingeschränkt: Die Mittagessen mit unserem Club dauern für mich zurzeit nicht allzu lange, weil ich noch 45 Minuten fahren muss, um rechtzeitig zum Schulschluss wieder zurück zu sein. Bei einem Mittagessen musste ich sogar auf meinen Nachtisch verzichten!

Jetzt, da wir Caitlin haben und Bethan zur Schule geht, muss ich meine Rückkehr in den Beruf und die Frage der Kinderbetreuung wieder neu überdenken. Nachdem ich die Schulfahrten inzwischen gut kenne, kann ich absehen, dass es ein logistischer Albtraum werden wird, Bethan in die Schule und Caitlin in einen Kinderhort in einem anderen Ort zu bringen, wenn ich gleichzeitig zu einer normalen Tageszeit zur Arbeit kommen will. Allem Anschein nach besteht die realistischste Lösung darin, ein Kindermädchen zu engagieren, das zu uns nach Hause kommt. Auf diese Weise müssen wir uns keine Sorgen darüber machen, wie wir die Kinder zu einer Erzieherin bringen, die dann ihrerseits mit Caitlin im Schlepptau Bethan zur Schule bringen muss, bevor am Nachmittag das ganze Drama in umgekehrter Reihenfolge abläuft. Obwohl ich mir bewusst bin, dass dies die einzig vernünftige Lösung ist, gefällt mir der Gedanke immer noch nicht, da all meine Bedenken gegen ein Kindermädchen, die ich zur Zeit von Bethans Geburt hatte, nach wie vor nicht aus der Welt geräumt sind. Ich sähe Caitlin immer noch lieber in einem Kinderhort als zusammen mit einer Fremden in unserem Haus. Und schließlich bleibt mir natürlich auch noch die Möglichkeit, nicht in den Beruf zurückzukehren oder mir einen Job zu suchen, der mir rund um Schulbeginn und Schulschluss und in den Ferien mehr Flexibilität bietet ... An dieser Stelle werde ich meine Überlegungen erst einmal beschließen. Schließlich hat sich mein ganzes Leben innerhalb weniger Monate völlig verändert – mit Bethan in der Schule, einem zweiten Kind zu Hause und einer großen Entscheidung noch vor mir.

Hilary

Nach all unseren komplizierten Kinderbetreuungs-Modellen in Mollys ersten Lebensjahren verlief ihr Eintritt ins Schulleben vergleichsweise problemlos. David und ich sind auf dem Dorf aufgewachsen, aber nicht in die Dorfschule gegangen. Das ist etwas, das wir heute beide bedauern, denn damals bedeutete es, dass sich keine Freundschaften mit den Kindern aus dem Ort ergaben. Aus diesem Grund entschieden wir uns dafür, unsere Kinder ganz normal zur örtlichen Schule zu schicken, wie alle anderen auch. Molly ging im Alter von zweieinhalb in eine Spielgruppe; daran schloss sich im Alter von dreieinhalb ein seidenweicher Wechsel in einen Kinderhort an, gefolgt von einem ebenso problemlosen Übergang in die Vorschule mit viereinhalb. All diese Angebote gab es auf dem Gelände ein und derselben Schule, wo Molly von einem immer gleichen Netzwerk von Lehrern und Schülern umgeben war.

Das klingt eigentlich alles schrecklich einfach und mühelos, aber Molly hat schon immer Spaß am Stress gehabt – und von so einem simplen System ließ sie sich nicht einfach abschrecken! Das Ganze begann im Oktober, also noch bevor sie im Januar zur Schule gehen sollte. Sie hatte Albträume und machte sogar ins Bett. Dabei schienen ihre Albträume sich auf harmlose Aspekte ihres Schulalltags zu beziehen: »Was passiert, wenn ich mein Mittagessen nicht aufessen kann – wohin tue ich die Reste?« »Was passiert, wenn ich mir auf dem Schulhof wehtue – wer wird mir helfen?« »Was passiert, wenn ich mitten in der Stunde auf die Toilette muss?« »Was ist, wenn auf dem Schulhof niemand mit mir spielen will?« Egal um was es ging – sie machte sich Sorgen darüber. Das Beste, was ich ihr mitten in der Nacht anbieten konnte, um diese Ängste zu vertreiben, waren gebetsmühlenartige Sätze wie »Es wird schon alles gut gehen« oder »Es dauert noch ganz lange, bis die Schule anfängt. Dann können wir uns immer noch Sorgen machen.« Um drei Uhr nachts, mit trüben Augen und halb bewusstlos, klangen diese Sätze ziemlich logisch, überzeugend und mitfühlend, aber sie frustrierten die arme Molly vollends. Ganz offensichtlich dachte sie, ich würde ihren Sorgen nicht die Aufmerksamkeit schenken, die sie verdienten, und antwortete voller Zorn: »Es wird nicht alles gut gehen, und es dauert auch nicht mehr lange. Es sind nur noch drei

Monate. Mein Geburtstag war vor drei Monaten und das ist nicht lange her, also hast du Unrecht, und es dauert nicht mehr lange. Eigentlich ist es schon bald, Mami!« Tja, da hatte ich meine Antwort – einfühlende elterliche Fähigkeiten: Sechs, setzen. Das Ganze endete damit, dass wir all ihre Sorgen auf ein Blatt Papier schrieben und ich Molly versprechen musste, diese Liste in die Kindertagesstätte mitzunehmen und dort beantworten zu lassen, falls sie sich kurz vor Weihnachten – wenn ihre Vorschulklasse in die Weihnachtsferien ging – immer noch Sorgen machte. Damit schien aller Stress ganz plötzlich von ihr abzufallen. Dass wir ihre Ängste zu Papier gebracht hatten, bedeutete für sie, dass wir sie ernst nahmen und dass ich es nicht vergessen würde. Einfühlende elterliche Fähigkeiten: Eins plus. Gut gemacht, Mami – versetzt in die nächste Klasse.

Als im Januar die Schule begann, hatte Molly auf all ihre Fragen eine Antwort erhalten und konnte es kaum noch erwarten. Der eigentliche Unterricht als Bestandteil des Schultages hatte sie keine einzige schlaflose Nacht gekostet; sie freute sich aufs Lernen und stürzte sich mit Volldampf darauf. Stattdessen hatte sie in den Monaten vor Schulbeginn eher Angst vor dem Mittagessen und den Pausen gehabt, doch diese beiden Ereignisse entwickelten sich rasch zu den Höhepunkten ihres Schultags. Molly und ich gehören zu den wenigen Menschen, die das Schulessen wirklich lieben – als Kind war ich die Einzige, die sich auf den Leber-und-Zwiebel-Tag freute, weil mir dann alle anderen ihr Essen zuschoben. Doch das Beste waren die Pflaumen am Pudding-Tag. Von wegen Heirat mit einem Schneider oder Zigeuner – ich hatte hinterher so viele Pflaumenkerne, dass ich sogar den Bettler und den Dieb hinter mir ließ. Vielleicht kommt der Landwirt ja noch danach! Ich hatte ein gewaltiges Déjà-vu-Gefühl, als Molly an jedem Tag ihrer ersten Woche aus der Schule zurückkehrte und stolz einen Smiley an ihrem Schulpullover präsentierte. Wie sich herausstellte, bekamen diejenigen Kinder einen solchen Aufkleber, die ihren Teller schön leer gegessen hatten. Mittlerweile geht sie schon mehr als drei Monate zur Schule, und wir haben bisher noch nicht einen Smiley-freien Tag erlebt – ganz die Mama!

Das andere Gen, das ich Molly vererbt habe, ist die große Begeisterung fürs Spielen auf dem Schulhof. Nichts geht über ein Ründchen »Hexe geh, Hexe steh« oder »Fischer, Fischer, wie tief ist das Wasser?«, obwohl auch Fangen spielen – mit dem Klettergerüst als Haus, wo man nicht abgeschlagen werden konnte – immer zu meinen Favoriten gehört hat. Molly begrüßt mich jeden Tag mit einer ausführlichen Beschreibung ihrer Mahlzeit, gefolgt von einer Aufzählung ihrer Pausenspiele. Ihre Erzählungen lassen wehmütige Erinnerungen an meine eigenen Tage auf dem Schulhof in mir wach werden, und gelegentlich hat man uns nach der Schule auch schon bei einem schnellen Spielchen im Garten beobachten können. Da ich erst vor zwei Monaten Alfie bekommen habe, muss ich mich bei »Hexe geh, Hexe steh« leider ziemlich zwischen Mollys Beinen hindurchkämpfen, bis sie wieder an der Reihe ist, aber bei »Fischer, Fischer, wie tief ist das Wasser?« könnte ich jedes Mal gewinnen. Schließlich entspricht jeder meiner Schritte etwa sechs Schritten von Ella oder Molly – nur gut, dass ich nicht aufs Siegen versessen bin!

Als ich meine geliebte Tochter auf den steinigen Weg der Schulbildung entließ, spürte ich in keinem Augenblick den gewaltigen emotionalen Schlag, mit dem das sprichwörtliche Gängelband riss. Ich glaube, ich war so damit beschäftigt, Molly ins Klassenzimmer zu bekommen, ohne dass sie eine Oscar-reife Darstellung eines verstörten Kindes hinlegte, dass mir gar keine Zeit blieb, mir über meine eigenen Gefühle klar zu werden. Molly hatte es nie geschafft, den Kinderhort zu betreten, ohne das ganze Haus zusammenzuschreien, während ich verzweifelt versuchte, ihre Finger von meinem Hosenbein zu lösen. Wenn sie später im Leben nicht zumindest Laienschauspielerin wird, verschwendet sie ein gewaltiges Talent. Ihr Geschrei war für sie immer Mittel zum Zweck und darauf ausgerichtet, dass sie zum guten Schluss als einziges Kind auf dem Schoß der Betreuerin sitzen durfte. Sie hätte sich meines tiefsten Mitgefühls sicher sein können, wenn es auch nur den geringsten Hinweis darauf gegeben hätte, dass sie tatsächlich Ängste ausstand. Stattdessen trieb sie mich fast zur Weißglut – ich wusste genau, worauf sie hinauswollte, und das endete regelmäßig darin, dass ich sie am Kinderhort förmlich hinauswarf. Ich muss wie ein echter Hausdrachen ausgesehen haben, wenn ich meine jämmerlich schreiende Tochter von meinem Bein abschüttelte und zur Tür sprintete.

Was hätte ich für ein Kind wie Max gegeben, der während seiner gesamten Vorschulzeit seine Mutter fröhlich mit einem kleinen Kuss verabschiedete und dann vergnügt in Richtung der anderen Kinder hüpfte. Glücklicherweise ist es bei Molly und mir inzwischen genauso. Als sie mit der Schule anfing, befürchtete ich, dass das Abschieds-Fiasko nahtlos so weitergehen würde wie bisher; also legte ich mir einen Plan zurecht, um etwaige Versuche schon im Keim zu ersticken. Molly bekam seit kurzem Taschengeld, hauptsächlich deshalb, weil ich von ihrem ewigen »Krieg ich ein …?« beim Einkaufen genug hatte. Und die Tatsache, dass es bei diesem Gequengel meist um irgendwelchen nutzlosen rosa Plastikkram ging, der mehr schlecht als recht als Spielzeug getarnt war, machte die Sache auch nicht leichter. Also entschloss ich mich, ihr pro Woche ein Pfund Taschengeld zu geben, womit sie sich dann jeden rosa Plastikmüll kaufen konnte, den sie haben wollte. Kurz vor ihrem ersten Schultag war sie völlig verrückt nach einem rosa Regenschirm – natürlich mit Pailletten – für 2,99 Pfund. Ich erklärte ihr, da sie jetzt ein großes Mädchen sei, würde sie zwanzig Pence für jeden Tag bekommen, an dem sie fröhlich und ohne Geschrei zur Schule ging. Das bedeutete, dass sie nach einer »braven« Woche am Samstag immer noch ein Pfund bekam, aber zwanzig Pence weniger in der Tasche hatte für jeden Tag beim Absetzen in der Schule, an dem sie ihre tränenreiche Schau abzog. Ich war mir nicht sicher, ob sie dieses Konzept verstand, aber es ist verblüffend, wie schnell ein Kind etwas kapieren kann, wenn ein rosa Regenschirm auf dem Spiel steht. »Also brauche ich gaaanz lange, bis ich meinen Schirm kriege, wenn ich vor der Schule weine – und es geht gaaanz schnell, wenn ich fröhlich bin.« Es geht doch nichts über ein wenig Bestechung und Korruption, wenn man sein Kind ordentlich durchs Leben bringen will. Ich kann zwar förmlich sehen, wie alle Experten jetzt gerade den Kopf schütteln, aber für mich hat es funktioniert. Von diesem Tag an gab es auf dem Schulweg keine einzige »Panikattacke« mehr – und natürlich war sie innerhalb kürzester Zeit die stolze Besitzerin eines der hässlichsten Regenschirme, die ich je gesehen habe!

Als ich Molly zum ersten Mal in die Schule für die Großen brachte, durchlebte ich völlig neue Emotionen – in der Hauptsache war es Ärger, und zwar immer dann, wenn ich sie wieder abholte. Ich weiß, das klingt schrecklich, aber es war vor allem ihre großspurige »Ich bin jetzt ein großes Schulmädchen«-Haltung, die mich regelmäßig auf die Palme brachte. Sie begann, mich anzuschreien, zeigte sich verärgert über Dinge, die ich sagte, und fing sogar an, mich nachzuäffen. Was für eine Dreistigkeit! Es kam mir vor, als hätte sie seit dem Tag, an dem ich sie aus meinen Klauen in die Schule entließ, eine neue Persönlichkeit entwickelt. Doch gerade als ich immer mehr zu der Überzeugung gelangte, ich hätte kein menschliches Wesen, sondern eine Teufelin zur Welt gebracht, lud man mich zu einem Schulmütter-Abend ein. Es war eine solche Erleichterung festzustellen, dass die meisten Mütter – vor allem die mit Töchtern – die gleichen Probleme mit der vorpubertären Haltung ihrer Kinder hatten wie ich! Mittlerweile sind wir ein Schuljahr weiter, und die monströse Molly beginnt langsam zu verschwinden – aber wenn man nur eine Sekunde nicht aufpasst, zeigt das Monster wieder seine hässliche Fratze. Zum Glück ist das Monster in mir noch hässlicher und viel Furcht einflößender, sodass ich im Moment wieder die Oberhand habe. Aber ich bin wirklich nicht scharf darauf herauszufinden, was passiert, wenn Molly tatsächlich in die Pubertät kommt.

Auch wenn ich die tränenreiche »Mutter am ersten Schultag«-Erfahrung nie gemacht habe, so bot meine erste Schulversammlung doch mehr als genug Ausgleich dafür. Es war Muttertag, und als ich mich in der Schulaula in einen der winzigen Sitze quetschte, hatte ich absolut keine Ahnung, was für eine emotionale Achterbahnfahrt mich erwartete. Als Mollys Klasse auf die Bühne kam und ich sah, wie sich mein scheues kleines Mädchen hinter ihren Mitschülern versteckte, spürte ich ein erstes leises Jucken in den Augen. Doch als sie zu singen begann, ein lautes und stolzes »Mami ist die Beste ...«, war es mit meiner Haltung vorbei, und alle Schleusen öffneten sich. Und ich hatte noch nicht mal ein Babytuch dabei, von einem richtigen Taschentuch ganz zu schweigen. Die Mischung aus reinem Glück und Freude über mein großes Schulmädchen, kombiniert mit plötzlichen Bildern von Emily, die solche Lieder in ihrer Schule sang, ohne dass Annette dabei sein konnte, überwältigte mich einfach. Natürlich war mir das Ganze äußerst peinlich. Die anderen Mütter um mich herum wirkten so kontrolliert in ihren Gefühlen, dass ich mir sicher war, sie müssten mich für eine gewaltige Heulsuse halten. Mir blieb sogar nichts anderes übrig, als mir die laufende Nase an meinem Ärmel abzuwischen – was genau die Art von verräterischer Schleimspur hinterließ, über die ich mich so oft bei Molly aufgeregt hatte. Doch wie sich herausstellen sollte, kämpften alle anderen Mütter um mich herum ebenfalls mit den Tränen, und heute besuche ich solche Schulveranstaltungen im sicheren Wissen, dass ich nicht die einzige Heulboje bin – und bewaffnet mit einer Packung Taschentücher.

Für die Mütter, die vor der Schule auf ihre Kinder warten, ist es fast so schwer, neue Freundschaften zu schließen, wie für ihre fünfjährigen Kinder. Im Grunde war es sogar noch schwerer: Wir alle verbrachten die ersten paar Wochen mit der Suche nach ein paar freundlichen Gesichtern, die so aussahen, als hätten sie Lust auf ein Schwätzchen, bevor wir langsam aufeinander zuschlenderten und die erste Unterhaltung begannen. An diesem Punkt fiel mir auf, wie sehr die eigene Identität verblasst, wenn man andere Leute nur in ihrer Rolle als »Mutter von« kennen lernt: Man ist nicht länger Hilary, Krankenschwester für Menschen mit geistiger Behinderung oder Lernstörungen und Frau eines Landwirts, sondern einfach nur noch »Mollys Mami«. Dabei finde ich es interessant zu hören, was die anderen Mütter im wirklichen Leben machen. Es ist ein wenig wie bei »Was bin ich?« – ich habe sogar herausgefunden, dass sich ein ehemaliges *Vogue*-Modell in unserer Schulhofrunde versteckt.

Noch vor dem Ende des ersten Schuljahrs beendete ich meine fünfjährige Alkohol-Abstinenz – als die ersten abendlichen Treffen der Schulmütter stattfanden, gab das meinem Leben eine völlig neue Dimension. Während Alfie nach wie vor gut schläft und die Stillzeit langsam zu Ende geht, spüre ich förmlich, wie die alte Hilary aus der Vor-Kinderzeit wieder auflebt. Lange Nächte mit ein paar Drinks, gefolgt vom morgendlichen dringenden Verlangen nach zwei Aspirin und einer großen Flasche Wasser, gehören nicht länger der Vergangenheit an, sondern entwickeln sich mehr und mehr zu einem festen Bestandteil meines Lebens. Allem Anschein nach war Mollys Schulstart also in mehr als einer Hinsicht ein Meilenstein.

Glücklicherweise verlief der »Trennungsprozess« für mich in einzelnen Schritten: Zuerst brachte ich Jack in Spanien in eine Kinderkrippe, danach ging er zu Hause in England in die Krippe unseres Fitnesszentrums, und schließlich kam er im Alter von Zweidreiviertel für drei halbe Tage pro Woche in den Kinderhort der Vorschule. Und dennoch – das erste Mal, das ich Jack in seiner Kindertagesstätte zurückließ, in seiner vorgeschriebenen Uniform aus Sweatshirt und Jogginghose, ging ich mit einem Gefühl des Verlusts nach Hause. Keine kleine Hand, die ich halten konnte, kein Kinderwagen zum Schieben, kein Geplapper an meiner Seite. Wenn ich Flugzeuge am Himmel oder Vögel auf den Dächern sah, musste ich mich zurückhalten, um sie nicht der unsichtbaren Person neben mir zu zeigen. Und auch die Rückkehr in ein leeres, stilles Haus, in dem keine kleine Person an meiner Seite ihre üblichen lautstarken Forderungen nach dem Fernseher oder etwas zu essen stellte, war eine eigenartige Erfahrung. Zunächst einmal wusste ich nicht so recht, was ich tun sollte – jetzt da ich mich von der Vollzeitmutter, die konstant nach der Pfeife ihres Kindes tanzte, in eine Frau mit freier Zeit verwandelt hatte, die tun und lassen konnte, was sie wollte! Die übliche Hektik, in der ich meine Wäsche aufhängte oder den Abwasch erledigte, bevor meine Aufmerksamkeit von einem Traktor-Puzzle oder einem Sprint zur Toilette abgelenkt wurde, war auf einmal nicht mehr notwendig. Zum ersten Mal seit gut drei Jahren konnte ich einfach alles stehen und liegen lassen und bei einer Tasse Kaffee in Ruhe die Zeitung lesen – ein Gefühl, das ich schon lange nicht mehr kannte. Das Wissen, dass mir nur wenige Monate bis zur Geburt meines zweiten Kindes blieben, machte diese Zeit zu etwas sehr Wertvollem – und die Erkenntnis, dass ich diese »freien«

Morgen dazu nutzen konnte, zum Friseur zu gehen, mich mit Freunden auf einen Cappuccino in der Stadt zu treffen oder so etwas Dekadentes wie eine Pediküre zu genießen – vor allem da ich meine Füße unter meiner sich ausdehnenden Kugel seit Wochen nicht mehr gesehen hatte –, empfand ich als richtiggehend aufregend!

Nach den ersten Tagen, in denen ich die Hilfe der Vorschulerzieher benötigte, um Jack im wahrsten Sinne des Wortes von mir loszureißen, der in Tränen aufgelöst um meinen Hals hing und aus Leibeskräften »Mami, Mami!« schrie, schien mein Junge mit seinem neuen Tagesverlauf recht glücklich zu sein. Allerdings muss ich gestehen, dass es hin und wieder Tage gab, an denen ich ihn mit körperlicher Gewalt in seine kleine Schuluniform zwängen musste und ihn danach nur dazu bringen konnte, zum Kinderhort mitzukommen, indem ich behauptete, wir würden »nur kurz vorbeigehen, um dem Lehrer zu sagen, dass wir heute nicht kommen«. Am Kinderhort und an der Vorschule gefiel mir eines ganz besonders gut: Die Kinder machten dort all das, was ich eigentlich als VZM (Vollzeitmutter) mit meinem Kind hätte tun sollen, es aber immer versäumt hatte und deshalb von einem schlechten Gewissen geplagt wurde – weil ich mich nicht dazu bringen konnte oder weil ich einfach keine Lust auf den Dreck und den Ärger hatte! Egal ob kneten, malen, ausschneiden und kleben, Blumenzwiebeln einpflanzen, im Sandkasten spielen – Jack liebte all diese Dinge. Der Stolz, mit dem er seine Kunstwerke mit nach Hause brachte, wurde nur von meiner Freude übertroffen, all diese Schätze an der Küchenwand aufhängen zu können – ohne irgendwelche Schweinereien im Haus!

Obwohl ich von einem schrittweisen Prozess gesprochen habe, stellte ich dennoch irgendwann verblüfft fest, dass das Thema Einschulung akut wurde. Als Jack zur Welt kam und wir davon ausgingen, für einen unbekannten Zeitraum im Ausland leben zu müssen, beschloss ich, ihn zu Hause bei einer der örtlichen Privatschulen anzumelden. Ich wollte sichergehen, dass wir zumindest einen Platz in einer ordentlichen englischen Schule für ihn hätten – ganz egal was die kommenden drei oder vier Jahre bringen würden. Wie sich herausstellte, kehrten wir genau zur richtigen Zeit wieder nach England zurück, um Jack im Kinderhort seiner späteren Schule unterzubringen. Mit einem hatte ich allerdings nicht gerechnet: Die Schule verlangte von Jack – im Alter von zweieinhalb Jahren – einen Einstufungstest, damit er später eingeschult werden konnte. Unsere Anzahlung von 50 Pfund, die wir drei Jahre zuvor bereits hinterlegt hatten, reichte nicht aus, um ihm einen Platz zu sichern. Da ich die Anzahlung ja bereits geleistet hatte, beschloss ich, eher aus Neugier als aus anderen Gründen, Jack an diesem Test teilnehmen zu lassen. Allerdings hatte ich meine Bedenken, ob jemand wirklich in der Lage wäre, nach zwei Stunden mit einer Gruppe Kleinkinder eine qualifizierte Einstufung der einzelnen Teilnehmer vorzunehmen – vor allem da der Test zu einer Zeit stattfand, in der die meisten von ihnen normalerweise ihr Mittagsschläfchen machten. Die Eltern, die ihre Kinder zum Test brachten, wurden ebenfalls zu einem kleinen Beschnupperungsgespräch gebeten, und ich konnte mich des Eindrucks nicht erwehren, dass auch ich eingestuft werden sollte. Irgendwie hatte ich das Gefühl, dass ich auf meine Eignung als verantwortliches Elternteil getestet wurde!

Nach einer Besichtigung der Schule – die mich in ihren Traditionen und Werten stark an die Schule erinnerte, die Tim besucht hat und uns wahrscheinlich auch deshalb so gut gefiel – fühlte ich mich verpflichtet, mir auch die anderen Schulen in der Stadt anzusehen, private ebenso wie staatliche. Es erschien mir wie eine äußerst schwerwiegende Entscheidung, die wir sehr früh in Jacks Leben treffen mussten – und wenn wir das Falsche taten, würde unser Sohn von frühester Kindheit an in der Schule unglücklich sein und uns das in den kommenden Jahrzehnten spüren lassen. Schließlich entschlossen wir uns, Jack in eine andere kostenpflichtige Schule in der Stadt zu schicken. Uns gefiel die entspannte, pädagogisch wertvolle und liebevolle Art und Weise, in der man hier mit den kleinen Kindern umging, die im Alter von zweieinhalb Jahren in den Kinderhort kamen. Das war für mich das Entscheidende: Jack sollte von Anfang an in einer vertrauensbildenden Umgebung grundlegende emotionale Sicherheit erleben und eine vorsichtige Einführung in das Schulsystem bekommen, und diese Schule schien beides zu bieten. Außerdem konnte er, wenn es unser Wunsch war, bis zu seinem achtzehnten Lebensjahr dieselbe Schule besuchen. Und als Krönung des Ganzen hatte Andrea sich bereits entschlossen, Jacks Kumpel Max hier einzuschulen – wenn auch aus einer Reihe ganz anderer Gründe!

Als Jack in den Kinderhort kam, etwa ein halbes Jahr, bevor Eloise geboren wurde, entsprachen die Kosten für drei halbe Tage pro Woche in etwa denen jedes anderen Kinderhorts in der Stadt. Doch da er nun die ganze Woche in die Kindertagesstätte geht, hat sich der Posten »Schulgeld« zu einem beachtlichen finanziellen Faktor entwickelt. Schon mehrmals hat Tim beim Blick auf die Kreditkartenabrechnung fast einen Herzinfarkt bekommen und sich gefragt, ob man uns die Karte gestohlen hat – aber ich konnte ihn jedes Mal damit beruhigen, dass wieder einmal die Schulgelder vom Konto abgebucht worden waren. Zum Glück habe ich festgestellt, dass die Schule über einen hervorragenden Laden für gebrauchte Schuluniformen verfügt, wo man Schulkleidung für einen Bruchteil des Originalpreises erwerben kann – andernfalls hätte Tim in dem Monat, in dem ich Jacks Blazer und Dufflecoat gekauft habe, mit Sicherheit eine Wiederbelebungsmaßnahme gebraucht! Und was wir für ein Kind tun, wollen wir auch unseren anderen Kindern ermöglichen: Wir hoffen bereits darauf, dass Eloise nach den Sommerferien in den Kinderhort geht, kurz bevor unser drittes Kind zur Welt kommt. Wahrscheinlich muss ich also in Zukunft die Kreditkartenabrechnungen vor meinem Mann verstecken– im Interesse seiner Gesundheit!

Im Laufe der Jahre haben Max und Jack ihre Jogginghosen und Sweatshirts gegen richtige Schuluniformen getauscht, komplett mit grauen Hosen und schicken, blau gestreiften Blazern. Das hat für mich aus Kindergartenkindern richtige kleine Schuljungs gemacht. Wenn sie am Ende des Schultags auf den Schulhof gerannt kommen, mit Tornistern auf dem Rücken, die fast so groß und – samt Sportkleidung und Schulbüchern – ganz sicher so schwer sind wie sie selbst, wirken sie sehr erwachsen. Aber wie ich mir regelmäßig vor Augen halten muss: Die äußere Erscheinung kann täuschen. Die Erwartungen, die ich manchmal in meinen kleinen Mann setze, gehen regelmäßig über die Fähigkeiten eines Fünfjährigen hinaus, sodass ich mir wieder deutlich machen muss, wie jung er tatsächlich noch ist. Ich versuche ganz bewusst, die Jahre seiner Unschuld in Ehren zu halten und ihn nicht dazu zu zwingen, so schnell wie möglich erwachsen zu werden. Denn schon bald wird er nach der Schule nicht mehr quer über den Schulhof auf mich zu rennen und sich einen dicken Kuss und eine Umarmung abholen wollen – dann wird es nicht mehr »cool« sein, in aller Öffentlichkeit Zuneigung für seine Mutter zu zeigen. Ich fürchte mich bereits jetzt vor diesem Tag.

Ein positiver Begleiteffekt von Jacks Einschulung ist die Disziplin im Schulalltag. Vor kurzem erzählte mir eine seiner Lehrerinnen, sie hätte das Gefühl gehabt, dass Jack sie zu Beginn des Schuljahrs ganz offensichtlich auf die Probe stellen wollte, nur um zu sehen, wie weit er bei ihr gehen konnte und wie wenig Mühe er sich im Unterricht geben müsste, um gerade noch durchzurutschen. Dank ihrer jahrelangen Erfahrung in Bezug auf Kindertricks im Klassenzimmer hatte sie Jacks Sturheit jedoch von Anfang an durchschaut und meinte: »Machen Sie sich keine Sorgen – wenn Kinder einmal herausgefunden haben, dass Schule und Elternhaus zusammenarbeiten, geben sie sich gleich mehr Mühe!« In meinen Ohren klang das damals so, als wären wir alle Teil eines einzigen großen Experiments, und auch die Kinder wüssten, dass sie nur ein kleines Rädchen in einer sehr großen Maschine sind – je eher sie sich dahinterklemmten und sich an die Arbeit machten, desto besser. Zurzeit verlasse ich mich darauf, dass die augenscheinliche Erfahrung dieser Lehrerin sich bewahrheitet und ich irgendwann bei uns zu Hause weniger streng mit Jack sein kann. Ein frommer Wunsch! Allerdings hat diese erhöhte Dosis Disziplin auch ihre Nachteile: An manchen Tagen – vor allem an Regentagen, wenn die Schüler die ganze Zeit im Schulgebäude gesessen haben – kommt Jack von der Schule nach Hause wie ein aufgezogenes Trommeläffchen. Nachdem er den ganzen Tag den Schulregeln unterworfen war, scheint es fast so, als bräuchte er zu Hause unbedingt eine halbe Stunde unflätiger Rebellion zum Ausgleich. Ich muss zugeben, dass diese halbe Stunde genügt, um meinen Geduldsfaden bis zum Äußersten zu spannen.

Eine weitere schwere Geduldsprobe sind Jacks Hausaufgaben. Der Begriff »Hausaufgaben« hat sich in unserem Haus zu einem Horrorwort entwickelt – schon beim Hören bricht mir der kalte Schweiß aus, und Jack verwandelt sich wieder in den wütenden kleinen Troll, der vor gut achtzehn Monaten über die Hauptstraße sprang und meine Handtasche mit obszönen Ausdrücken attackierte. Bis heute habe ich die Zauberformel noch nicht entdeckt, falls sie überhaupt existiert, mit deren Hilfe ich Jack dazu bringen kann, schnell und ohne großen Wirbel seine Hausaufgaben zu machen. Ich habe es mit Tims Vorschlag versucht und Jack sofort, nachdem wir von der Schule nach Hause kamen, an den Tisch gesetzt – und ihn erst dann vor den Fernseher gelassen, wenn die Hausaufgaben fertig waren. Ich habe es auch umgekehrt versucht und Jack mit Plätzchen und einem Getränk vor den Fernseher gesetzt, um ihn nach der Schule erst einmal zu sich kommen zu lassen, bevor es an die Hausaufgaben ging. Aber wenn ich es dann wagte, die Flimmerkiste abzuschalten und mit einem Lächeln von Ohr zu Ohr erklärte, dass jetzt Zeit für die Hausaufgaben wäre, brach die Hölle los. Vor kurzem dachte ich, ich hätte mir eine böse Halsentzündung zugezogen – bis ich mich beschämt daran erinnerte, dass ich mich am Tag zuvor praktisch heiser geschrien hatte, um Jack an seinen Schreibtisch zu bringen. Ich war nicht gerade stolz auf mich! Es gibt aber auch ein anderes, seltsames Phänomen: So verzweifelt, wie Jack und Max sich jeden Abend um ihre halbe Stunde Hausaufgaben herumzudrücken versuchen, so versessen ist Molly darauf, *möglichst viele* Hausaufgaben zu machen! Als ich letzte Woche kurz nach dem Abendessen Hilary anrief, unterbrach sie unser Gespräch regelmäßig, weil sie Molly Wörter buchstabieren musste – die Kleine hatte ganz allein und spontan beschlossen, auf ihrem Computer eine Geschichte zu schreiben. Es geht doch nichts über ein eifriges kleines Mädchen! Ich kann nur hoffen, dass Eloise in puncto Hausaufgaben nicht nach ihrem Bruder schlägt, sondern nach Molly – ansonsten muss ich mir mein Haar einmal pro Woche statt alle sechs Wochen färben lassen.

Die Aussicht darauf, bald auch Eloise – und zwar noch früher als damals Jack – in den Kindergarten zu »verabschieden«, reißt mich hin und her. Ich gebe zu, dass sie für das soziale Umfeld eines Kinderhorts bereit ist und sich dort zweifellos prächtig entwickeln wird. Ich weiß auch, dass es vernünftig ist, sie an diese Umgebung zu gewöhnen, bevor unser nächstes Kind zur Welt kommt, und doch würde ich nichts lieber tun, als mein kleines Mädchen noch ein wenig länger zu Hause zu behalten. Unter dem Strich läuft es wahrscheinlich darauf hinaus, dass ich nicht möchte, dass sie erwachsen wird. Wenn ich daran denke, wie schnell Jack die Kinderhort-, Kindergarten- und Vorschuljahre hinter sich gebracht hat, möchte ich am liebsten das Tempo des Lebens ein wenig drosseln. Jetzt, da sich unsere Jahre in Schulzeiten und Ferien sortieren, kommt es mir so vor, als wären sie nicht mehr zwölf, sondern nur noch sechs Monate lang. Das ist auch einer der Gründe dafür, warum ich mich so darauf freue, dass gegen Ende des Jahres unser drittes Kind zur Welt kommt – auf diese Weise habe ich die Möglichkeit, jeden einzelnen Augenblick der Mutterschaft noch einmal zu erleben, bevor mit der Einschulung das Leben sich wieder zu beschleunigen scheint. Wenn ich allerdings diese Einstellung zur Mutterschaft behalte, ende ich noch als Mutter von zehn Kindern, und Tim muss einen zweiten Job annehmen, nur um die Schulgelder bezahlen zu können!

Und wie geht es weiter?

Sechs Monate sind vergangen, seit wir dieses Buch geschrieben haben, und es werden weitere sechs Monate vergehen, bevor es gedruckt wird. Wenn Sie diesen Text in Händen halten, dürften unsere geliebten Erstgeborenen also ihr erstes Schuljahr hinter sich haben. Wenn man einmal Kinder hat, vergeht die Zeit so unglaublich schnell. Also: Dies ist der neueste Stand in unserem Leben und von unseren Plänen für die Zukunft.

Hilary

Alfie ist jetzt acht Monate alt, schläft immer noch gut und ist im Grunde unglaublich gelassen. Er soll im kommenden Monat getauft werden und wird Lyndsey und Sarah als Taufpatinnen bekommen. Ella geht ab nächsten Monat in den Kinderhort derselben Vorschule wie Molly. Zurzeit macht sie eine Sprachtherapie, ein verzweifelter Versuch, sich für andere verständlich machen zu können, bevor sie das erste Mal ihre schmucke Schuluniform anzieht. Molly verliert in hohem Tempo ihre vorpubertäre Haltung und entwickelt sich zu einem kleinen Mädchen mit genau dem gleichen Sinn für Humor wie ihre Mutter.

Und wie geht es weiter? Auf diese Frage weiß ich schlicht und einfach keine Antwort. Mein Leben lang war ich immer so etwas wie ein Kleinbetrieb, der einen laufenden Fünfjahresplan verfolgte – doch nun ist dieser Plan zum ersten Mal ein unbeschriebenes Blatt. Das bedeutet wahrscheinlich, dass ich bis auf weiteres an einem Punkt meines Lebens angekommen bin, wo ich alles erreicht habe, was ich mir vorgenommen hatte – und viel mehr. Ich bin glücklich verheiratet und arbeite immer noch in dem von mir erwählten Beruf, wenn auch nur wenige Stunden pro Woche. Ich habe das Gefühl, dass meine Familie jetzt vollständig ist und in meinem Leben alles prima läuft – es gibt jedenfalls keine Probleme, die man nicht mit ein wenig mehr Geld aus der Welt schaffen könnte, aber wem von uns geht es nicht so? Ich bin mir bewusst, dass die Tatsache, dass gefühlsmäßig alles wunderbar ist, auch ein hohes Risiko birgt. Denn wenn man keine Ziele mehr im Leben hat, kann sehr schnell Stagnation eintreten, und ich bin nicht der Mensch, der gern lange auf einem Fleck stehen bleibt. Aber für dieses Jahr bieten Alfie und das Schreiben an diesem Buch genügend Abwechslung, und für das kommende Jahr bin ich bereits dabei, mir neue Ziele zu suchen. Zurzeit denke ich darüber nach, einen Laden für Kinder- und Babyausstattung auf unserem Hof zu eröffnen. Das könnte also mein nächstes großes Abenteuer werden – bleiben Sie dran!

Andrea

Vor vier Monaten sind Max, Sam und ich in unser neues Haus in Berkhamstead gezogen, und mittlerweile haben wir uns bemerkenswert gut eingelebt. Die Jungs haben den Umzug spielend leicht verkraftet, und obwohl Bruce ihnen fehlt, freuen sie sich auf die gemeinsamen Wochenenden mit ihm – und kommen danach genauso gern wieder zu mir nach Haus. Ich hatte viel zu viel zu tun, um mich einsam oder gar deprimiert zu fühlen; ich hoffe nur, dass es auch so bleibt. In den letzten Monaten habe ich ununterbrochen das Haus renoviert und eingerichtet – mein Meisterwerk ist ein komplett ausgestattetes Arsenal-Schlafzimmer für die

Jungs, das ich fast genauso sehr liebe wie sie! Außerdem habe ich nach fünfzehn Jahren mit Fußballspielen aufgehört und stattdessen mit Hockey angefangen, was mir sehr viel Spaß macht – es geht doch nichts über einen völlig neuen Freundeskreis, wenn man im Leben noch einmal von vorn anfangen muss.

Ich bin mir nicht sicher, was die Zukunft bringen wird, denn alles, was ich in meinem Leben für »sicher« gehalten habe, hat sich durch die Ereignisse des vergangenen Jahres ein für alle Mal in Luft aufgelöst. Ich habe mich an meine neue Rolle als Kontaktbereichsbeamtin gewöhnt und würde diese Arbeit gerne die nächsten Jahre ausüben. Obwohl es aus finanziellen Gründen sehr verlockend erscheint, meine Stundenzahl zu erhöhen, sobald Sam in die Schule kommt, hoffe ich im Stillen, darauf verzichten und die freien Tage zur Fortsetzung meines Studiums nutzen zu können. Nachdem das erste Studienjahr an der Fernuniversität beinahe hinter mir liegt und ich jeden Tag genossen habe, möchte ich unbedingt weiterstudieren; im Erfolgsfall könnte ich in etwa fünf Jahren, also kurz vor meinem vierzigsten Geburtstag, meinen Abschluss machen. Ich habe keine Ahnung, was ich damit anfangen werde, falls ich das Studium je beende, aber es ist ein Ziel, auf das ich mit Freude zusteuere.

Was meine Zukunft betrifft, so weiß ich im Augenblick nur, dass ich für immer ein Arsenal-Fan bleiben werde, gegen meine Fettpölsterchen ankämpfen muss und zwei Jungs habe, die ich anbete. Ansonsten ... wer kann das schon sagen?

Lyndsey

Nach einem wunderbaren Mutterschaftsurlaub bin ich für drei Tage pro Woche wieder an meine alte Arbeitsstelle zurückgekehrt und versuche erneut, Karriere, Kinder und das

Leben im Allgemeinen unter einen Hut zu bringen. Unser Kinderbetreuungsdilemma lösten wir eines Tages bei einem Einkaufsbummel, als mir eine der Erzieherinnen aus Bethans altem Kinderhort über den Weg lief, die inzwischen als Kindermädchen ihr Geld verdient. Wir brachten uns gegenseitig auf den neuesten Stand, und ich stellte ihr Caitlin vor und berichtete ihr von meinen Schwierigkeiten, ein Kindermädchen zu finden, der ich unsere beiden Mädchen anvertrauen könnte. Wie der Zufall es wollte, erzählte sie mir von einer ihrer Freundinnen, die gerade eine Stelle als Kindermädchen suchte. Diese Frau hatte ebenfalls im Kinderhort gearbeitet, und was noch wichtiger war: Bethan und ich mochten sie und waren gut mit ihr ausgekommen. Ich nahm sofort Kontakt zu ihr auf, und nach einem längeren Gespräch erklärte sie sich bereit, für uns zu arbeiten, nachdem ich wieder an meine alte Arbeitsstätte zurückgekehrt wäre. Mittlerweile bin ich seit zwei Monaten wieder im Beruf, und sowohl Caitlin als auch Bethan haben sich beide gut an sie gewöhnt – ich kann also im sicheren Wissen zur Arbeit gehen, dass beide glücklich sind.

Bethan ist inzwischen im zweiten Schuljahr und voller Begeisterung dabei. Ihr Lehrer spricht von ihr als »kleine Prinzessin«, und Tim und ich platzen fast vor lauter Stolz, dass sie in so kurzer Zeit so viel gelernt hat.

Doch am stärksten im Mittelpunkt steht für mich im Augenblick mein neun Monate altes Engelchen, das sich weigert, aus einer Flasche oder Tasse zu trinken – Caitlin lässt sich bestenfalls zu ein paar kleinen Schlucken bewegen. »Kein Problem, Mum«, scheint sie zu sagen, »den Rest hole ich mir später« – und das bedeutet für mich wieder vierstündige Stillorgien mitten in der Nacht. Es kommt mir vor, als hätte ich ein neues, sechs Wochen altes Baby, und wenn ich ehrlich bin, finde ich das ermüdend und frustrierend. Außerdem macht es mir die Rückkehr in die Arbeitswelt äußerst schwer, sowohl geistig wie körperlich. Dabei war

Caitlin ein Baby, das vom dritten bis zum sechsten Monat die Nächte durchschlief – doch jetzt ist alles anders. Zunächst dachten wir noch, es läge an einem Wachstumsschub oder an den Zähnen, aber da immer noch kein Zahn zu sehen ist, haben wir vielleicht einfach ein Kind, das sich weigert, nachts durchzuschlafen. Dazu kommt noch die Tatsache, dass sie tagsüber keine Milch trinken will – also bleiben mir nur die ständigen Nachtwachen. Ich befürchte, dass die kommenden Monate oder vielleicht sogar Jahre die reinste Hölle werden könnten.

Und wie geht es weiter? Ich genieße die Tatsache, dass ich nur an drei Tagen pro Woche arbeiten muss und somit genug Zeit für meine Familie habe, und ich hoffe, dass sich daran auch in nächster Zukunft nichts ändern wird. Aber mein heimliches großes Ziel – manche würden es auch als Hirngespinst bezeichnen – ist es, irgendwann wieder regelmäßig acht Stunden am Stück zu schlafen!

Sarah

Vor vier Wochen kam unser drittes Kind zur Welt, ein Mädchen namens Pippa Mary. Sie bereitete uns eine Zeit lang Kopfzerbrechen, weil sie nicht auf den Tag genau pünktlich war wie unsere anderen beiden Kinder, doch letztendlich verzieh ich ihr, weil sie am schnellsten von allen dreien zur Welt kam. Wir trafen kurz vor dem nachmittäglichen Schul-Stau im Krankenhaus ein. Zwei Stunden später war Pippa da, und um neun Uhr abends saßen wir schon wieder zu Hause, gerade rechtzeitig zum Abendessen. Man muss es Jack und Eloise nachsehen, dass sie annahmen, ihre Mama wäre nur kurz in einen Laden gegangen und hätte sich aus dem Babyregal ein »frisches« Exemplar ausgesucht. Wenn es doch nur so einfach wäre ...

Jack geht immer noch auf dieselbe Schule wie Max, hasst

immer noch Hausaufgaben und stellt meine Geduld gelegentlich auf eine harte Probe – aber er wird von Tag zu Tag erwachsener. Er nimmt seine Rolle als »großer Bruder« seiner zwei kleinen Schwestern sehr ernst, was einfach wunderbar mitzuerleben ist. Eloise kam im September in die Kindertagesstätte, und obwohl sie dort bei weitem die Jüngste ist, gab es vom ersten Tag an keinerlei Probleme. Wie wir vorhergesehen hatten, blühte sie in der geselligen Umgebung des Kinderhorts förmlich auf und zeigt bereits Anzeichen von Keckheit gegenüber ihren Betreuerinnen und Betreuern, indem sie das Frau oder Herr einfach unter den Tisch fallen lässt und sie nur mit ihren Nachnamen anredet. Der Umgang mit ihrer neuen kleinen Schwester variiert von völliger Ablehnung bis hin zu überschwänglichen Umarmungen und Küssen – zum Glück hat sie mich bis heute noch nicht gefragt, wann wir Pippa wieder zurückbringen.

Tim arbeitet inzwischen in London für eine Telekommunikationsfirma. Bis jetzt haben sich die Auslandsreisen auf ein Minimum beschränkt, was mich sehr freut, besonders jetzt, wo Pippa noch so jung ist. Ich brauche ihn einfach, damit ich ihm am Abend mein Herz über die häuslichen Albträume des Tages ausschütten kann, und außerdem muss er morgens sein Mitleid darüber bekunden, wie wenige Stunden Schlaf ich wieder einmal bekommen habe.

Nachdem unsere Familie jetzt »vollzählig« ist, freue ich mich darauf, noch ein paar weitere Jahre eine VZM zu sein, bevor ich einen anderen Weg finden muss, wie ich meine Tage verbringe. Wenn die Kinder eines Tages alle in der Schule sind, würde ich gern ein kleines Geschäft eröffnen, in dem ich eine bunte Mischung aus alten Möbeln und Geschenkartikeln wie selbst gemachte Karten und Kissen anbiete – vielleicht sogar mit einem Café im Garten! Aber bis dahin werde ich mich darauf beschränken, Dinge aus alten französischen Stoffen zu basteln, die ich tief im ländlichen

Frankreich aufstöbere, während ich gleichzeitig unser Umbauprojekt dort vorantreibe. Außerdem reizt mich der Gedanke an eine Weiterbildung, vielleicht sogar die Wiederaufnahme meines Psychologiestudiums. Doch bevor ich mich damit näher beschäftige, will ich warten, bis Pippa zumindest ein paar Monate älter ist.